亚历山大大帝

ALEXANDER THE GREAT

征服者的一生与死亡之谜

[英] 安东尼·艾福瑞特 ——著

朱敬文 ——译

中信出版集团 | 北京

图书在版编目（CIP）数据

亚历山大大帝：征服者的一生与死亡之谜 /（英）安东尼 · 艾福瑞特著；朱敬文译 . -- 北京：中信出版社，2022.3

书名原文：Alexander the Great: His Life and His Mysterious Death

ISBN 978-7-5217-3615-1

Ⅰ.①亚… Ⅱ.①安… ②朱… Ⅲ.①亚历山大大帝（前 356-前 323）－传记 Ⅳ.① K835.407=2

中国版本图书馆 CIP 数据核字（2021）第 198178 号

亚历山大大帝：征服者的一生与死亡之谜
著者： ［英］安东尼 · 艾福瑞特
译者： 朱敬文
出版发行：中信出版集团股份有限公司
（北京市朝阳区惠新东街甲 4 号富盛大厦 2 座 邮编 100029）
承印者： 唐山楠萍印务有限公司

开本：880mm×1230mm 1/32 印张：15
插页：8 字数：335 千字
版次：2022 年 3 月第 1 版 印次：2022 年 3 月第 1 次印刷
京权图字：01–2020–3900 书号：ISBN 978–7–5217–3615–1
定价：98.00 元

服务热线：400–600–8099
投稿邮箱：author@citicpub.com

献给

挚爱的达芙妮和杰里米

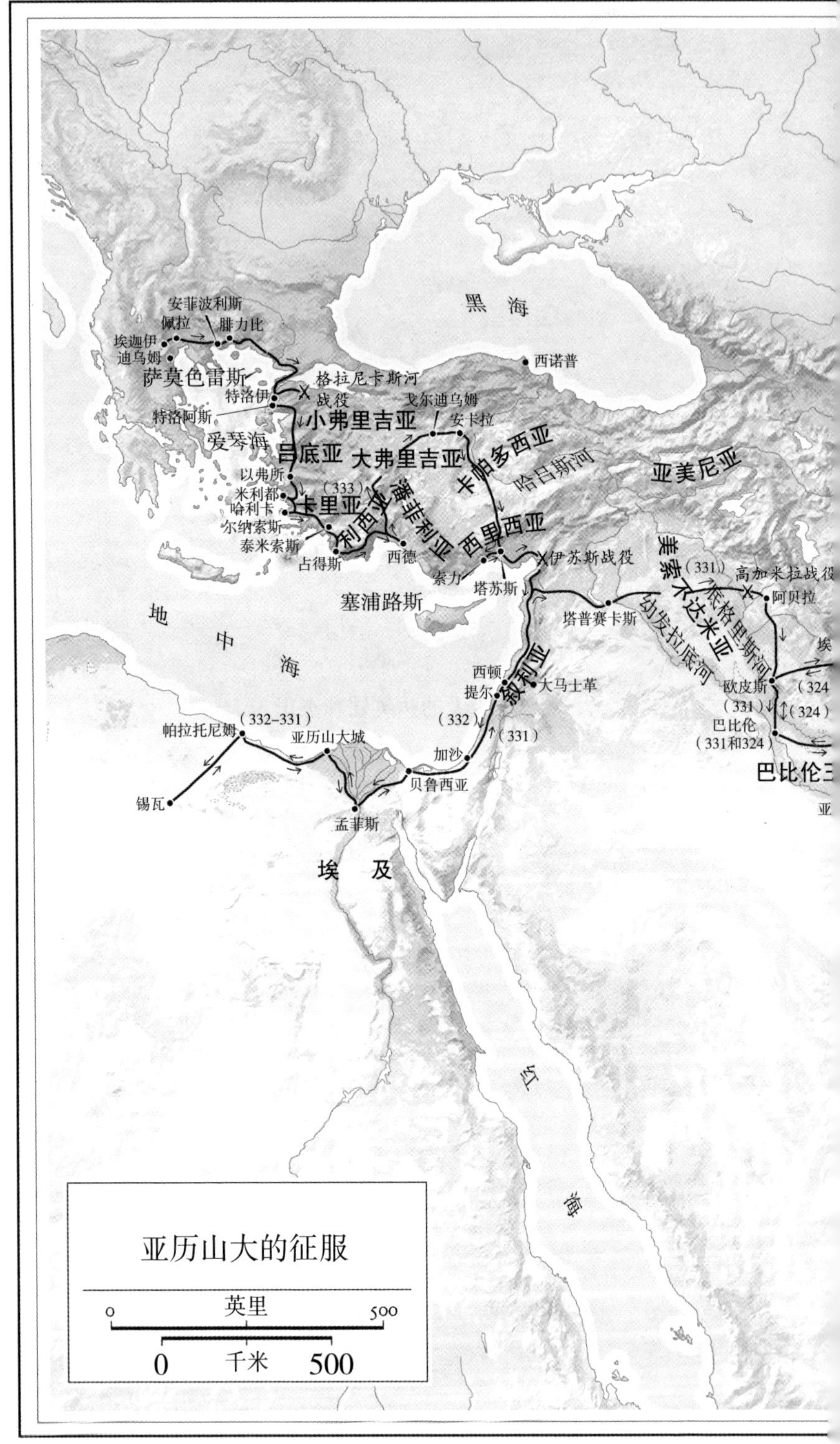
黑 海
地 中 海
红 海
安菲波利斯
佩拉
腓力比
埃迦伊
迪乌姆
萨莫色雷斯
格拉尼卡斯河
战役
特洛伊
特洛阿斯
西诺普
戈尔迪乌姆
安卡拉
小弗里吉亚
爱琴海
吕底亚
大弗里吉亚
卡帕多西亚
哈吕斯河
亚美尼亚
以弗所
(333)
米利都
哈利卡
卡里亚
尔纳索斯
泰米索斯
利西亚
潘菲利亚
西德
占得斯
西里西亚
索力
伊苏斯战役
塔苏斯
塞浦路斯
美索不达米亚
(331)
高加米拉战役
阿贝拉
底格里斯河
塔普赛卡斯
幼发拉底河
叙利亚
西顿
提尔
大马士革
(332)
(331)
欧皮斯
(324)
(331)
(324)
巴比伦
(331和324)
巴比伦
(332–331)
帕拉托尼姆
亚历山大城
加沙
贝鲁西亚
锡瓦
孟菲斯
埃 及
亚历山大的征服
英里
0
500
0
千米
500

咸海
药杀水
（328）
最远的亚历山大城
索格底亚那
马拉坎达
奥克苏斯河
诺塔卡
巴克特里亚
马尔吉亚纳的亚历山大城
（329）
奥诺斯山
（327）
巴克特里亚-扎瑞亚斯帕的亚历山大城
（329）
马尔吉亚纳
赫卡尼亚
赫卡托姆庇鲁斯
（330）
苏西亚
帕提亚
里海之门
阿里阿斯皮
（327）
阿雷亚的亚历山大城
阿雷亚
喀布尔河
（327）
奥诺斯山
（326）
佩塞劳提斯
塔克希拉
许达斯佩斯河战役
布克法拉的亚历山大城
尼西亚的亚历山大城
（326）
海德拉奥提斯河
印度河
许达斯佩斯河
先知的亚历山大城
阿拉霍希亚的亚历山大城
阿拉霍希亚
（330）
德兰吉亚纳
克拉特鲁斯的路线
（331）
波斯波利斯
卡曼尼亚
波斯
（324）
卡曼尼亚的亚历山大城
克拉特鲁斯的路线
（325）
木尔坦
麻里
希法西斯河
阿塞西尼斯河（？）
印度
印度河
奥雷塔的亚历山大城
格德罗西亚
（325）
帕塔拉
尼阿库斯的路线
（325）
阿拉伯海

目 录

前 言

国王休假去了

虽然时光已流逝了两千年，亚历山大大帝却依然是个家喻户晓的名字。他的一生是冒险的一生，他到过当时已知世界的每一个角落。生就俊俏魁伟更增添了他的风采。如今人们依然对他怀念，为他着迷。

近代学者也曾试图讲述这位年轻的马其顿人的真实经历，但他们笔下所反映的既有他的生活年代，也有作者的时代关切。在 20 世纪上半叶，他被刻画为典型的英国绅士，是笃信人类团结的理想主义者。第二次世界大战以后，他又变成了集权独裁的样板，是典型的希特勒式的人物。

现在是重新审视他的时候了。自然，这本传记也反映了我们所在的 21 世纪的希望与恐惧，特别是对权力的本质和军事征服之诱惑与无常的看法。此属必然。但我将力求再现那个古老世界的生活现实，以及亚历山大可能持有的信念。其实，他在很多方面可以说是一位典型的马其顿国王，完全不同于现代政治家。我们应该用他当时的价值观而不是我们的价值观来评判他。

我的用意是要了解他，而不是要对他进行褒贬。

亚历山大开始其征伐时仍是位未经考验的弱冠少年，但他一举征服了波斯帝国，此后无往不利，堪称世界级的将才。

至于他暧昧的私生活，历来不乏想要一探究竟之人，他也成了同性恋的代表人物（虽然他似乎对男对女都不那么感兴趣）。

亚历山大生性好问，对科学和探险兴趣浓厚。他热爱体育和艺术，把诗人荷马关于特洛伊战争的伟大史诗《伊利亚特》奉为圣典。

他的生命在 33 岁那年戛然而止，但也因此留给后人亘古常青的形象。不过，他的性格也有阴暗面。和同时代的许多人一样，他讴歌战争和战争给勇士带来的威望。他崇尚暴力，不顾性命地冲锋陷阵，似乎把打仗看成一种有益健康的体能锻炼。

他有十分残酷的一面，但也有奋不顾身、仁慈宽厚、忠贞不渝的一面。

亚历山大之死至今仍是未解之谜。他是自然死亡，死于某种热病，还是心腹将领因不满其霸道行为而将其谋害？如果有尸检，我们本可给出答案，但是如今为时已晚。

当年的线索如今早已烟消云散。事后回忆起他死前两周痛苦挣扎的人都有维护自己名节之嫌，再说，他们追忆当时情形时并未发誓说真话。即使我们仔细察看莫衷一是的各种记载，也无法破解亚历山大临终时的真相，只能从他与他人的交往中探知一二。他的熟人究竟都有谁，谁是他的朋友，谁又是他的敌人？他们眼中的他什么样？他眼中的他们又是什么样的？他们对谁效忠，都有哪些话是出于自我利益的考虑？

本书追踪亚历山大一生的丰功伟业，直到其突然终结，就像追踪箭矢的行动轨迹。它最终将引导我们解开谜团。

公元前323年，亚历山大在美索不达米亚的豪华都会巴比伦[1]享受一再推迟的假期。巴比伦是波斯帝国的一座大城，数百年来早已习惯满足入侵者的需求。它的空中花园是享誉当代的世界七大奇观之一。[2]几个星期不间断的休闲享乐正是亚历山大和他疲惫的士兵们所需要的。这位年轻的马其顿君王已经于战场奔波长达十年，从波斯帝国一路打到其接邻印度的边界，未曾停歇，他罢黜了波斯大帝，自己夺了权。在旁遮普和印度河沿岸获胜后，他途经干旱的沙漠重返文明世界，但在抵达安全舒适的美索不达米亚之前，缺水已让他折损了数千士兵。

亚历山大仍是英气勃发的俊男，过去战功彪炳，未来无可限量。等待着他的下一个计划就是在阿拉伯沿岸建立商业城镇。他已经在巴比伦附近专门建了一个能容纳一支新舰队的港口，同时军队正准备由陆路向南进发。一切都胜利在望，但之后呢，谁也不知道。

时值五月下旬，炎炎夏日即将来临，他需要好好休整。巴比伦各种便利设施可谓应有尽有。城中水源充裕，流向波斯湾的幼发拉底河穿城而过，继而向着泥砖筑造的高墙外的护城河潺潺流淌。墙外是众多野生动物繁衍生息的湿地、潟湖、灌渠和水库。

巴比伦城北有两座硕大无朋的宫殿，[3]附设办公场所和作坊。其中一座起码有一部分算得上全世界最古老的博物馆之一，收藏了不少更早时期的珍贵艺术品，它可能也是王族成员雄伟而又隐蔽的居所。另一座被近代考古学家命名为南宫（Southern Palace），主要是处理政务和举行祭祀的地点。办公室和作坊围绕着五座庭院而建，经由其中一座庭院可进入开阔的王座殿堂，其墙面嵌镶着蓝黄釉彩的瓷砖，并有花卉纹样、狮子纹样和状似棕榈叶的扇形浮雕装饰。

宫殿一侧的河边正是令访客啧啧称奇的空中花园。其底层有巨型砖柱支撑，上面的平台呈环形，层层向内升高。每层平台都承载着种有树木花草的土壤丰厚的花坛，远望就像绿树成荫的山坡。平台间均有楼梯相连，另有机械水泵抽取河水浇灌草木。据传，这是巴比伦最负盛名的国王尼布甲尼撒二世因他的王妃思念童年居所附近的山峦而建的。

平心而论，这样的花园称不上十分特殊，无非是一座巨大高墙围绕的花园或公园构成的微缩城市，深受达官贵人的喜爱，因为他们想在东方的干旱土地上寻找一点青葱绿意的慰藉。这种花园的希腊文是 paradeisos，英文的天堂（paradise）一词即源出于此。

从空中花园的设计来看，巴比伦人和其他美索不达米亚人都是利用水资源的能手。他们开凿了运河，建立了灌溉系统，就在南宫的北面还有一个类似大型水库的建筑。

巴比伦城的东面还有抵御外敌的第一道防线，即外城墙，其中的大片土地上居民不多。就在这里，主要城区以北 2 000 米的地方有一座夏宫。[4] 建筑为抵御白日的炎热而注重通风，加上它远离拥挤的市中心，让王室成员也能享有一定的恬静。这个夏宫可能同时也是军事司令部，军队完全可以在附近空旷的地方扎营。亚历山大更喜欢与他的士兵在一起，而不喜欢城市生活，他有时待在国王的营帐中，有时待在河中的舰船上。所以不论是在宫外还是宫中，他在监督对阿拉伯远征的筹备同时也能休息。

海军已接近高度备战状态，正在加紧训练。各级战舰竞相追逐，胜利者可获得黄金桂冠的赏赐。亚历山大决定于5月29日（根据马其顿历则是达修斯月18日，即5月18日）晚，为庆祝征服印度战役的结束和征服阿拉伯半岛的新战役开始而举办宴会，犒赏军队。[5]

但在此之前，还有时间尽情享乐一番。他给营地的每支部队都送去了美酒和献祭用的牲畜，按照古代习俗，动物先是在祭坛上炙烤，然后供人享用。与国王同桌的主宾是舰队司令，一位名叫尼阿库斯（Nearchus）的希腊人，此人忠心耿耿但才华平庸，他与亚历山大是发小。

亚历山大对公元前5世纪末的雅典悲剧大师欧里庇得斯的作品十分熟悉，他朗诵了欧里庇得斯剧作《安德洛墨达》（*Andromeda*）中的诗句。[6]这个作品讲述了一位年轻貌美的公主被锁在一块巨石上，等待被海怪吞噬。最后一刻珀尔修斯驾着他的飞马及时赶到，救了她的性命。如今剧本已残缺不全，亚历山大究竟朗诵了哪一段诗句已无法考据，但有一句话倒是跟他对自己的高度评价十分相符。

> 我历经考验，才赢得了荣耀。[7]

精于宴饮之道的人都知道，佳肴之后才是开怀畅饮之时。当时的酒要比今天的酒更浓稠，酒精浓度可能也比较高。饮用前通常都加水稀释。宾客们散坐在餐厅的长椅上，盛满美酒的双耳大碗克雷特（crater，容量可达 6 夸脱*），被陆续端了进来。由东道主或众人公推的司仪来决定酒里掺多少水，每人可以斟满多少杯。宾客都有自己的杯子，仆人用酒勺给他们斟酒。

马其顿人和他们的王室有纵饮无度的传统，并以此自豪。狂饮之后不胜酒力而醉倒的情形也并不罕见。公元前 4 世纪初在雅典演出的戏剧里，酒神狄奥尼索斯就有一段醉酒的十部曲：

> 为有理性的人我只准备三大碗：一为健康（这是他们最先喝的），二为爱情和享乐，三为睡眠。第三碗兑好的酒喝完了，有理性的人就回家了。第四碗与我无关——喝完了它就会行为失检；五碗下肚人就开始大声喧哗；六碗的结果是举止粗鲁，出言不逊；喝完了七碗就会拳脚相向；八碗后开始打砸家具；九碗后情绪抑郁，十碗后即癫狂、不省人事。[8]

亚历山大体验的是十部曲的后半段，因为他向宴会厅里 20 个人都分别敬了酒。后来他决定提前离开早点休息。这对他来说比较反常，也许他当时已经感觉不适。按照他往日的习惯，他就寝前洗了一个澡，但他塞萨利的友人梅迪阿斯（Medius）又请他赶赴另一场晚宴，还保证“肯定不虚此行”。国王同意了，于是又喝了不少。之后他才回宫就寝。

次日他开始发烧，大部分时间都在卧床休息。他与梅迪阿斯玩了一会儿骰子，并与他一起就餐。餐品中又有酒。有人回忆，亚历山大曾挑战一位来宾，问他能否一口气喝完一大碗 6 夸脱的酒，此人成功应战后反过来向国王提出同样挑战。亚历山大试图应战，却

---

* 1 夸脱约为 1.1 升。——编者注

以失败告终。[9]他感觉背后一阵刺痛，“就像被矛矢穿透了一般”[10]，他大叫了一声，倒在自己的坐垫上。他告别了众人，吃了一点东西，洗了澡。此时的他确实已经发烧了，但竟然就在浴室里睡着了。

第三天早上，亚历山大的情况并不见好。他坐在长椅上，由别人抬着进行每日的例行献祭，祈求诸神保佑他和他的部队。他身体不适说明诸事并不顺遂，但也仅止于此。他对官兵下达了迫在眉睫的阿拉伯战役的指示，还听尼阿库斯讲述他的海上历险来打发时间。

人们抬着他的床上了一条靠岸停泊的船，带着他顺流而下回到巴比伦的王宫。他被安置在空中花园里，显然是因为花园平静、安宁又凉爽。他的房间上有穹顶，旁边就是一个大浴池。他与将领们谈论军队中职位空缺的问题，还与梅迪阿斯聊了一会儿。

日子一天天过去，亚历山大的情况逐渐恶化。附近似乎有各种各样的水池和浴池，国王起码曾经搬到另一处居所，最后住进了水库附近的一间房舍。多次迁徙说明他的侍从们已经有些慌乱。

他的病情显然已经非常严重，警告将领与高官们必须随时听命。将军们在庭院里待命，方阵各级指挥官则聚集在门外。6月5日，亚历山大又被送回夏宫。他也许住在宫中，也许住在附近军营的王帐中。[11]

烧还是没有退。第二天晚上，国王显然已病入膏肓。他已经不能说话，将自己的印章戒指交给了他的高级将领佩尔狄卡斯（Perdiccas），等于暂时移交了权力。

亚历山大已故的谣言瞬间传开。士兵们挤在王宫入口处呐喊，威胁要发起暴乱。于是亚历山大卧房一侧的墙上又开了一道门，好让士兵们能够从性命危在旦夕的国王身旁走过。士兵们终于可以进入王宫，但不得穿战袍或盔甲。据撰写亚历山大相关历史的阿里安记载：

> 我猜有人会怀疑国王的近臣，就是那八个贴身护卫，掩盖了国王逝世的真相，但大多数士兵坚持要见亚历山大是为了对国王的即将离世表达哀伤和不舍。他们说自己缓步走过亚历山大身旁时他已不能言语，但是他仍挣扎着抬头，用眼神向每一个人致意。[12]

有七位将领决定行蛰居礼。他们夜宿于巴比伦神庙[13]，希望能通过异象或托梦得到神谕。他们问是否应该让国王搬迁至此，但令人丧气的是，神谕回答说他应留在原地不动。

6 月 11 日[14]下午 3 点到 6 点之间，亚历山大驾崩，此时离他 33 岁生日只剩一个月。接下来又会发生什么？每个人都惶恐不安。没有人知道。如果当时的报告属实，那么国王本人对此也并没有真知灼见。他还能说话的时候曾谈到他不愿谈的继承问题。有人问："你会把王国托付给谁？"他答道："托付给最强者。"据说他还补了一句："我预见我死后会有几场葬礼竞技会。"

佩尔狄卡斯问他希望什么时候给他神的荣耀。他答道："你们高兴的时候即可。"据说这就是亚历山大最后说的话。[15]

国王的死因与没有了他的未来一样不确定。起初人们都说他是自然死亡，但不久关于他被下毒的旁证细节逐渐浮出水面。如此一来，我们就应该问，究竟是谁对国王下了毒手。

亚历山大之死有两种解释，两者都有史料支撑，都模棱两可，都如同发誓“如有虚言，天打雷劈”般言之凿凿。一种直称亚历山大死于谋杀，另一种则说虽然死因复杂，但他是自然死亡的。我们应当相信哪一个？

为探究真相，让我们的故事从他短暂而辉煌的一生的起点开始——在马其顿喧闹不休、危机四伏的宫殿里，一位小王子呱呱坠地……

第一章

山羊国王

公元前 356 年 7 月 20 日对腓力来说是个重要的日子，是他一生中的高潮时刻。

这位聪明而又颇有魅力的 20 多岁的年轻人已经就任马其顿国王两年。由于周围都是敌人，他的日子并不安逸。就在这一天，他还在带领部队打仗；三名信使陆续来到营中，每个人都捎来了好消息。

第一位骑马而来的信使带来了他最信赖的干将帕曼纽（Parmenion）的消息，传来他在对付马其顿凶狠野蛮的宿敌伊利里亚人时大获全胜的捷报。紧接着是来自希腊南部奥运会举办地的信使。腓力的一匹马参加了赛马。只有富豪才养得起双马或驷马战车，单单是驯养一匹马参加 4.5 英里 * 的跑马竞赛也花费不菲。腓力的投资得到了回报，因为他的马拔得头筹。这给他屡遭非议的名声增光不少。

最后一位信使来自首都佩拉（Pella）。他的妻子奥林匹亚丝（Olympias）产下了一名健康的男婴。官方的预言家或占卜者都说孩子诞生之时恰逢其他捷报传来，必是祥瑞之兆。他将来长大了肯定战无不胜。对他的父亲而言，这就意味着王朝后继有人。

---

* 1 英里约为 1.6 千米。——编者注

男婴的名字就是亚历山大。

等待着这位婴儿王储的是一个充满挑战的未来。作为王室成员，他很快就了解了生与死的现实。他是个聪慧伶俐的孩子，记得住他的一切所见所闻，早年的经验教训决定了他成年后的为人处世方式。

下面就是他肯定学过的几课。

马其顿境内高岩耸立，地形复杂，非常不易管辖。王国地处奥林匹斯山——宙斯及希腊万神殿中其他拟人化神明的传统居住地——以北。其中心是一块肥沃的冲积平原，与北马其顿的树木山川相邻。它的海岸线则向外伸出，形成哈尔基季基（Chalcidice）半岛，这个三根手指形状的半岛上散布着不少希腊人的贸易据点。

马其顿居住着许多以养殖牲口和狩猎为生的、桀骜不驯的部落。他们经常赶着羊群逐水草而居，冬天在低地，夏天在高地。他们对中央政府尽量不闻不问。村落有不少，有人定居的城镇则屈指可数。

王国内有一种重要的原材料，几乎取之不尽用之不竭，那就是高质量的木材。贸易以爱琴海为中心逐渐发展起来，因为当时不管是旅行或运输，海路都比陆路便捷。商船与战船均供不应求，船板和木桨自然也随之紧俏。马其顿的乔木提供了最理想的木料，绝非希腊大地上的低矮树木所能比拟。马其顿还出口沥青作为船只的防水密封材料。

即便是暴君的生活也谈不上讲究。公元前5世纪的知名“历史之父”希罗多德就曾描述过马其顿王室的简陋。与他同时代的人应该已经注意到王室的生活方式比较简单，这种生活方式在过去几百年间并没有什么变化。国王就住在农舍里，屋顶上开一个烟洞，王后则亲自下厨烹调。希罗多德或曾到过马其顿，他说："从前的统治者与老百姓一样贫穷。"[1]

在腓力及其后的时代，国王的生活方式依旧比较不拘小节。他在家就与男性伙伴军狩猎和饮酒。在外则带领军队打仗，并由选定的七名近身护卫官负责护卫。因为他精致的盔甲容易招致敌人攻击。

他平日里经常与子民交往，人们也不用头衔称呼他，直呼其名即可，或者干脆就管他叫"国王"。遇到下面的人莽撞无礼，他也只能忍着。荷马笔下有个罗圈腿的跛子瑟赛蒂兹（Thersites），此人就是个捣蛋鬼，"满脑子糨糊"[2]，可是特洛伊的统帅阿伽门农也不得不容忍他的胡言乱语。

其实，像腓力这样的国王算不上专制君王，他更像一个部落首领，他的成败主要取决于他战时的表现与平时的雅量。国王对待他人必须慷慨，不管是分封领地、赠予钱财还是分配战利品。

与阿伽门农一样，他事事不忘与大臣商议。腓力是个非常理想的国王人选，表面上人很随和并不失幽默，骨子里却很有决心和想法。有一个故事很能说明他的为人。一次战役结束后，他正主持贩卖战俘为奴一事。他的长衫提得过高，暴露了他的下体。一位俘虏自称是他父亲的朋友，希望跟他私下说几句话。于是他被领到国王身旁，他对国王耳语道："把你的长衫往下拉拉，你现在的坐姿有些不雅。"腓力说："放了他，我刚才忘了他的确是我的真朋友。"[3]

我们对国王的法定权力所知甚少，但他似乎是在公民或军队组成的议会上以口头表决的方式选出的。[4]国王要对任何一个马其顿人处以极刑，都必须经过议会同意。但即便权力有限，善于弄权的统治者几乎总能让别人同意自己的想法。王位通常由长子继承，但稍后我们也能看到这绝非铁律。

哲学家亚里士多德的父亲是马其顿宫廷的御医，他曾经观察腓力后说道："国王的地位……与评判贵族用的是同样标准，都需要有过人之处，不论是良好的个人操守、高贵出身，还是军事或行政的优异表现，又或是所有这些条件再加上处理事务的能力。"[5]

多少统治者曾经一再尝试把自己的意志强加在不驯服的臣民身上，但都不怎么成功。在公元前 6 世纪末，大流士一世这个域外强权开始介入马其顿，他是波斯帝国的专制君主，其帝国版图从东地中海沿岸一直延伸到印度门户，从埃及一直到安纳托利亚。很多人都说波斯帝国基本上就是点缀着绿洲的一片沙漠。其实波斯也有水源丰足的平原，可能比今天更富饶，也有荒漠。由于山峦起伏，河面宽广，旅行或打仗都十分困难。

波斯帝国的奠基者是公元前 5 世纪中叶的居鲁士大帝。波斯人原为游牧民族，即便在帝国权力鼎盛时期，其统治者也是在苏萨、波斯波利斯和埃克巴坦那等各大都城之间游移。他们的帝王宫殿就像石头砌成的御帐。与所有游牧民族一样，他们都精于骑射，骁勇善战。

据估计，帝国约有居民 5 000 万。[6] 他们文化各异，语言不同，有多种宗教信仰。好在统治者的管理比较放任自由。不过，胆敢反对中央政府的人难逃被火烧、劫掠和屠杀的命运。在生死存亡的关键时刻，帝国就是个军事王朝。

被尊称为"大帝"的大流士一世想让多瑙河成为他辽阔疆域在西北方的天然屏障，这就意味他必须征服色雷斯。这块横亘在巴尔干山脉、黑海和马尔马拉海之间的大片土地，是今日希腊、保加利亚和土耳其的一部分。

约在公元前512年，波斯军队大举入侵色雷斯，接着越过了多瑙河，游牧民族斯基泰人却拒绝迎战，在这里将了大流士一世一军。他们很清楚大流士一世的部队在时间和粮草供应上都耗不起，最后只有撤兵一途。

眼见自己的战果有落入西边山区部落手中之虞，波斯大帝决定吞并马其顿。他责成手下一员大将处理此事。于是使者被派去见当时马其顿的国王阿明塔斯一世（Amyntas I），要求他提供象征降服和效忠的土和水，阿明塔斯同意成为附庸，并将自己的女儿嫁给一位波斯高官，因为他觉得让马其顿成为波斯帝国的一省有很多好处。[7] 只要有大流士一世为后盾，他或许就能扩大自己的王国，也能让自己这些难缠的子民的气焰有所收敛。

可是他年仅十来岁的儿子，即后来继承王位的亚历山大一世不这么想。据希罗多德的记载，他在欢迎使者的国宴上采取了暴力行动。宴会过半，宾客都已不胜酒力。一般来说良家妇女不会涉足这种场合，但是在波斯人的明确要求下，她们还是被迫出席。阿明塔斯因此感到很屈辱，显然他在愤愤不平的儿子的劝说下设了一个局。他告诉波斯人说他们可以与自己喜欢的女子欢好，他还说："或许让她们先洗个澡再回来。"

这些女子都换成了没有胡子、身揣尖刀的少年男子，他们回到餐厅里，在使者的身边躺下，迅速了结了这些人的性命，还一并将他们的仆从车马等处理停当，就像这些人从来就不存在一样。大流士一世设法查找他们的行踪，但没有结果。所有的人面对询问都是一脸茫然。[8]

也许希罗多德记叙的故事就是成年后的亚历山大一世讲给他听

的，也许此事是子虚乌有，但也说明了马其顿的领导阶层对波斯长达 30 年的占领感到多么耻辱。[9]

但也正是这种耻辱感给马其顿的国力打下了基础，因为这并未阻止亚历山大一世在继承王位后以波斯人为后盾大力扩张领土。说起来也是一大讽刺，要是没有大流士一世武装入侵在先，马其顿是永远不可能成为一个强国的。

马其顿的南面是希腊群岛，其上分布着许多规模不大、勇猛强悍、雄心勃勃而又极富创造力的共和政体城邦，包括被称为古典世界明珠的雅典，而伯罗奔尼撒半岛上还有军事城邦斯巴达。

虽然以“赫伦人”（Hellenes）自称的希腊人几乎凡事都意见不一，但他们一致认为自己要比外国邻居高出一等。只要不是希腊人，就一概称为野蛮人（barbaros），因为他们说的话很奇怪，听着就像“吧吧”的声音。希腊人不尊重也信不过这些人。[10]

如果说希腊人一方面有点儿像排外的俱乐部成员，他们在另一方面又十分外向，是游走四方的贸易商，从公元前 8 世纪以来就驾船在地中海南来北往。他们在沿海和爱琴海诸岛屿以及西西里和意大利南部，建立了许多长期据点。一方面是为了保护和拓展商路，一方面也是为了安置人口激增后地方粮食生产跟不上而必须转移的过剩人口。

如柏拉图所说，这些新据点有如“围绕在池塘边的青蛙”[11]，数不胜数，同时也大大扩张了希腊世界的影响力。希腊人为自己的独立而自豪。不幸的是，爱奥尼亚的许多城邦分布在安纳托利亚沿海，此处正是波斯帝国的西陲，它们落入波斯大帝之手也是意料之中的。

大陆上的希腊人对于马其顿被吞并几乎没有反应，但许多人还是对爱琴海对岸同胞的命运极度怀恨。公元前 499 年，爱奥尼亚人奋起反抗，把波斯大帝任命的统领全部推翻。民主的雅典人做了一件不明智的事，派了一支小舰队去支援叛军，帮忙将吕底亚富丽堂皇的首都萨迪斯付之一炬，之后很快掉转船头返回。公元前 493 年，叛军束手投降。

大流士一世万万不容任何反对势力。据希罗多德的记载："他朝空中射出一箭，并叫嚣道：'神啊，让我好好报复这帮雅典人！'然后他命侍从在他每一次坐下就餐时提醒他：'陛下，勿忘雅典人。'"[12]

公元前 490 年，在两年前出征未果之后，大流士一世直接派了一支舰队跨越爱琴海，开始了他的复仇计划。舰队在雅典领土阿提卡的马拉松海湾登陆，不料惨遭雅典部队击溃。本来这次打击也不能算大，但折返的波斯人咽不下这口气，大流士一世发誓绝不就此罢休。不过最终因为其他种种原因，也包括大流士一世自己在公元前 486 年辞世，双方的再次交锋被推迟了 10 年。

大流士一世的儿子薛西斯接了棒。他集结约 20 万大军和 600 艘三层划桨战船。[13]他沿色雷斯海岸线的陆路进发，船队则由水路如影随形地跟上，于公元前 480 年抵达马其顿和希腊北部。

这位新的波斯大帝从即位以来，就对亚历山大一世极为赏识，而亚历山大一世此时早就被环境磨炼出了一套阳奉阴违的性格。据史学家贾斯廷记载：

> 当这位君王如暴风雨般向希腊袭来，他授予了亚历山大对奥林匹斯山与北边哈伊莫斯山脉之间辽阔土地的管辖权。所以，亚历山大未派一兵一卒即凭借波斯人的慷慨扩大了疆域。[14]

于是这位马其顿人就以波斯大帝使者的身份前往雅典，我们可以推测，他恐怕和古典世界其他人所猜的一样，以为薛西斯一定会大获全胜。看来波斯大帝的确胜券在握。雅典的老百姓全部撤退到附近一座小岛上，波斯人不费吹灰之力就将这座空城拿下并捣毁。所有神庙被波斯人付之一炬，一如当年萨迪斯百姓遭受的命运。雅典被破坏殆尽，断壁残垣至今仍留有烟熏火燎后的黑色灰烬。现代考古学家已经发现了清楚的焚烧痕迹。来自大流士的报复晚则晚矣，却绝不留情。

然而出人意表的是，由雅典三层划桨战船主导的希腊联军舰队在萨拉米斯击溃了薛西斯的海上舰队。波斯大帝匆忙还师回朝，只在希腊中部留下重兵，希望他们能扭转战局。

亚历山大一世见时机已到，他内心深处爱慕希腊的情结开始重燃。他必须参加此次战役。表面看来，他与身边的马其顿骑兵队都是忠心耿耿的波斯部队，而且对面是彼奥提亚（Boeotia）的普拉蒂亚战场上争吵不休的联军。

国王决定两边下注。就在战役前夕，双方人马都熟睡之际，他单枪匹马来到一个希腊哨所前，要求与联军统帅商谈。希罗多德详细记述了当时的情景：

> 大多数哨兵留在哨所，其余人则火速赶往将领处，说是波斯营的一名骑兵到来，指名道姓要与几位统帅商谈，其他的什么都不肯说。听说如此，统帅们径直与众人赶往哨所。亚历山大见到他们后说：“雅典人啊，我给诸位捎来的是绝密信息，除了最高统帅保萨尼亚谁都不能告诉，否则我恐怕性命不保。”[15]

接着，他告诉希腊人，多日不见动静的敌人将于次日出击。这可是不可多得的情报，这位马其顿人还说："如果你们此战告捷，记住我，帮我重获自由。我为了希腊冒着极大风险透露了波斯的军情，使你们免遭偷袭。我是马其顿的亚历山大。"[16]

我们应当理解，国王所言不无夸大之处。其实他只不过是买了一个保险，不论最后战局如何，他都是赢家。以后我们也会看到，这种两面通吃的在强敌中不断游走的背叛游戏，是历任马其顿国王的拿手好戏。他们手上就是一副烂牌，除了要点儿花招外也别无选择。

果然如他所言，次日波斯人发动攻击，结果溃不成军，大将还战死疆场。薛西斯的大规模侵略战争至此终结。亚历山大一世没等多久就倒戈了。我们知道亚历山大一世曾袭击灰溜溜地回国途中的波斯部队，且斩获颇丰，因为事后他在德尔斐神谕所和奥林匹克运动会总部的奥林匹亚给自己捐赠金像时说："这是从米底战俘手中搜刮的第一笔战利品。"[17] 其后，他又攫取了色雷斯西边的土地。此时马其顿的疆域已是原来的四倍大。[18] 国王自然喜不自胜。

在普拉蒂亚战役前，每一位雅典士兵都发誓："每一座被蛮族焚烧和拆毁的神庙我都不会重建，好让后人铭记这些人对神明的不敬。"[19] 此后多年，雅典卫城到处尽是焚烧后的断壁残垣，让希腊人永志不忘曾经的劫难。

爱国的希腊人相信，复仇之日迟早会到来，特洛伊战争必将重演，就像阿伽门农、阿喀琉斯和他们的远征军那样，他们必将横渡大海，一举歼灭波斯这个亚洲大国。

问题来了——马其顿人究竟是希腊人还是蛮族之后？在大多数

自视颇高的希腊人眼中，他们是简单粗暴、不讲文明的人，应该算是野蛮人，可是他们的语言，虽然外人听不懂，却属于希腊方言的一种。马其顿王室又自称是希腊南方城邦阿戈斯人（Argos）之后，故名阿吉德王朝（Argead dynasty），所以起码他们对自己的身份是确定不疑的。

但这还不够。历代马其顿国王都努力改变对自己不友好的看法。奥林匹克运动会，当年之盛犹如今日，是业余运动员之间的赛事，可以说是最具代表性的希腊传统，也只有希腊人能参加。当年轻狡黠的亚历山大一世想要参加竞走和五项全能比赛时，他竟然被认为不够资格。希罗多德是这样说的：

> 与他竞技的希腊人不愿意他参赛，说比赛仅限希腊人，外国人不得参与。但亚历山大证明自己是阿戈斯人，所以确实是希腊人。他因此参加了竞走项目，结果与他人并列冠军。[20]

当时最伟大的、擅长写颂歌赞美奥林匹克胜利者的诗人品达，就曾经称赞亚历山大一世是“大胆而足智多谋的阿明塔斯之子”[21]，他对这一美誉受之无愧。

> 用最美丽的歌
> 颂赞佳绩实属应当，
> 这是对荣耀神者唯一最贴切的表扬，
> 对高尚行为视若无睹缄默以待，它必然消亡。[22]

亚历山大一世抹去他蛮族身份的努力取得了一定成功，即便他没有被完全接受，还是赢得了“爱慕希腊者”的诨名。

他于公元前 452 年驾崩，其后几十年国运不济，名声不良。[23] 他的继任者佩尔狄卡斯二世和他一样诡计多端，但在位时丢失了不少原先获得的领土。一度被驯服的部落再次变得难以驾驭，基本上各自为政。公元前 5 世纪下半叶，雅典与斯巴达领导的希腊陷入旷日持久的消耗性内战，国王卖木材给双方制造战船。交易成不成他说了算，而且挑拨两方互斗。可惜，他两面三刀的做法并非次次对他有利。

公元前 412 年，另外一位志向远大的君主阿基劳斯（Archelaus）继位。他在国内对经济和军事实行了重大改革，此人比他的祖父亚历山大一世更热爱希腊。他特别重视文化产业，曾动用公共开支邀请希腊作家和艺术家前来马其顿居住。

显然，这位国王是个女性气质的同性恋者，宫廷生活开放随意。最受群众拥戴、最激进的伟大雅典悲剧诗人欧里庇得斯当时虽已老迈，却与比他年轻得多的、40 岁上下的剧作家阿加松（Agathon）结伴前来。阿加松正是哲学家柏拉图描述雅典一次晚宴的半虚构作品《会饮篇》的主角。据传，他与欧里庇得斯是一对恋人，如果此事属实，那么他们的行为可谓相当张狂，因为许多希腊人都不赞成成年人之间长久的同性关系。（他们赞同十多岁的少年与年轻的成年男性交往，认为这种关系有一定的教育意义，同时也是情欲的发泄，但应当是暂时的。他们通常在几年后就应转换成密友关系，并分别与异性完婚——具体可见下一章论述。）国王在一次公开宴会上问欧里庇得斯敢不敢亲吻中年的阿加松，老者或许略带冬日感伤地笑着说："并非只有春天才美，秋天也美。"[24]

阿基劳斯还请当时时髦的画家宙克西斯（Zeuxis）为他装饰希腊式新都城佩拉的宫殿，他刚刚将行政机构搬至此处。[25]不过，他却请不动苏格拉底。这位哲人辞谢了国王的邀请，声称他从不接受无法回报的恩惠。[26]

国王在众神的住所奥林匹斯山下举办了一场为期9天的盛会，并亲自监督活动的举办。[27]为纪念宙斯和缪斯，同时举办了体育比赛及戏剧比赛。也许他还奢望这场盛会能让同样献给众神之王的奥运会黯然失色。与他的前任国王亚历山大一世一样，他也曾参与在奥林匹亚的竞赛，并在战车比赛中夺魁（他在德尔斐的皮提亚运动会中也同样获此殊荣）。

宫廷里的气氛越来越希腊化，缺乏教养的马其顿无赖贵族们都接受了希腊教育。国王的努力成功了多少呢？好坏参半。王公贵族确实被大肆宣传征服了，但国王很难改变国际上那些势利眼的态度。

斯拉斯马寇（Thrasymachus）是位有名望的哲学家、教育与政治顾问（希腊人称之为诡辩家），他曾在柏拉图的巨作《理想国》一书中出现过。他问道："难道我们这些希腊人要做阿基劳斯这野蛮人的奴隶吗？"[28]

他可不是唯一对恭维奉承不买账的人。阿基劳斯的继任国王继续打这场艰难的翻身仗，腓力也不例外。公元前347年柏拉图逝世，腓力对这位伟大哲人的离世极尽"悼念"之能事。[29]但如德摩斯梯尼这样有教养的雅典人，不仅把腓力当作政治对手，还认为他是乡巴佬。他曾不屑地表示，国王"不但不是希腊人，与希腊人毫无关系……还是当年连一个像样的奴隶都买不到的鬼地方马其顿的人”[30]。

虽然阿基劳斯鼓励大家附庸风雅，他自己作为公众人物的行事为人以及他的宫廷文化中，却有根深蒂固的难以克服的野蛮一面。宫中不乏明争暗斗的野心家，王室成员随时有被清除的可能，特别是在王位交替的时刻。

国王本人也称得上个中能手。据柏拉图说，他是佩尔狄卡斯与一名奴隶的私生子，“而今虽已为王，却根本没有王位继承权”[31]。但他经过血腥斗争终于成功夺权。他曾设计邀请当时王位的竞争者，也就是他的叔叔和叔叔的儿子一起吃饭（他似乎就是在叔叔家长大的），席间他将两人灌醉，运上一辆马车连夜送走；眼不见心不烦，两人被双双杀害。

阿基劳斯的前任国王之子年仅7岁，年幼的王子虽无法亲政，却是法定继承人。他被人扔到井里淹死了。阿基劳斯对他母亲编造了一个王子在追鹅嬉戏时不慎坠落的故事。

阿基劳斯是位聪明有远见的统治者，应深谙“以杀人为生者必死于刀下”的道理。公元前399年他被暗杀。关于此事说法不一。一说他的一名男友克拉特鲁斯（Craterus）[32]将他杀害后夺权。但此人四日之内即遭谋害，真可谓冤冤相报。亚里士多德对此一笔带过：“两人最终疏远的原因是克拉特鲁斯不愿再满足他的断袖之癖。”

国王的儿子俄瑞斯忒斯（Orestes）继承了父位，不幸的是他又是个年幼孩子。监护人随即将其杀害并取而代之。但此人在位也只有短短几年。紧接着是三位短命的国王轮番就任和卸任，最终在公元前 393 年“希腊爱慕者”亚历山大一世的曾孙当上了国王。他就是阿明塔斯三世（Amyntas Ⅲ）——历经多年的血洗，竟然还有王朝后裔幸免一死，也称得上奇事一桩。他在位 20 余年（中间曾遭短期罢黜），继续马其顿摇摆不定的联盟政策，但对雅典的好感似乎从不动摇。

家务事也够阿明塔斯三世忙碌的。阿明塔斯似乎有不止一个妻子（这在马其顿王室也不算稀奇），并育有至少 7 名子女。传说其中一个妻子尤丽黛丝（Eurydice）的行为几近疯狂。如记载属实，她意欲谋害丈夫，与自己的女婿托勒密欢好。得知消息的国王女儿自然怒火中烧，于是将此事告诉了阿明塔斯三世。他宽宏大量地饶恕了自己的妻子，最后竟然活到耄耋之年，于公元前 370 年驾崩。

王室内部争端再起，尤丽黛丝（似乎）是一系列厮杀的中心。[33]年轻的亚历山大二世即位，几年后就在托勒密的谋划下被暗杀。这位太后的情人自封为太后年仅十几岁的二儿子佩尔狄卡斯三世的摄政。年轻的国王精力充沛又大胆有为，公元前 365 年他将托勒密处死，并接掌大权。

历史并未记载尤丽黛丝的下场，但她似乎并非一无是处，她也有母性的一面，她相当重视自己和儿子们的教育，佩尔狄卡斯三世后来热爱哲学，多少也得益于她的教育。她曾送给众位缪斯一段题字，说自己“因勤奋好学而通晓文化”[34]。

佩尔狄卡斯并未死于宫廷阴谋，而是因战役失利丧生。公元前 359 年，他试图从一直凶狠进犯的伊利里亚人手中夺回马其顿北部，不幸战死沙场。过去一百年夺取的领土而今丧失殆尽，王国四邻见有机可乘，也欢欢喜喜前来分享尸体上的余肉。

国王的儿子阿明塔斯四世即位，但这个年幼的孩子在国家危难之际显然发挥不了作用。所幸佩尔狄卡斯还有一个已经成年的弟弟。虽然他还年轻，前途未卜，但已初露锋芒，他就是腓力。

腓力幸运地逃过了他母亲的凶险算计。因为他过去几年一直在伊利里亚当人质，后来又到了彼奥提亚的首都底比斯，当年彼奥提亚可是希腊首屈一指的城邦。[35] 由于腓力不在佩拉，他不但保持了身体健康，还从异地他乡学到了不少东西。

他在青少年时代就长得十分俊俏，据称在底比斯就被名噪一时的好色统帅帕曼尼斯（Pammenes）勾引。[36] 这对于在马其顿宫廷内长大的青少年可谓稀松平常的经历，也没有证据显示王子拒不从命。此事应当理解为一段成长经历而不是性虐待。

更重要的是，腓力有机会结识军事天才伊巴密浓达（Epaminondas），由于伊巴密浓达精通战术、军纪和练兵，底比斯得以连续几次击败当时的军事强国斯巴达。腓力也有机会见到由 300 名男性同性恋战士组成的一支劲旅，即底比斯圣队（the Sacred Band），只要两人你情我愿，都不希望在另一半面前丢人现眼即可入伍。这支精锐兵团或许起源于荷马时代每位勇士配一名战车驭手的组合。[37]

伊巴密浓达也以文化素养见称，他个人的哲学老师正是腓力学习并崇拜的思想家兼科学家毕达哥拉斯。

他在底比斯逗留的两三年让他体验了众多讲希腊语的小城邦内的生活，以及如何做一个完完全全的希腊人。尽管有亚历山大二世及阿基劳斯国王的努力，马其顿宫廷仍欠缺文明，还是有点野蛮人气息。腓力自觉从底比斯受益匪浅。毫无疑问，正如他的史官贾斯廷所写，在底比斯的日子“是个大好机会，的确让腓力本已出众的才华得到进一步提升”[38]。

王子回到佩拉大约是在公元前365年，也就是他不幸的哥哥佩尔狄卡斯即位后不久。新国王对他的弟弟十分信赖，让他管辖马其顿东端帖米湾附近的领土，他手下还配备了骑兵和步兵。[39] 腓力因此能够把他从底比斯学到的军事学问付诸实践，也许这正是佩尔狄卡斯的用意。结果证明这是一段非常必要的历练。

公元前359年的伊利里亚大战是马其顿历史上的不幸时刻。我们几乎可以肯定腓力参战了，并亲眼看见了这场大灾难。国王与4 000名士兵战死疆场。马其顿因此人心惶惶。敌人从四面八方涌入：佩欧尼亚的部落来趁火打劫，伊利里亚人正筹划大举入侵，色雷斯人支持了一个自称有权继承王位的人，而雅典人则支持另一名继承人并派了一支舰队和为数不少的部队作为其后盾。

腓力被任命为他侄子的摄政，佩尔狄卡斯之子当时尚且年幼。[40] 他马上就展现出处变不惊的能力和智谋。他清楚自己不可能立即击退所有的敌人，他将他们排好顺序，逐个处理。他娶了伊利里亚国王巴蒂里斯（Bardylis）的女儿为妻，贿赂佩欧尼亚人以打消其入侵念头，收买色雷斯人后让他们不再支持那个王位竞争者，并将其处死。

接着腓力又以献上一个繁荣港口为诱饵，哄骗雅典人暂缓派军出征，顺势将因此孤立无援的另一名王位争夺者杀害。这位奋发有为的摄政很快就说服了马其顿的议会立他为王。他并不残酷，但十分无情，在性命攸关时刻他一向如此。有了阿基劳斯和其他祖先的例子，他知道为了安全不能心慈手软，于是决定将他的三位同父异母兄弟一一灭口，其中两人是在被追踪数年后才惨遭毒手的。因为腓力不认为年幼的前任国王构成威胁，就没有对他下手，让他在宫中长大，这是年幼君主当中少有的幸存者。

腓力完全无意信守先前的承诺。一年后他入侵佩欧尼亚，将佩欧尼亚击溃吞并。他立即矛头一转向伊利里亚进发，又大获全胜。他年过 90 岁的岳父巴蒂里斯与麾下 7 000 名士兵一同战死沙场。腓力为佩尔狄卡斯报了一箭之仇，更重要的是，他夺回了对上马其顿的控制权。他的王国又得到了统一。

打下这一大片领土后，腓力与他之前的国王们一样，都面临着从荷马史诗般的乱世枭雄向治国之君的过渡。

腓力是如何成就他的战功的呢？他的灵感来自前人。

在城市与大海之间的平原上，曾有两军在此对垒。为了争夺对小亚细亚历史名城特洛伊的控制，这场艰苦卓绝的战事已进入第九个年头。战争的导火索是一起震动古典世界的性丑闻，美丽的海伦离开了她的丈夫斯巴达国王墨涅拉俄斯，与英俊的特洛伊王子帕里斯私奔。

荷马作为讲述这场战争的伟大史诗作者，是这样描写当时的场景的：

> 兵勇们急速行进，穿越平原，脚下掀卷起一股股浓密的泥尘，密得就像南风刮来弥罩峰峦的浓雾，使人的目力仅限于一块投石可及的距程。[41]

国王与贵族也混杂在官兵之中，站在战车之上。[42] 战车上的人呼喊同样站在战车上的敌人的名字，接着跳下车挑战对方，进行决斗。每位战士都配备了两支轻型的投掷用长矛和一把剑。他们身上的防护就是一块圆形盾牌，撤退时就将盾牌挂在背后。在战士对垒时，他们缺少武装的侍从们就在一旁叫阵助威。侍从们或进或退，毫无秩序，一切都取决于主人的胜败，他们在战争中似乎并不发挥决定性作用。

此次战争的始作俑者帕里斯也从特洛伊官兵中站出来，挑战愿与他决斗的任何希腊人。被戴绿帽子的斯巴达国王墨涅拉俄斯立即从战车上一跃而下，打算积极应战。帕里斯其实是个懦夫，被他的守护神——爱神阿佛洛狄忒——赶到了一旁。

弓箭手在当时不受待见，因为他们可以躲在安全的地方射箭，这不是公平的战斗方法。在围城后期，帕里斯向当时最负盛名的战士射出一箭，杀死了以脾气暴躁、长相俊美闻名的阿喀琉斯。弓与箭都是品行不端的证据。

后来几个世纪的希腊人都认同荷马这套（几乎可以肯定是）虚构的英雄人物观：战争可以带来荣耀，个人的英勇可以为人赢得美誉，由此个人几乎可与神明等量齐观。

至公元前 8 世纪，希腊大陆的贵族时代已经过去。再说，我们无从知晓特洛伊战争到底发生过没有。它也许纯粹是文学家无中生有杜撰出来的。荷马对战事的描述也令人难以置信，他说战车仅仅是将战士运输至前线的工具更是奇怪，因为当时小亚细亚的赫梯人还有埃及人，都已经在战役中利用战车布阵了。

然而，大多数人还是相信这场遥远的希腊冲突是史实，它引发了人们对军事荣耀的遐想。腓力知道，像阿喀琉斯这样勇敢的领导人必须冲锋陷阵，与人近身搏斗，身先士卒，偷偷摸摸躲在后方是不行的。

这位马其顿国王打仗的时候就是这么做的，所以他多次出征屡屡负伤也就不奇怪了。连严厉抨击他的人也不得不承认“他随时愿意为了扭转战局而牺牲身体的任何部位”，这评价是由衷之言。他的一只手和一条腿都受过重伤，[43]锁骨也断过。更糟糕的是，在一次围城战役中他还瞎了一只眼。[44]医生成功地将箭取出，国王的性命无碍。尽管剧痛难忍，他依然坐镇指挥。最后拿下那座城市时，他并未怪罪抵抗的守军。他的宽宏大量正是人们期待的伟大王者风范。

据普鲁塔克说：“他并不遮盖或隐藏那些伤疤，而是公之于众，仿佛它们是刻在他身上的美德与英勇的象征。”[45]

继封建王国之后出现的是由中产农民和贸易商贩统治的城邦。战争方式也随着新政体出现而有了改变。这是公民民兵盛行的时代。过去的战斗是出身不凡的战士向单个对手投掷长矛，现在则是训练有素的步兵互相对峙。他们披着重型甲胄，以密集的方阵队形出征。

这些重装步兵头戴铁盔，胸穿铠甲，大腿和小腿上都有护甲，还配备了两根冲刺长矛和剑，供近身搏斗用，另有一面大型圆盾，既可保护自己，也能给左侧的士兵提供掩护，对敌人形成一面盾墙。步兵方阵的主要优点在于它的气势强大。它就像一个人肉重锤，可以摧毁敌人阵线。它能推，能挤。多数死伤发生在胜负分晓后，败走的一方惨遭杀戮。

只要方阵能严格保持队形，要打败它并不容易。但它也有缺点：方阵不能迅速改变阵线，或实施有序的追击。战场的地势必须平缓，凡是土坡、深坑、壕沟、溪流、树木、草丛都会让士兵的队形受损。一旦队形出现豁口，就容易被敌人乘虚而入，打乱阵脚。

因为重装步兵左手持盾，如遇敌人两面夹击，处于方阵最右列的一排人因缺乏保护，往往会为保护自己而朝右倾斜。队伍被拉长变形，形成更危险的豁口。

方阵作战的另外一大困难是，当交战双方都摆出方阵，容易出现不分胜负的僵持局面。首先发现这个问题并找出对策的是底比斯人。公元前 371 年夏，他们在彼奥提亚一个叫留克特拉（Leuctra）的村子外面小试牛刀一番。对手是当时公认最精锐的斯巴达部队及其盟友。

斯巴达的方阵像往常一样占据了战线右边的优势地位。左边的底比斯一方在伊巴密浓达的策划下，组织了一个有 50 列的纵深方阵。战斗力较差的士兵被安排在不用正面与敌交锋的后方。在双方骑兵交手后，他的超大方阵强行猛攻敌军的右翼。结果底比斯大获全胜，斯巴达从此一蹶不振。

伊巴密浓达和这位底比斯人的好友佩洛皮达斯（Pelopidas）提出的军事改革方案，让年轻的腓力兴趣浓厚，求知若渴。我们或许能想象他在帕曼尼斯宴席上聆听战术的讨论并记下革命性新战略的场景。

多年后，当腓力登上国王宝座，他对马其顿的剩余军队做了整改。他因此创造了一支名为“伙伴军”的精良部队，这些人都是从（养得起马匹的）贵族中招募的，还有一批天天想着回家照看农场、收割庄稼的农民步兵，但这些人的纪律和训练差一些。他把这些民兵培养成了能应对各种来敌的待命部队。[46]

首先，他借鉴了底比斯人的纵深方阵的想法，还做了一点重要改进。方阵的缺点是在两军相接时容易像橄榄球队并列争球一样，演变成一团混战。于是他将投掷用的长矛换成长的刺矛（sarissa）。刺矛约有 18 英尺* 长，必须用双手握住。[47] 在通常纵列约有 16 人的方阵中，前四五排的士兵手持刺矛冲锋陷阵，这样就把方阵的威胁向前延伸。后面的人将刺矛冲天，以抵挡空中飞矢。习惯近身搏斗的重装步兵发现这种致命的巨型刺猬很难招架。

当然，强大的方阵或许能将敌人吓退于一时，一旦对方也排开类似的纵深方阵就无法再次奏效了。腓力取胜靠的是他堪称希腊世界之最的重装骑兵。马背上的骑手享有机动性强的明显优势。在方阵坚守阵地让敌方步兵分身乏术之际，其攻击力高、飞速移动的骑兵可驰骋疆场，从马上砍杀步兵，从而占据上风，赢得战役。

希腊城邦一般施行民主制，不太重视骑兵，因为养马的开销不少，马匹又让人联想起声名狼藉的贵族精英。一般的希腊骑兵是 16 人 ×16 人的正方形方阵。不凡的塞萨利骑士则采用菱形阵，腓力又把它改成三角形。指挥官一马当先，占据与敌人最近的一角，他后面的骑兵则随着他的战马移动而改变方向。这种独特的灵活性也容易给被敌人包围的指挥官带来受伤或阵亡的重大风险。在他每次发起冲锋之时，其他人都得准备随时上前营救。正如公元前 1 世纪的军事战略家阿斯克列庇欧多图斯（Asclepiodotus）所说："这样转圈就要比正方形阵容易，因为所有人只要眼睛盯着领队的身上即可，就像振翅飞翔的鹤群一样。"[48]

当时的许多部队中，平民人数与战斗员人数不相上下。腓力削

---

* 1 英尺约为 0.3 米。——编者注

减了起支援作用的僚属，并禁止战士的妻儿、妓女、小商贩和其他人尾随军队出征。手推车亦不得出现在部队人马中。

随着时间的推移，腓力逐步扩大军队。他接掌王位时手下有步兵1万名，骑兵600名。去世的时候已有步兵2.4万名，骑兵3 000名。步兵一日的薪酬是1德拉克马*，骑兵为3德拉克马。任何希腊城邦都难以负担如此庞大的日常军事开销，但没有人注意到军队扩张带来了显而易见的结果，东地中海的势力平衡已然发生了改变。其变化之大，已在不知不觉间由量变达到了质变。

腓力管理军队的重点是练兵、维持军纪和保持军队士气。他经常搞演习和强行军。他让士兵自己扛军粮（包括供30天食用的面粉）和装备，还教他们如何在野外觅食。

他的目的是让每位士兵乃至整个军队都尽可能灵活行事并能自给自足。他与士兵们不分彼此，但绝不姑息放纵。他对军官与士兵一样讲求纪律。当他发现有一名军官洗温水浴，立即将其解职。他就简单地撂下一句话："在马其顿，连刚生孩子的妇人我们都不允许洗温水浴。"[49] 有人因口渴擅自离开部队，去酒馆找点儿喝的，也遭到他的责打。[50]

休闲时的腓力却是相当放松闲适的。与他同时代的公元前4世纪史学家提奥庞波斯长期是腓力宫廷的座上宾，如果他所言可信，那说腓力放松闲适未免过于含蓄。他写道：

> 马其顿的腓力的宫廷无论在希腊还是在其他地方，都是最放荡不羁、寡廉鲜耻的聚会场所。一般而言，腓力并不特别表

* 德拉克马（Drachma）是古希腊货币单位。——译者注

> 彰那些勤俭持家的、值得尊敬的人，却特别提拔整日饮酒赌博、出手阔绰之人。结果，这些人不但越来越乖张，还极尽卑鄙下流之能事……有的人明明是男士而非女士，却为了让自己的皮肤光滑而剃掉体毛，有的成年男性之间关系暧昧。他们身边总有两三名男妓，自己还向他人提供性服务。其实，他们已经不是廷臣而是流莺，不是士兵而是“妓女”了。他们原本生来是男杀手，其所作所为却让他们变成了男娼。[51]

对这样的严厉抨击我们也不用太当回事，因为几世纪以来士兵们放松的方法就是痛饮和纵欲。比较不同寻常的是我们从中能够探知同性恋亚文化是公开且盛行的。我们知道腓力崇拜底比斯同性恋人组成的圣队。或许纵深方阵并不是当年的年轻人质觉得值得效仿的唯一创新。

腓力的幼子亚历山大成长于佩拉的宫廷。如果童年真能决定人的一生，他早年的经历肯定会对他日后的成长有深远影响。

随着时间的推移，他已从婴儿经过童年时代，步入青少年时期，也熟悉了他成长的世界。自幼聪颖的亚历山大将周遭的一切都记在脑子里，好在将来派上用场。

亚历山大的生活环境奇特又艰辛。历史给他的苦涩教训之一就是宫廷里的阴谋诡计既恶毒又血腥。唯一生存之道就是一旦感知到威胁，就得尽快而且果敢地做出反应。先王们的血腥命运，以及他父亲在即位之初的冷血行为，都清楚说明了这一点。

波斯人两次惊心动魄的入侵一定也强烈地触动了亚历山大的心。

这两次战役为他锁定了一个敌人——他们虽已被击败，但仍然强大显赫，心怀叵测。复仇是年轻人想象中的一道美食，马其顿屈从于波斯大帝统治所留下的耻辱依然刺痛。

马拉松和萨拉米斯的胜利凸显了希腊文明的优越性，而希腊文明正是他父亲和手下马其顿人所要效仿的，也是马其顿人公然表明的文化归属。

他开始对战事有了粗浅的了解，知道将来自己是要领兵打仗的。亚历山大一定将马其顿宫廷的粗陋随意当成常态。他对经常不在身边的父亲十分景仰，而他父亲也十分疼爱这个聪明无畏的儿子并引以为傲。腓力在不经意之间，早早开始造就一位将才。

亚历山大被一个尚武的男性社会所包围，唯一的例外是他令人望而生畏的母亲。她是伊庇鲁斯的公主奥林匹亚丝。从他出生后，她就倾注全力，不顾一切地为儿子争取利益。即便在他成年结婚之后，她仍然是他一生中最重要的女人。

第二章

学　徒

小女孩被人搀扶着下了船，踏上了一望无际的海岸。

她名叫波吕克塞娜（Polyxena），是希腊西北部一个小王国伊庇鲁斯中规模最大的摩罗西亚（Molossia）部落的公主。她刚刚抵达色雷斯沿岸南端不远处的岩石岛萨莫色雷斯（Samothrace）。

这座岛屿就像被扔入大海的一块花岗岩和玄武岩构成的巨石。处处都有从悬崖峭壁垂下的水花四溅的瀑布。这里没有可供种植的耕地，岛上的居民直至今日仍靠捕鱼和旅游业为生。在波吕克塞娜的年代，旅行者们都住在岛上唯一的城市定居点内，四周有巨型花岗岩堆砌的城墙围绕。他们是来朝圣的，因为城市的不远处就是隐藏在森林峡谷中的众神圣域。

这里举行的是敬拜冥府众神的神秘仪式，祭拜掌管生育的大母神（the Great Mother），还有一些让人猜不透身份的非希腊名字的神明，如阿谢罗斯（Axieros）、阿肖克尔萨（Axiokersa）、阿肖克罗斯（Axiokersos）、卡斯米洛斯（Kasmilos）等。仪式的性质是通晓内情的人必须严守的秘密，人人均讳莫如深，我们今天对仪式内容也所知甚少，但它们吸引人的主要原因是对来生的允诺。任何人，无论是自由人还是奴隶，无论是男是女，是成人还是孩童都能参加，地中海东岸各地的人们纷纷前来。[1]

仪式似乎包括祈祷以及在岩石祭坛上以猪和羊献祭，再往祭窖中倾倒奠酒。祭典共分两个阶段，先是在大殿里祭祀舞蹈，然后在小室中展示圣物，或许在黑暗中有火把照明。成功参与祭奠者或许会获得紫色绶带和铁环，以彰显其神圣地位，说明他将得到神明的庇护。

每年夏天，大约在 7 月会举办一场庆典，庆典的中心节目是以婚姻仪式为主题的神圣表演。虽然岛上全年都可以开展与神灵有关的事务，但波吕克塞娜和她的家人来到萨莫色雷斯很可能就是为了这一年一度的庆典。

在庆典上她第一次见到了英俊潇洒的年轻王子，马其顿的腓力。当时她大约只有 10 岁，那一年应该是公元前 365 年，也就是在腓力结束了他在底比斯的人质生涯回到家乡后不久。或许他就是为庆祝自己被释放才来到萨莫色雷斯的。

据说，王子看上了这位美丽活泼的女孩波吕克塞娜，两人的婚事就这么定下来了。也许腓力看上她并不是因为一见钟情，而是对她未来的价值做了冷静估算的结果。更直白地说，伊庇鲁斯与马其顿北疆接壤，具有重要战略价值。这桩婚姻将稳定两国的友好关系。有可能两人在这个知名盛典上的相遇是事先精心安排的。这样订婚一事会显得更权威、更庄重。这不仅是一门亲事，也是一桩交易。

波吕克塞娜后来又有了一个名字莫塔莉（Myrtale）[2]，取自希腊文的桃金娘（myrtle）。据说这是一种与萨莫色雷斯神秘仪式有关的、代表爱神阿佛洛狄忒的神圣植物。或许她是因为与腓力订婚才有了这个名字，又或许这是她在稍后的成年礼[3]上取的名字。

在公元前 358 或前 357 年，也就是波吕克塞娜（莫塔莉）达到可以生育的年龄时，他们两人才完婚。可能就是在这个大喜的日子，这位年轻的公主又换了名字。这次她无疑是受了纪念奥林匹亚之神宙斯的马其顿节日的启发，改名奥林匹亚丝，这也是她在史书上的名字。

古希腊上层社会的女性一般不在外抛头露面，只专心致志操持家务。她们连自己家里的晚宴都不出席。她们或许会在家奴监视下短暂地出现在市场购物，或参与宗教节庆。除了自己的男性亲人，她们只有在婚丧嫁娶时才能见到男人。理想的女性是没有人议论的女性。

但是在像马其顿和伊庇鲁斯这样的北方王国，情况则完全不同。贵族人家的女性和王室女性在宗教和社交方面，有时甚至在政治方面的作用都相当突出。女性可以拥有财产，也有处置财产的权利，在孩子未成年时她是其监护人。她可以参与外交事务，可以与国外的亲戚通信；女性也很可能是识文断字的，奥林匹亚丝一生中书信往来众多。

传说中的尤丽黛丝王后的一生，就给像奥林匹亚丝这样不甘寂寞的公主们树立了一个无情样板。与马其顿妇女最接近的供我们参考的形象，就是荷马史诗和伟大的雅典悲剧中描写的人物。作品中的王后与公主都是强势而独立的女性。

其中就包括希腊南部伯罗奔尼撒半岛上迈锡尼的王后克吕泰墨斯特拉（Clytemnestra），在她的丈夫阿伽门农因特洛伊围城之战而缺位的十年间，她代为执政，一切顺利。等丈夫回来了，她却趁浴中用一件紫色大袍将他困住，然后将其刺死。这是她为女儿依菲琴尼亚被父亲献祭而报的一箭之仇。

> 我下手了，我起身看见工作已经完成。
> 的确，是我干的，我承认。[4]

另外一位有代表性的虚构人物是美狄亚，她与阿尔戈英雄伊阿宋居住在希腊的科林斯城。伊阿宋雄心勃勃，但性格软弱，他决定娶国王的女儿为妻。愤怒的美狄亚给新娘送上了一件光彩夺目却带毒的婚纱礼服，并亲手杀害了自己与伊阿宋生的两个儿子。

她毫无悔意。“你或你的公主竟妄想践踏我的爱，过惬意的日子，嘲笑我，”她说，“管我叫母狮，你尽管叫吧，我的爪子就在挠你的心肝，你罪有应得。”[5]

没有证据显示奥林匹亚丝是受了希腊悲剧的启发，但她的性格和一生与传说中的这些女性如此相似。凡嘲笑过她的人个个在劫难逃，包括她的丈夫。

他们婚后的某一天，腓力到妻子卧房欲与其欢好。他发现有一条蛇竟然就躺在沉睡的她身旁，感觉很不自在。普鲁塔克告诉我们，国王炽热的心变得冰凉，此后很少与王后同房。

这听起来似乎十分不可信。不过，奥林匹亚丝是位相信灵性的女性，她是先验的奥尔甫斯教信徒，与许多其他马其顿妇女一样，参加过酒神狄奥尼索斯的仪式。[6]而酒神又是代表通过饮酒、戏剧和灵魂出窍体验而获得先验的神明。[7]

酒神崇拜的参与者主要是女性，但也有男性。众人蜂拥来到密林遍布的山区。他们由于激动而神志不清，开始妄语。这些晚间的仪式里究竟发生了什么只有参与者知晓，他们都对此讳莫如深。但仪式的高潮时刻似乎得吃生羊肉，这可能是反映了狄奥尼索斯的命运，因为他在婴儿时代曾被撕碎吃掉，后来奉主神宙斯之命得以复生。幽深的秘密必然与出生、死亡、复生的奇异循环有关。这就让急于确保来世的参与者有了新希望。

无论从古人还是今人的观念来看，这些仪式被看作“纵欲狂欢”并不为过，其实质就是迷幻状态下的疯狂和纵欲。

半个世纪前，年事已高的欧里庇得斯在阿基劳斯国王在位期间居住于佩拉，写下了他毕生最后的力作《酒神的女祭司》(*The Bacchae*)，剧中描述了狄奥尼索斯掌握着其信徒的生杀大权的悲剧故事。一群忠实的女信徒唱道：

> 在山里面多么甜蜜！
> 每当祭司披上神圣的鹿皮，
> 欢舞不支倒地，
> 他寻觅被宰杀的山羊的血腥，
> 享受生吃的欢愉。[8]

在神灵的蛊惑下，崇拜者看到了一片人间乐土：

> 奶与酒四处流淌，
> 夹杂着蜂蜜糖浆。
> 空气中满是叙利亚没药的芳香。

作为王室成员，王后在崇拜酒神的欢庆中或许还起了领导作用。普鲁塔克写道：

奥林匹亚丝自己要比其他参与者更容易受神的感召，也更疯狂。她还给狂欢队伍带来几条被驯服的大蛇。这可吓坏了男性观众，因为它们会从青藤花冠和神圣的簸箕中扬起头来，或者缠绕在女性的权杖和花环上。[9]

蛇在古代一直与宗教崇拜相关，它们代表或令人联想到男性生殖器。医学之神阿斯克勒庇俄斯用它们治疗疾病。人们还相信人死了或能借蛇还魂。

在多年以后，佩拉已衰落为一个小镇，马其顿王后的故事还在不断得到证实。据公元 2 世纪的希腊作家琉善记载，当地仍然有蛇，也许就是当年奥林匹亚丝的蛇的后代。

它们生性温驯，故多被女性豢养，跟孩子一起睡，不介意被踩踏，不在乎被抚摸，就像婴儿那样从胸脯上吸吮母乳。[10]

不论从哪个角度看，奥林匹亚丝都是男人世界中的女强人。

她的儿子亚历山大的童年故事颇富传奇色彩，不是他成年后别人的回忆，就是他死后他人的杜撰。即便如此，这些故事仍值得一读，因为它们反映了当时人们对他个性的真实观点。从这些故事中，我们不难看出他跟他母亲一样不容易对付。

大约从 7 岁起他就不再由妇人照看，开始接受希腊式的教育。[11] 奥林匹亚丝的一个亲戚利奥尼达斯（Leonidas）担任陪读教师（paedogogus）。陪读教师通常是一个信得过的家奴，陪着男孩一起上课。他得确保孩子平日循规蹈矩，同时防备他人不怀好意的色心。[12] 但是这位利奥尼达斯更像亚历山大的校长，监管所有教授王子专门科目的老师。他实际上成了孩子的品德导师。

利奥尼达斯的纪律管教严格。年轻的亚历山大对他的惩戒全盘接受，但从不忘怀。有一次，这位节俭成性的陪读教师看见亚历山大在祭祀时将大量乳香抛上祭坛，他告诉孩子："等你征服了出产香料的地方再这么浪费不迟，而今就省着点吧。"[13]

多年后，在加沙围城之战时，亚历山大已经可以得到用之不尽的乳香了，他给利奥尼达斯送去半吨乳香和大量没药，还附上一段话："给你送上海量的没药和乳香，从今往后你再也不需要跟众神斤斤计较了。"此举貌似慷慨，其实更像报复。亚历山大确实记忆力出众，连小小的不满也锱铢必较。

不久之后，对亚历山大的教育又交给了另一位老师利西马科斯（Lysimachus），此人虽出身名门，但稍显鄙俗。他深谙逢迎拍马之道，显然就是靠吹捧马其顿王室家谱符合荷马史诗正统才谋得了这份教职。他管亚历山大叫阿喀琉斯，令亚历山大喜不自胜。利西马科斯把腓力称为珀琉斯（Peleus），也就是阿喀琉斯父亲的名字。他还自诩为菲尼克斯，正是对阿喀琉斯视如己出并将其一手带大的忠心勇士。

关于亚历山大有一个人尽皆知的故事，或许纯属虚构，却很能说明问题，能让我们看到他为人细致、观察入微并能善加运用的本事。

塞萨利是地处希腊北部的广袤平原，以盛产良马著称。大约是公元前 347 年的一天，当时的小王储只有八九岁模样。塞萨利的一个马贩子带来了一匹骏马，打算卖给腓力。这匹马壮硕而有英气，[14] 毛色黑亮，额头处有一块白斑。[15] 它身上被打上了代表主人家的牛头烙印，而且名字也叫希腊文的“牛头”（Bucephalas）。尽管对方要了 13 塔兰特的天价，[16] 腓力还是有点儿动心，于是到草场上去观看别人试骑。

结果腓力发现这匹马显然未被驯化，很难驾驭。马夫的吆喝反而使马狂躁不安，拒绝让人骑。这下腓力大为光火，他命人将“牛头”拉走。

这时一个年幼的声音响起。“可惜了这匹好马，”说话的正是亚历山大，“就因为他们不知道如何应付它，或者不敢尝试。”几次抱怨后，他父亲意识到这孩子跃跃欲试。

“你是在批评长辈的意见吗？”腓力问，“你觉得你比他们懂得多，比他们更会应付马吗？”

“这么说吧，这匹马我可以应付得更好。”

“如果不行，你如此大言不惭该受什么惩罚呢？”

“这匹马的价钱就由我出！”

众人听罢大笑，但亚历山大是认真的。他同意与父亲赌上一把。

亚历山大快速走到“牛头”身旁，接过缰绳，将马面朝太阳。这一点很关键，因为只有他注意到这匹马每次见到自己的影子出现在前面就会挪动身躯。

他跟在“牛头”的边上跑，同时抚摸马背让它平静下来。等马缓过神来，亚历山大立刻甩开披风一跃而上。他并不轻易使用辔头，然后他将头贴上马身，完全恢复了信心的“牛头”随即绝尘而去。

国王和随从人员的心早就提到了嗓子眼，可他们一见到孩子已经掌控了马，全都拍掌欢呼起来。据说，腓力当时喜极而泣。他亲吻了从马背上下来的亚历山大，说道："孩子，我们得为你找到一个合适的王国。马其顿太小了。"[17]

有位名叫德玛拉特斯（Demaratus）的科林斯贵族商人，是极力支持马其顿的政界人物，也是腓力的远道朋友。根据古希腊的好客传统，必须善待"远道朋友"。经常因政治或商业需要游走四方的德玛拉特斯当时也在场，他立即主动出价买下了"牛头"，赠予亚历山大。

这个孩子既能将每一次责难记在心上，也从不忘记别人施予的恩惠。他将忠诚作为自己的格言。这位科林斯人在以后的故事中还会出现。

亚历山大迫于环境必须迅速成长。他还在孩提时代就开始接触马其顿外交的酒文化。公元前346年，也就是他获得"牛头"的第二年，当时最强大的海上强权雅典城邦的一个政治代表团抵达佩拉，宴席和往常一样喧嚣。餐后用酒时，10岁的王储弹奏西塔拉琴（类似里拉琴的乐器）助兴。[18] 他的演奏肯定相当出色——又或许是太出色了，所以据说腓力当时冷冷问了一句："琴弹得这么好，你是不是有点儿不好意思了？"[19] 君王不该有时间聆听别人的演奏。孩子立即会意。从此再也听不见西塔拉琴的琴声了。

外国驻佩拉的使节让亚历山大对马其顿以外的世界多了几分了解。他对伟大而神秘的波斯帝国特别感兴趣，毕竟他父亲的王国曾有过一段让人难以释怀的被波斯征服吞并的历史。就在他为雅典使节演奏的同一年，一位有名的公共知识分子伊索克拉底出了一本小册子，恳请腓力领导全体希腊人远征波斯，因为当时波斯大帝的先祖曾入侵希腊人的家园，还入侵了位于亚细亚的爱奥尼亚城邦，他们应为此报一箭之仇。此文一出，不少人争相阅读，引起了热烈辩论。国王没有响应号召，不过他的儿子或许因此有了担任远征军统帅的梦想。

一日，一个来自遥远的波斯首都苏萨的使团风尘仆仆地来到马其顿。正巧腓力不在宫中，所以仍是孩子的亚历山大出面接待使者。[20]据普鲁塔克的记载，他对闻名遐迩的巴比伦空中花园或波斯大帝的衣着服饰丝毫不感兴趣，却仔细地询问了来者一些实质性问题。[21]

他特别对波斯人建立的道路系统询问再三。波斯古老的篷车道已经被军事大道所取代。波斯人还建设了桥梁或津渡以便跨越河流。任何地方出了问题，帝国的军队都能迅速赶到。另外沿途还设有驿站，方便信使休息和更换马匹，这使得官方的书信在各省间能更快速地传递，也方便政府官员在帝国境内巡查。

这段故事让我们看到亚历山大对信息的渴求。他似乎已经懂得了军事胜利的背后少不了周密的后勤和组织。良将在出征前一定要尽可能掌握其目标的一切资料，而我们可以确信当时他已经设想自己会成为这样一位良将。

腓力和奥林匹亚丝都以亚历山大为傲，但他们对他个性中的两个方面也不免忧虑。[22]一是他生性十分冲动，二是他在进入青春期以后竟然对性缺乏兴趣。

亚历山大对强硬命令深感抵触，但如果跟他晓之以理，他也可能改变态度。他的父母以为，就像伟大的雅典悲剧作家索福克勒斯所说，他需要的是“舵手的引导和辔头的克制”[23]。这项管教的重任可不能由一般的老师或简单的诗歌、音乐、修辞学或公共演讲艺术课程来承担。

那么在文明的希腊世界里，谁是为理性代言的最佳人选呢？除了享誉盛名的哲学家、40 岁的亚里士多德之外没有第二人选。他在柏拉图位于雅典的非正式学校“学园”（Academy）里学习了 20 年，还在东地中海进行过具有开创性的动物研究，因为在古代，哲学思想与实践研究之间并无区分。他在教学的同时也有自己的著述。

亚里士多德有点儿大舌头[24]，生来两条细腿，一对小眼睛。他穿着讲究，戴戒指，理短发。他光鲜的容貌与不怎么洗衣服也不怎么洗澡的苏格拉底立下的希腊哲学家形象成了鲜明对比。

公元前343年，腓力决定聘请亚里士多德来教自己13岁的儿子。因为亚里士多德的父亲曾在马其顿宫廷担任过腓力的父亲阿明塔斯三世的御医，两人在弱冠之年曾在佩拉见过，彼此都认识，所以聘用的事宜相对比较顺利。这位哲学家对马其顿的文化有一定了解，对马其顿王室的荒诞行径也知之甚详。

亚里士多德开出的条件也不低，他说只有腓力答应重建自己在哈尔基季基三叉半岛上的老家——拥有悠久历史的城邦斯塔基拉——他才能同意国王的请求。该城 5 年前毁于腓力发动的某次战争，不过腓力也是个乐意做交易的人，很少固执己见。他答应了这个条件，当年被贩卖为奴的居民重获自由，城市拔地而起并恢复了往日的熙熙攘攘。另外腓力还新修了一条水渠和两座祭拜丰收女神得墨忒耳的神殿。

他们还做了一个明智决定，让亚历山大和一群与他同龄的学生远离首都的尘世诱惑和宫廷喧嚣。亚里士多德在充满田园风光的米耶扎（Mieza）授课。米耶扎处处是果园和葡萄园，被人称为“迈达斯的花园”。这里有一座供奉山泽女神（Nymphs）的神庙，与两个天然洞穴相连。部分殿堂为遮蔽日晒而设有门廊。据普鲁塔克记载，直到他生活的年代，即公元1世纪左右，

> 导游仍然能够告诉游人哪里是亚里士多德的石凳，哪里是他经常使用的荫凉步道。看来亚历山大不但跟他学习伦理学和政治学，还学到了哲学家们不向一般学生教授的知识，一些只向聪慧学生口头传授的艰深学问。[25]

同所有希腊男孩一样，亚历山大自童年到青少年时期都会接受体能训练，参加体育赛事，或许还会受到军事训练，不过文献里没有记载。有一个流传下来的故事让我们看到他自负的一面。他是同龄孩子中跑得最快的，但当有人建议他去参加奥运会，他回绝了。他说那样的比赛不公平。要是他赢了，他只是赢了平民，要是他输了，输的却是王子。

亚里士多德在学术方面到底教了他什么，细节我们不得而知，不过一般的希腊式教学内容，如诗歌研究、公众演说技巧等基本课程是一定有的。他的这位王子学生似乎对修辞学里的辩论术很感兴趣。所谓辩论术，就是从正反两方来辩论的艺术。伊索克拉底在获悉此事后很不以为然。[26] 他给亚历山大写信，警告他得谨慎行事：国王应发号施令，国王是不辩论的。

亚里士多德的职业生涯显示他向来重视在许多研究领域内收集资料，不论是文学、科学、医药、生物、政治还是哲学。他还收集

地图（王储肯定对此特别感兴趣）和手稿，不断修订历届奥运会的得奖者名单，他还延请专人撰写希腊各城邦的宪法报告。这些探究成果肯定也会反映在他的教学中。

亚里士多德对任何事都有自己的意见，对世界地理也不例外。他认为地球是居于宇宙中心的天体，“比有些星星要小得多”[27]。每一个半球都有一长条宜居的陆地，两者之间有无法逾越的热带地区，陆地外部围绕着一望无际的水域，亦即外洋。但他没有提到海洋彼岸是否有一个新世界等待发现。

北半球的长条起于非洲的大西洋海岸（希腊人称此地为利比亚）以及赫拉克勒斯双柱*，一直延伸到旁遮普。赫拉克勒斯双柱和印度之外则是一片汪洋，宜居陆地被海洋隔开，无法围绕地球形成一条连续的圆环。这让亚历山大浮想联翩，抵达印度和大洋之滨成了他的追求。

我们可以假设亚里士多德也与学生讨论政治，这肯定也会引起一些饶有趣味的事件，因为希腊思潮一般倾向共和制，更确切地说，就是最适合希腊政治版图的、最常见的小城邦体制。这些都与国王或王储的想法不合拍。不过这位哲学家还是有办法绕过困难，说君主政权也不失为一种理想政体，前提是国王必须是德行卓越（aretē）之士。他在《政治学》（*Politics*）一书中写道：

> 因此，一旦能在一群人当中找到一家人或一个人，其德行远胜其他人，让这一家为王室或让这个人当国王来统领一切，是顺理成章的事。[28]

---

* 赫拉克勒斯双柱（Pillars of Heracles）即直布罗陀海峡两岸的山峰。——编者注

亚里士多德也未能超越他那个时代的陋习偏见。整个古代世界蓄奴成风，他也接受这样的社会制度。他认为“有的人生而自由，其他人生而为奴，让他们继续做奴隶既公正又方便”[29]。他也看不上外国人，认为由希腊人来统治非希腊人是既正当又合理的；其实，“非希腊人与奴隶无异”[30]。

亚历山大对这位替代自己父亲形象的亚里士多德十分景仰（腓力经常因征战而不在他身边），对他不脱离实际的思维十分敬佩。显然他也相当勤奋好学，虽然他只对自己感兴趣的问题下功夫。他对实用科学相当着迷，特别是关于疾病的诊断和治疗。成年后，他自认是半个医生，朋友病了他去照看，还给他们治疗方法和膳食调配的处方。多年后的一天，他手下将领克拉特鲁斯病倒了，亚历山大听说他服用菟葵，顿时紧张起来，这是一种被用作泻药的有毒植物。他给将领的医生写了一封信，表达了他的焦虑，并建议使用正确的剂量。

亚里士多德激发了他这个学生对荷马的热爱。据说，亚里士多德特别准备了附加注释版本的《伊利亚特》，而在他的学生眼中，《伊利亚特》与其说是艺术作品，倒不如说是战争技艺手册。这就是后来所谓“宝盒版本”（casket copy）的《伊利亚特》，亚历山大不论走到哪儿都把它像宝物一样带在身边。

他对《伊利亚特》和《奥德赛》的大部分内容烂熟于心，并以此自豪。[31] 他在闲暇时或进晚餐时，常常让周围的人与他一起玩文学游戏，让每个人引述他们最喜欢的荷马史诗诗句。他每次都坚持《伊利亚特》中这一段最美：

> 他智勇双全：既是贤明的国王，又是孔武有力的枪矛手。[32]

公元前401年，即50多年前一个明媚的春日，在幼发拉底河左岸一场大战即将爆发。

> 已值正午，敌人仍不见踪影；但当下午来临之际，远处却见尘土飞扬，初看像白云，其后又像平原上的黑影。敌人越近，但见星星点点的铜光，长矛与敌军渐入眼帘。部队左翼是穿戴着护胸的骑士……旁边是手持藤盾的军队，再旁边是木盾直到腿部的重装步兵，据说这些人都是埃及人；后边还有骑士与弓箭手。[33]

这段对战争序幕的描写同样出名。它来自世界文学伟大冒险巨著《长征记》(*Anabasis*，或称《北上纪行》)。作者是年轻的雅典人色诺芬（Xenophon），他曾是希腊万人雇佣军中的一名军官。雇佣军是以严格的方阵出战的重装步兵，受雇于与波斯帝国奠基者同名的王子小居鲁士，充当反抗其兄长亚达薛西斯二世（Artaxerxes II）的先锋部队。

波斯大帝的部队在人数上远远领先，居鲁士部队的左翼还不及他哥哥的中线。就在这里，按波斯王室的一贯做法，亚达薛西斯二世站在自己的战车上，四周都是他的精锐部队和护卫。

叛军雇佣兵驻扎在居鲁士军队右翼一侧的河边。当他们的方阵开始冲锋，对手立即溃散。希腊人乘胜追击，以为自己已胜算在握。但见年轻而富于激情的居鲁士率领一小支骑兵队直奔哥哥而去。色诺芬写道：

> 他看到了大帝和他周边的护卫者，情绪立即失控，大声叫道：“我看见他了！”冲上前朝他胸前刺去，矛刺穿了护胸，他哥哥被刺伤。[34]

亚达薛西斯二世自马上跌落，被护卫从混战中救出。居鲁士的猛攻取得了成功，大帝的众多人马纷纷对他表示臣服。但他继续鲁莽深入敌军。此时夜幕降临，一片混乱。居鲁士的前额受伤，竟死于一个普通步兵之手。

战役是打赢了，但叛变以失败告终。亚达薛西斯二世伤愈后又统治了近半个世纪。

打了胜仗的希腊雇佣军对战局突变感到惊慌。如今等待他们的又会是什么呢？波斯人将他们的将领诱骗到一场会议上，然后逐个杀害，一批新军官被选出来取代他们，就包括色诺芬在内。这支“万人雇佣军”决心不投降，立志打回希腊世界。历经艰辛和苦战，他们抵达黑海沿岸，终于安全了。越过地面隆起的高地看见下面宽广湛蓝的水域时，士兵们欢呼道：“大海！大海！”

几乎每一个希腊男孩都对这个了不起的坚毅求生壮举耳熟能详，《长征记》也成了文学畅销书。严肃的政治人物和士兵都研读这段历史，所以我们或许可以确定，对波斯军事实力十分好奇的马其顿王储也不例外。

对亚历山大来说，色诺芬告诉了大家一个基本真理。他说：

> 聪明的观察者一看便知，大帝的帝国虽然疆域辽阔、人口众多，一旦遭遇军事偷袭，通信不便和兵力分散就是其短板。[35]

我们已经知道，波斯大帝是通过各省执政官或总督来进行统治的，但在现代技术出现之前，通信最快也不可能比马快。从波斯首都苏萨到地中海沿岸的萨迪斯骑马需要 90 天的时间。天高皇帝远，波斯大帝不可能管得住这些地处遥远的总督。有的总督甚至就建立了自己的世袭王朝。即便总督们指挥不动担任治安官员并直接向波斯大帝汇报的驻军将领，他们也有自己的军事实力。波斯大帝为确保他们行为不越轨，还安排了被称为君王眼线（Eye of the King）的钦差大臣向遥远的苏萨汇报各地情况。

但有时也防不胜防。公元前 4 世纪中叶，有几个总督起来造反。当叛乱——准确地说是一系列叛乱——终被平息后，很多人最后竟然官复原职。这清楚说明中央对边陲地区有时鞭长莫及，中央也默认了这一事实。

帝国看上去强悍，实际上孱弱。其庞大的军队身着带有异国色彩的制服，十分醒目，但士兵多为缺乏训练的征召役。希腊军团在库纳克萨（Cunaxa）及其后的表现更毫无悬念地证明了重装步兵和方阵确实技高一筹。色诺芬有一段夸张的描述："不论是谁，任何人若想对波斯开战，他不用出击就可以在波斯国内尽情地游走。"[36] 此言虽然夸张，但也点出了问题所在。当亚里士多德声言希腊人有天然优越性时，多数人都同意。

居鲁士带一小股骑兵冲杀他哥哥的决定，虽嫌冒险，但不失为高招。他在庞大部队未发挥长处之前就提前结束了战役，让敌人的人数优势消失于无形。一旦士兵们知道将领已阵亡，他们就会无心恋战，一走了之。转胜为败都因为居鲁士的鲁莽。

亚历山大在细读了色诺芬的书后得到两个教训：第一，只要入侵者有决心，即便在波斯帝国核心地区作战，不但有胜算，甚至能完胜；第二，从战术上讲，擒贼先擒王，应设法先取波斯大帝的性命。后来一位罗马作家曾表示："如果没有色诺芬的存在，亚历山大大帝就不可能成为大帝。"[37] 此言并不为过。

谈到房事，亚历山大兴趣索然。看来女人对他不具吸引力。这不一定能说明他的性取向。同性恋或异性恋这一类概念当时还没有发明。对他及他同时代的人来说，性只能说明一个人的行为，并不能说明一个人的身份。

也许应该怪罪佩拉的放纵氛围对这孩子起了相反效果，也许他的性欲就是不强。

或许心理分析师会指出他与母亲的关系太近，凡事总想取悦她。他们两人都心怀壮志，而这个壮志就是培养亚历山大成才。她的爱或许令人窒息难堪，但他却能完完全全地信赖她。

亚历山大是个条件很好的年轻人，不仅出身高贵，人还长得标致（起码别人都这么说）。他身材不高，但很魁梧，有一头"像狮子鬃毛"一样的金发。[38] 他的鼻梁挺直，一直延伸到眼睛的上缘；肤色白皙，运动或激动时胸膛和脸部会泛红；他的两眼瞳孔颜色不同，一只是灰蓝色，另一只是深褐色；他的牙齿像栓塞或钉子一样锋利。他的声音有些刺耳，声调偏高，他早年的一些雕像看起来都有点像女孩。[39]

普鲁塔克笔下的他"颈部微微向左偏斜"，"让人不由自主地心生怜爱"。[40] 对他没那么友好的人则会理解为他的脸有点歪，总是眼泪汪汪的。

亚历山大最喜欢的铜像雕塑大师利西波斯（Lysippus）在他孩提时代就认识他，后来给他塑造了一个俊俏又相当逼真的雕像。他是唯一得到允许为亚历山大塑造立体雕像的艺术家。这不是单纯的个人喜好的问题，也不是对雕塑家奉承赞美的奖励。雕像和钱币是当时统治者向各国传达自己权威的最佳方式。可以说利西波斯是亚历山大品牌的发明者，最起码也是个倡导人。

虽然我们今天无法确切地知道这位马其顿年轻人的美丑，但他似乎还是相当有亲和力的。

奥林匹亚丝和腓力都对儿子有点儿担心。恐怕他长大了会长成一个阴柔的男子，变成像阿基劳斯国王那样的“女王”。他们决定从塞萨利雇一位颇有姿色的妓女卡利泽娜（Callixeina），让亚历山大与她初尝禁果。[41] 他拒不合作，有人说这证明他性欲不强，但说他是因为恼怒才拒绝的，不也同样合理吗？有几个男孩会同意让父母给他挑选他的第一个女人？偏偏奥林匹亚丝是个绝不轻言放弃的人，她常常央求她儿子与这个女人欢好，但总未如愿。

为了给他的行为寻找最简单的解释，我们不妨探讨一下亚历山大的性取向。亚里士多德当年采取小班授课，同班的都是贵族和将领的儿子。有一个叫赫费斯提翁的男孩“模样清纯可爱”，[42] 亚历山大很喜欢他。两人彼此都有好感，从此终生形影不离。很难说两人之间的关系没有性的成分，但即便有，时间也不会长，因为普鲁塔克说亚历山大“曾扬言睡眠和性事比其他任何事情，更能让他想到自己的生命有走到尽头的一天。他的意思是，疲惫和欢愉来自相同的人性弱点”[43]。

我们已经看到同性恋在马其顿精英中相当普遍，但其中除了粗俗的享乐之外，还有别的因素。马其顿的王公贵族对上层社会男性间性行为的看法，总以南边的希腊马首是瞻。

希腊人在这方面的风俗高度单一。年轻的成年男性与青春期前的十几岁的男孩有暧昧关系是司空见惯的事。这种关系能提供某种形式的高等教育。年长的一方是爱者（erastes），有义务教导年幼的被爱者（eromenos）关于希腊社会的文化准则。被爱者通过模仿，从爱者那里学习如何成为一个良好公民，如何在体育馆与人竞技，有朝一日如何在战场上勇敢应战（比如说效仿最为人熟知的同性恋大军底比斯圣队）。等到被爱者成年，这种感情就会变淡，成为终生友谊。

两名男性之间有暧昧关系是大家可以接受的，但并无强制性，许多年轻的希腊异性恋者达到适婚年龄，可与异姓通婚时肯定会觉得如释重负。不过有些规矩必须遵守，绝不允许对被爱者进行鸡奸。一般人最能接受的性行为是将直立的阴茎插入被爱者的双腿间，但不得激发他的性欲；被爱者只不过是给尊长送一份礼，而不是满足自己的欲求。

这种成年男性与男童关系最著名的代表，当属亚历山大心目中的英雄、《伊利亚特》的主角阿喀琉斯与帕特洛克罗斯。大家普遍认为两人是恋人关系，但古时候对于两人谁长谁幼则说法不一。柏拉图在他的《会饮篇》中，借助一人之口对此做了澄清。

> 其实，[悲剧作家]埃斯库罗斯[在他的剧作《快刀手》中]说阿喀琉斯是爱者，这完全不对。阿喀琉斯比帕特洛克罗斯漂亮——他其实是所有英雄人物中最美的，而且那时候他仍然没长胡子。再说，连荷马都说他要比帕特洛克罗斯年轻得多。[44]

阿喀琉斯或许真的长得美，又没胡子，但我们第一次在《伊利亚特》中看到他的时候，他肯定不是未进入青春期的少年。我们只能假设两人的恋人关系早就已经结束，进入成年人的挚友关系阶段了。

亚历山大自认为是当代的阿喀琉斯，不只是因为他骁勇善战，也因为他与赫费斯提翁正是在仿效阿喀琉斯与帕特洛克罗斯之间的关系。我们可以合理假设他的同学比他年长，虽然大不了几岁。看来两人之间只不过是模仿成年男性与男童之间的亲密关系，其实更像一对现代的平等伴侣的结合。

现实世界的紧急情况打破了米耶扎平静的田园教学。公元前340年，腓力任命他年方16岁的儿子在他前往色雷斯半岛出征时担任摄政，并掌管王室印章。[45] 亚历山大的教育就此结束。腓力此番对他委以重任，不仅是出于父爱，也因为他看到亚历山大超出年龄的成熟性格和能力。

另外，腓力还任命高级将领安提帕特（Antipater）做亚历山大的顾问，避免他犯莽撞的错误。腓力对此人有百分之百的信任；有一次出征时，他睡得比往常更久，醒来的时候他说："我能安心睡觉就是因为安提帕特没睡。"[46]

安提帕特似乎对他的监护对象相当信得过，给他一定的行动空间。[47] 总之，这位雄心勃勃的小青年就像沙漠中的行人得到了水，紧紧抓住这个大权在握的机会。他弭平了色雷斯一个部落的叛变，攻陷那座城后，他把城内居民赶走，以希腊移民取而代之。

他将那座城的名字改为亚历山大波利斯（Alexandropolis），国王对此或许难以赞同，叫它腓力波利斯不是更贴切吗？这孩子还做了一件比较出格的事，竟然试图收买某些马其顿人，让他们对自己效忠，[48] 这回，最擅长反手一击的父亲疾言厉色地训斥了他一番。不过，腓力还是很欣赏亚历山大，经常跟他有书信往返。

这位王储对父亲的不二孝心却开始动摇了。他想成为伟大的勇士，见到父亲在战争中捷报频传，不禁心生反感。他父亲的功业越大，留待他征服的地方就越少。他曾向他的朋友抱怨："我父亲事事都抢在我前面。"

不错，腓力靠巧妙运用武力、欺骗、外交手段击败一连串对手后登上王位，从那以来就一直表现出色。他征服了马其顿北边的一些诸侯国，聘用他们的氏族首领到佩拉来当朝臣或当战地的指挥官。他们就是我们前面讲到的"伙伴军"。随着马其顿势力渐长，其中的一些非马其顿人［如克里特岛的尼阿库斯，还有腓力的希腊秘书攸美尼斯（Eumenes），此人在后面还会出现］预见自己在腓力麾下必将前途无量。他们正是诗人赫西奥德笔下的"贪得无厌的君主"[49]，期待王室对他们慷慨解囊。他们的忠心和付出确实让他们获得了丰厚的土地和金钱回报。他们的孩子也当上了王室的见习骑士（Royal Pages）。

总之，马其顿已经成了一个人口稠密的统一国家，再也不是人们不屑一顾的落后国度了。

国王的军事改革如他预期的一样，建立起一支庞大的常设部队，但同时也开销巨大，他也因此陷入了复杂的恶性循环。手下的士兵越多，维持部队所需的军费就越多，于是他只好不断扩张领地，以增加税收和获得金银矿。然后他又需要更多的兵源来维护这些新领地，打他那些打不完的仗。

腓力用了 20 多年的时间大扩疆域。人口最多的时候曾有 50 万之众[50]，比任何希腊城邦都大。大约在公元前 352 年，他被任命为塞萨利的终身执政官（archon，希腊语意为“统治者”）。塞萨利的平原一直延伸到温泉关，就在奥林匹亚丝的老家、马其顿的亲密盟友伊庇鲁斯以西。他去攻打色雷斯的部落领地，经过一番苦战后统治了当地。他的部队已接近博斯普鲁斯海峡了。雅典人对哈尔基季基的传统影响力，此时早已不如马其顿国王，他们感到了威胁，因为粮食必须从黑海进口。

他们的担心不无道理。腓力开始对希腊南部的诸多城邦虎视眈眈，（用历史学家贾斯廷的话说）“就像在瞭望塔上”准备伺机而动。[51]小城邦福基斯（Phocis）与底比斯之间发生了一场灾难性的战争，底比斯在留克特拉战役时曾一度兴盛，如今已开始走下坡路，但仍不愿坐以待毙。腓力的机会终于来了。德尔斐神谕所屹立在帕纳塞斯山脉陡峭山坡的下缘，而福基斯人正是德尔斐所在地的守护者。

福基斯人从阿波罗神殿四周的宝库掠夺钱财，招募了大量雇佣军。那都是希腊世界各地的善男信女给预言之神奉献的金银财宝。福基斯人信誓旦旦地保证必将物归原主，其实心里也没有底。

这场冲突因为与德尔斐神谕所有关，而被称为“神圣之战”。很快，底比斯人就败下阵来，（用当时人的比喻说）他们尝到了“《伊利亚特》的苦楚”[52]。马其顿国王认为，他应该顺势惩罚亵渎圣地的人。一开始福基斯人打得不错，还曾在公元前 353 年让腓力吃了一次败仗。他撤兵后发誓说："再回来时必定像公羊一般，比以前更较劲。"[53]

他果然言出必行。接着在公元前352年或前353年，他在名字很美的"番红花平原战役"（Battle of the Crocus Field）中大获全胜。国王命令手下的人戴上阿波罗守护的植物月桂所编织的桂冠，当然此举背后的战略意义远胜于宗教意义。他实际上是借机强化他作为希腊价值观维护者的地位。双方的敌对还在持续，到公元前346年腓力已将福基斯反抗者的残部消灭。他被任命为德尔斐近邻同盟（the Amphictyony of Delphi）的盟主，这是一个由德尔斐附近城邦组成的、保护神谕所独立性的同盟。腓力此时的权力已直抵底比斯边境，雅典已触手可及。

现在再也没有人胆敢说国王不是希腊人了。

腓力的对外政策并不完全依赖军力。马其顿和色雷斯的金银矿收入让财政收入每年猛增1 000塔兰特。[54]国王开始铸造钱币，包括俗称"腓力币"的著名金币。这笔新财富中有不少被用来支付高昂的军费，既包括雇佣军费用又有马其顿本地军人的开销，余下部分则用来收买人心和维系希腊政坛头面人物的友谊，跟他作对的人也在被收买之列。他曾坦言："王国疆域的扩张更多还是靠金子而非武器。"[55]

与他同时代的史学家提奥庞波斯对腓力持批判态度，说他是挥霍无度的无能之辈。"他是全世界最糟糕的管家，不只是他，他周边的人都跟他一样。他不是在花钱，他是在散财。"[56]但这么说可就不对了。不错，腓力出手阔绰，让他经常感到捉襟见肘，但他向外国政府撒钱的做法确实起了作用。他交到了朋友，发挥了影响力。

与他儿子不同的是，腓力十分享受性生活，与年轻男女都有外遇关系。不过，那都只是消遣，而婚姻必须为国家考量。奥林匹亚丝是他的正妻，但他肯定还有外室。当时的人经常开玩笑说："每出征一次，腓力就多一位娇妻。"[57] 这些多半是政治联姻，为期短暂，对象往往是交战方统领之女。如伊利里亚公主奥妲塔（Audata），上马其顿诡计多端的领主之女费拉（Phila），色雷斯顽固的国王之女美达（Meda）等。他通过和亲达成交易。

腓力似乎与两位塞萨利的女子完婚，这说明控制塞萨利对他有多重要，也说明该地政治错综复杂。奥林匹亚丝是位不容易相处的妻子，但她对丈夫的处处留情没有丝毫妒意，还与两位塞萨利妻室中的一位尼刻西波莉丝（Nicesipolis）成了朋友。传言说尼刻西波莉丝是个女巫，因为奥林匹亚丝精通此道，她就在腓力与尼刻西波莉丝同房前被请来为她验明正身。奥林匹亚丝一见到尼刻西波莉丝，就觉得与她十分投缘。"不要听信这些谣言了，"她说，"你就是自己最佳魔力的化身。"[58] 尼刻西波莉丝死于分娩，王后将她诞下的女婴带回家中抚养成人。[59]

腓力崇拜雅典，崇拜这座"紫罗兰花冠之城"[60] 以及它的历史和文化。它是他与马其顿王室先祖们所渴望的希腊典范。但只要对自己有利，他也照样对雅典人耍花招，而他们在阻挡他前进的步伐上也不遗余力。

在外人看来，雅典与军事强国斯巴达在伯罗奔尼撒缠战多年，已经从公元前 404 年的惨败中恢复了元气。雅典是海上大国。在沉寂过后，它又与爱琴海诸岛及沿岸的城邦重新建立了联盟，其船队还重拾了公元前 5 世纪时期的雄风。它打击海盗，保护了对它而言必不可少的黑海粮食供应，同时还谨慎提防波斯人的再次入侵。

但我们的第一印象往往是不可靠的。雅典的成年男性人数因当年的冲突而骤减，一路从 40 000 人下滑至 14 000 ~ 16 250 人，相当于少了 60%。[61] 要恢复雅典帝国昔日的辉煌，人数就不达标。

另外，雅典流失的财富一直没有补回来。它能从比雷埃夫斯（Piraeus）大港派出一百只战船的舰队，但支持不了太久。更糟的是，（也难怪）雅典人已经没有了打仗的兴致。幸存者往往就想过太平日子，雅典人宁可看到自己的赋税用于家乡的公共建设，或用作给公民的财政拨款，而不是用于对外军事征战。

很容易激动的史学家提奥庞波斯在描述雅典的堕落颓废时或有夸张之嫌，但他的确道出了问题：

> 有些雅典人……即便在出征时，总少不了长笛演奏者、妓女和竖琴演奏者随侍左右，他们滥用军费无度。但其他雅典人从来不找这种人的麻烦。恰恰相反……他们反而特别看得上这种人。这也不奇怪，因为他们自己的生活就是诱导年轻人把大好时光浪费在长笛演奏者和妓女身上。年纪稍微大一点的则整日饮酒赌博，虚度光阴。总的来说，雅典人花费在大宴小酌和肉食上的钱，比花在市政管理上的还多。[62]

马其顿人对海洋所知甚少。从腓力的角度来看，雅典虽然颓废堕落，但是对他日益增长的一统全希腊的野心来说，仍然构成威胁。

一旦自己当上了一方霸主，他还打算带兵讨伐波斯大帝，以雪大流士一世和薛西斯入侵之耻，并解放亚细亚沿海的爱奥尼亚诸城邦，使其免受波斯人的压迫。他希望追寻色诺芬的足迹。

公元前 340 年，国王最后一次尝试与雅典人谈条件，也没有抱太大的希望。他决定软硬兼施。如前面提到的，他任命亚历山大为摄政，自己则带兵前往色雷斯半岛，意欲控制博斯普鲁斯海峡。如此一来，来自盛产谷物的塞西亚（今日乌克兰）的漕运就会受到威胁，同时雅典人的舰队也无法进入沿岸港口。腓力一手持剑，另一只手则拿起了笔。

腓力给雅典写了一封长信，细数他们的种种不是。其中许多抱怨确实有道理，虽然写信者本人在外行事也并非无可挑剔。他的语气就像一个遭遇种种不公的人在摆事实讲道理，希望读信的人能改变他们对他的观感。

不过，他在信的末尾说到可能的后果时，语气严厉起来：

> 我的抱怨就是这些。你们是入侵者，见我一忍再忍，就继续打击我的利益，倾全力伤害我。因此我必须自卫，既然我是在理的一方，愿诸神为此见证，但愿你我之间的争议能得到解决。[63]

心神不宁的雅典人认为这是一纸战书。

腓力本来已经做了最坏打算，随时准备应战，却因为与难缠的色雷斯人作战时受了严重的腿伤而不得不推迟。德尔斐的近邻同盟又爆发了一场小战事。作为盟主，国王理应率军自马其顿南下去解决争端，他也的确这么做了。但抵达希腊中部后，他索性搁置同盟那件事，转而沿大道南下，直奔底比斯和雅典而去。这两个邻国素来不睦，但大敌当前，危在旦夕，两国同意立即订立协约，急告其他希腊城邦前来救援。几天之内，底比斯和雅典就组建了一支联军与马其顿国王对阵。

平原从西北往东南延伸。周边为两处高地与山脚包围。南面就是小镇喀罗尼亚的卫城。[64] 从这处制高点可俯视广阔的原野和几英里外山峦前流淌的克菲索斯河。

希腊联军就选择在这里与马其顿人开战。在腓力成功用计谋穿过防卫森严的隘口后，这里就是能阻止他直捣敌对者家园的唯一屏障。联军共有 35 000 名步兵和 2 000 名骑兵，而腓力的骑兵人数与联军大致相同，但只有 30 000 名步兵，这大概就是他野战军的全部了。

国王指挥右翼的马其顿精锐步兵。面对的是一万人的雅典重装步兵方阵。年方 18 岁的亚历山大被委以重任，领导左翼克菲索斯河边的马其顿骑兵。4 个世纪以后，普鲁塔克写到，河边有棵橡树叫亚历山大橡树，因为在交战日前夕，亚历山大曾在树旁扎营。他对面就是以圣队为首的底比斯重装步兵。我们不知道联军骑兵部署在何处，也许他们是后备部队。不论他们在哪里，都没有参与这场战事。腓力和雅典人的两翼都只有轻装部队保护。

联军仅仅是表面上占了优势，因为马其顿的士兵都是全天候训练的职业军人，并有多年的实战经验。而雅典的重装步兵在过去 1/4 世纪只经历过一场历时一个月的战斗。

双方都有几经推敲的战略规划。联军由雅典人领头，左起喀罗尼亚，右至克菲索斯河，从左前方向右后方倾斜。换言之，战事将从雅典人的部队与腓力指挥的右翼马其顿部队交战开始。如果联军成功击退国王，他们的整条阵线即可如收扇般朝敌人的中部及右部排山倒海而来。

如果马其顿占了上风，联军士兵也有机会向南边的山里逃窜，或沿平原逃生。

腓力的战术则更高一筹。他考虑到雅典人虽然英勇，但缺乏纪律，作战不够熟练。从作战技术上来说，腓力的战术极富雄心：它需要整个马其顿阵线围绕一个中心转动。腓力先是假装有序地撤退到附近高地。这就拉长了希腊联军的阵线，希腊人很可能会因此跨越旷野，去追击撤退的敌军。此时他们的战线必将出现薄弱环节或缺口。负责带领马其顿左翼的亚历山大就可以伺机率骑兵从缺口攻入，从而决定战局。

双方交战大概是在公元前 338 年 8 月 2 日的破晓时分。因为双方部队都排成斜行阵，最初交锋的只有雅典人与腓力的精锐部队。这回，腓力对雅典人的判断无误。他们在将军斯特拉托克斯“冲啊，冲啊，向马其顿人冲”的口号下，一个劲儿往前冲。[65] 腓力收紧方阵，形成长矛防御墙，他感叹道：“雅典人压根儿不知道如何打胜仗。”

就在士兵往左挪动以便跟上往前冲的雅典重装步兵时，国王预先料到的缺口果然在希腊联军中部和底比斯圣队之间显现了。亚历山大见状，知道机会来了。他带领一队楔形阵的骑兵直奔上前。底比斯人很快就被包围了，只能在河边拼死一战。圣队被就地歼灭。

两英里之外，撤退中的国王调头给了雅典人出其不意的一击。

他把他们往山里赶；结果1 000人战死，2 000人被俘。敌人顿时全面溃败。

数百年后，考古学家在底比斯圣队当年战斗后的葬身之地附近进行了挖掘。[66]他们共挖出7排整齐排列的254具尸骨。300名恋人中仅46人幸存。连腓力都为之动容。他在战后巡视战场，见到底比斯圣队的尸体时说："这些人虽败犹荣，任何质疑者可杀之。"[67]

少年的亚历山大一下子成了风云人物，他父亲也大度地承认了这一点。亚历山大带领了骑兵队冲锋陷阵，而且让自己身处楔形队伍前端最危险的位置，他在战斗中给敌军的致命一击加速了希腊人的溃败。他的朋友甚至会说是他而不是他的父亲打赢了这场战争。

这么说就错了。此役还得归功于足智多谋的腓力，因为他是整个行动计划的设计者，他佯装撤退才诱使希腊阵形出现缺口，让马其顿的骑兵有机可乘。亚历山大只不过是整个棋局中的一枚棋子，当然也是一枚重要棋子。

据普鲁塔克的记载，从此他父亲对他"更是钟爱有加"，[68]甚至在听到别人说亚历山大是他们的国王，腓力是他们的将军时，也泰然处之。众人都感到，亚历山大多年的"学徒"生涯就此告一段落。无须明说，亚历山大继承王位不仅因为他与腓力有血缘关系，也因为他确实是个人才。我们的资料中见不到对他批评的声音，显然王室内部也有统一意见。

那么，为什么就在喀罗尼亚之战过去不到一两个月后，亚历山大的法定继承人身份却遭到质疑，有人竟说他母亲奥林匹亚丝与他人有染呢？

第三章

“公牛戴上了花冠”

每四年一次，伯罗奔尼撒北边伊利斯城邦的小镇奥林匹亚就变成了国际城市，起码是全希腊人的城市。战事暂停，在全面停战的保护下，凡能证明自己是希腊人者都能参加奥林匹克运动会。前来观看体育竞技和比赛及参与角逐者不计其数。未婚妇女可以观赛，但已婚妇女在此抛头露面则是死罪。

在希腊人的世界里，艺术和体育节庆都源于宗教，并有宗教目的，奥林匹亚也不例外。小城一面临河，另一面是高地；举办奥运会的必要设施如露天大型体育场、体育馆、澡堂和运动员宿舍一应俱全。在奥林匹亚城中心还有个叫阿尔提斯（Altis）的大片圣所，内中有两座神庙，分别纪念天王宙斯与他的配偶天后赫拉。奥运会就是为纪念宙斯而举办的（赫拉另有自己的、允许未婚女子参赛的节日盛会）。圣所北边是一排看似小寺庙的宝库，存放着各城邦信众心怀感恩地敬献神明的珍贵礼品。

在喀罗尼亚获胜的腓力竟然派人在这圣所内修了一座抢眼的建筑，用国王的名字命名为腓力殿堂（Pilippeum）。这座圆形建筑用烧砖搭建，四周有大理石圆柱环抱。圆柱上端有顶，顶端梁木交接处有一个大型青铜罂粟花。殿堂内部陈列着真人大小的精致大理石雕像，它们出自杰出的雅典雕塑大师莱奥哈雷斯（Leochares）之手。这些雕像全是马其顿王族中的重磅人物，除腓力、奥林匹亚丝和亚历山大外，还有国王的父母阿明塔斯三世和他凶残的妻子尤丽黛丝。腓力的其他妻室和兄弟分量不够，被略去不表。

对此我们应当如何理解？首先最显而易见的一点是佩拉宫内一派祥和。奥林匹亚丝已被认定为正室，亚历山大则是备受宠爱的王储。

第二，腓力殿堂似乎意在昭告天下，马其顿王室即将跻身“英雄”或半神的行列。古希腊时代，神与人的界限模糊不清。凡是了不起的人物，大家就认为具备神性。用公元前 1 世纪伟大的罗马演说家西塞罗的话说，一般人往往“对大施主感恩之余，将其看作神明，在神庙内对其敬拜，为其献祭”。[1]

有些传奇人物或许已经成为正式神明。大力神赫拉克勒斯就是为人熟知的例子，而腓力则自称是大力神的后人。赫拉克勒斯原先是凡人，后来被赋予永生。

但有史以来还没有过人正式被册封为神的事，腓力也未存任何非分之想。他不愧为富有开创性的实验家，开启了在一块大领地或帝国内建立对统治者崇拜的先河。从公元前 4 世纪开始，君王经常用这样的方式来获得乃至肯定他的统治权。他可以通过宗教庆典来彰显百姓对他的忠心。腓力肯定是希望，如果自己有了这一层新的神明地位，希腊城邦的聒噪政客们自然就不能和他同日而语。他也不需要在残酷政治厮杀当中与他们纠缠来获得权威了。

但对一般希腊人而言，这种全新的政治概念他们无法接受，只有忽视上天给人的行为限制的人才会做出修建腓力殿堂的狂妄之举。亚历山大怎么想，我们无从知晓，但我们可以假设，他一定也像对待他父亲的其他一切事业一样，对此进行过认真思考。

在喀罗尼亚战役后的一次晚宴上，腓力喝多了，表现失态。他在战场上巡视时对死尸出语奚落。[2] 接着又辱骂战俘。一位不怕死的（或者说他自以为是）名叫德马德斯的雅典政客，借用了特洛伊围城战中希腊主帅与军中的跛子无赖瑟赛蒂兹的讽喻，他说：“国王啊，命运之神如今让你当阿伽门农，你却去演瑟赛蒂兹的角色，不觉得可耻吗？”[3]

腓力这才警醒，为表示歉意，他未要赎金就释放了所有雅典俘虏，还为他们发放了回家路上御寒的衣物。事实上他也知道需要与雅典人交好。他们防卫森严的城市易守难攻，舰队又是海上的霸主。尽管雅典在喀罗尼亚之战败北，但力量仍不容小觑。被派往雅典交还尸体并负责和谈的是亚历山大和安提帕特，也就是亚历山大当摄政时的顾问。惶惶不安的雅典城命人制作了一个表现国王马上英姿的雕像，并给这两位马其顿人荣誉公民称号。

国王很灵活地回避了英雄凯旋的一般过场，既没有为胜利献祭，也没有戴花环或用香水。[4] 他已明确表示不要别人称呼他为国王，最好用不那么专制的“将军”称号。“在管理希腊事务时，他十分谨慎，并不发号施令。”[5] 据希腊历史学家波利比奥斯记载：“他对辖下所有雅典人及其城镇采取宽容温和的施政方针，并不穷追猛打、感情用事。”[6]

腓力还确保马其顿士兵绝不进犯阿提卡，也不反对雅典人在战场竖立纪念阵亡将士的大理石纪念碑，碑上的铭文是这样写的：

为保卫希腊圣土，我们丧生在著名的彼奥提亚平原。[7]

腓力谈判的对象是被击败但未被征服的敌人，他并未干预雅典的民主，也没有追究敌对政客的错误，比如伟大的演说家德摩斯梯尼。

当然，友谊也是有代价的。雅典必须接受它在色雷斯半岛利益的损失，解散它的海上联盟，但有些海外资产（如提洛岛和其他岛屿）得以保留。城邦通往黑海的生命线和塞西亚的粮食供应依然如故，只是风险增加了，因为腓力任何时候都可以关闭赫勒斯滂*。雅典人可得小心别再惹恼了他。

许多希腊人对这位马其顿新贵还是欣赏的。不只因为他们的领导者拿到了不少腓力的金币，也因为国王在不干预内政的情况下还保障了他们的安全。境内并无惩罚性驻军（不服软的底比斯和其他少数地方例外）。小城邦之间龃龉不断的现象也成了过去。伯罗奔尼撒的斯巴达仍为其在留克特拉战役后丧失了超级霸主地位而愤愤不平，它为了东山再起而与邻国矛盾不断。公元前 338 年秋，腓力巡视该地区后宣布，他将向斯巴达讨回公道，邻国闻之都额手称庆。腓力见斯巴达拒绝合作，他干脆没收了斯巴达的边境土地，交予申诉的城邦处理。曾风光一时的希腊超级强权，此时也无力为此与他大动干戈。

腓力如此慷慨仗义，并不是没有私利考虑的。他希望形成一种涵盖所有希腊城邦的"共同和平"[8]，不仅包括最近交战各方。当然这

* 赫勒斯滂即今日的达达尼尔海峡。——译者注

种“共同和平”必须在他指导下，经他同意付诸实施。所以，除双边协议外，他还于公元前 338 年末，在科林斯召集了一个全面和平大会。条约也许是通过谈判达成的，也许是他下令签订的，大会成立了一个超国家政治机构，即科林斯联盟。每个成员在理事会中均有席位，由理事会公推一名联盟领导人。

所有与会代表均宣誓：

> 我向宙斯、盖亚［地神］、太阳神、波塞冬、雅典娜、阿瑞斯及其他男女诸神发誓，我将信守条约承诺，决不违约，我决不对信守誓言者武力相向……我决不会推翻腓力的王国或每个城邦在宣读和平誓词时已有的体制……我将依照共同理事会的决定，依照盟主或领导人的命令，向破坏共同和平者宣战，矢志不渝。[9]

这份文件很能说明问题。它实际，清晰，果断，一看便知是出于腓力之手。它不允许改变制度：民主体制继续民主，寡头统治继续寡头，王国继续保持王国。这是旨在鼓励合作和效忠的政策。所有人都宣誓对破坏者采取军事行动，但没有明说真正有实力维持秩序的是马其顿部队。[10]联盟理事会有执行权，但绝不可能有胆量考验马其顿国王的耐心。他甘愿冒被反对的风险，因为他有理由相信多数希腊人赞成和平，在会议中他会赢得多数票。至于领导人是谁，文件没有说，其实哪里还有说的必要。腓力当选盟主，希腊诸岛期盼能自此长治久安。

这段誓言被镌刻在雅典的大理石碑上，但是为了向腓力证明雅典也不是这么好说话的，雅典人通过了一个反暴政法，该法也分别刻写在两块石碑上，上面装饰着民主的化身向雅典人民加冕的形象。反暴政法说："任何人意图施行暴政，与人民作对，杀之者无罪。"[11]

腓力无意亲自治理希腊，因为这肯定是吃力不讨好的事。他的军事优势足以保证人民循规蹈矩，希腊人名义上的自治也缓和了战败的苦涩。如果希腊人夹紧尾巴做人，他是不会干涉他们的内政的。建立同盟是个高招，他以最小的努力和代价就彰显了自己的权力。王储又学到了一门治国术。

几个月以后的公元前 337 年，国王在科林斯召集了第二次大会。这回他要宣布一项新计划。他终于采纳了老伊索克拉底的建议。说白了，他的计划就是入侵波斯帝国。由此看来，身为盟主的最高领导人有权召集泛希腊大军，以最高统帅的身份领衔出征。[12] 他需要成员国按照人口多寡来出资相助。

国王这一番雄心壮志酝酿了多久？他此战的确切目的为何？这些都是很难回答的重要问题。腓力没有对外透露。有丰富想象力的年轻人，特别是在读了色诺芬的《长征记》之后，可能都有为曾是波斯帝国行省的马其顿一雪前耻的念头。每一个年轻的希腊男孩——凡是渴望被接纳为真正希腊人的人——每每谈及大流士一世和薛西斯的远征时无不热血沸腾。如今是腓力报仇雪恨的时候了。

我们是否应当把报仇雪恨的说法当真呢？这套说辞里掺杂着大量的宣传鼓动成分，掩盖了腓力的贪婪和野心以及感觉到波斯已经式微等真正原因。当然，对过去冤屈的记忆在政治辩论中出现时，也经常反映了真实情感。

我们可以肯定的是，成年后的腓力在他把野蛮又闭塞的马其顿变为一方强国后，才认为讨伐波斯是个实际可行的建议。也许伊索克拉底在公元前 346 年出的小册子是一个转折点，但即便如此，希腊人的远征从一个想法演变为确定的政策，中间过去了很多年。马其顿部队只有稳定了希腊，也就是打完喀罗尼亚战役并成立科林斯联盟后，才可能向亚洲进发。

如今开战的条件已经成熟，还有一个很好的实际理由催促他赶快行动。腓力手头难得现金充裕。他用于行贿、收买的费用日益增多，而人数众多的专业军队也十分烧钱。如果他的帝国不继续扩张，除了紧缩已别无他途。

马其顿人确切的战争目的我们也不清楚，不过伊索克拉底倒是提供了几个有用线索。[13] 他的小册子讨论了当时一个睿智而又熟悉情况的人提出的几个方案。最低的目标是解放亚洲沿岸的一系列希腊城邦。问题是，解放它们容易，维护成果却难。被激怒的波斯人一定会尽全力收复失地。届时肯定后患无穷。

腓力并未轻率地认为他能推翻波斯帝国，但还有个中间选项，马其顿人或可一试。那就是征服小亚细亚，一路攻打到有天然屏障的西里西亚（Cilicia）和托罗斯山脉（Taurus Mountain）。伊索克拉底建议在此建立永久的希腊定居点，作为新获取的希腊土地与波斯帝国剩余部分之间的缓冲。这可能就是国王的打算。

希腊人在做任何重要决定前都小心寻求众神的意见。办法之一就是征求德尔斐的神谕。希腊人对男女神明都心存敬畏。这些神明具有人形，有时也同人一样凶险难测。宗教的目的就是为了取悦神明。虔诚信徒可要求神谕给未来指明方向。而最著名的神谕就是德尔斐的神谕。当时的领导人在做重大决定比如发动战争前，经常会来此求神问卜。仪式由祭司主持，但宣读神谕的则是一生忠贞的农村妇女皮提亚。她在被神附体后会口发呓语，再由官员译成通用语言。阿波罗是通过她发声的。

神谕今时事十分明了，它的意见通常很到位，不过也有极度语焉不详的情况。祭司偶尔还有受贿的嫌疑。但希腊人笃信宗教，没有理由怀疑德尔斐的祭司经常有意蒙骗作假。

腓力派了一个代表团去问皮提亚，他能否征服波斯大帝。她的话是这么说的：

> 公牛戴上了花冠，一切已成定局。还有一人会打击他。[14]

国王有些困惑，但以为这是个上签，说明波斯人将被献祭屠杀。于是他对入侵一事拍了板。

预计出征时间是公元前 335 年春，同时，先遣队已横跨赫勒斯滂，进入安纳托利亚。领队的是他父亲手下的头号将军帕曼纽。腓力评价他说："雅典人每年选出 10 位将军，但多年来我就发现了一位——帕曼纽。"[15] 这位身经百战的统帅有阿明塔斯为辅佐，他是上马其顿林赛斯蒂斯（Lyncestis）三名小王公之一阿拉皮阿斯之子，后来，与国王非常亲近的杰出的马其顿人阿塔罗斯（Attalus）也加入了先遣队。他们可能都是另一位阿明塔斯——佩尔狄卡斯国王之子——的朋友，（读者可能还记得）这位阿明塔斯就是因为腓力认为他年幼而无法统治马其顿，所以被腓力取代的君主。

接下来却发生了让人意想不到的变化。此时年过四旬的腓力竟坠入了爱河。[16]他心仪的女子是年轻貌美的克丽奥佩特拉（Cleopatra，又名尤丽黛丝），已多年未娶妻室的他打算明媒正娶。显然，他还强迫他的正妻奥林匹亚丝同意新娘一起住在宫里。宫廷内部出现了紧张关系。奥林匹亚丝认为这是奇耻大辱，于是鼓动亚历山大与父亲反目。

就在结婚当日的喜宴上，冲突爆发了。当日的宴会全按希腊习俗安排：宾客坐在长椅上，仆人送上食物。吃完饭菜众人开始畅饮。克丽奥佩特拉的叔叔，也就是腓力手下的将军阿塔罗斯也在座，当时他还没有启程前往东方。他喝得酩酊大醉，只听他咆哮道：“这下我们肯定会有合法国王，而不是私生子了。”[17]这话只有两种含义，要么是指奥林匹亚丝与他人有染，要么就是说亚历山大的母亲是外国人，不是纯正的马其顿人。

无论如何，此话激怒了王储。他从自己的座椅上跳起来回骂道：“白痴，你难道说我是私生子？”[18]他举起酒杯就砸向阿塔罗斯的脑袋。

喝得醉醺醺的国王听见两人骂架，自己也失控了。他挣扎着站起来，要拔剑刺自己的儿子。但在酒精和怒气的作用下他没站稳，摔了个结实。亚历山大嘲笑他：“看看这个打算横跨欧亚大陆的人，从一张椅子到另一张椅子的路都走不稳。”

他愤而离席，带上他的母亲骑马逃奔国外。他将奥林匹亚丝安置在她的老家伊庇鲁斯，她的哥哥亚历山大当时是伊庇鲁斯的国王。接着，他往北去了马其顿的宿敌佩欧尼亚，可能到过佩欧尼亚一个阿吉里亚人部落中，于兰加罗斯（Langarus）国王处逗留。[19]

另一处古典文献记载，腓力此时宣称“亚历山大不是我的儿子”，[20]并以奥林匹亚丝出轨为由与她离婚。不论故事真假，王室从此分崩离析。

事情是怎么突然变得如此不可收拾的呢？腓力，这位一向狡黠精明的政治人物，竟然将自己家庭的和谐毁于一旦。如今心怀怨恨的儿子远走他乡，很可能还在设计对付自己，他是不可能远征波斯了。

据普鲁塔克说，国王这么做纯粹出于个人原因。他对克丽奥佩特拉的爱高于一切，但这与我们认识的腓力有点儿格格不入。他本该是个随时可以斩断情丝的人，此前几次婚姻全是政治联姻。除了对新人的迷恋，他的行为背后肯定有更站得住脚的理由。

也可能这场婚姻就是买一个保险。我们都看到了战争对马其顿国王来说有多危险。当国王的必须身先士卒，腓力身上大大小小的伤就是明证。父子二人都可能在下一场战事中身亡，一如腓力的哥哥佩尔狄卡斯的命运。他与克丽奥佩特拉结合是希望能够再有子嗣。虽然婴儿要成长到能接掌王权的年纪还需要时日，但起码他可以代表阿吉德王朝，是王室的血脉。结果，克丽奥佩特拉生下了一个女儿，名叫欧罗巴。

婚宴上发生的事说明亚历山大与国王的关系已经比较冷淡。阿塔罗斯通常不可能出言不逊，除非他知道他的话不会冒犯腓力。有谣言说王储才是喀罗尼亚战役胜利的功臣。腓力自称听到别人戏称亚历山大为他们的王，而自己是他们的将军时，还一笑置之。[21]但这类话也可能惹恼了他。历史上，国王与突然间长大成人、急于表现却又不受重用的太子之间的争端，可谓比比皆是。

甚至还有人说腓力认为亚历山大和难缠的奥林匹亚丝在密谋推翻他。[22] 不错，王储经常是对现状不满者的倾诉对象，但就此案而言，我们找不到证据，连一丝传言都没有。

对于那场争吵，也许最简单的解释就是最好的解释：一山容不得二虎。亚历山大有精力、有魅力、有才干，也有他自己的想法和自己的脾气。他父亲不习惯在自己家里遭人顶撞，与他争执可以说是很正常的。有可能像阿塔罗斯这样不负责任的朝臣，为了一己私利还在一旁煽风点火。

我们都知道亚历山大喜欢以阿喀琉斯自比，而今更是如此。他父亲就像希腊最高统帅阿伽门农，荷马笔下的阿伽门农与阿喀琉斯曾因一名年轻貌美的女俘虏起了争执。这位马其顿王子如今就像当年荷马笔下的英雄在特洛伊城墙外的营帐中一样闷闷不乐。

腓力意识到如今自己无路可走。在家里乱成一团，家人相互猜忌的情况下，他显然无法开始对波斯的远征。他猜测儿子肯定在煽动意外又大喜过望的伊利里亚人。

他不知道如何补救。幸运的是，一位双方都信任的人出现了，他愿意做调停人。此人就是当年给亚历山大买下“牛头”的科林斯富人德玛拉特斯。那匹马是亚历山大孩童时期收到过的最好的礼物，多年以后，马和主人仍然形影不离。

德玛拉特斯支持马其顿，也是国王的老友。雅典雄辩家德摩斯梯尼称，他是率先将自己的城市卖给腓力的希腊人。德摩斯梯尼说：“这些人为了一己私利将国家繁荣抛诸脑后，他们败坏了他们手下的所有公民，直到这些人沦为奴隶。”[23] 德玛拉特斯无疑会为自己申辩，说自己是政治现实主义者，面对马其顿的霸权，也只能尽力而为。他的话也不无道理。

他去了佩拉，一番寒暄后，国王问他希腊各城邦能否和睦相处。这位科林斯人深得宠信，能在国王面前畅所欲言，于是借题发挥。他挖苦道："腓力，在你和你的至亲都处得这么好的时候，你还能想到问希腊人之间处得怎么样，不错。"[24]

此话让国王感到醍醐灌顶。他知道自己必须与儿子言归于好，而德玛拉特斯又是居间调停的最佳人选。亚历山大和他的马一样难以驯服，说服他回家花了不少时间。我们不知道两人协议的条件，但他作为腓力继承人的地位得到了确认。我们猜想，这大概也对他个人安全提供了保障。他身边有了一帮可以信赖的朋友。

奥林匹亚丝或许不愿意搬回佩拉，宁可待在伊庇鲁斯。但这是危险的。谁知道，她在没人监管的时候又会出什么鬼点子？聪明的国王想出了一招，既能控制住他的妻子（或者说前妻），又能借机搞一个隆重庆典，体现并强调马其顿国家和王室可喜可贺的团结。

他将自己与奥林匹亚丝生的女儿克丽奥佩特拉（与国王的新婚妻子名字一样，但是两个人）许配给了伊庇鲁斯的国王亚历山大。腓力周边的私人关系十分复杂。这位英俊的亚历山大就是奥林匹亚丝的哥哥，曾经与腓力有过亲密关系；而克丽奥佩特拉则是他的外甥女。既然有政治需要，也顾不上血缘关系允许不允许了。婚期定在公元前 336 年 10 月，地点是一座宗教中心，也是一座古都——埃迦伊（Aegae）。

唯一不方便的就是，婚礼很难不邀请新娘的母亲出席。[25]

可能就是在这个时候，家庭内讧的始作俑者阿塔罗斯被派去协助东方的帕曼纽。腓力把这个人支开，显然是为了照顾亚历山大的感受。

在他上路之前（具体时间我们不知道，但估计应该是上路前不久），他又插手了腓力十分复杂的爱情生活。国王身边曾有一名英俊的王室见习骑士，名叫保萨尼亚，是国王的“被爱者”。[26] 后来国王移情别恋，新恋人的名字不幸也叫保萨尼亚。失恋的青年难过之余决定把事情闹大，他指责后来者是个来者不拒的“两性人”（hermaphrodite）。他所谓“两性人”的意思就是对方允许男伴进入体内，即便在一个接受同性关系的社会里，这也是任何正经少年绝对不应当做的。

这种指控是个损招，逼得后来者以惊人的方式自杀抗议。几天后，就在腓力出征作战时，他用身体做国王的盾牌，挡下了针对国王的攻击。

我们不知道腓力的反应，但这位少年是阿塔罗斯的朋友，他的死让阿塔罗斯非常恼怒。阿塔罗斯向来不善于控制自己的情绪，于是他请第一位保萨尼亚吃饭，将他灌醉。与其他宾客一起轮奸了他，然后又把他交给马夫，让这帮人再侮辱他一回。

等保萨尼亚醒来，他发现自己被人糟蹋了，就到国王那里去告状。腓力虽然同情他，又觉得自己不能冒犯新王后的叔叔兼自己的军事统帅。他试图用礼物来收买保萨尼亚，还答应将他从担任国王保镖的见习骑士中提拔出来。

保萨尼亚怒气难消，琢磨着怎么出这口恶气。

王储回来了，但我们也能猜到，佩拉王宫的气氛并不友好。

当时突发了一件怪事可以证明。国王还在忙着安排联姻的事。作为入侵波斯前期规划的一部分，他与（位于安纳托利亚西部的）卡里亚总督披克索达洛司（Pixodarus）联系，后者有意在即将到来的战役中背叛波斯大帝，投诚到马其顿这边。为巩固他们的结盟，总督提议将自己的女儿许配给腓力与他的塞萨利妻子菲莉娜所生的儿子阿里达乌斯（Arrhidaeus）。阿里达乌斯身为国王的长子，却患有某种精神疾病，或许是癫痫，因此不能完全参与政治生活，但他能像他的妹妹一样，充当有用的政治棋子。[27]

亚历山大获悉这一安排后，却一反常态地焦虑起来。在母亲和朋友的暗示下，他确信这场联姻说明父亲打算将王位交给他同父异母的哥哥，而不是让他来继承。这样的怀疑完全没有道理，因为腓力绝不可能愿意把辛苦打下来的江山托付给一个不健全的人。

然而，亚历山大却铁了心要消除这一威胁。于是他邀请得过雅典戏剧最高奖的知名悲剧演员特萨罗斯（Tessalus）做自己的特使，去见披克索达洛司，来破坏婚事。（因为演员在地中海附近巡回演出，政府往往雇他们作为使节或代理。）特萨罗斯告诉总督，未来的新郎精神有问题（马其顿国王显然没有把这事儿告诉对方），最好还是把女儿许配给亚历山大。

腓力很快就听说了此事，大为光火。他冲进亚历山大的房间，还带上了亚历山大的一位朋友，正是腓力最钟爱的将军帕曼纽的儿子菲洛塔斯（Philotas）。我们能猜到这位青年就是将消息通报给国王的人。果真如此的话，亚历山大肯定会对这背叛行径耿耿于怀，以后会伺机报复。

据普鲁塔克描述，腓力把儿子教训了一顿，但也很小心，避免两人再次出现不可挽回的分裂。他责怪儿子“竟然出此下策，打算与门不当户不对的卡里亚人的女儿成亲，那人不过就是野蛮人国王手下的奴仆”[28]。

理论上说，此次出征还是用得上亚历山大的。国王应该觉得将他留在自己眼皮子底下最保险，不太可能再任命他为摄政了。

特萨罗斯的下场就没这么好了。他被戴上了镣铐送回马其顿等候审判。王子身边的年轻友人都被逐出宫外，[29] 包括拉古斯的儿子托勒密，传言说他其实是国王的私生子，[30] 还有可能是腓力七名妻子之一的费拉的侄子哈尔帕拉斯（Harpalus）[31] 和生在克里特岛但住在哈尔基季基半岛安菲波利斯的尼阿库斯。亚历山大对这些早年的友人非常讲义气，日后尽管他们有小过错也照样提拔。但在当时，这些人全部不见了，只留下他们有魅力的领导者独自黯然神伤。

表面上一切又恢复了平静，但腓力还想再度通过联姻来巩固王朝。他决定把他与伊利里亚妻子奥妲塔生的女儿库娜涅（Cynane）嫁出去。这个年轻女子非比寻常 [32]，以热衷军事而“不像女孩”闻名。她曾随父出征伊利里亚，尽管她自己的母亲是伊利里亚人，她却亲手在战场上杀了伊利里亚王后。

她的未婚夫就是她的堂哥，佩尔狄卡斯国王的儿子阿明塔斯。他就是前面说到因年幼而被腓力取代，后来得以在马其顿宫廷中平安长大的阿明塔斯。我们不知道腓力心中的盘算，但是看起来他又一次为亚历山大不能接替自己而做了两手准备。

阿明塔斯或许对王位并无野心，但他已成年而且心智健全，特别是他体内流淌着王室血脉。

腓力安排了这么多场婚姻，似乎唯独不着急为自己的儿子找个妻子，这不是有点儿奇怪吗？或许他已经真的放弃他了。

伊庇鲁斯国王与腓力的女儿克丽奥佩特拉的婚礼是计划中的盛事。[33] 目的是为了展示国王是文明、慷慨而又友好的希腊人，是当之无愧的新盟主。

婚礼地点位于王国的旧都，即马其顿先王的陵寝所在地埃迦伊。[34] 腓力在位期间曾在此建造了一座雄伟的宫殿，是远远就能望见的地标性建筑。大型圆柱围廊的外围是两三层高的楼房。建筑物里装饰考究，地面有彩砖镶嵌，墙上有壁画。外墙的灰泥光洁明亮。楼房宽敞的长廊面对着一个露天剧场，剧场是用泥土堆砌成的，只有舞台和最前面一排座位是石头做的。乐团位置的中心有一座供奉给戏剧之神狄俄尼索斯的祭坛，在观众与演员中间的环形空间里设有合唱队，配合台上的演出来合唱。

宾客来自各国各地。希腊世界所有的头面人物都将出席。腓力的远道朋友均应邀前来，他还请王宫里的人把他们认识的外国人都请来。另外还安排了音乐比赛、体育竞赛及盛大的筵席。各路人马群聚在埃迦伊。重要城邦的代表给国王献上金花冠。雅典也送礼了，尽管传统上他们一直与马其顿为敌。在送上他们的金花冠后，该城邦的信使还宣布了一项新法，任何密谋背叛腓力国王而逃往雅典者，都会被雅典“引渡”。

在婚宴上，极受欢迎的雅典演员尼奥普托列墨斯（Neoptolemus）朗诵了诗歌。[35] 他“嗓音洪亮，无与伦比”[36]，多年前他曾训练年轻的演说家德摩斯梯尼，教他如何一口气念完长句。他朗诵了一首哀叹人性虚荣的诗。诗中讲述的是波斯人在公元前 490 年和前 480 年入侵希腊遭遇的惨剧，国王甚是欢喜。但迷信的听众听完，就担心这对未来而言不是好兆头。

> 你的思想比空气还高。
> ……
> 但有一个人动作敏捷，
> 他借着阴影悄然离开，
> 突然，谁都没看见，他赶上前来
> 剥夺了我们遥远的希望——
> 死亡，人类众多苦楚之滥觞。[37]

终于，最后一个饮者也就寝了。赛事定于第二天开始。许多观众在天亮之前就涌入剧院，等待表演和比赛，很快剧院就坐满了人，估计楼座上也已座无虚席。

在剧院外面，壮观的仪仗队已整装待发。12 尊奥林匹亚神明坐在王座上的雕像已抬入剧院。据历史学家狄奥多罗斯的记载，“雕像艺术造诣很高，上面的绚丽装饰令人惊叹”。[38] 抬进来的第十三尊雕像则是腓力，与众神并列，就仿佛他也是神明之一。许多人心里一定会想到腓力殿堂。国王显然已决定将自己置于凡人之上。

接着抵达的是腓力。这回他一反常态，让跟在后面的王室见习骑士与他保持一定的距离。与雕像给人的傲慢形象相反，他希望传达他是全希腊人众望所归的君王。他不需要长矛护卫，让仪仗队走在前面。他身着白色披风，沿着一条狭窄的通道步入剧院，身旁只有两位亚历山大——他儿子和他的新女婿——除此之外，他全无保护。

心怀不满的保萨尼亚正是当天早上值勤的骑士之一。他依然愤怒难平。阿塔罗斯人在亚洲，他鞭长莫及，虽然他惩罚不到对不起他的人，但他起码可以对没能为他报一箭之仇的人下手。年轻人怀里藏着一把凯尔特尖刀，站在剧院的入口处等待。由于他是宫廷里的人，没有人特别注意到他。

就在国王出现在乐队区时，这个年轻人突然冲上前去，将尖刀刺入国王胸肋。全场观众惊吓错愕。46 岁的腓力当场死亡，白披风上染满了鲜血。行凶者匆忙由剧院的另一个出口逃逸。

有些护卫跑到国王身边帮忙，有些可能是亚历山大身边的人，则去追拿保萨尼亚。其中三人是王储的年轻密友：上马其顿的贵族佩尔狄卡斯，他的祖先可能来自埃迦伊；列奥纳托斯（Leonnatus），此人与腓力的母亲尤丽黛丝有亲戚关系，与亚历山大是发小；还有一位阿塔罗斯可能也是亚历山大的童年好友（他与腓力的将军同名，但没有关系）。

保萨尼亚预先在城门处准备了马匹以便逃亡，本可以占得先机。但他还没到达马所在的位置，靴子就被老藤的根缠住，无法脱身。佩尔狄卡斯和护卫随后赶到，用矛将他刺死了。

一切陷入了混乱。

马其顿没有一套健全的体制来应对突然间的权力真空。有一段不长的时间，或许是一两天，宫廷内并没有明确的当权者。看来马其顿又要回到宫廷政变和王族同室操戈的状态了。众位宾客决定留在埃迦伊静观其变。

安提帕特知道此刻绝不能输。此时军心不定，士兵们因腓力离世而难过，同时还担心远征国外时领导人经验不足，前途难料。[39] 亚历山大的人望并不是特别高，他母亲是外国人，而他或许不是真正的马其顿人。他与腓力之间的嫌隙也令他孤立无援，很多头面人物都坚决反对他。

然而，他父亲长期以来培养他做接班人，虽然没有明说。于是老谋深算的老将军安提帕特立即将身着护胸的亚历山大正式介绍给可能有权选举新国王或确认国王地位的官兵。[40] 集会的官兵立即对他表示拥护。狄奥多罗斯写到，亚历山大迎难而上，

> 说到底他还稍显稚嫩，不少人又对他缺乏敬意，但他超乎所有人的预料，树立起了牢固的权威。首先，他很有技巧的讲话立即赢得了马其顿的人心。国王只是换了名字，国家的治理仍将遵循原则，效率不亚于他父亲的管理。接着，他又向当地的各位使节讲话，和颜悦色地请希腊人仍然能像效忠他父亲那样效忠他。[41]

作为君王，他的第一项举措针对曾侮辱他，说他是私生子的阿塔罗斯。这位诡计多端的将军在腓力去世后特别担心自己的安危，开始与雅典人密谋。[42] 然后他又改变主意，向亚历山大告发这些人，以此证明自己是多么忠诚不渝。国王并未被蒙骗，他派了一名伙伴军带了一小撮人前往亚洲的先头部队，着令他们将此人生擒或就地

处决。[43]结果，阿塔罗斯被就地处决。帕曼纽尽管是这位统帅的岳父，但也别无选择，只能从命。既然他如此听话，亚历山大也就必须保住他在军中担任要职的儿子、兄弟和亲戚们。好在他们都是遵守军纪的干将，这个代价也不算大。

除掉阿塔罗斯并不足以保证亚历山大的安全。腓力相当擅长蒙骗他人，他的诸多成就很快就如同晨雾般消散了。国内外的情况突然恶化。据普鲁塔克记载，

> 希腊在与腓力一战后一息尚存。底比斯摔倒后又摇摇晃晃地站起来，掸掉了武器上喀罗尼亚的尘埃。雅典则向底比斯伸出了援助之手。马其顿全境也有支持阿明塔斯和埃罗普斯（Aeropus）儿子们的动乱。伊利里亚人也起来造反，斯基泰人则对马其顿的邻国蠢蠢欲动。波斯人的金子在各地领导人手中自由流通。[44]

普鲁塔克笔下的阿明塔斯是佩尔狄卡斯的儿子，本来在理论上是无可挑剔的王位继承人。埃罗普斯的儿子们则是来自林赛斯蒂斯的阿拉皮阿斯和他的两个兄弟，他们与阿明塔斯关系密切，他们的父亲曾经与腓力有过争吵。

亚历山大立即向国内的反对派开刀。特别是他感觉到暗杀背后还牵扯了一些阴谋。埃罗普斯的两个儿子被立即处死，据我们查证两人是未经审判就被处死的。在公元前 336 年或前 335 年的某一天，被认为要争夺王位的阿明塔斯亦遭杀害。三兄弟中唯一的幸存者就是林赛斯蒂斯的亚历山大，即安提帕特（他有四个女儿）的女婿。腓力一死他就知道自己性命堪虞，于是立即赶到亚历山大身边，他

是第一个对他表示忠诚的人。因为他身上有武器，他还曾护送亚历山大离开剧院返回隔壁宫殿。

他第一时间表了忠心，（肯定）再加上妻子的家庭关系，让他免于一死。我们不知道他对自己兄弟的下场有何反应，至少他从未就此公开表过态。能得到君王宠幸就万事大吉了，至少眼下是如此。

不过，这些人是否真的有罪呢？

亚历山大当前的要务之一就是安排父亲的葬礼。他被葬在埃迦伊，陵寝有两个墓室。主墓室里有一幅表现冥后珀尔塞福涅被强奸的壁画。腓力在这里了安葬两千多年，直到 20 世纪他的墓穴才被考古学家善意扰动。[45]

亚历山大故意将林赛斯蒂斯两兄弟带到腓力的墓葬处行刑，（我们可以假设）因为他相信两人有罪。大家也许还记得阿喀琉斯在为他的情人帕特洛克罗斯举行柴堆火葬时，用 12 个特洛伊人做殉葬，或许荷马忠实的学生当时想起了这个血淋淋的先例。

然而，并没有确切的证据证明两人有罪，新国王也许就是想清除可能的竞争者，不管他们对王位到底感不感兴趣。或许阿明塔斯就不感兴趣，他多年来在宫中一直安分守己，没有惹过麻烦。也许他又燃起了对王位的觊觎之心，特别是在腓力统治晚期。我们不知道，新国王也许同我们一样。不过，在他看来，安全是凌驾于一切之上的考虑。

保萨尼亚有足够强烈的动机独自策划阴谋，而且他一个人也做得到。但是埃迦伊盛传还有极为位高权重的人物插手了此事。如果问任何人，谁会因腓力之死受益，（用罗马演说家西塞罗的著名考验来说，谁是受益方？[46]）答案是不言而喻的。受益方显然是亚历山大本人，因为他是一个没有未来的王储，唯一的任务就是永远做他父亲的跟班，永远都比他晚几步。受益者还有他强势的母亲奥林匹亚丝，她为了儿子的前途可以不惜一切。

当时就有人猜测这两人都难逃干系，也有相关的证据，只是这些证据不一定可信。阿吉德王朝历史上弑君的例子比比皆是，而且这对母子都以雄心万丈、敢想敢干著称。有人说保萨尼亚也去找过亚历山大吐苦水。亚历山大的答复让人捉摸不透。他引述了欧里庇得斯的悲剧《美狄亚》里的一段话，讲的是科尔基斯的女巫打算谋害她变了心的情人伊阿宋，还有他的未婚妻以及准岳父：

> 父亲、新娘和新郎一并了结。[47]

有人就说亚历山大以此暗指阿塔罗斯、克丽奥佩特拉和腓力。他等于是在暗示保萨尼亚，如果他决定诉诸暴力，他就会支持。

谋杀的凶手死于追捕者之手，而没有被生擒以查明真相，这也让人生疑。追捕他的人都是亚历山大的人。或许他们这样做就是为了不让保萨尼亚透露还有谁是他的同谋。

奥林匹亚丝毫不掩饰她丈夫的死给她带来的快乐。有人说保萨尼亚逃亡用的马匹就是她安排的。[48]据说她还在前往国王葬礼的路上，给悬挂于十字架上的保萨尼亚的尸体戴了一个金花冠。几天以后，她让人把尸体取下并火葬。太后随即开始对腓力的遗孀下手，她让克丽奥佩特拉眼睁睁地看着自己的女儿被放在火盆上烤死，[49]然后迫使这位不幸的年轻女子悬梁自尽。亚历山大对这种加强了马其顿人野蛮印象的残忍手段十分愤怒。但他与他的母亲关系太近，受她掌控太深了，不可能惩罚她。我们可以假设，决定把这两个悲剧人物的尸体安放到腓力坟墓中的就是亚历山大。

谋杀国王完全有可能是奥林匹亚丝和亚历山大怂恿保萨尼亚，甚至托付他干出来的事。或者他们是从犯，听说他有此意图，但没有告诉腓力。

也可能两人对保萨尼亚心中所想一无所知，与其他人一样都被蒙在鼓里。毕竟，这两位对政治如此敏感的人物，怎么会选择在众多政要在场的国际盛会上干出这种严重损害马其顿名誉、让整个王国陷入严重危机的惊天大案呢?

总之，我们所知甚少，不足以给他们定罪，其他可能性也同样说得通。

就拿波斯大帝（或他麾下的总督）来说，他不也有动机除掉这个打算将自己毁灭的人吗?

宫廷阴谋并非马其顿人的专利，波斯人的王位继承一向也不平稳。波斯目前的统治者是大流士三世，而他也是最近经历过一次短暂而波诡云谲的危机后才登基的。

据希罗多德记载，波斯人与其他中东民族一样，特别重用效忠王室的宦官。[50] 雇佣兵兼作家色诺芬也同意这一观点。他曾说阿契美尼德王朝的开国君主居鲁士意识到，统治者在“用餐或饮酒、沐浴、上床和睡觉的时候”[51] 个人性命最危险。他需要信得过的仆人。宦官的好处是他们无法繁衍生息，所以通常没有家人需要关照，加上他们是被社会看不起的一群人，因此他们的一切完全依赖主子。

当然，总有例外，官至千夫长（chiliarch）或大维齐尔的巴勾斯（Bagoas）的一生就是一例。狄奥多罗斯说得好，此人“身子是宦官，行为却如好勇斗狠的猛男”[52]。他毒死了自己的雇主亚达薛西斯三世，立其子阿西斯（Arses）为王。他杀害了新王的所有兄弟以绝后患，并孤立自己扶植的人选。阿西斯干了一件傻事，声称自己对巴勾斯的粗暴行径不满，有意惩罚他。结果这位大维齐尔首先出击，杀害了阿西斯全家。在清除了大半的王室成员后，他急于找到继任人选，最终于公元前 336 年选出皇室支系的科都曼努斯为王，即大流士三世。

大流士三世异常勇敢，在一次与凶狠的伊朗部落交战时，曾接受一对一的挑战，并置对方于死地。[53] 他也不是容易上当受骗之辈，有意让巴勾斯自食其果。有人递给波斯大帝一杯毒药，他转手就赐给了一旁的宦官，宦官只有硬着头皮喝下，一命呜呼。

来自马其顿的威胁迫在眉睫，肯定也是大流士三世最关心的事。他也可能想灭掉腓力这个心头之患，后来他也确实怂恿希腊士兵和一位马其顿高官杀害亚历山大。[54] 但即便如此，我们实在想不出有什么人能在波斯波利斯和佩拉之间为波斯大帝与一个不要命的年轻人穿针引线。

雅典也可能是谋杀的嫌疑人，长期以来雅典的政治人物都有反马其顿的传统，为首的就数演说家德摩斯梯尼。他早早就听说了暗杀一事，这不免令人起疑，所以才有人说他肯定在之前就知情；[55] 更有可能的是，他出资养了一名腿脚麻利的信使。他也曾与年少王储的敌人阿塔罗斯勾结，最后没有结果。同时他收受了波斯大帝的巨额贿赂。据普鲁塔克描述，德摩斯梯尼“被波斯人的金子淹没了”[56]。他摆出一副“特立独行的模样”[57]。还给凶手立了一个神龛。他说服希腊议会举办一次答谢神明的祭祀，就好像这是什么好消息一样。在演讲中，他讥讽亚历山大是马尔吉特斯（Margites）——特洛伊战争中的丑角英雄。

话说回来，虽然许多雅典人仇恨马其顿国王，也可能设计陷害他，我们却找不到支撑的证据。恐怖主义不符合雅典风格。再说吵吵闹闹的民主体制也不利于保密，而我们连这方面的谣言都没听说。

马其顿的腓力二世的确伟大。他一手将自己野蛮闭塞的国家变成了希腊首屈一指的强权。他获得了金矿银矿，有了雄厚的人才和资金储备，能够招募并豢养一支庞大的常备军，几乎所向披靡。希腊城邦压根儿无力应对他的威胁。

国王很能掌握时机。看似无情，有时又不失幽默。他本性并不残忍，但必要时也会暴力相向。他能忍受巨大疼痛而不抱怨。在战场上，他总是身先士卒，身上的许多伤疤就是明证。但他更愿意使用贿赂及和亲方式搞外交。若非不得已，他不会选择军事冲突，唯一的例外就是对波斯的讨伐。

如果说腓力并不像他人认为的那样死得不是时候，是否会有些过分？但他确实已经过了巅峰时期。[58] 他没把妻子和儿子的事处理好，不管不顾地要娶克丽奥佩特拉为妻，在奥林匹亚傲慢地给自己建造纪念建筑，即腓力殿堂，更冒天下之大不韪地命人将自己的雕像抬入在埃迦伊的剧院，与众神并列。这一切都说明他的政治头脑已不灵光，其麻木程度令人吃惊。

不过，父亲传承给亚历山大的还是他的丰功伟业。经过腓力的打拼，希腊其实已经变成了马其顿的附属物，而他的军队也被打造成了一个战争利器。新王不可谓不幸运。

然而，他上任之初竟然也像腓力那样不断面临挑战。突然间，马其顿由一位乳臭未干的毛孩子执掌大权，眼看就要再次分崩离析。宿敌们纷纷摩拳擦掌。同过去一样，北方邻近的部落王国揭竿而起，本已臣服的希腊也挣脱了马其顿的桎梏。

无人愿意给这孩子留下生存机会。

第四章

独　狼

亚历山大死定了。这一点毋庸置疑。

他误入了最黑暗的色雷斯，惨遭居住在那儿的野蛮人杀戮。他的军队被全数歼灭，年轻的国王因此殒命。文明世界的政治圈里听到了不少这样的报告，相信之余人们也松了一口气。重新站起来以后，他们把那些横行霸道的马其顿人全抛诸脑后。

但未来的一幕幕是这样发生的。

不管之前他与腓力怎么争吵，亚历山大对他继承的一切应该还是心存感激的。如今他手下的军队纪律严明，能征善战，王国辽阔富有。可是王国一旦失去了足智多谋的奠基人，就有分崩离析之虞。所以这不是一个简单的交接。少年国王必须奋力才能保住这片天下。

公元前 336 年 6 月即位之初，亚历山大的谋士们都劝他谨慎行事。[1] 那些希腊城邦就随它们去吧，更不要对它们大动干戈。至于马其顿边界上那些不安分的部落，最好在它们发动战争之前协商谈判。国王很不以为然，认为只有敢于冒险，先下手为强才能换得安全。

希腊城邦为他们的头面人物在埃迦伊剧院目睹了腓力遇刺一事欢欣鼓舞。希腊各地都开始躁动，想收回自己的独立权。底比斯人投票决定驱逐驻扎的马其顿军队，也不让亚历山大担任反波斯联盟的全面领导。给了腓力公民权的雅典人和他们首屈一指的演说家德摩斯梯尼也难掩兴奋之情。普鲁塔克是这样写的：

> ［他们］立即为这一捷报献祭，并投票决定赠给行刺的保萨尼亚一顶桂冠，而德摩斯梯尼则穿着华丽，头戴花冠，出现在公共场合，虽然他的女儿在 6 天前刚刚去世。[2]

德摩斯梯尼还不屑地表示亚历山大永远不会越过马其顿边境，因为他就在佩拉附近散散步，“不断关注各种兆头”[3] 就足够了。

另一边，年轻的国王开始行动了。他往南进发，说服塞萨利的联盟和近邻同盟通过决议，同意由他接替他父亲做希腊盟主。

伊庇鲁斯南部的一个古城安布拉西亚（Ambracia）派特使前来，为宣布独立表示道歉。亚历山大客气地答道：“他们不过是在争取父亲本来就要给予他们的自由，只是行动稍微早了一些。”[4]

他继续前行，穿过未设防的温泉关。一天，底比斯的公民发现有一支马其顿大军赫然出现在城墙外。雅典人确信下一个就轮到他们了，亚历山大却一派仁慈宽宏的模样。他只坚持要这两个城邦接受他为盟主。它们道歉再三后立即投降，他随即召开了泛希腊科林斯联盟大会。

德摩斯梯尼被任命为使者，必须北行去朝见国王，他走到西塞隆山时胆怯了，转身回了雅典。[5] 也许他是担心他与阿塔罗斯的通信已落入国王之手，这会对他不利。另外，他拿了那么多波斯人的金子，总应该给大流士三世一点回报吧。

联盟成员转而在新领袖面前争宠。当一个极小的城邦迈加拉（Megara）说要授予亚历山大荣誉公民，他还拿它开玩笑，但亚历山大听说这个小地方从前唯一授予荣誉公民称号的竟然是半神半人的赫拉克勒斯（国王自称的先祖），他就欣然接受了。[6]联盟再次在科林斯开会，会议又一次确认其成员是自由的、独立的成员——聪明人只要看到时刻存在的军力威胁就知道这与事实不符。联盟成员选举他接替腓力为领袖，并让他全权负责攻打波斯的伟大解放战争。他们当年铭刻的誓言留存至今：

> 我向宙斯、盖亚、太阳神、波塞冬、雅典娜、阿瑞斯及其他男女诸神发誓，我将信守和平，决不违背与马其顿的亚历山大的协议……我将以理事会共同认可的以及盟主规定的任何方式，向破坏共同和平者宣战。[7]

在科林斯的短暂停留期间，据说亚历山大曾安排与当时最有名望的思想家第欧根尼（Diogenes）见面。[8]经过亚里士多德在迈达斯花园的教诲后，他开始对哲学感兴趣，而且愿意资助他欣赏的哲人。

第欧根尼执意过尽可能简朴“自然”的生活。他靠乞讨满足日常所需。他平日只穿戴缠腰布，居无定所，有时（显然）就睡在一个大缸中。屙屎和手淫都不避讳众人。如此清贫的生活倒有几分像几乎赤身裸体修行的印度苦行僧婆罗门的生活。

他这样做是为了提醒众人注意当时的奢靡之风，据说他曾说过："人类把众神赏赐的每一份礼物都复杂化了。"[9] 他是犬儒学派（Cynic，希腊语的意思是"如狗一般"，因此不会感到羞耻）的创始人。犬儒学派认为，美德只能靠行动而非理论来实现。最伟大的希腊哲学家柏拉图并不认同第欧根尼的想法，他曾说此人"是发疯的苏格拉底"[10]。第欧根尼没有传诸后世的著作。

第欧根尼以特立独行闻名。[11] 白天他在科林斯市郊活动，拒绝到市中心去见亚历山大。马其顿国王不以为忤，亲自前往第欧根尼躺在地上晒太阳的地方。

当这位哲人看见亚历山大一行人到来，他微微侧身以肘撑地，凝视着亚历山大。

"我能为你做什么吗？"国王问。

"对，你可以闪开点儿，别挡着我的太阳。"

国王的造访因这盆冷水而结束。亚历山大完全可以因此感到不快，却完全没有。因为他看到第欧根尼与自己有共同点。一个选择躲避世界，一个选择征服世界，两人都十分执着，不依不饶，完全投入。[12]

后来，在他的大臣取笑这个哲人时，国王只简单表示："你们说什么都行，但如果我不是亚历山大，我还真想做第欧根尼。"

亚历山大和他的军队很快就消失不见了。他得赶回去平定北方的叛乱。[13]

但他首先顺道去了阿波罗神庙所在地德尔斐。[14] 他同当年他父亲一样，想为征讨波斯的成败求一个签，但他决心在解读写成六步格诗句的神谕时，既不要被误导，也不要自己误导自己。科林斯的讨论花了很长时间，亚历山大直到 11 月底才抵达德尔斐。不幸的是阿波罗神庙每年从 11 月中旬到次年 2 月中旬关闭。神也要休息。

国王不习惯吃闭门羹。他召见皮提亚，请她来解读。她拒绝从命，声称这样做不合规矩。于是他直接找到她，打算硬把她拖到神庙去主持降神仪式。她叫道：“孩子，你真就是非赢不可！”这话一点儿不含糊。

机智的亚历山大立即撤回自己的请求。他宣布他不需要其他预言，因为他要知道的已经从她那里听到了。心满意足的他于是继续赶路。

等待他的正是危机。马其顿周边的部落王国正磨刀霍霍，威胁着马其顿的生存。亚历山大不仅需要将它们都安抚停当才能无后顾之忧地东征，他还必须赢得士兵的忠心，更别说马其顿全民的普遍支持了。目前，这些都还在未定之天。

亚历山大将如何处理特里巴利人和伊利里亚人的叛乱呢？他们在色雷斯这片从多瑙河（古希腊称之为伊斯特河）以南到马其顿和爱琴海以北的广阔土地上，占据了很多领地。色雷斯的部落骁勇善战，虽然急起来也可能各行其是，不听指挥。

他们抵抗过像波斯和马其顿这样的外侮。在别人眼里他们似乎不够开化，居住在大型开放式的村落而不是城市中，也缺乏市政建设，可一旦他们将力量联合起来，希腊人也不是他们的对手——希腊人只在河流沿岸建立殖民地，对内陆地区就无力管辖了，甚至连腓力无坚不摧的方阵也不能击败特里巴利人和伊利里亚人。公元前 339 年，特里巴利人曾击败亚历山大的父亲，让他身负重伤并从此瘸了一条腿。

亚历山大目前并不能像大流士那样直接地征服和兼并土地。这样做费时耗日，还需要一个庞大的占领军。亚历山大手下最多就有15 000人左右的训练有素的马其顿部队，包括一个步兵方阵、上马其顿的骑兵、轻装部队、投石手和弓箭手。[15]色雷斯有一个阿吉里亚人的部落，他们的精锐投枪兵十分出色，国王兰加罗斯与亚历山大有私交；我们前面说过，亚历山大暂时离开马其顿的那段流亡时间里，此人可能接待过他。这样规模的队伍供应不会有大问题，重要的是它能迅速调动。这恰恰是亚历山大所需要的。

亚历山大的目的是通过一次短暂漂亮的战役展示自己的绝对军事优势。他打算一直打到多瑙河的天然边界。他安排了一小队战船沿河而上，在预先约定的时间和地点，与陆上部队会师。他如此刻意策划是为了标榜自己压倒性的优势，事成之后亚历山大就可以不用担心后方出叛乱，从而放心进军波斯。

公元前335年春，国王带兵从希腊爱琴海港口安菲波利斯出征色雷斯。他在友邦的领土上行军10日后，到达哈伊莫斯山脉（在今日的巴尔干半岛上），在这里与自由色雷斯人相遇，这些敌人是不受外国人统治的独立色雷斯人。他们扼守着一个高处的关口（或许是西普卡关口），阻挡了他的前路。这些色雷斯人还在阵线前沿集结了篷车做防御护栏

亚历山大决定正面闯关，他猜到自由色雷斯人届时会把篷车沿陡峭而相对平滑的岩壁推下，试图砸死亚历山大的步兵，然后才展开总攻。国王需要想办法破解他们的计谋。于是他下令，在对方推下战车时如果有空间就设法散开，让篷车滚下，如果没有空间，就

蹲或躺在彼此相连的盔甲下，不让战车直接砸到身上。

这的确是高招，亚历山大的对应之计成功了，他没有损失一兵一卒，虽然有些人身上肯定有淤青或骨折。重新站立起来的马其顿人开始向高处密集进攻。左侧的弓箭手与右侧由国王带领的精锐部队和阿吉里亚投枪手做好准备，一旦敌人自上往下进攻，就由两翼向敌军施压。

其实，装备简陋的部落人马眼见战车滚落的计策失灵，而马其顿步兵又纪律严明，便纷纷往山下逃窜以求自保。他们有 15 000 人丧生，所有随军出征的妇女、儿童悉数被俘。

跨越巴尔干半岛后，亚历山大进入了特里巴利人的领地。

特里巴利人的国王也不傻。他了解亚历山大的胜利意味着什么，所以决定避免与他正面交锋。他把手下大量的战士与妇孺先送至多瑙河上的一座大岛上避难。趁马其顿人赶往河边时，特里巴利人的部队反其道而行，企图截断其后路。如果敌人成功集结在巴尔干的各山脉关口，亚历山大的处境将十分困难。于是他调转部队，转而对特里巴利人乘胜追击。终于在敌人在密林峡谷中扎营时赶上了他们。由于这里树木密集，直接进攻并无胜算。国王深知部落人马缺乏纪律，经不起挑衅，于是心生一计。他派弓箭手和投石手从林子边上向敌人射击，同时将自己的方阵隐藏起来蓄势待发。

果不出亚历山大所料，被激怒的特里巴利人冲出林子，驱赶弓箭手和投石手。亚历山大诱敌成功，口袋收紧，特里巴利人发现自己已被马其顿的方阵和骑兵包围。他们已不可能再逃回安全的密林深处，败局已定；3 000 名特里巴利人丧生，而马其顿一共损失了

11 名骑兵和 40 名步兵。

战后三天，亚历山大抵达多瑙河边，按照原定计划与一小队战船会师。下一项任务就是登岛围捕在岛上避难的部落人。但是，他很快就发现水流湍急，岛岸陡峭，登岛不易，于是不得不想出新的对应之策。

这一仗必须打得让敌人目瞪口呆，心服口服，否则就达不到国王的战略目标——让这帮反叛的部落心惊胆战，以后不敢故技重施。

灵感很快降临。居住在多瑙河对岸的盖塔（Getae）部落带着 4 000 名骑兵和 10 000 名步兵不请自来，抵达岸边。他们决心不让马其顿人渡河。

历史学家阿里安用一个古希腊词语 pothos 来形容这时的亚历山大。[16] 这个词的意思是指对自己没有的东西的一种渴望。这是亚历山大个性的一大特点。他并不是像一般人想象的那样充满个人野心，而是有一种知其不可为而为之的欲望。在他看来，这才是真正的荣耀。

见到盖塔人，亚历山大有了一个渡过宽广河面的“渴望”。他又一次临时起意，找了几只当地人用于捕鱼的独木舟，并命令士兵在遮盖帐篷的皮顶中间塞上茅草做成筏子。一夜之间，15 000 名骑兵和 4 000 名步兵就抵达了对岸。这可是非常了不起的成就，我们在资料中也没找到马匹运送的具体办法，或许它们是借筏子的浮力游过去的。

马其顿人抵达对岸时天还没亮，他们悄然来到盖塔人的宿营地，乘他们酣睡之际神兵突降。幸存者逃往 3.5 英里外的防御薄弱的长期定居点，亚历山大随之攻击此处。盖塔人不得不将妇孺尽可能地安置在马上，抛弃了他们的居住地，逃到远离河岸的旷野。

亚历山大此时叫停了战事。他未损失一兵一卒。在摧毁了定居点后，他们向宙斯、赫拉克勒斯和仁慈的多瑙河之神献祭。国王带领着众士兵白天渡河，回到了自己的营地。

岛上的特里巴利人看得目瞪口呆。眼前的这一切说明对手能力超凡。他们肯定不是亚历山大的对手，于是选择立即投降。色雷斯各部落使节惊恐之余，纷纷前来与马其顿国王握手言和。

胜利欢欣之际却传来噩耗。次日，亚历山大获悉马其顿遇袭。原来是勇猛的达尔达尼部落的克雷特斯（Cleitus）带领伊利里亚人发动了对西北边界的入侵。他是一生致力于将伊利里亚提升为一方强权的骁将巴蒂里斯的儿子。前面说过，腓力曾于公元前 358 年击溃伊利里亚，巴蒂里斯战死疆场。而今，他的后人不忘前仇，又引发了另一回合的冲突。

克雷特斯据守佩留姆（Pelium），这是伊利里亚与马其顿之间控制进出的易守难攻的山口。在开展入侵行动前，他在等待另一名反叛将领的到来，此人是亚得里亚海岸边（约在今天的阿尔巴尼亚）居住的伊利里亚部落道兰底人（Taulantii）的领袖格劳西亚斯（Glaucias）。亚历山大意识到他必须在这两个君主联手之前迅速出手阻止。他一路兼程赶赴佩留姆，决心在格劳西亚斯抵达前先与克雷特斯交手。

一波未平一波又起，亚历山大得知途中或将遭遇另外一个不听话的奥塔里亚特部落拦截，严重延误他的战机。

此时国王三面受敌，身陷绝境。幸亏有他的朋友兰加罗斯助一臂之力。

> 只有两个善良的人——两个善良之处类似的人——之间才可能建立完美友谊。这样的朋友不但自己善良，在保证自己善良的同时还祈愿彼此善良。凡为了朋友而祈愿其善良者才有十全十美的友谊，因为他们彼此的爱是出于敬爱对方本质的善，而不是为了朋友身上那些他不需要的东西。[17]

这是亚历山大曾经的恩师亚里士多德强调友谊（philia）高度重要性的一番话，更确切地说，他在这里讲述的是男人之间的友谊。古希腊人对这个题目特别感兴趣，先哲苏格拉底和柏拉图都曾对此思考再三。

我们猜想，年轻的国王也一样。他的自我价值观来源于荷马史诗《伊利亚特》和《奥德赛》。他理想中的勇士们之所以获得荣耀、被人赞颂，不只是因为他们在战场上勇立战功——虽然这也很重要——也因为他们展现了友谊之爱。

贵族们经常在地中海附近走动，发展出了一张彼此可以平等对待并相互照顾的关系网。这些人的关系有感情基础，但同时也有实际作用，这张关系网起的作用相当于现代生活中的银行、旅行社、护照、法律服务、旅店等等。

当伟大却屡遭神明欺凌的奥德修斯被海水冲到传说中的费阿刻斯岛（Phaeacia），人们在弄明白他的身份之前就给他提供了食物、饮水和夜间的住宿。只有在他的基本需要得到满足之后，人们才请他讲述他的经历与苦难。最后还让他带着众人送给他的珍贵礼物，免费上了一条费阿刻斯的船，继续返乡之行。

与远道客人交友的习俗一直延续到希腊城邦时代。其背后的原则就是受人恩惠就有报答的义务。友人之间的相互照顾便利了商贩和水手的来来往往。同时也使政客能够与其他国家的政界人士探讨外交政策话题，也可以不顾当权者的好恶结交私人友谊。朋友之间的相互依赖还有联姻、同性关系和商业合伙关系的支撑。

亚历山大热衷于交友。当年与他在米耶扎林荫道上一起散步的许多同窗，在成年后都再次来到亚历山大身边。他们的大过小错往往得到从轻发落。才华一般的人也因友情得到升迁，背叛友人者事后肯定追悔莫及。

少年时代的亚历山大在他 16 岁那年被腓力任命为摄政时，就认识了兰加罗斯。后者对这位年轻王子一直公开表示支持，两人之间建立了牢固友谊。

公元前 335 年，兰加罗斯带着一支精锐步兵，也参加了征服色雷斯之战，他肯定也很高兴亚历山大如此看重他手下的人马。阿里安写道：

> 当他听说亚历山大想知道奥塔里亚特人是什么人，有多少人时，他告诉他不用担心。当地就数这个部落军事实力最差。他打算去攻打他们的领土，给他们添点儿麻烦。[18]

这位阿吉里亚国王还真说话算话，用火与剑让这个倒霉的部落安分下来。

亚历山大高兴地见到这位朋友如此仗义，不但送上厚礼，还将自己同父异母的妹妹嫁给他，也就是奇女子库娜涅。她原来是许配给亚历山大的堂哥、佩尔狄卡斯国王的儿子阿明塔斯的，但因阿明塔斯不久前已被亚历山大处死，她又成了政治联姻的候选人。这桩婚姻也称得上门当户对。但最后婚也没结成，因为兰加罗斯就在摧枯拉朽般完胜奥塔里亚特后，竟染疾身亡。如果他活着，肯定会在亚历山大一生中发挥相当大的作用。

防御固若金汤的佩留姆城坐落在埃俄戴卡斯河一处小河套平原中心的小山丘上。北、南、西三面均被茂密的森林高地环绕。河流向西延伸，穿越狭窄的狼关（Wolf’s Pass）。在这里，河流与悬崖峭壁之间仅容四人并行，而津渡的对岸比较宽敞。[19]

当人困马乏的亚历山大军队抵达平原，他是冒着相当大的风险的，所幸他发现克雷特斯的同伙还没到。部落首领占据了佩留姆及周边的高地。马其顿人就在附近扎营。考虑到自己的人能征善战，亚历山大决定对防御固若金汤的城池发动正面进攻，诱敌从周边的高地现身并从两翼和后面反击马其顿人。亚历山大已然做好准备，克雷特斯的部队一出现，他就立即转过头来把他们打得落花流水。然后，他将佩留姆城内的敌人团团围住。事后他们在敌人弃守的据点发现了三名男童、三名女童和三只黑色公羊的遗体。敌人以希腊人所不齿的毫无意义的残忍将他们杀害，为胜利献祭。

次日，军情突变，而且是不利的变化。格劳西亚斯和他的军队赶到，占据了克雷特斯弃守的山丘。原先掌握主动的亚历山大发现敌众我寡，且已深陷重围。各个制高点都有敌军对他和他的士兵们虎视眈眈。

更糟糕的是，亚历山大此时补给严重不足。他派出帕曼纽的儿子，能干但自负的菲洛塔斯，命他守护好运输车并在附近田野里找粮食。格劳西亚斯获悉对方在寻找粮草，决定截击。侦察兵发现危险后急告亚历山大，亚历山大火速赶去救援。当时他带着精锐的持盾护卫步兵、弓箭手和他最看重的阿吉里亚投枪兵和400名骑兵，让军队余部留守佩留姆，继续围困克雷特斯。格劳西亚斯决定此时不用逞能，还是审慎为好，双方短暂交锋后，就让马其顿国王带着寻找粮草的人回营了。

补给的问题解决了，但亚历山大仍然情况危急。怎么才能解开自己不小心步入的圈套呢？两面受敌的情况下，撤退将非常危险，于是他大胆决定从两军中间直奔狼关，这样自己的部队不会分散，而两方敌军却连不到一起。只要他能走出狼关，就能冲出包围圈了。

第二天早上国王的精彩表演，在军事历史上堪称一绝。他摆出了横向100人、纵向120人的固定方阵，两边各安排了200人的骑兵队。阿里安描述了接下来的发展。

> 他命令全场肃静，即刻服从指挥。首先他下令步兵“矛头向上”，接着他下令矛头放平准备出击，紧接着同时将矛头一起向右摆动，再向左摆动。而后他令整个方阵迅速行军，连同两翼连续或向前或向后整齐转动。[20]

敌人越看越对操练的速度和精准度惊叹不已。格劳西亚斯手下的道兰底人纷纷从高地走下来以便看个仔细。突然间，方阵的左翼变成了楔子形，直冲克雷特斯带领的达尔达尼人。他们慌乱之下溃败而逃。然后，马其顿人喊起他们的作战口号“阿拉拉”，并用矛击打自己的盾。这回他们的打击对象是格劳西亚斯的人马，这些人被这片噪声惊呆了，匆忙躲回自己的防守阵地中去。

亚历山大就是用的这一奇招赢得了足够的时间，让自己的方阵在无人阻挡的情况下沿河岸行至可涉水到对岸的狼关。他和他的卫队与伙伴骑兵拿下了一个山脊，他就在那里护卫他的部队安全渡河。

步兵一旦到达彼岸，立即改编成狭窄的长方形。想来运输车应当是随行其后的。[21] 一行人等待亚历山大的骑兵从山脊上下来再一起走出关口。此时敌人才弄明白发生了什么，于是竭尽全力前来阻挡马其顿人。

阿里安接着讲故事：

> 亚历山大让他们靠近，然后自己带人冲锋，同时方阵主要部队在对岸叫嚣，准备过河追击。面对此景，敌人四散逃逸。亚历山大趁机带着阿吉里亚人及弓箭手迅速赶往河边。他本人先抵达河对岸，当他看见敌军快追上时，他立刻命令对岸的弩向最远处全力投射，弓箭手开始渡河，他也命令他们从河中间射箭。格劳西亚斯的部队因此不敢进入射程内。[22]

部队因此得以化险为夷。虽然我们不知道战斗持续了多久，我们可以想象周围的群山在大地上的投影渐渐拉长。马其顿人无一伤亡。

与此同时，克雷特斯和格劳西亚斯则认为马其顿人是他们的手下败将，至少是将他们赶跑了。克雷特斯和格劳西亚斯觉得没有必要追出关口。他们显然吓了亚历山大一跳，他肯定不会再来找麻烦了。他们的军队就在佩留姆附近匆匆分道扬镳，也没再设什么防御工事或守卫。这太轻率了。他们是吓了亚历山大一跳，可是并没有令他畏惧。估计亚历山大又靠侦察兵发现了他们的粗心大意，决定来一次夜袭。他带上持盾步兵和阿吉里亚人（每次战事总有他们）以及两个步兵队，一共 7 000 人，神不知鬼不觉地重入狼关并涉水渡河。其余部队紧随其后。

国王就在敌人熟睡之际突然降临。许多人在床上丧命，不少人被活捉。剩下的人没命逃窜。亚历山大穷追不舍了数英里。克雷特斯躲进佩留姆避难，后来他又放火烧了藏身地，逃到道兰底。他同格劳西亚斯有的是时间检讨他们这次战役究竟哪里犯了错，有一点是肯定的，色雷斯和伊利里亚此后多年都没再敢轻举妄动。

亚历山大实现了他的战略目标，可以安心往东追逐梦想了。

虽然亚历山大亲自做统帅的正式征战以胜利告终，其实一切并不那么顺利。

他操之过急，导致后来遇上了大麻烦，几乎是灭顶之灾，虽然他经过一番挣扎后承认受挫，最后反败为胜。他仍然以经历危险为乐。我们不要忘记，他和他手下的将军们都很年轻，多数只有 20 岁出头。许多人都是跟他一起长大、和他一起念书的意气风发的少年闯将。他们经历的正是孩童时期的冒险幻想。

能约束他们的有两个成年人——安提帕特和帕曼纽，但这次战役两人都不在。他们深知国王的旨意不能忤逆，但他们还是起了稳定的作用，也不时提出忠告，有的时候国王也会听取。随着时间的推移，亚历山大和其他人都逐渐成熟，但他心里仍是个永远长不大的孩子。

他的最大优势就是从腓力手中继承的军队。这是支经过他父亲多年锤炼整顿的军队。如今它已变成一个灵活高效的机体。年轻的国王就像驾驭他的良驹“牛头”那样给予士兵们认可、关心和爱护，因此他们对他也言听计从。

腓力和亚历山大都很勇敢，每次作战必冲锋在前，不顾个人生死。但在另一方面，父子二人截然不同。两人在登基后都遭遇了类似的挑战，周围世仇纷纷闹事。腓力更愿意用外交手段或用大价钱贿赂敌人，而不是用战争来应对，当然如果有必要他也不惜一战。公元前358年，他行事谨慎，选择逐个化解与对手的矛盾，或用谈判或用钱让他们暂时收兵，只有面对最紧迫的威胁时才诉诸武力。

公元前336年，亚历山大就没那么有耐心了。他素以才思敏捷见称，遇事反应迅速，善于用计，屡出奇招。他在出兵前永远有侦察兵先行以了解敌情，避免遇伏。[23] 由于他出手迅速，敌人永远都晚他一步。面对希腊大陆、北马其顿和色雷斯出现的状况，他选择先在战场相见，再搞外交。问题来了他一起对付，带着人困马乏的部队在战事频仍的各地来回奔波，而且永远在预期时间之前赶到。他的表现令对手折服，因为他们看到的是一支精准聚焦、无坚不摧的力量。抵抗者往往不战而衰。

一旦敌人认输，亚历山大倾向于宽大处理。他对手下败将克雷特斯和格劳西亚斯并未追究，而且我们也看到他很快就同意了与底比斯和雅典的条约。但是如果争端再起，他可就心狠手辣了。就像他在佩留姆拒绝认输，坚持重返战场，直到血洗佩留姆才算结束。

亚历山大对敌人的观察非常仔细。稍有改变和动静都逃不过他的法眼，而且从来不会误判。比如说，他猜到了围栏里停放车辆的秘密目的。一旦认清问题他立即就想出应对办法，不论那方法有多古怪；用极致的操练表演打赢了遭遇战，就是他发挥丰富想象力的绝佳例证。

他知道降低伤亡对士兵士气有多重要。在佩留姆的后勤没跟上，军队粮草不济，给了他一次深痛教训。以后他再也没有让同样失误出现。

公元前335年秋，雅典听说了年轻国王已不在人世的消息。德摩斯梯尼在公民大会上给大家介绍了一位在最遥远黑暗的色雷斯与特里巴利人作战时受伤的人。此人曾目睹马其顿军队被摧毁，见到国王阵亡。他的描述听来可信，一般人都能接受。据贾斯廷说，消息传来，“所有城邦的舆情骤变，马其顿的军营被围”[24]。

一天晚上，有些流亡在外的底比斯人从雅典溜回来鼓动群众。他们在集会上讲话，“拿‘自由权’和’言论自由’这些老生常谈之事做文章”[25]，并劝底比斯人挣脱马其顿人的桎梏。两名驻扎在卡德米亚城堡的马其顿军官遭人暗杀。底比斯人是在引火自焚，因为他们可是科林斯联盟中签署了“共同和平”条约的一方。片面撕毁国际条约就违反了在众神前的誓言。[26]这是对神的亵渎，会遭到城邦毁灭、所有成年男子被屠、所有妇女和孩童被贩卖为奴的惩罚。

但底比斯人觉得叛变并无危险，他们辩称原先的效忠誓言已随亚历山大的死亡而失效。全希腊的反抗情绪日益高涨，也让他们更有底气。雅典公民大会投票决定立即与底比斯结盟，并打算派军队前来支援。大批武装人员已经从伯罗奔尼撒出发了。拿了波斯大帝大量钱财的德摩斯梯尼在希腊全境用金子收买人心。

活得好端端的亚历山大听说了这一切，觉得不能视而不见。他立即放弃了原来打算清剿色雷斯人的计划，命令他的远征部队以最快的速度南下（运输车快不了，我们只能假设它们随后赶到）。行程的第一段得穿越条件恶劣、几乎没有居民的山区，所以肯定安排了粮草先行。经过 120 英里只有乌鸦伴行的旅程，军队于第七天抵达塞萨利，稍作休整后又接着赶路，马其顿人又走了 120 英里之后，匆匆穿过无人守护的温泉关，于离开塞萨利 6 天后抵达彼奥提亚。

这是项了不起的成就。希腊人压根儿不知道亚历山大已经穿过了温泉关。直到他带着军队到了彼奥提亚的翁其斯特斯（Onchestus），离底比斯只剩下一天的路，希腊人才知道大事不好。显然，德摩斯梯尼对亚历山大的嘲讽惹恼了他。他说："我在伊利里亚与特里巴利人周旋的时候，德摩斯梯尼说我是个孩子，我在塞萨利行军的时候他说我是小青年。等我抵达雅典城墙下，我要让他看到我是个男子汉。"[27]

底比斯领导人震惊之余还在往好处想，坚持认为既然亚历山大死了，领导马其顿部队前来的肯定是另一个亚历山大。这逻辑说服不了任何人，造反之心瞬间瓦解。伯罗奔尼撒人到了科林斯就止步不前，随即掉头回家去了。雅典人提供军事援助的许诺也出现了动摇。

众人信赖的目击证人匆匆收拾起他的绷带和小瓶猪血。

大约就在这时候，国王给他的摄政代理安提帕特送去了机密消息，或许也给他母亲奥林匹亚丝传了话。此时他最不愿见到的就是宫廷里爆发什么阴谋叛乱，让外患再加上内忧。他担心反对派会拥立潜在的王位继承人佩尔狄卡斯之子阿明塔斯，不管他本人有没有这个想法。于是他差人将他处死。

奥林匹亚丝曾杀害腓力最后一任王后克丽奥佩特拉和她的小女儿欧罗巴。[28]她做事一向过火。[29]但她过分的凶残狠毒（迫使母亲在目睹女儿被烤死后悬梁自尽）也招到了不满的评价。

我们并不确定奥林匹亚丝是不是奉儿子之命处死阿明塔斯的，也许是吧。但也有记载说亚历山大对母亲的野蛮行为怒不可遏。[30]无论如何，历史记载告诉我们，只要是马其顿王室内部的争端，任何行为都可以不受约束。对自己的骨肉至亲下狠手的事可谓屡见不鲜。

孩子被认为是父母亲的延续，一旦权力之争了结了他们父母的性命，孩子也会遭遇杀身之祸，几乎是意料之中的事。戏剧里的情节如此，在朝代更迭的实际斗争中也如此。这也是欧里庇得斯的名著《特洛伊妇女》（*The Trojan Women*）的中心主题。剧情简直就是马其顿宫中骇人听闻事件的翻版：特洛伊沦陷，一位特洛伊公主的女儿被送到阿喀琉斯墓前献祭。她的小儿子也必须一死，因为希腊领导人恐怕孩子长大了会为他的父亲，也就是伟大的勇士赫克托耳复仇。正派与仁慈的品格，哪有现实政治重要。

当时的评论家们可能都觉得太后的介入完全能理解。她或许太粗暴了，但并未逾越当时的习俗。

抵达翁其斯特斯的第二天，亚历山大就来到底比斯，在城墙前面扎营。

途中他在底比斯的守护半神的神庙稍作停留。这位半神是赫拉克勒斯的侄子伊奥劳斯，是赫拉克勒斯的战车手，同时也是他立功时的伙伴（也有人说是他的“被爱者”）。这座神庙是男性情侣敬拜神明和交换誓言的地方。我们可以假设亚历山大（无疑是在赫费斯提翁的陪伴下）到这里表达了他的敬意。[31]

匆匆赶到叛乱的所在地后，国王选择耐心等待。底比斯人如果能像一年前一样不战而降就方便多了。不过，亚历山大在等待期间也没闲下来。他和所有与底比斯交恶的城邦联系，这些城邦都是联盟成员，他劝说他们站在自己这一边。一旦他拿下底比斯并决定惩罚它，联盟成员就是他有用的掩护。

底比斯数百年来一直与邻国不和。它认为彼奥提亚境内的小城邦都是自己的领土，但从未能成功征服过它们。公元前 480 年波斯的薛西斯大帝入侵希腊大陆，底比斯人竟与波斯人为伍，全希腊为之震怒，从此底比斯人就被称为叛徒或米底人（米底人是古代伊朗人，与波斯人同义）。公元前 4 世纪时，底比斯变成了希腊全境军事实力最强的城邦，但他们也就骄傲自大了短短 10 年，这段时间里他们没有交到一个朋友。

亚历山大希望和解，但士兵们对敌人的多次骚扰感到不胜其烦，所以他决定找一个好一点的扎营地点。他选择将营地迁到马其顿军营驻扎的卡德米亚附近的伊勒克拉门（Electra Gate），这里正处在救援部队赶往雅典的路途中央。

卡德米亚城堡离城墙很近；底比斯人为加固城墙的防御，在前面又建了两道木栅栏。[32] 亚历山大与两个马其顿军团的指挥官佩尔狄卡斯制订了一个进攻计划（这两个军团的兵力驻扎在前方，负责驻军的防卫）。他是国王最忠贞的友人，曾追踪并杀死行刺腓力之人。士兵们越来越不耐烦，同时又担心他们在卡德米亚的友人。佩尔狄卡斯未得到进攻命令就开始了行动。

他们冲破了第一道木栅栏，向守军进攻。国王只得跟进。为避免自己的部队被人从中阻断，他不得不派弓箭手和阿吉里亚人占领两道栅栏的中间地带。此时佩尔狄卡斯已强行攻破第二道栅栏，却因身负重伤而撤离（但他保住了性命）。

身陷绝境的底比斯人奋起反击，把亚历山大的军队击退了。亚历山大早已预见了这种情况可能发生，他武装齐备的步兵已在空旷处严阵以待。如同在佩留姆一样，底比斯人在将马其顿人赶出自己的防御工事时乱了阵脚。他们突然发现眼前竟是手持长矛的方阵。败走的士兵往城里逃生，慌乱之余连城门都没关上。

马其顿人紧随其后入城，卡德米亚的驻军此时也赶来助阵。接着就是激烈的巷战。似乎处处都能见到亚历山大的身影。有组织的反抗并没有持续多久，马其顿人已攻到城中心。只见底比斯的骑兵冲出城外，径直朝着远处的平原逃窜。

就在这个时候，与底比斯素有积怨的邻国终于有了报仇的机会。阿里安记述如下：

> 接下来就是一场屠城。手无寸铁的底比斯人遭到无情杀戮，下手的不只是马其顿人，还有福基斯人、普拉蒂亚人和其他彼奥提亚人。他们闯入民宅，将居民杀死，任何试图反抗者格杀勿论，连在祭坛前祈求神明的也不放过，妇孺亦然。[33]

街上的死尸堆积如山。据估计，有 6 000 名底比斯人丧生，30 000 人沦为阶下囚。马其顿方面也折损了 500 人，以亚历山大的标准，这个数目算是相当高了。

亚历山大应如何对待这个传说中和历史上的古城底比斯呢？传说这里是弑父娶母后悔罪不已还弄瞎了自己双眼的俄狄浦斯曾经统治的地方。这里也是两性人先知提瑞西阿斯（Tiresias）做过预言的地方。亚历山大左思右想，拿不定主意。他从心底认为应该严惩底比斯。这样可以根除他远在波斯时希腊再次生变的后患，所以从长远来看，他赞成参考对色雷斯的处理办法。但他又不愿意做出头鸟，于是将决定权交给了科林斯联盟理事会，由他们来定夺。他也知道找底比斯算旧账的城邦很多，理事会成员肯定不会心慈手软。最后他告诉自己，机会来临时，他会对个别底比斯人宽大处理。

理事会在特别会议上的决定果然不出他所料。一名普拉蒂亚人作为证人提醒与会者，公元前 373 年底比斯人曾攻击他们位于彼奥提亚地区边缘的小城，让所有居民流离失所。普世道德学家伊索克拉底曾谴责这一罪行及其罪犯。[34] 这段记忆让他们永世难忘，必须以眼还眼，以牙还牙。

处死所有成年男性、让所有妇孺做奴隶的处理办法也有先例可循。如果俘虏们在围城时反抗，这就是一般的处置方式，有人就主张采纳这种古老的种族灭绝法。不过，理事会最后还是建议国王作为盟主不要再杀害生灵，把所有民众送到奴隶市场卖掉，然后将该城夷为平地。亚历山大应该记得，这正是公元前 348 年他父亲施加在繁华的奥林索斯头上的惩罚。他接受并实施了这一裁决。底比斯就像从来没有存在过一样。

贩卖奴隶共得 440 银塔兰特（塔兰特是重量单位，约相当于 26 千克，或 57 磅），数目可观。转换成可用现款当然需要一点时间，最终应该是加入了国王的战争基金。

国王采取了一些措施，希望缓解一下他此时的嗜血形象。攻破城市的第二天，他恢复了秩序，叫停手下士兵。他昭告众人不得再继续屠杀，同时一大批远道朋友、亲马其顿政客、祭司等，凡是能够证明自己曾反对造反者，都连同家属一并释放。30 000 名战俘中被贩卖的似乎只有 20 000 人。马其顿士兵转而把精力放在摧毁建筑物上，神庙与圣所除外，他们生怕冒犯了神明。据说，亚历山大曾迫使底比斯音乐家伊斯曼尼亚斯在城市被毁时吹奏笛子。[35]

品达是全希腊最伟大的诗人之一。他成名于公元前 5 世纪，多数作品都是颂扬在奥林匹亚、德尔斐、科林斯和尼米亚四年一度的泛希腊人比赛中获胜的青年运动员。他不仅对人生的悲剧、对稍纵即逝的荣耀有深切的感受，对人的成就亦然。下面这段诗句是他讴歌胜利的著名诗篇的结尾。

> 人是什么？朝生暮死的生物！
> 人不是什么？凡人的一生
> 正如影子的梦幻。但当人
> 受上天之赐有了光彩的瞬间，
> 他头戴荣耀的光环
> 他幸福满满。[36]

品达是底比斯人，得到亚历山大悉心关照，在厮杀混乱之中，他的房子没有受损，他的子嗣没有被杀。[37]

有一支色雷斯部队冲进一位叫提摩克雷亚（Timocleia）的贵族妇人家中。就在他们劫掠钱财之际，他们的指挥官伺机强奸了她。然后他问提摩克雷亚家里是否还藏有金银。临危不乱的她说，确实还有，如果他到花园里，她就告诉他金银埋藏的地方。她将这个男的带到一口井旁，说攻城的时候她把大多数财宝扔到了井里。等他俯身往井下探查时，她用力把他推了下去，然后拼命向井里扔石头直到他一命呜呼。

色雷斯人抓住提摩克雷亚，绑住她的双手，把她带到国王前请国王决定她的命运。亚历山大佩服她如此镇定自若，请她自报姓名。她答道："我是曾指挥部队与你父亲腓力一战的特阿根尼的妹妹，他已在争取希腊自由的喀罗尼亚战役中捐躯。"

亚历山大完全支持她的所作所为，决定放她和她的孩子一条生路。他要让全世界都知道这就是他的王法。

有几只狼正试图偷袭羊群。[38] 由于有牧羊犬守护，它们无法靠近从不招惹是非的羊群，于是它们决定略施小计。

它们派代表与羊群商量，让它们抛弃牧羊犬，说都是牧羊犬离间了羊与狼的关系。一旦把这些家伙赶走，羊与狼即可和平相处。羊群不知利害，真的抛弃了牧羊犬。于是狼得其所愿，对没有守护的羊大快朵颐。

德摩斯梯尼向雅典公民大会讲述了这个寓言。亚历山大已经表示可以对大会过去支持底比斯的言论既往不咎，但有一个条件，公民大会必须交出8位反马其顿的政客，包括大演说家本人。政客们就是牧羊犬，而亚历山大就是独狼，他一人就比狼群还要凶狠。亚里士多德说："单独出击而不是群体出击的狼往往食人。"[39] 德摩斯梯尼极力奉劝众人，如果不想一朝被吞食，就千万别交出自己和自己的同事。

政治家德马德斯过去与腓力国王友谊甚笃，曾对他在喀罗尼亚战役之后粗野的做法提出过批评；他与亚历山大关系也不错。重赏之下，他自告奋勇代表雅典人向国王求情。普鲁塔克曾揶揄雅典人"竟然相信此人与亚历山大的私人友谊能起作用，或者此人认为亚历山大就像猎食后饱餐的狮子一样不再嗜血"[40]。

无论如何，德马德斯确实说服了国王赦免了8人中7人的罪，包括德摩斯梯尼，他还为雅典城商定了和平条约。

可是亚历山大的宽宏大量并未为他赢得民心。希腊人看到底比斯被全面捣毁，感到心有余悸，也不相信这是科林斯联盟的裁决，认为一定是他的意见说了算。亚历山大对某些人的宽恕也没能改变一般人的看法。随着时间的推移，他对自己的行为也有了悔意，不再相信自己的宣传，后来几年他对接触到的底比斯人都相当客气。

和他父亲一样，亚历山大的最大渴望就是被接纳为希腊人，不被当作野蛮人，但披上羊皮后的希腊全军司令仍然是一匹狼。

第五章

首战波斯[1]

当他的战船靠近小亚细亚沿岸，这位如阿喀琉斯再世的国王——亚历山大自诩为阿喀琉斯——仿佛再次经历了数百年前阿伽门农国王带领他的希腊船队登岸时的情景。过去与现在一样，他们的目的地都是神圣的伊利昂（Illion），亦即今人所称的特洛伊。当年希腊人曾在此围城长达 10 年之久，最后城陷。

对这位年轻的马其顿人而言，这不只是故事，也是真实的历史。虽然呈现在他眼前的是断壁残垣，但这片多风的特洛伊平原是古代诗人笔下的圣土。那次战争是东西方之间一系列冲突的第一回合，他入侵波斯也是沿袭了古人传统。

约在公元前 334 年 5 月，国王责令他的将军帕曼纽带领马其顿部队横跨赫勒斯滂（今日的达达尼尔海峡）。他自己则带着 60 艘战船的舰队前往伊利昂，进行简短而又饶有深意的朝圣之旅。他决心第一个登岸，在继续驶往欧洲海岸前，他在普罗忒西拉奥斯（Protesilaus）坟前献祭。普罗忒西拉奥斯是勇敢的塞萨利人，当年他第一个跳上岸，但这位“最先跃上特洛伊土地的亚加亚人”[2] 立即被特洛伊人杀死。

行至海峡中部，亚历山大又安抚了曾阻挠希腊入侵者的、特洛伊人的朋友海神波塞冬。为避免历史重演，他将一头公牛献给海神、他的妻子安菲特里特（她是海之仙女兼海神之后）以及海上众仙女。他用一只大金碗酹酒于海。

当他的船靠岸，一身盔甲的亚历山大跳上岸，将手中的矛扔掷到地里，用这个方式宣布他对亚洲的主权。他大喊："借助此矛得胜，我从众神手中接受亚洲。"[3]他口气还真不小，因为这位夸夸其谈的年轻人连一场战役都还没打赢呢。

接着他往内陆行军了 4 英里左右。这里只剩下一个村落大小的观光地，一片残败。穿越古墓群之上的古城墙时，他将一副全套盔甲献给了希腊的守护神雅典娜，再从她"小而简陋的"[4]神庙里拿走了据说是当年特洛伊战争时奉献的兵器（虽说不可能，但他深信不疑）。他还向特洛伊的老王普里阿摩斯献祭，希望普里阿摩斯不再因自己死于阿喀琉斯之子尼奥普托列墨斯剑下而怨恨，因为亚历山大是阿喀琉斯的子嗣。他对自己的先祖总是相当自豪的。

仪式结束后，国王在废墟中漫步。有人走过去问他想不想看看帕里斯一度拥有的竖琴。

"你说的那个竖琴我一点儿兴趣都没有，"国王不屑地说，"阿喀琉斯在歌唱光荣事迹时弹奏的竖琴在哪儿？"[5]

亚历山大和赫费斯提翁脱下衣服，往身体上抹油，就好像他们是运动员一样，接着与伙伴军们一起赛跑。亚历山大到人们说是阿喀琉斯墓的地方，在石柱上放置了花圈，他说希望以后有像荷马这样的伟大诗人来叙述自己的功业，赫费斯提翁在阿喀琉斯的情人帕特洛克罗斯的墓前也放置了花圈。[6]

在现代人眼中，这些做法有点另类，但对亚历山大来说一切都合乎情理。他的行为发自内心，但他也清楚这有宣传价值。他就是想用这样戏剧性的方式，让他的远征在希腊人眼中具有合法性。每个人都记得波斯曾两度入侵希腊，也相信复仇是有理的。可是亚历山大不仅想让这次远征能打出正义之师的旗号，还希望有宗教的支撑。他强调自己有位超自然的先祖，而他自己在历史中的地位，正好反映了上天的转世安排。他希望众人应当理解，他确实是辉煌过往的现代化身。

最后，在特洛伊这些的仪式对他与赫费斯提翁的关系也有个人意义。他的老师亚里士多德曾教导他友谊是高尚的。不管他对性有什么保留意见，他似乎决心一辈子关爱他这位男性好友，与他形影不离。

亚历山大特别喜欢宴饮聚会。公元前 335 年 11 月或 12 月，就在出征之初，也就是他抵达特洛伊的几个月前，他曾搞过一次大聚会，标志着数月备战工作的高潮。

他的政策一向对士兵十分照顾，确保他们定期得到休息，还为他们举办娱乐活动。他将远征军集结到王国的最高圣地迪乌姆（Dium）。[7] 在众神居住的奥林匹斯山脚下，他举行了对马其顿人的守护神宙斯的传统献祭仪式。

接着在埃迦伊，他举办了为期九天的戏剧比赛，以纪念九位缪斯，延续了他热爱希腊的先祖阿基劳斯国王在 70 年前开创的先例。

他为来宾搭建了能容纳100多人宴饮的巨大帐篷，每人都有自己的躺椅。[8] 中间可能是11张可以用餐的躺椅围成的厅，按照来宾身份高低向外依次排开。国王在打仗的时候对王帐的安排与此类似。他并没有忘记普通士兵，不但与他们分享祭祀后的肉类祭品，而且“一切庆典上该有的士兵都有，让他们个个心情愉快”[9]。

这是亚历山大在去年6月父亲于当地遇刺后，第一次参加公共活动。应邀参加庆典的还有来自希腊各城邦的使节，他们曾目睹了那场惊心动魄的行刺。如此讲究的排场是有意让大家忘却那段记忆，并强调自己的掌控权。

亚历山大手下士兵人数众多。[10] 其中许多马其顿人都已跟随腓力多年，有些人已经不年轻了，但也是身经百战的勇士。全军有步兵约32 000名，骑兵5 100名（多为马其顿伙伴军和塞萨利骑兵）。这当中包括12 000人的马其顿方阵兵以及同样数量的希腊联军和雇佣步兵（有的是科林斯联盟提供的，有的是冲着这份收入来当兵的）；理论上说，后者也是能征善战之辈，只是在面对波斯大帝花钱雇来的希腊雇佣军时，他们会效忠哪一边就很难说了。另外，亚历山大还招募了近8 000名色雷斯步兵和骑兵，1 000名弓箭手和阿吉里亚投枪手——他们人数不多，却是不可多得的精锐。

再加上帕曼纽带领的10 000名步兵和1 000名骑兵的先头部队，[11] 亚历山大麾下的士兵总数约有50 000人之众。（可能还有主要是由希腊人组成的、负责守卫新夺取领土的8 000名步兵。）

182只三层划桨战船组成的舰队中，有160艘由希腊联军提供，主要是雅典提供的，三层划桨战船极费体力，每艘船需要200名桨手，换言之，船队总共需要 36 400 名桨手。

军队所需人数还远不止这些，不同工作岗位还需要许多技术和军事专家，比如负责攻城车和运输车的人、（修路和挖隧道需要的）工程师、（搜集路线情报、选择宿营地点和可能战场地点的）测量员，此外还需要秘书、行政管理人员、外科医师、医生、马夫、骡夫等。亚历山大还有一项了不起的发明，他是我们已知的古代第一个设立公关部门的统帅。

他邀请亚里士多德的学生、他的学长卡利斯提尼斯（Callisthenes）作为史官随军出征。更准确地说，其实就是由他负责宣传工作。

整个海陆入侵部队人数约 90 000 人，一半以上是希腊人。约与当年大流士大帝为惩罚雅典海军将萨迪斯付之一炬而从亚洲派来的远征军人数相当。

亚历山大严令士兵不得劫掠远征途中所经领土。他告诫他们："不要对自己的财产打主意，也不要摧毁即将归自己所有的财产。"[12]

国王还留下相当庞大的部队守卫欧洲，包括 12 000 人的方阵，他们均由亚历山大任命的摄政代理安提帕特指挥，此人为人可靠、经验丰富。虽然国王近来连连告捷，但如果希腊人或伊利里亚人觉得有机可乘，也可能卷土重来。再说波斯人的船队数目远在亚历山大之上，也有可能对希腊出手，开辟第二战场。

哲学家兼科学家亚里士多德期望他的学生帮他收集并发表各种数据，因为只有通过观察和实验，人类的知识才能有长进。亚历山大不只想要征服，他还决心超越老师的其他学生，收集到有关植物学、地理学和动物学的大量信息。

亚历山大任命了一个包括建筑师、地理学家、植物学家、天文学家、数学家、人种学家、动物学家在内的专家组。据说，他们定期给亚里士多德上报他们的发现，并附带动植物标本。这一切很可能对他撰写名著《动物志》（*Enquiries to Animals*）有所帮助，书中也因此有许多亲眼观察者才能提供的准确报告。

国王对动物特别感兴趣，尤其是他能观察和使用的动物如马和猎犬等。[13]“牛头”马是他形影不离的伴侣，他还有一只从小养大的爱犬“一月”（Peritas）。当他生平第一次见到孔雀，他大为惊叹，想立法禁止杀害孔雀。[14]

据罗马百科全书编纂人老普林尼的记载：

> 他下令全亚洲和希腊数千名依赖狩猎、捕鸟、捕鱼为生者，以及看守养兔场、牛羊群、养蜂场、鱼塘、养鸟场者遵守他的规定，他的领地内任何动物出生均需上报。[15]

随着时间的推移，这个雄心勃勃、资金充沛的研究计划对科学的发展影响至深，并最终让西方意识到印度次大陆的存在。就他个人而言，他对动物的关心也增加了人们对亚历山大的好感。

随亚历山大出征的士兵会有什么样的经历？更具体地说，他们打仗的经历如何？[16]

士兵大部分时间都在行军，行军的路往往并不好走，如果是急行军，一天可能得走 20 多英里。亚历山大能迅速赶到希腊就是一个佐证，后来他顺着薛西斯的入侵路线，沿色雷斯海岸线赶赴赫勒斯滂又是一例。

阵型中谁先谁后因地形而异，但走在最前面的是侦察兵，接着就是骑兵和运输车，步兵压轴。路经峡谷时部队一般分成两个列队，运输车居间。奇怪的是晚间宿营并不挖沟，也无加固防备。

行军速度会受某些因素影响，最主要的因素就是运输车；运输车装载围城弩炮这样的重型装备和各种各样的随营流动人员，还有战利品在内的各种物资的车辆和驮兽以及卖器物的小贩等。腓力和亚历山大都尽力对一切加强管制。腓力曾禁止使用篷车，也拒绝让士兵的妻子和妓女随军出行。士兵得自带盔甲、武器以及餐具和些许粮食。

另外一个影响士兵速度的因素是他们得吃东西。如果是远征，士兵顶多只能带上够吃几天的粮食或酒。此外，人畜都需要大量饮水。马匹和驮兽需要一定的休息和放牧时间。

大军途经之地均不胜负荷，因为一般地方都没有那么多余粮满足需求。多数时候军队得设法找粮食，要么去买，要么去偷地里或农舍中所有能吃的东西。饥饿的士兵能将整个村子的谷仓吃空。部队也不能在远离海运或河运的地方久待，因为他们很快就会把附近地区的剩余粮食和饲料消耗一空。为了保命，他们必须前行，去别的地方打主意。

骑兵在亚历山大的作战计划中扮演着关键角色，但当年骑马可比近代麻烦多了。当时人们还不知道用马蹄铁，所以绝对不能让马在颠簸的路上走很长时间，这样会伤了马蹄。它们需要适当地休息，不论快跑还是慢跑，时间都不能太长。再说，马镫当时也还没发明，马鞍也相当简陋（或许就用一条长带绕马肚子一圈，固定住一个布垫或衬垫）。所以骑士本身就不稳，他在马上用投枪冲刺或投掷时不容易借力。当年的马体型不大，就比今天结实的小矮马略大一些，骑士上马背靠跳跃。总之，骑士面临的最大挑战就是不能摔下来，特别是在出现混战时。

大型战争很少发生，却骇人听闻。它们只可能在宽广、平缓或相对平缓的地带发生。通常都在夏季。士兵往往在人脚和畜蹄踢起的遮天蔽日的滚滚黄尘中互相厮杀（少数在暴雨倾盆的泥泞中搏斗的情况也有，条件比起前者好不到哪儿去）。喧嚣之声震耳欲聋。

纵列 6 ~ 8 人的方阵步兵属于固定编队，没有自由活动的余地。一旦双方交战，他们不容易听到军号，也看不到战旗是举起还是放下。身边长官的命令有时也听不真切，其实只要双方开战了，腓力也好，亚历山大也好，只能靠事前安排，临场应变的机会十分有限。统帅与其他军官一样，都会觉得自己相当孤立，容易遭袭。

当方阵步兵手舞长矛冲锋陷阵，喊声震天，只有前两三排的步兵会与敌人有直接接触，而中间还隔着矛。方阵的主要任务并不是与敌人肉搏，而是保持阵势向前挪动。只有被打散了才算失败。

骑兵要比步兵危险得多。当战事到了关键时刻，他们的作用就是奉亚历山大之命往敌军前线的薄弱环节冲锋。这是他作为统帅唯一能影响战事发展的时刻，所以他必须身先士卒率领骑兵直奔鬼门关。他们看得见他，他往哪里去，他们可以紧随其后。

战后的情景与战斗本身一样痛苦异常。早在荷马史诗的时代，希腊军队就有随军医生救治伤者。在特洛伊战场上，希腊人就有幸得到医术之神阿斯克勒庇俄斯的两个儿子帮忙救死扶伤。其中一人名叫玛卡翁（Machaon）。玛卡翁曾从一位国王身上拔出带铁簇的箭头，

> 虽然箭头拔出来的时候尖锐的倒钩断了……当他发现箭头刺进肉里的部位后，他用嘴吸出伤口的血，并将半人马喀戎给他父亲配制的止痛药膏娴熟地涂抹在伤口上。[17]

对荷马诗作烂熟于心同时又是疆场上无畏勇士的亚历山大，肯定知道自己的军队必须有高效的医疗服务。他从亚里士多德那里也学到了医学知识。父亲曾是腓力御医的亚里士多德曾著有医学论述，开人体解剖学先河，推进了医疗技术的发展（可惜如今已失传）。我们推断，马其顿远征军一定备有最先进的医术。

受伤多半发生在溃败之际，败走的一方经常遭胜利方的骑兵血洗。军医得处理各种不同的伤情。通过实际操作，他们成了技术高超的骨外科医生，截肢是家常便饭。在坎帕尼亚曾发现一具公元前300年安装假腿的人骨，假肢的中心部分为木质，外面有青铜薄片包裹，形状酷似真人的腿。[18]

外科手术的主要问题就是没有麻醉剂，所以动作得快。疼痛只能靠酒精或罂粟和天仙子的浓缩液来缓和。手术前一般建议伤者喝一口白曼陀罗（这是一种毒性很强的致幻剂兼镇静剂），让伤者失去知觉，如果病人和医生运气不好，也可能导致死亡。

严重内伤通常能致命，但被武器砍到或箭矢射中的皮肉伤一般都能痊愈。有一种专门为取出箭头设计的钳子。由于缺乏现代消毒药品，败血症屡见不鲜，因此丧命者亦不在少数。当时的人似乎都知道蜂蜜、盐和（埃及的）硝石有一定的消毒作用。有些医生也懂得沥青和松节油的价值，敷在截肢处特别有用。清洗伤口用的似乎是砷的硫化物。

据现代人估计，真正有用的处方药只有20%，所以腓力和他的儿子能从战场的多次重伤中康复确实是件了不起的事。[19]

奥林匹亚丝与亚历山大的关系并未因她残酷对待腓力的前妻克丽奥佩特拉和她的女儿而受到持久影响。

母子关系依然密切。普鲁塔克称，奥林匹亚丝曾“对他，并且只对他，吐露了当年怀他的秘密”。[20] 显然这是在暗示他的父亲其实是神明，或许是宙斯，也就是私德不检点的奥林匹亚众神统治者，他的妻子就是不容易侍候的赫拉。这个说法令亚历山大十分神往，显然他也跟别人提过此事。他母亲窘迫之余试图用一句俏皮话消除传言：“亚历山大难道会这么无休止地向赫拉诽谤我吗？”

年轻国王周遭的人都担心，如果他没结婚就离开马其顿，国家将前途未卜。留守的安提帕特和在亚洲带领先头部队的帕曼纽，都急着让他先找个妻子，留个子嗣。[21] 两人都有女儿，她们都已达婚龄，也许在他们的考虑之列，但两人的意见也令人深思。他们都知道年轻的国王在战场上喜欢冒险，他远征后不能活着回来的可能性相当高。没有继承人的王国必将面临动乱，很可能会重蹈历史覆辙，再次沦为二流国家。

众人的焦虑可以理解。大家都还记得腓力在成为国王以前早早就结了婚，后来还多次结婚。身负许多人命运的单身汉领导人就应该像腓力那样做才对。

亚历山大偏偏一意孤行。他迫不及待地要行动，并极力反对将军们的意见。他说：“对一个已被任命为希腊战争统帅的人，一个从父亲手里继承了无敌军队的人来说，待在家里享受婚姻生活，等待孩子诞生，简直是奇耻大辱。”[22]

母亲在儿子的婚事上并没有正式的或法律上的发言权，但我们也看到奥林匹亚丝曾毫不犹豫地干涉亚历山大的性生活，对于将军们的意见，她肯定也有自己的看法。她是他一生中最能影响他的女性，妻子必定会成为她与亚历山大之间的障碍。从我们知道的奥林匹亚丝的性格来判断，她一定认为如有第三者介入，肯定会影响两人间的亲密关系。如果有人征求她的意见，我们可以很有把握地猜想，她会告诉安提帕特（她本来就不喜欢此人）和帕曼纽别多管闲事。

门农（Memnon）和孟托（Mentor）兄弟俩是来自罗得岛的、工于心计的希腊人。两人做雇佣军收入颇丰，都长于军事战术。他们还有一个特长，那就是为保全自己而频繁倒戈。雇用他们的人在用其所长时必须多留一个心眼。

两兄弟与波斯高官、安纳托利亚西北部赫勒斯滂的弗里吉亚总督阿塔贝扎斯（Artabazus）交往密切。此人子女众多（有 11 个儿子、12 个女儿，竟然都是同一个母亲），其中一个女儿巴西妮（Barsine）十分貌美，孟托娶她为妻。[23] 孟托去世后，她又成了门农的妻子。

阿塔贝扎斯变节了，与其他总督一起造波斯大帝的反。失利后于公元前 352 年与兄弟二人一起到马其顿王宫避难。当时还是个孩子的亚历山大就这样第一次见到了比他年长但可能还不到 20 岁的巴西妮。（两人以后还会再见面。）这几位流亡人士最后又与波斯大帝言归于好，重回了波斯怀抱。阿塔贝扎斯成了大流士三世最忠实的支持者，而门农则奉命带领 5 000 人的雇佣军去对付帕曼纽和他的先头部队。

原先奉腓力之命带领一万人出征的马其顿老将也并非一帆风顺。公元前 336 年他沿海岸线南下，许多沿岸希腊城邦纷纷响应，起来反对波斯统治者。他们给腓力立了祭坛，还在以弗所的阿耳忒弥斯神庙内放置了国王的雕像。但后来攻势受挫。次年，就在亚历山大于希腊和色雷斯连连告捷之际，门农却越战越勇，最后把帕曼纽又赶回特洛阿德（Toroad，位于安纳托利亚西北，今天的比加半岛）和赫勒斯滂附近。

此时的大流士已准备停当，将与马其顿国王一较高下。公元前336年夺得王位后，他平息了埃及的地方叛乱，或许也平息了巴比伦王国的叛乱。看来这位统治者既强悍又能干。公元334年夏天，他已集结了约有400艘战船的舰队，同时还命令西边各行省逐步动员。[24] 他派了一些骑兵前去加强阵容，但并不觉得有必要亲自上阵。亚历山大确实是个威胁，但只是地方性威胁。总的来说，波斯这边约有骑兵15 000名，和希腊雇佣军5 000 ~ 6 000名。

波斯指挥部开始讨论，将士兵沿山脉东西走向部署是不是好主意。这样安排的好处是可以将马其顿入侵者限制在小亚细亚的西北部，但坏处是在他们设法打垮亚历山大或将他逼回欧洲的当口，会遭到造反的希腊城邦从后方袭击，而这是大忌。为避免遭两面夹击，他们决定往东走，在黑海边基齐库斯城（Cyzicus）附近的泽雷（Zelea）建立大本营。

他们听说马其顿军队已进入亚洲，便开会讨论对策。在场的有四位统帅，两位总督——吕底亚的斯皮色瑞达提斯与赫勒斯滂的弗里吉亚的阿西提斯。门农也在座。他强烈劝告波斯人不要与马其顿人正面开战。他们步兵数量比波斯多，战斗力超强，而且亚历山大御驾亲征，反观大帝却在数百英里以外的苏萨。

据阿里安记载，门农详细说明了应对办法："他们应该继续前行，由骑兵践踏沿路草料，地里的作物连同城镇一律烧毁。亚历山大如果粮草不济，就没法在这里待下去。"[25] 这是上策，如果士兵的粮食、牲畜的饲料都无法持续得到供应，庞大的军队势必难以为继。但阿西提斯管辖的省份将成为焦土政策的主要受害者，他表示强烈反对。

他说他辖区内人民的房子一所都不能烧。其他与会者则恐怕门农这个诡计多端、不可信的希腊人是在故意推迟战事，好让大流士继续用他。而敌人在弗里吉亚并未损害门农的庄园，似乎就更证明了他们的猜疑有道理（其实，亚历山大这么做并非出于友谊，而是有意加深猜忌）。由于自己曾有过反叛大帝的记录，门农的计谋没错，他却百口莫辩。

最终大家决定波斯人应在自己选择的地方迎战敌人。

亚历山大此时已财政枯竭，据阿里安记载，几年后他在对部队的讲话中曾有过一段感伤的发言：

> 父亲留给我的财产就只有几件金银酒器和不到 60 塔兰特的国库储蓄（1 银塔兰特相当于约 6 000 德拉克马），腓力还留下约 500 塔兰特的债务。我自己又借了 800 塔兰特。[26]

腓力向来入不敷出，尽管他从色雷斯的矿产中每年收获 1 000 塔兰特。所以亚历山大远征波斯除了表面上那些理由之外，必然还有经济上的好处。

亚历山大承认，不管是他还是腓力，都不得不打这一次侵略战。（即便是待在家里，他们也只能寅吃卯粮。）我们不知道希腊人是否自费提供陆军和海军，即便如此，远征军的每日开销也庞大到让人难以置信。假设步兵每日薪酬是 1 德拉克马，骑兵是 2 德拉克马，加起来也要 7 塔兰特。

亚历山大的巴尔干战役的军费，可能就是靠劫掠和贩卖奴隶得到的。当他于公元前 334 年春离开佩拉前往安纳托利亚中西部的弗里吉亚，手上的钱最多只能满足一个月的军事开销。所以正如门农了解或猜想的那样，在财政压力之下他必须尽快来一次决战。只有这样，亚历山大才可能在胜利之后获得战利品，对解放的爱奥尼亚城邦课税，并掠夺波斯各省的财库。

亚历山大并未对自己的官员隐瞒自己即将破产一事。据普鲁塔克记载，他在了解了伙伴军的财政情况后，才登上前往赫勒斯滂的战船。他把一座庄园给了其中一人，一个村庄给了另一人，又嘱咐将某个港口或地方收税的权力给了第三人。

> 他把所有王室财产与人分享或赠予他人后，佩尔狄卡斯问他："王啊，那你自己还留下什么呢？"亚历山大答道："我有希望！"佩尔狄卡斯说："如果是这样，与你共事的人也同样享有这份希望。"说完这话，他表示拒不接受亚历山大给他的财产，亚历山大其他几位朋友也纷纷效仿。[27]

细细回味这段有名的故事，我们可对真实情况有所了解，国王跟周围的人借钱，并且给了抵押。如果不能胜利，他的宏图伟略会立刻消散，只能灰头土脸地解甲归田。[28]

无处不在的侦察兵警告亚历山大，他们已经在发源于伊达山的格拉尼卡斯河对岸发现了敌人的行踪。[29] 他立即带领备战的士兵向那里进发。他将重装步兵分成两个方阵，两边都配备了骑兵，并令运输车殿后。如此安排意味着如果受到骑兵袭扰，他有能力自卫（方阵后部必要时可以转头向后出击）。更确切地说，他可以快速摆开阵势，两翼有骑兵护卫，中间是步兵。

时值公元前 334 年春天的一个下午，国王希望尽可能让波斯人来个措手不及，立即与自己交锋。傍晚时分进行短袭必让对方始料不及，能增加自己的胜算。

当格拉尼卡斯河映入眼帘，亚历山大对它凝视良久。[30] 河面只有 30 多米宽，水浅而易于涉渡，河两岸都是平缓的冲积平原。河水很少，缓缓地四处流淌，河底黏土上铺满小石头，最深处水也仅能没膝。两边不远处就是 3 英尺高的河岸。这本来算得上是障碍，但从河床到平原的地带也分布着比较平缓的碎石坡。

在格拉尼卡斯河对岸，离河岸稍远处有 20 000 名敌方骑兵严阵以待，方阵以纵列 16 人排开，长达 2.5 千米。在他们后面更远的山脊上还有 20 000 名步兵虎视眈眈，他们的方阵每列约 8 人，主要是希腊雇佣军。

即使波斯人那一天想打仗，他们也并不打算让步兵参战。这一点非常奇怪，也许这是无能的表现（然而我们不应当忘记门农这位干将当时仍在军中）。更可能的是波斯人刚刚从泽雷行军至此，正陆续宿营。他们以为时间晚了，马其顿人不可能此时发起进攻。即便马其顿人进攻，他们沿河而守就能等到次日再战，到时候他们很可能会把骑兵撤至两翼，让山脊上的步兵到中间迎敌。

可波斯人没能等到次日。

格拉尼卡斯河战役
0
英里
1/2
0
千米
1
塞萨利骑兵
希腊联盟骑兵
色雷斯骑兵
帕曼纽
方阵
格拉尼卡斯河
巴克特里亚人和
其他亚洲骑兵
持盾步兵
侦察兵
大
苏格拉底中队
佩欧尼亚
骑兵
侦察兵
亚历山
伙伴骑士
波斯骑兵
希腊雇佣军
阿吉里亚人（投枪兵）
弓箭手
骑兵
步兵
侦察兵
马其顿人
波斯人

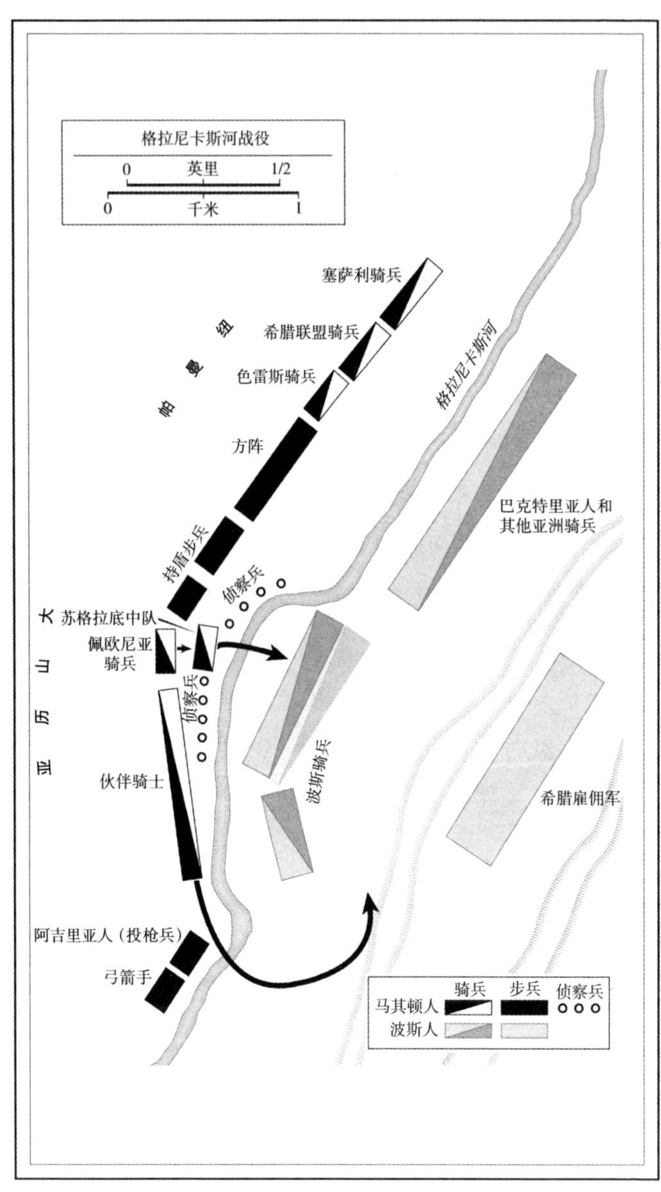

图 2　格拉尼卡斯之役

帕曼纽等于是亚历山大的副将，战争中他通常负责指挥左翼。从亚历山大的父亲登基之日起，帕曼纽就是腓力跟前的大将。如今60岁的他有三个儿子，两人都在军中担任要职。老大菲洛塔斯（Philotas）负责指挥伙伴骑兵，在这个关键职位上他可谓尽忠职守又十分高效。读者可能还记得亚历山大曾因披克索达洛司婚事丑闻而遭训斥，当时菲洛塔斯也在场，可能就是他告的密，也可能是腓力叫他过来当一个行事端正的楷模。无论如何，亚历山大因此对他心存芥蒂。尼卡诺尔（Nicanor）则指挥持盾士兵（灵活连接方阵与伙伴骑兵的精锐步兵）。老三赫克托（Hector）可能太年轻，尚未被委以重任。

亚历山大十分感激老将军曾与自己配合，将极具影响力同时又受爱戴的将领、老将军的女婿阿塔罗斯处死。有人说，亚历山大觉得这份感激对自己是累赘，但自己的处境又不容许他立刻让老将军和他的儿子们靠边站。不过这个说法并无证据支撑。这三个人都称得上是他手下的干将。据说帕曼纽的意见经常不被国王采纳，有人认为这说明帕曼纽在宫中不受待见；[31] 其实他的意见也有得到采纳的时候。我们最多只能说，一方年事已高、行事谨慎，而另一方则年轻气盛、大胆豪放。

当马其顿最高统帅在琢磨下一步该怎么走，帕曼纽说道："长官，我以为我们当下的计划应该是在河边就地宿营。"[32] 他认为河岸是危险障碍，部队应次日一早设法顺利过河。他还警告说，"开局的失败……将影响战役全局"。亚历山大立即表示不以为然。他命令帕曼纽带好他的左翼，自己则负责右翼（主帅传统上都带领右翼）。

两军隔岸对峙，都没有动作。现场一片沉寂。

国王就像拳击手，他打算先来个左刺拳，再来个右勾拳。他把部队布置到前线，长度与波斯人一样。他将塞萨利、希腊和色雷斯骑兵置于帕曼纽麾下，中间部分是步兵；方阵的旁边就是重装步兵。[33] 再旁边是特别突击队，由侦察兵和来自色雷斯的佩欧尼亚轻骑兵以及牵头的伙伴重装骑兵中队组成。

右翼主力是菲洛塔斯率领的伙伴骑兵；最后则是人数不多却致命的阿吉里亚投枪兵和克里特弓箭兵。

从这样的布局我们可推断出亚历山大的计划。他打算先削弱波斯左翼的骑兵“墙”，等国王带领伙伴军冲锋时，“墙”就会支撑不住坍塌。

首先，阿吉里亚人和克里特人向右运动，试图包抄波斯人。目的是诱敌往上游运动，最后让他们的阵线出现薄弱环节。然后冲锋部队立刻过河沿石坡上岸。这是近乎自杀的勇猛打法，但这批训练有素的战士就是可以牺牲的。他们实际上就相当于棋局中的弃子。他们的任务就是不惜代价尽量吸引波斯人的防卫力量，这在战前动员时肯定不会说得太明白。波斯骑兵被诱至格拉尼卡斯河岸边，向来犯者投掷投枪，冲锋部队则尽力用矛抵挡。几名防守方的人已来到河床上，包括门农和他的两个儿子。

马其顿一方已有人丧命。此时一定很难忍住不撤军，国王却等待着。最后，在冲锋队的伤员撤退时，他认为时机已经来临。号角声一起，他带领楔形阵的伙伴军在一些持矛步兵的支持下发起了致命一击。他由另一处石坡上了河岸，几乎没有遇到困难，因为波斯人的大部分箭矢都用完了，如今身在河边，已无法一鼓作气发动反攻。亚历山大和一些伙伴军抵达岸上，但队伍有些凌乱。

波斯最高统帅从一开始就能看见亚历山大，因为他四周的护卫森严，他的盔甲也特别耀眼。他的头盔冠顶两边还插着高高的白羽毛，手中的盾则是他在特洛伊获得的古董。[34] 波斯人齐聚在他对面，因为他们有一个简单的作战目标：置国王于死地。他们很明显地从河岸往后撤，直到在平地上能清楚地看到亚历山大，接着就没命地朝他冲过去。

在马其顿人看来，这是战争中的最危险时刻。在乱军中心的亚历山大，护胸甲被击中两次，盾被击中三次。[35] 阿里安如此描写当时的情景：

> 激战在他四周展开，就在此时马其顿的士兵陆续顺利渡河抵达现场。厮杀是在马背上进行的，但从某些方面看更像一场步兵战，这是一场马对马、人对人的混战。[36]

这场战斗堪与《伊利亚特》媲美。

马其顿人开始占上风时，亚历山大的长矛断了。他要了侍从的长矛，这根矛结果也断了。所幸科林斯的德玛拉特斯——也就是给当年还是孩子的亚历山大买马的人——也在伙伴军中，他把自己的矛给了亚历山大。

国王看见大流士的女婿米特拉达梯（Mithridates）一马当先，后面远远跟着一队骑兵。他冲上前去用长矛挫其面部，迫使他落下马来。一名波斯贵族抡起斧头狠命朝亚历山大头上砍去。他削下亚历山大的一块头盔和一根羽毛，但没伤着他。亚历山大将他击下马，将长矛刺进他的胸腔。此时但见大流士三世的另一个女婿举起短弯刀，自亚历山大身后袭来。国王的王室骑兵队中年近花甲的中队长克雷塔斯（Cleitus，国王幼年乳母的兄弟）立刻拔出自己的佩剑斩断了此人的一条手臂。因为克雷塔斯眼疾手快，亚历山大捡回了一条命。

此时战场情况越来越明显。伙伴军全部加入战斗。在他们的压力下，波斯军中路不支，左翼也因弓箭手和投枪手以及骑兵的包抄围困而出现涣散。此时已是傍晚时分，夕阳照射下的波斯人视线不清，而马其顿人却正好将他们看个真切。

某一时刻，帕曼纽下令塞萨利骑兵与马其顿方阵歼灭面前尚未参战但已无心恋战的敌人。[37]

塞萨利人无论在何时做何事总是中规中矩。狄奥多罗斯评价说，他们是除了国王亚历山大以外“由于队伍调度得当，战斗力无与伦比而赢得了骁勇善战美名之人”。

战事或许总共持续了不超过两小时。山脊上的希腊雇佣军看到战况的迅速变化不禁目瞪口呆。现在他们该怎么办？亚历山大领导的是代表全希腊的义勇军，他们肯定会被视为叛徒。他们前途堪忧，如果还有前途的话。

他们请求国王饶命，但经历了战争危险的国王此时哪还有这种心情。他在盛怒之下向这帮人冲了过去，结果自己的坐骑（这次他骑的并不是“牛头”）被剑刺穿肋部丧命。

亚历山大情绪变得更糟。他命方阵前来对付希腊人，并令骑兵将他们团团围住。也许希腊雇佣军应当效法色诺芬在库纳克萨战役后的做法，立即撤离。杀这么多人花了亚历山大不少时间。生还者寥寥无几，有人是躺在尸体当中装死才逃生的。有 2 000 人被俘，他们被戴上镣铐送至马其顿，成为劳役。

雇佣军虽然没有希望，但还是竭尽全力反抗，普鲁塔克写道：“大多数马其顿人的死伤和苦战都发生在这里，因为与他们近身搏斗的是背水一战的专业士兵。”[38]

据说波斯人损失了20 000名步兵，大部分应该就是希腊雇佣兵，还有2 500名骑兵。这些数字可能稍微夸大了实际情况，但基本可信。对大流士而言，在围绕亚历山大的混战中折损8位高级将领才是更严重的打击。幸运的是门农保住了性命，来日仍是一条好汉。地方总督阿西提斯逃离战场躲到弗里吉亚去了。正是他的建议导致了这次败局，他最后畏罪自杀了。

至于马其顿，有25名伙伴军在第一次进攻中丧生。亚历山大用他们做牺牲，为自己扫除了障碍，他也许因此有几分罪恶感。他委托他最欣赏的雕刻家利西波斯给他们铸造铜像，放在马其顿“圣地”迪乌姆的宙斯神庙内。

剩余的骑兵中还有60多人阵亡，步兵死亡者约30人。第二天，亚历山大为他们连同他们的武器和装备，举行了盛大葬礼。他免除了他们的父母和子女的土地税及其他各种徭役和财产税。（他还埋葬了波斯将领，并在血腥味消散后埋葬了被屠杀的希腊人，以示友好和对英勇品格的敬重。）

阿里安写道，亚历山大对下属和士气的关心就表现在他“对伤员关怀备至，他亲自探望每位伤员，检查伤情，问他们是如何受的伤，听他们夸耀自己的战功”。[39] 同年稍晚，新近结婚的官兵都得以在马其顿与妻子共度严冬。这个安排极受欢迎，但并不影响严明的纪律，亚历山大的军队仍严禁掠夺，他们的营地都设在乡间，不得在城内住宿。国王如此宽厚其实也有实际考虑，他要士兵带来更多马其顿新鲜血液。

从敌人总部获得的战利品——饮用器皿、讲究的幔帐和其他奢侈品——一般都是赐予部队统帅的，亚历山大把多数东西送给了奥林匹亚丝。

国王也注意希腊的舆论走向。他要再次强调官方陈述的战争目的是为了报大流士一世和薛西斯入侵的前仇。他将 300 套波斯人的全副甲胄送回雅典，献给卫城的雅典娜女神神庙，并刻铭文“腓力之子亚历山大及除斯巴达外的希腊人谨在此献上这些来自亚洲蛮族的战利品”[40]。

此时此刻亚历山大做何感想，有何意图？他对自己的所作所为有坚定的想法吗？

夜幕降临之际，统领胜利之师的他环顾狼藉的疆场，他首先感到的必定是绝对的喜悦。他这一仗打得漂亮，他确定天国的阿喀琉斯必将以他为傲。即使还有人怀疑他是不是希腊人，怀疑他是不是神和半神的后代，格拉尼卡斯之役也已将一切怀疑驱散。他继承了领导全希腊人的地位；如今他用实力赢得了这个地位。腓力的军队终于真正归其所有。

但当天决定胜败的不只是胆识。马其顿人比对手更有纪律，武器也更精良。他们用山茱萸木制成的矛优于波斯人的劣质投枪，这肯定也有助于制胜。

亚历山大在格拉尼卡斯之役后声名鹊起。他展露了他在战场上的领导才华。在巴尔干半岛，他初次显示他是个不放过细节的人，而且战术眼光快捷敏锐，因此赢得了将领与官兵的一致信任。他能打胜仗，手下的人因他过人的胆识而信任他。他对他们有要求，但对自己一样有要求，而且要求更高。由于他对下属的关怀，彼此间的纽带日益牢固。他到哪儿他们都会跟随。就说他们之间有集体的爱恋之情也不为过。

亚历山大的战场表现让手下的士兵佩服，却引起了将军们和朝臣的焦虑。他在格拉尼卡斯的表现说明他还是个不成熟的急性子青年。《伊利亚特》中的勇士们一定会赞赏他，这一定也是他的心中所想。但事实是他险些在河边的浴血混战中送命。他不听安提帕特和帕曼纽的娶妻劝告，还是打光棍，没有子嗣。此战更加深了朝臣们最大的恐惧，万一敌人一刀砍中他或一箭射中他，远征可能就会戛然而止。要不是有克雷塔斯，亚历山大的统治将成为过去。做再世的阿喀琉斯可是危险而又不负责任的选择。

也许国王性格里就有反社会成分，他过分关注自己，似乎无法了解或设想别人的感受。这当然只是猜想，我们永远也不会知道真相。

至于他的目标，他的谈话表明他有意留驻治理，而不是打了胜仗就班师回朝。但是他还打算征服多少土地？对爱奥尼亚的城邦来说，征服是否又等同于解放？

我们不能忘记他有无尽的渴望。他有建立帝国的梦想，但不便公开表白。对他的远征军来说，解放爱奥尼亚的城邦，做它们的担保人或领主就够了。士兵们对任何让他们长年远离故土和家人的宏图伟略，都必然持强烈反对态度。

更可能的是，亚历山大也不知道他自己的具体打算。他就是让命运带着他往前走。常言道，只有任意游走的人才能攀登最高峰。[41]

他在等待时机。

第六章

解　结[1]

很久以前，在安纳托利亚中部的弗里吉亚住着一个叫戈尔迪（Gordius）的穷老汉，靠着几亩地勉强度日。他有一辆简单的轮车和两头牛，一头犁地，一头拉车。[2]

一天，发生了一件不寻常的事。正当他犁地的时候，天上飞来一只老鹰，停在他的车轭上整天都未离开。大惑不解的戈尔迪决定去泰米索斯（Telmessus）找位先知或预言家，那个小镇聚集着不少能预知未来的家族。这里不论男女老幼都会解释异象。其中一位大师亚里斯坦德（Aristander）正是亚历山大御用的占卜专家。

老人走到泰米索斯附近一个村落时遇到在井旁汲水的年轻妇女。两人攀谈中他说起了自己的遭遇。正巧她就有预言天赋，她让他回到异象发生地给宙斯献祭。

她还同意陪他回来安排仪式。两人后来成婚，生下一个男孩，取名迈达斯（Midas）。后来他成长为俊美少年，恰逢弗里吉亚卷入一场艰苦内战，根据神谕，一辆轮车将会带来和平。公民大会正讨论此事的当口，迈达斯和父母驾车抵达现场。众人立即决定推举此人为他们的国王。

迈达斯就是众所周知的请求神明让他点石成金的国王。但神明应允他的请求后，他发现自己已无法吃喝。面包和酒到了他手里或碰到他的嘴唇，立即就变成金属。古谚有云，必须谨慎许愿，以防愿望成真。

迈达斯称王后做的第一件事就是在城市的卫城献上他父亲的旧轮车，对众神之王送来老鹰表示谢意。

至此传说转为历史。

轮车当时还在。车轭与车身被山茱萸树皮缠绕成的一个复杂的结绑在一起。先知预言，能解开这个结的人必将统治亚洲。亚历山大抵抗不住这个挑战的诱惑。公元前 333 年春，他带领军队来到弗里吉亚的首府戈尔迪乌姆（Gordium），见到此城防卫森严，宫殿壮丽，令人震撼。他坚持攀登到山上的卫城，找到摆放着轮车的宙斯神庙，想试试能否解开那个结。

被树皮紧紧缠绕的结根本看不出头绪。国王怎么也解不开。四周都是围观的弗里吉亚人和马其顿人，如果他当着他们的面认输会颜面尽失，他不允许这样的事发生。所以亚历山大拔出佩剑，一刀将结砍断。“看，这不解了吗！”他吼道。[3]

有人会说这是作弊，但对亚历山大和他的随行人员而言，神谕应验了。当晚突降暴风雨，电闪雷鸣，证实了宙斯的肯定。

此事极具宣传价值。因为它加深了马其顿人心中众神与他们同在的信念，更重要的是，这也为他们在亚洲的出现找到了理由，或许也动摇了大流士子民的忠心。

公元前 333 年访问戈尔迪乌姆时，亚历山大早已在征服小亚细亚（即安纳托利亚，今日的土耳其）的路上。神谕已接近应验。

一年前的 5 月在格拉尼卡斯获胜后，国王的第一要务是确保地中海沿岸安全，不受在爱琴海掌握霸权的强大波斯舰船骚扰。国王派遣帕曼纽前去赫勒斯滂的弗里吉亚确保当地安全，随后立即带兵南下向吕底亚大城萨迪斯进发。许多爱奥尼亚城邦对得到自由感到恐惧，因为他们担心波斯人会卷土重来，所以态度相当消极。萨迪斯卫城的统帅，一名叫作米瑟仁尼斯（Mithrenes）的波斯贵族却到数英里之外迎接国王。他交出城市，同时也交出府库，这对资金短缺的亚历山大来说更是雪中送炭。

希腊人和马其顿人对蛮族都缺乏耐心，多数军人都预期他会被严厉处置。但亚历山大并非种族主义者，无论哪个族群，只要能征善战，都会得到他的重用。他给了米瑟仁尼斯“一个荣誉职位”[4]，让他留在自己身边，并于两年后任命他为亚美尼亚总督。

为避免任何个人大权在握，国王给吕底亚安排了一位马其顿总督，另外掌管萨迪斯军营的也是一名马其顿人。处理这个富庶省份财务的则是一名直接向国王汇报的希腊司库。

从不厌倦旅游的亚历山大花了不少时间在萨迪斯四处观光。城堡的坚固给他留下深刻印象，这里地势险峻，还建了三道围墙。他决定在最高处建一座奥林匹亚宙斯的神庙和祭坛。他正在选址的时候，突然间雷声霹雳，大雨倾盆，王宫（也只有王宫）被雨水全浇湿了，从而揭示了神的旨意。

国王接下来去了爱奥尼亚沿岸的繁华都市以弗所（在今日的土

耳其）。在他抵达前，驻守军营的希腊雇佣兵征用了两艘三层划桨战船，随后就消失了踪影，他们一定是听说了门农的希腊雇佣军团在格拉尼卡斯的遭遇，不愿意与那些人遭遇同样的命运。公民们欢迎亚历山大的到来。前面说过，两年前帕曼纽的先头部队曾一度占领以弗所，并在阿耳忒弥斯神庙内立了一座腓力的雕像，将他当成半神敬拜。但马其顿人后来在面对门农带领的波斯劲旅时被迫撤退。他们一走，雕像就被搬走了。

如今他们回来了，领导他们的是一位年轻的新国王。大多数爱奥尼亚城邦都由亲波斯的上层精英或寡头统治，以弗所也不例外。以希腊人的解放者自居的亚历山大喜好民主制，于是他将这群领导人全部撤换。最大的寡头及其儿子和侄子躲到圣殿逃生，最后还是给揪出来，被用石块打死。

亚历山大立即叫停了这种纷争不断的希腊城邦常见的秋后算账。阿里安写道，他“不让追究报复继续，因为他知道如果任其发展，不但有罪的人要遭殃，无辜的人也会因个人恩怨或别人对他财产的觊觎而遭杀害。这成了亚历山大在以弗所诸多举措中最为人称道的一桩”[5]。

阿耳忒弥斯神庙自亚历山大出生之日遭大火严重损毁后，一直没有修复。三个世纪以后，地理学家兼历史学家斯特拉波（Strabo）追溯当时的情况时称，国王愿意出资重修，但条件是必须在大理石上镌刻下他的捐赠事迹。[6] 骄傲的以弗所人觉得这个代价太大，于是找了一个托词拒绝，说“由一神向其他众神奉献恐怕不妥”，他们用阿谀奉承的言辞聪明地回避了对国王的冒犯。

在以弗所，国王与曾多次为他父亲画像的著名艺术家阿佩利斯

(Apelles) 见面。[7] 阿佩利斯当时已享誉国际，他的画“价值连城”。[8] 他的作品画风高雅，非常传神，而且他与其他画家不同的是，他知道画于所当画，止于所当止。他的色调仅限于白、黄、红棕及黑。

亚历山大请他为自己画一幅模仿宙斯以手召唤闪电的全身肖像。这有亵渎神明之嫌，也说明他以自己是英雄赫拉克勒斯的后人而自豪，他紧随父亲的脚步，想让自己跻身神明之列。

阿佩利斯发现他的这位模特是位“懂王”，对艺术并无专业了解，却喜欢夸夸其谈。于是他悄悄对亚历山大说：“阁下，请勿多言，研磨色彩的孩子们都给逗乐啦。”

亚历山大听到这番训诫倒也没动气。大师的作品令他拜倒，当即赏了他 20 塔兰特，并给了他画自己肖像的特权。

他派出两支军事纵队，一支由帕曼纽率领，在该地区接收所有投降城镇，国王则带队前往下一个目的地——大港口米利都(Miletus)。[9] 这回预计会遭遇反抗，马其顿人做好了围城的准备。

一千年以前一个美好的清晨，特洛伊人一觉醒来发现他们的希腊敌人已然离开。[10] 敌人舰船登岸的海边一片沉寂。长达 10 年的围城结束了，欢庆的时刻终于到来。

放眼望去一片空旷，只有一个巨型的木马。[11] 在这儿放个木马做什么？一位自称是希腊逃兵的人对四周好奇的群众说，这个庞然大物是敌人为确保能安全返回而献祭给神的。由于木马体型过大，进不了城，特洛伊人高高兴兴地拆毁了部分城墙，将城门扩大，把木马拖了进来。一切消停后，他们准备晚间畅饮。

当然，这是个计谋，是狡猾的奥德修斯想出的妙计。木马腹中的战士们静等着时机的到来。希腊船只并未驶出爱琴海，而是停靠在附近特内多斯岛（Tenedos）人们看不见的地方。等到城里的人沉睡时（很多人酒后好梦正酣），全副武装的战士才悄悄从木马内溜出，与乘船返回岸边的主力军会合。

特洛伊城遭遇大火，被劫掠一空。

对希腊人来说，特洛伊战争是一次重大事件，证明了他们围城时经常遇到的问题。他们夺城主要靠欺骗和贿赂。特洛伊不是被攻破的，而是中了敌人的奸计才沦陷的，这也是意料之中的事。

数百年后，希腊人远远落后于波斯人，后者已掌握了挖地道、筑起与城墙同高的垒堆、使用攻城重锤等作战技巧。亚历山大的父亲腓力认识到防卫坚固的城市对他的部队确实是个挑战，所以并不反对使诈。木马只适合在传说中使用，他倒能想到另一种可以使用的动物。他曾坦言："一头驮着金子的小小的驴子，没有进不去的城堡。"[12]

不过，腓力和亚历山大都决心改善围城的技巧。在西西里拥有大量土地因而纷争不断的迦太基人和叙拉古人教给了他们不少技巧。

主要的问题是，过去城墙的用料是废弃的石头或泥，如今的城墙可要坚固多了。公元前 5 世纪，富有的城邦就开始用切割精准的长方形或多边形石块砌墙，上面还有泥砖垒起的城垛。狭窄的缺口则方便守卫者发动攻击。雅典是海上大国，号称有地中海最强大的舰队。他们在比雷埃夫斯港口四周建筑大规模石墙，使敌人无法从陆地攻破，[13] 并在石墙与城市之间以两道石砌高墙"通道"相连，通道沿线每隔一段距离就设两层楼高的瞭望塔，以抵御来自地面的攻击。这等于把雅典变成了孤岛。

所以马其顿人面临的问题是如何应对石头。腓力和亚历山大都不惜重金请工程师发挥想象力。其中就有一个叫戴德斯（Diades）的塞萨利人，他称自己发明了——其实很可能只是改进了——一种用木头和皮子搭建的带轮子的高塔。[14] 塔高10层，每边都有窗，皮窗帘可以抵挡来箭。如此一来，围城者就能与防御工事同高，与城垛上的守卫在同一高度交锋。士兵还可以通过攻桥跃上城墙、工事或任何建筑。戴德斯搭建过最高的塔有50多米高。

另外一个对付石头高墙的办法就是弩炮。西西里的工程师发明了发射箭的弩。弩其实就是大号的弓，但在腓力时代已经有人发明了更有杀伤力的扭力弩，由动物肌腱或毛发扭成绳索来发力。这种扭力原理很快被应用于投掷石块，大型投石机能将大石头射到100米开外。

此时攻城重锤正在迅速发展。最重要的创新就是把它放在一种叫陆龟的车内。它的长度可达16英尺，斜顶上有座小塔，里面放置灭火的水桶。重锤本身可以用绳索像钟摆一样控制；后来重锤又安装了轮子，有了持续的动力和更强的穿透力。重锤设有特制钻头，长20英尺，前面安装了可以穿透墙面的尖锐金属锤头。

守城者已经不能舒舒服服躲在石墙后面了，他们面对新的攻城器械也得有对策。他们尤其需要积极设计反制措施。于是有了可以射弩的高塔，因为弩的位置越高，射程就越远。城墙外又挖了壕沟，让可移动的围城工具无法靠近。雉堞状的城垛被可关闭的出入口和发射孔取代。

由于戴德斯等人的技术发明，围城者如今占了上风，只要他有决心，耗得起时间，承受得住大量死伤。常胜将军在战场上损失的士兵可能都不及围城中损失的多。不过，被围困方只要防守坚固，有充裕的粮食和活水，百姓齐心，士兵勇敢，就也有胜算。

米利都是小亚细亚沿岸最富裕的城邦之一。奠基者是雅典人，它位于巉岩崎岖的拉特摩斯山脚处的海岬上，与海湾对岸迈安德河入海口遥遥相望。它是哲学和科学的研究中心。公元前 6 世纪的思想家、政治顾问泰勒斯（Thales）就是米利都最杰出的公民，他毕生为米利都的独立事业奔走。那段时间政治动荡，居鲁士大帝势力强大，最后建成了波斯帝国。

泰勒斯拒绝用神话故事来解释万物的自然属性，而主张用可经检验的假说。换句话说，他开创了科学方法。那个时代的哲学家往往假设所有物质都是某种永恒不变的物质的变体。[15] 泰勒斯认为这个永恒物质就是水。

他从埃及人丈量土地的方法中概括发明了几何学。他也是天文学家，据说还曾预测到一次日食的发生。亚里士多德尊他为希腊传统中首屈一指的哲人。[16]

前面说过，就在公元前 5 世纪的最后几年，米利都曾与爱奥尼亚的其他希腊城邦一起反抗过波斯统治。他们的海军在入港处的小岛拉德（Lade）外的海域决战时惨遭败绩。城邦被围困，而后失陷。波斯大帝夺回了控制权。

而今，一个半世纪以后的公元前 334 年秋，帝国再次面临挑战。波斯人也知道米利都是一块肥肉。他们派出 400 艘战船的舰队，希望赶在马其顿人之前抵达米利都。可是亚历山大的 160 艘战船还是快了一步，已经在拉德抛锚。他们占据了这个有利位置，就能阻挡任何波斯船舰进港，敌人只好在较远的密卡尔山下停靠。

帕曼纽建议国王打一次海战，他说虽然马其顿人的舰船只有敌人的一半，但还是值得冒险海战，即便败下阵来也不会有严重后果。亚历山大则期期以为不可。他认为，不应该让自己缺乏经验的水手与波斯船队中训练有素的塞浦路斯人和腓尼基人对阵。如果吃了败仗，不但有损他战无不胜的美誉，还可能会鼓动希腊内部造反。

于是国王就让战船照顾好自己，开始为围城做准备。他没有理会米利都特使让双方都入墙入港的建议。"回到城里去吧，"他告诉他们，"告诉你们的同胞做好明天应战的准备。"[17]

亚历山大的工程师们开始在他的监督下琢磨对策，证明自己的能力。攻城利器（应该就是攻城重锤和弩）纷纷上场，很快就摧毁了部分墙体。士兵们是轮番上阵的。很快更大的一片墙体支撑不住，一旦城墙坍塌，主要攻势就会展开。远在密卡尔山的波斯人只能眼睁睁地看着他们的朋友和盟友的命运变迁。

驻守拉德的马其顿舰队司令看到出师告捷，恐怕绝望的波斯人会冒死闯关进港，偷偷向敌人施以援手。所以他让舰队从海岸划至港口，让三层划桨战船一字排开，像沙丁鱼那样紧密相连，船头向外。米利都现在已经遭到全面的海上封锁。

军营里的希腊雇佣军身陷绝境。有人跳海，身体趴在翻过来的盾牌上，漂到无人岛上求生。还有人试图乘小船突围，但在港口就被三层划桨战船截获。多数守城者丧命于城内。罗得岛的门农将军和其他高官本来就是从格拉尼卡斯战场逃至米利都的，他们再次踏上了逃亡之路。[18]

米利都人坚称波斯军营才是要为抵抗围城负责的一方。地方领导人携带求和的橄榄枝匍匐在国王跟前，把他们的城邦交到他手中。亚历山大还是有几分狐疑。他注意到城中有许多奥林匹亚运动会和皮提亚运动会中获胜的英雄的雕像，于是问道："蛮族拿下你们的城邦时，这些身强力壮的男子都到哪儿去了？"[19]不过，他还是信了米利都人的话，对他们相当宽大。其他成年男子都被贩卖为奴。

围城结束后，亚历山大带着部分三层划桨战船驶往小岛。船头都带有能攀登崖壁的梯子。但当他了解到这些雇佣兵打算浴血顽抗，他倒被他们的勇气感动了。他赦免了这些人，条件是他们得加入自己的军队。这个故事很可能是真的，因为他对英勇的敌人总是狠不下心来。也许他还有意彰显与希腊雇佣军和解的愿望。在格拉尼卡斯的屠杀引起了相反的效果。数千名怀恨在心的希腊人都拿波斯大帝的钱为他卖命；因为相信亚历山大不会宽大为怀，他们一直是他最顽强的敌人。把这些人争取过来，对他自己也有好处。

现在到了处理停靠在密卡尔山下的波斯船队的时候了。亚历山大派菲洛塔斯率领着一支为数不多的骑兵和步兵混合部队，前去防止水手弃船潜逃。在这样荒凉的地方寻找补给本来就不容易，菲洛塔斯让它难上加难。波斯人虚晃一枪，试图诱使马其顿人离开港口，计谋失败后，他们饥渴难耐，便驾船离开了。

围城表明马其顿人可以在陆地上击败波斯人的海军，至少让它发挥不了作用。[20]亚历山大因此暗忖，那为什么还要养着自己的船队呢？尤其是自己的船队规模小、实力不足、耗费庞大，还起不了实际作用。于是他决定除了保留几艘承载攻城设备的运输船外，其他船队一律解散。他的部队正在占领小亚细亚的路上。没有船只他照样能行。

这在当时似乎是个绝妙的主意。

也许米利都人不会同意，但哈利卡尔纳索斯（Halicarnassus）确实是爱奥尼亚最大的港口城市。

它是卡里亚（Caria）的首都，坐落在伸入爱琴海的贫瘠半岛上，扼守着一个良港。[21] 希罗多德是当地出生的名人中最杰出的，他曾书写散文体史诗来记述公元前 5 世纪波斯人入侵希腊的历史。

多年来这个城邦一直由同一个家族统治——开朝元老赫卡托姆努斯（Hecatomnus）和他的三个儿子及两个女儿。[22] 虽然名义上他们是总督，波斯大帝却容许他们世袭总督职位，其实等于成了王朝。这样的安排有优点也有缺点。优点是统治稳定，有连续性，统治者对当地情况了解透彻；缺点是臣子一旦坐大，或许就有追求完全独立的想法。

赫卡托姆努斯家族中最成功的就是摩索拉斯（Mausolus），他是三兄弟中的老大，于公元前 377—前 353 年在位期间，势力范围不断扩大，将罗得岛及其他岛屿收入囊中。他将首都迁至哈利卡尔纳索斯，并不惜重金搞公共工程。他仰慕希腊，雇用了最好的希腊建筑师、艺术家和工程师。他挖深了海港，建造了精美的城墙，上设瞭望塔，建了三个加固的城堡，还有护城的深壕。街道和广场都铺了砖，还有雕像和神庙点缀其中。哈利卡尔纳索斯因此成为古代最壮丽的城市之一。

居民生活以奢靡闻名。有好事者将之归罪于市内的泉水，说饮用此水会使人“女性化”。斯特拉波不同意：“有人声称使男人带有女性气质的是空气或水；其实不是，使他们阴柔的是财富和生活的放荡不羁。”[23]

与埃及的法老一样，赫卡托姆努斯家族的男性就与他们的姐妹成婚，或许是为确保统治家族人数可控，并限制王位的潜在继承人选。摩索拉斯与他的姐妹阿特米西亚（Artemisia）结婚，两人共治王朝。两人结婚后相爱甚笃。据说王后在丈夫死后悲伤欲绝，将丈夫的骨灰加上水一起喝了下去。[24] 她还在可俯瞰全城的小山丘上为他修建了一座十分讲究的陵墓（mausoleum，英文的陵墓一词就来源于此）。三年不到，她也去世了。

赫卡托姆努斯家族依然大权在握。继阿特米西亚之后即位的是她的弟弟，他死后就由他的姐妹兼妻子艾达（Ada）摄政。她之后轮到最小的弟弟披克索达洛司（就是他想把女儿嫁给亚历山大同父异母的哥哥阿里达乌斯，导致了日后一系列不幸发展）。接替他的是他的女婿，杰出的波斯人欧龙托巴特斯（Orontobates）。

哈利卡尔纳索斯就是亚历山大下一个围城目标，成事之后，近期征服小亚细亚的战略目标就算实现了。他继续南下，接受沿路城镇的投降。他绕了一个弯，在艾达被罢黜后流亡的地方——防卫森严的阿林达（Alinda）——稍作停留。艾达希望国王帮忙恢复她在卡里亚的地位，他立即答应了她的请求。

亚历山大喜欢年纪大的贵妇人，不是爱上她了就是与她结下了深厚友谊。他让她认自己为义子，而且给她正式的“母亲”封号。每天她都派自己的厨房给他送糕点和甜品。艾达还答应会把身边手艺一流的烘焙师傅和厨子送给他。这些细致入微的示好开始让他有点儿不自在了，据普鲁塔克记载，他责备她：

> 我不需要你的厨子，因为我的老师利奥尼达斯给了我更好的厨师——用夜行军当早点，早上吃得少晚上才吃得饱。就是这位利奥尼达斯经常检查我的床柜、衣柜，查看我母亲是否在里面给我藏了什么好吃的。[25]

奥林匹亚丝如果知道此事不知会做何感想。亚历山大与她经常有书信来往，但也许他有意没把他这段新感情关系告诉她。

哈利卡尔纳索斯肯定是块不容易啃的骨头。[26] 门农与许多波斯人，加上数以千计的希腊雇佣军，离开米利都后就在这里集结。波斯大帝的海军仍然因为在米利都的挫败而闷闷不乐，目前均停靠在海港内。马其顿人船队解散后将无力阻挡他们给城内的粮食供应。

亚历山大在哈利卡尔纳索斯东边扎营，攻城利器与粮草均由海路运送至此。国王对城墙进行勘察，突然遭到一群从附近城门冲出的守城士兵的袭击，长射程弩炮亦自天而降。马其顿人不费吹灰之力就把这些人打回了城内。几天后，国王决定勘察西边直线路程 12 英里之外敏达斯（Myndus）的另一扇城门附近的防御工事。

敏达斯内部来了一些叛徒，声称可以把城交给亚历山大，短暂分散了他的注意力。一日约午夜时分，他亲自前往城墙处，却并未见到和叛徒们约好的信号，马其顿人只好无功而返。

围城现在真的开始了。他们决定先攻陷城北的城墙。工兵开始填充壕沟，让轮塔和攻城重锤得以靠近城墙。他们还挨着城墙搭建了阁楼，以保护负责破坏墙基的挖掘工兵。一次夜间突袭被击退，约 170 名守城士兵丧命，亚历山大的部队也折损了 16 人（另有 300 人因来不及穿戴盔甲而受伤）。

好消息是哈利卡尔纳索斯阵亡名单中有阿拉皮阿斯的儿子尼奥普托列墨斯，而阿拉皮阿斯正是据说牵扯了腓力刺杀案件而被处死的马其顿贵族。他的儿子因此投奔了波斯人。但他的兄弟阿明塔斯忠心不改，因能力出众而颇得器重，仍在军中担任要职。尼奥普托列墨斯死了没多久，国王就进一步表明他对阿明塔斯的信任，提拔他担任重要统帅。

几天后，两座轮塔和连桥被毁，第三座塔也受损严重。当晚，佩尔狄卡斯指挥下的步兵营里两名睡在同一营帐内的士兵喝多了，为战利品起了争执。他们为证明自己是男子汉，跑到堆放毁坏墙体的地方一决高下。城里的士兵跑出来与之对峙，开始打斗。双方都有不少人加入混战，很快就变成了一场厮杀。这是佩尔狄卡斯和他手下的人第二次因行为不检点而给亚历山大找麻烦了（第一次发生在对底比斯围城时）。

佩尔狄卡斯与下属都亲自上阵，马其顿人最后将敌人击退，根据阿里安的记载，哈利卡尔纳索斯“险些城破”。[27] 事实或许确实如此，但这位历史学家对双方斗争的叙述似乎有避重就轻之嫌。狄奥多罗斯的说法是，国王派信使请敌人休战，以取回交战中阵亡者的尸体。显然他们倒下的地方并不在他控制范围内。这就意味着马其顿人没有赢。

为波斯人效命的雅典人埃菲阿尔特斯和瑟雷西布拉斯都劝门农不要交出尸体，但门农豪爽了一回，应允了对方的要求。

守城方迅速在废石堆后面修起了一座半月形的石墙，堵上了防卫漏洞。第二天，国王把攻城利器推了过来，但一座轮塔和挖掘工的藤编防护被手持火把的敌军烧毁。虽然马其顿人又将他们打了回去，损失却已造成。

接下来有一两天时间，双方相安无事。门农与僚属开会讨论军情。虽说有所斩获，但他们也知道除非己方主动出击，否则只能坐以待毙。埃菲阿尔特斯想出了一条妙计。让1 000名雇佣军手持火把再次破坏攻城利器。届时马其顿人一定会派兵反击。一旦双方全面交锋，再派出一队雇佣军在埃菲阿尔特斯带领下从附近城门冲出，由侧翼攻击马其顿人。只要初见成效，门农立即全军出动给敌人致命一击。

此计几乎奏效。在事先约定好的时间，第一队士兵冲出城外，火烧新的攻城利器。顿时火焰冲天。马其顿人但见新修的墙垛上和敌人特别为此次战役修建的流动塔上箭如雨下。国王一马当先指挥战役。此时埃菲阿尔特斯在另一个城门处，带着一队人马，排成一个紧密的纵深方阵突然出现，冲锋在前。他正好接触到一群只知退让的稚嫩新兵，于是率领大军的门农及时登场。

马其顿人眼看就要败下阵来，狄奥多罗斯说："当时亚历山大不知所措。"[28]其实他当时确实无计可施，最后还是靠久经沙场的战士——腓力的老兵——扳回了一局，他们对敌人的方阵展开反击。

命运之神先是眷顾门农，继而改变了主意。埃菲阿尔特斯在混战中身亡，他的雇佣军也被驱赶至城内。他们朝敞开的城门逃生，越过壕沟通往城门的桥却因不堪重负垮塌。有的人被踩死，有的人被箭射死。就在这慌乱时刻，还没等所有人进来，城门却又关上了，致使许多人在城墙脚下被屠杀。

此时已是傍晚时分，亚历山大将部队召回。有人说，假如他多坚持一下，哈利卡尔纳索斯立刻就会被攻破。但夜间作战情况难料，而且他们已人困马乏。也可能他与城内的要人通过气，不想主动攻城。

门农是识时务者。当晚他与统帅们和卡里亚总督，也就是篡夺艾达之位的欧龙托巴特斯紧急共商大计。大家都觉得大势已去，不少精锐士兵或死或伤，城邦的防御工事也遭马其顿的弩毁损。他们或许还担心百姓造反。于是决定连夜放火焚城，烧毁木塔和兵器库，将部队精英集中撤退到哈利卡尔纳索斯的两三个堡垒内，把城市拱手让给马其顿人。剩下的哈利卡尔纳索斯人，还有门农和欧龙托巴特斯，连同他们的储粮与装备，最后由波斯海军运往科斯岛。

亚历山大听到叛降者对情况的详细汇报后，立即派军进入哈利卡尔纳索斯。他下令处死所有纵火者，要善待平民百姓。[29]

破晓时分，夜间的破坏令人触目惊心。国王研究了几个被占领城堡的形势后，认为不值得花时间和精力硬攻。城市已经到手，再花力气没有意义。艾达地位恢复，此地留下一个由 3 000 名雇佣兵步兵和 200 名左右骑兵组成的军营，交由托勒密统率。

哈利卡尔纳索斯之役表明，解散马其顿船队的决定是一个错误。

门农作为希腊人从未得到波斯皇室的充分信任。如今他将妻子和孩子都送到大流士三世处当人质，以证明自己的忠诚。果然如其所愿，他被任命为小亚细亚作战行动总指挥。他拨款扩增船队和雇佣兵，计划把战场转移到希腊本土，从而迫使亚历山大放弃在亚洲的战役。门农和波斯船队没有遇到任何阻碍，就接二连三拿下了众多岛屿。霎时间，整个爱琴海变成了波斯大帝的天下。狄奥多罗斯写道：

> 这位将军四处活动的消息如野火般瞬间蔓延，基克拉泽斯群岛（Cyclades）的大部分城邦都派使团找他商谈。当希腊获悉门农即将带领船队前往埃维亚岛时，岛上的城邦开始警觉，但与波斯友好的希腊人，如斯巴达人，则难掩兴奋，盼望变天。[30]

由于没有战船，亚历山大插不上手。除非军情突变，情势好转，否则他只有被迫返回欧洲一途。接着，他时来运转。公元前 333 年早春，门农在莱斯博斯岛战役中突然身亡；我们没找到诊断记录，但估计他死于心脏病发作。他的外甥法那巴左斯（Pharnabazus）继承他的统帅职位，他虽然努力表现，但终究不是门农。这项伟大计划随即因设计人的死亡而夭折。

（命运之神也不乏冷幽默，法那巴左斯正是美貌的巴西妮的兄弟，她日后成了亚历山大的情妇。）

亚历山大认识到自己的错误，组建了一支新舰队。这个大项目不仅开销不小，也费时耗日。法那巴左斯得以继续在爱琴海耀武扬威，不过也就风光了几个月。国王任命了两位海军司令并给了他们各 500 塔兰特的费用；[31] 安提帕特也得了 600 塔兰特，国王大概是让他帮助招募军队。科林斯联盟被告知，成员有条约义务为海军捐钱。

亚历山大必须确保小亚细亚全境都已太平无事。他沿南部海岸一路东行。同时，帕曼纽则奉命沿原路往北行至萨迪斯，然后往内陆走，宣扬马其顿国威，并挑战弗里吉亚的波斯总督。他们将在安纳托利亚中部的戈尔迪乌姆再度会面。

大约就在此时发生了一件令人不安的事。一位名叫西西内斯（Sisines）的波斯贵族，也是大流士的亲信，被帕曼纽的手下生擒。原来他准备好的说辞是，他奉波斯大帝之命来探望弗里吉亚总督，后来他又改口，说他其实是被派来收买帕曼纽手下指挥精锐骑兵中队的林赛斯蒂斯的亚历山大。

此人名字与国王相同，与很多贵族一样，也曾因腓力二世遇刺事件被牵连，究竟真假谁也说不清。前面说过，他的两个兄弟都已经被当成从犯处死，而他之所以幸免，是因为他是第一个在埃迦伊剧院为新王欢呼的人。更重要的是，国王亚历山大背后的主要推手，一手安排他登基之事的安提帕特正是林赛斯蒂斯的亚历山大的岳父，或许还挺身护卫过他。表面看来，这位林赛斯蒂斯人忠心耿耿，是塞萨利骑兵队的干练统帅。

身处牢笼的西西内斯开始供认。不久前，一名马其顿叛徒据说替这位亚历山大给波斯大帝送了一封反叛的密函。西西内斯此行是为秘密传话给这位林赛斯蒂斯人，如果他杀了国王，大流士大帝答应立他为马其顿国王，并赠予一千金塔兰特作为回报。

西西内斯被押送至亚历山大处，他重述了一遍他的故事。如何判断真假？这有可能是古老的心理战伎俩，意在诋毁要员扰乱军心士气。也有可能西西内斯讲了真话，这个林赛斯蒂斯人一直就心怀二志。国王没有直接证据，又只有一家之言，并无其他佐证，消息来源可靠与否值得怀疑。

亚历山大征求了伙伴军的意见。他们都说把精锐骑兵队交给一个不确定是否忠诚的人去统领，是一项错误决定，应该在他收买塞萨利人“搞革命”之前除去这个内奸。[32]

他们还提醒国王最近出现的异象显然与西西内斯透露的信息有关。围城时午休期间，突然飞来一只燕子，就在国王脑袋附近吱吱叫个不停。由于清眠被打扰，他挥手驱赶燕子。这燕子不但不走，而且干脆就在他脑袋上停了下来，直到他完全醒来。

亚历山大很在乎这件事，还请教了先知亚里斯坦德。先知的解释是，这说明有人想谋害他。但因为燕子是爱呢喃的、友善的鸟，他预计这个阴谋会被揭穿。

国王不确定这个林赛斯蒂斯人到底有没有罪，既没有指控他也没有审判他。他勒命帕曼纽将其逮捕并安排人看管。于是林赛斯蒂斯的亚历山大就这样度过了三年。

亚历山大现在要决定，是等着大流士和他的东道主到来，与他在小亚细亚一战，还是在波斯大帝的疆域内与之对阵。他当然选择了后面这个更强势的选项。时间不等人，因为庞大的波斯军队正加紧集结，他必须了结小亚细亚的事务。

他的选择代价沉重。他的侵略部队越是远离小亚细亚，法那巴左斯就越可能利用他的海上霸权挽回此前的损失。米利都和哈利卡尔纳索斯不久又重回波斯怀抱。亚历山大肯定告诉自己这些都没什么大不了，他估计自己的新船队建成已指日可待。假设能在与波斯大帝的对决中取胜——他觉得这个假设是可以成立的，爱奥尼亚的城邦迟早都会落到自己手中。

马其顿部队快速通过（土耳其南岸的）利西亚，其中的最大城市泰米索斯就是亚里斯坦德的老家，也是先知的聚居地，当地人二话不说就举手投降。坐拥两个港口的重要港湾城市法瑟里斯（Phaselis）派来特使递送降书，并且赠予亚历山大一顶金冠。为表示友好，国王协助居民拆毁了敌对的皮西迪亚人建造的堡垒。接下来他往土壤肥沃的潘菲利亚（Pamphylia）进发，他让主要部队自主前行，自己则短暂离开，沿着海岸骑行。这条路南风起时就没于水下，幸运的是北风吹起，亚历山大和他的军队有路可行。

阿斯潘多斯（Aspendus）的公民投降了，答应交出原来要进贡给波斯大帝的马匹，并捐赠了 50 塔兰特的军费。随后就反悔了。接着，他们看到亚历山大已亲自来到城墙外，才又紧张地改了主意。国王不高兴了，要他们把捐献提高到 100 塔兰特。他还算幸运，因为如果卫城高到可俯瞰攸里梅顿河的阿斯潘多斯决定反抗的话，围城可能得花上好几个月。

国王继续北上。碰到哪个不容易拿下的城镇，他就决定绕过去，先拿下其他的再说。接着他经过弗里吉亚，到了荒凉的安纳托利亚上的绿洲凯莱那（Celaenae），更重要的是，此地称得上是兵家必争之地。它地处迈安德河和马西亚斯河（Marsyas）两条河流的发源地，又是连通几条大路的通衢要道。

城堡设在危崖之上，由卡里亚人和希腊雇佣军驻守。当国王派信使上去要求他们立即投降，他们干脆带着信使参观自己的重大防御工事，然后差遣他回去。这回，亚历山大决定谨慎为上，不得莽撞。他选择不进行正面冲击，而是用部队封锁城堡，静观其变。十天后城堡内供应告急，守卫者的决心开始动摇。

他们向国王提出了一个非同寻常的建议。如果60天之内他们的情况得不到缓解，肯定交出城堡。更非同寻常的是，亚历山大同意了他们的条件，留下少许部队保证交易后匆匆离开。

亚历山大接受了不少城邦投降后，与帕曼纽如约在戈尔迪乌姆会师。马其顿王国的新婚男子在完成了繁衍子孙的使命后重新归队，还带来3 000名新征步兵和300匹马。

亚历山大斩断绳结，众神以雷声对他表示赞许，都是象征性的转折点。亚洲的新霸主即将开始向东挺进，应验先知的预言，索取他应得的财产。

我们如何评价亚历山大在格拉尼卡斯战役后的表现，特别是他围城的战术？对工程师的长期投资、最先进的围城器械和长射程弩都让他受益匪浅。最坚固的防御工事在扭力投石机的强攻下也支撑不住。这是他的功劳。

但佩尔狄卡斯手下醉酒士兵惹事一事，就说明他们很难控制围城对士兵造成的身心压力。更糟糕的是，到头来还要通过谈判实现停战，这对一个打遍天下无敌手的人来说，肯定是一大羞辱。另外，在哈利卡尔纳索斯城墙前，埃菲阿尔特斯还展示了他的谋略，令这位以才思敏捷见称的指挥官无力扭转乾坤。要不是腓力的老兵及时出手和上天的特殊眷顾，他的事业也可能就此突然终结。

亚历山大并不是特别感恩的人（他以为最好是别人对他感恩），多年后，一位老兵提醒他这段他想方设法要忘掉的故事。据说老兵当时说："你没有时间想腓力的老战士，别忘了，如果老阿塔里亚斯没有把那些畏战的年轻家伙叫回来，我们可能到现在还跟哈利卡尔纳索斯纠缠呢。"[33]

不过，除了不幸和失算的部分，国王基本上还是实现了征服小亚细亚的目标。如果换成他父亲，很可能此时就会鸣金收兵，遵照在喀罗尼亚之战当年也即公元前 338 年去世的伊索克拉底的建议，使解放事业终结。[34] 前面说过，伊索克拉底曾建议，从黑海沿岸的西诺普（Sinope）往南到地中海的西里西亚沿线，建立一系列希腊新城邦。这一链条将在逐渐扩大的马其顿帝国与波斯虽已大不如前但仍然广阔的领土中间构成一道屏障。[35]

知识分子往往不切实际，以为受了委屈、渴望报仇雪耻的波斯帝国会被一连串蕞尔小国阻挡。这是极其荒谬的想法。亚历山大知道，只有在终结阿契美尼德王朝统治之后，他才会安全。他是什么时候否认了伊索克拉底折中妥协的理论的呢？他似乎没有把他内心所想公之于世，我们也找不到这方面的证据。也许他在少年时期、在当王储期间、在当上国王以后，就有了全面征服的梦想，或许这个梦想诞生在征战小亚细亚期间。不过，从他的行动中我们也能推断出他的长期打算。他也许没跟任何人说过，但他有意取代大流士三世成为大帝这一点是肯定的。

他的战术同他的战略一样清楚明了。[36] 他所做的一切都是为迫使大流士以其帝国和自身性命为赌注，与自己来一场殊死战争，而他和他的马其顿同胞都觉得自己必大获全胜。丢了小亚细亚之后，波斯大帝为了自己的荣誉，必须御驾亲征了。

第七章

帝国反击战[1]

亚历山大生命危在旦夕。看来他的远征计划就要提前结束了。众官兵都屏息以待。

公元前 333 年初夏，他与帕曼纽在戈尔迪乌姆会师时，整个小亚细亚领土基本上都在他们控制之下，虽然波斯船队仍然不时在爱琴海上骚扰。现在是讨伐波斯大帝并与他集结的众多军队对阵的时候了。在迅速打发了卡帕多西亚（Cappadocia）的部落后，亚历山大继续往南走。他的计划是到达西里西亚，这片土壤肥沃的沿海省份内陆的一侧全部被荒凉的山脉包围。一旦马其顿人抵达海边，他们就会往东朝幼发拉底河和美索不达米亚平原方向走去。

他们遇到的第一个障碍就是西里西亚门（Cilician Gates），即托罗斯山脉的关口，那里是安纳托利亚高原与西里西亚沿岸平原的分界线。关口漫长，两边为岩壁包围，最窄处只容得下四个士兵并肩行走，而且守卫森严。亚历山大从他的持盾步兵卫队中选拔了一个精锐突击小队。在黑夜掩护下，他们进入了峡谷。突击小队不幸被发现了，但因为亚历山大的魔鬼名声——他自己苦心经营的名声——已然远近皆知，所以守卫者发现小队是由他亲自率领的，当即放弃防守逃之夭夭。待到拂晓时分，国王即带领部队顺利安全通关。

他的目的地是塔苏斯，一个不容易对付的城市。[2] 据说它是由伯罗奔尼撒的阿戈斯商人建立的。关于城市的名字另有一个滑稽的词源学故事。神话中斩妖除魔的英雄柏勒罗丰（Bellerophon）喜欢乘坐他的飞马到处旅行。有一天他从马上摔落，伤了脚，塔苏斯（Tarsus 就是脚踝的意思）因此得名。

其实这座城的真正历史可追溯到六千年前。它位于塞纳斯河口。扼守重要的海陆贸易通道。河流入海处就是沼泽和潟湖，塔苏斯和西里西亚海岸都是如此。这里蚊虫滋生，盛夏 8 月酷暑难当之时正是每年疟疾开始流行的时候。

亚历山大就在这个危险的月份来到了塔苏斯，满身汗水与尘土，差点儿没热昏过去。为图清凉，他当着士兵的面，迫不及待地脱下衣服跑到河边一头栽到河里游起泳来。据阿里安记载，国王“不时抽筋，发高烧，连续数日无法成眠”[3]。意识模糊的他被人抬入他的帐篷。

他究竟怎么了？[4] 现在医生已无法检查他的病况，不过估计他是被携带疟疾的蚊子叮了。历史记载的症状也与恶性疟原虫引发的症状相符。这个病非常危险。病人第一次痉挛后即开始发高烧，伴随着失眠。亚历山大听说大流士三世已带兵离开巴比伦奔西里西亚而来后，陷入情绪低谷。他不能说话，呼吸困难，丧失知觉，继而陷入昏迷。这与恶性疟疾症状相符，经历过这个阶段后的患者，要么康复，要么在没有现代医药帮助的情况下直接死亡。

所有医生都担心已回天乏术，看病时不免紧张，生怕自己要为不幸后果承担罪责，只有一人保持乐观，此人就是来自希腊大陆较为原始的阿卡纳尼亚（Acarnania）的菲利普。他在亚历山大孩提时代就担任他的私人医生，一直全心全意地照料他。

在国王还能说话的时候，菲利普就建议他喝一服重泻药，亚历山大也同意服用。只是最后一刻出了问题。帕曼纽在几个星期后再次接到波斯正策划秘密奸计的情报。老将军给国王捎信，请他戒备这位医生，据称他已被大流士三世收买，要给国王下毒。

亚历山大把信放在枕下。当菲利普将药杯递给他，他把信交给医生，然后将药一饮而尽，以示信任。表面看来帕曼纽的怀疑是对的，因为病人的状况急转直下。菲利普依然淡定地继续他的治疗，给国王敷药，用食物的味道来刺激他的食欲。亚历山大有意识时，菲利普就跟他谈他的母亲和姐妹以及病好了以后等待着他的伟大胜利。

我们不知道菲利普用了什么药，不知道他的药是否起了作用。很可能没有，不管怎么样风华正茂的亚历山大战胜了疟疾，经过两个月的调养恢复了健康。他这场病也让官兵和将领们受惊。高层人士肯定曾私下讨论过万一国王挺不过来该怎么办，但他竟然幸运地活了过来，人们很快就把这事儿忘了，没留下任何此前讨论的蛛丝马迹。

不过我们能够得知，亚历山大这次九死一生的经历，对他周遭有亲密接触的人产生了影响。他有一个老同学哈尔帕拉斯——他可能是腓力国王某位妻子的侄子——身体有某种残疾，不能当兵。披克索达洛司事件时他站在亚历山大这边，因此与亚历山大的其他友人一起被逐出宫。后来他随国王来到亚洲。他由于精于算术，被任命为亚历山大的司库。

仗还没打，哈尔帕拉斯就从国库中卷款潜逃，或许他以为一旦国王走了，西里西亚并非他的安身之地。[5] 此人本来就生性怯懦，又经不起狐朋狗友陶里斯卡斯的怂恿，才走上了罪恶道路。哈尔帕拉斯知道国王势力范围极广，就在希腊大陆的小城邦迈加拉躲了起来。

对没有亚历山大的未来感到焦虑的还不止哈尔帕拉斯。马其顿军队的每一位士兵都突然意识到，人的愿望多么虚幻。官兵们多么希望他们无往不利的领导能有一位成年而又能干的继承人，就像他父亲当年有他一样。

数以千计的士兵的命运都寄托在一根线上，这条牵系着亚历山大个人生命的线，无情又永生的命运三女神在转动纺轮时，随时可以将它掐断。

公元前 333 年春，门农在莱斯博斯岛不幸逝世也算得上是一件大事。此人战术一流，更重要的是他长于战略思考。这位雇佣军的将军善于发挥波斯的海上优势，特别是在亚历山大决定解散海军以后。如果他能重新奴役爱奥尼亚人，攻打或起码封锁马其顿，挑拨希腊大陆心怀不满的城邦起来造反，他就能让马其顿人的入侵计划寸步难行。

没有了门农，波斯大帝对爱琴海之战就没了信心。他决意整合所有部队，在陆地上与马其顿人来一场大决战。船队拥有大量希腊雇佣兵，对他正在逐步集结的军队来说十分有用，于是他就把他们都召了回来。

大流士与他的“友人”亦即内阁亲信开会，征求他们的意见。据狄奥多罗斯描述，他列出了多个方案：

> 或派大将带兵南下至岸边，或由大帝本人带上大军御驾亲征，与马其顿一战。[6]有人说大帝必须亲临战场，他们说这样波斯人才会打得更好。

不过，希腊雇佣军司令卡里德姆（Charidemus）表示不同意。他是个有话直说的中年职业军人。他显然认识腓力国王，也是在军事生涯中曾与马其顿人多次交锋的雅典公民。他30多岁的时候曾在孟托和门农手下效力。与其他希腊人一样，他不够圆滑，对这些“蛮族”也是一副高人一等的模样，在宫廷里不招人喜欢，也得不到信任。

卡里德姆建议大流士绝不可孤注一掷。他不需要亲自出马对付亚历山大，就派一位干将率领大军前去（帝国的将才丰富），波斯大帝自己和主力则先按兵不动。大军中有三分之一应该是战斗力胜于波斯新兵的希腊雇佣军。卡里德姆还不太明智地暗示，他很愿意为他的计划成功承担责任。

大臣们含沙射影地说，卡里德姆就是自己想做统帅，好背叛帝国，将帝国交给马其顿人。卡里德姆一怒之下反驳道，波斯士兵没有男子汉气概。这下大流士不高兴了，他上前抓住卡里德姆的腰带——命令斩首的传统动作——把他交给旁边的侍从，将其带下去正法。他被拖下去时吼叫道，大帝一定会后悔，很快他就会看到自己的帝国被推翻，这是他为他处罚不公付出的代价。

大流士其实也承认希腊重装步兵的确更胜一筹，不久他也因自己的严重错误而自责。他终于采纳了卡里德姆的意见，开始物色合适的干将。既然首选已然死于刀下，他只有亲自上阵了。

几个星期后，大流士再一次与群臣共商大计。他的部队已集结至巴比伦，缓慢向西行进，路程有 570 多英里。人数大约有 10 万[7]，包括骑兵、长生军（精锐步兵）和希腊雇佣军各一万。

10 月，大帝已到达阿曼山脉以东广阔平坦的原野，并在一个叫索朝（Sochoi）的城市附近扎营。他对情况十分乐观。这是个对他自己有利的理想战场，此处能让兵员众多的东道主有足够的空间拉长战线，进而包抄马其顿人。不过，他还是有一件事放心不下。他是否应该待在这里等待亚历山大的出现呢？这对他有难处，大军在一个地方长久扎营，势必会耗尽当地的粮食供应。无论如何波斯人很快是要换地方的。

或许大流士应当主动追踪亚历山大。那就需要经过通往西里西亚平原的某个隘口。波斯人听说亚历山大得了病，怀疑病后的他是否还有斗志。也许他再也不会抛头露面了。

大流士再次召集“友人”开会，这些“友人”十分看好他的机会。他们的理论是这一仗究竟在哪里打不重要，因为波斯人的骑兵太强，肯定能将亚历山大的部队消灭于铁骑之下。如今已归顺波斯人的马其顿宫廷叛徒、安条克之子阿明塔斯（另一位同名者）持反对意见。他坚持认为波斯人不应该动。对亚历山大相当熟悉的他告诉大流士：“不论你在哪儿他都会来找你。[8]说不定他都已经在来的路上了。”[9]

大帝也询问了已故的门农的希腊重装步兵的意见，问他们最明智的做法是什么。他们应当是知道卡里德姆的悲惨命运的，所以答复得坦率而谨慎。他们建议大流士撤到粮草不愁的美索不达米亚平原，不要轻易带部队进山，否则人数的优势就发挥不出来。

大流士打算认真考虑这一建议，但手下的波斯官员再次表示了他们对希腊军事专家的不信任，卡里德姆就是因此获罪的。他们说希腊人哪有什么忠义可言，他们的忠义是可以买卖的。虽然确实有不少达到服役年龄的失业希腊男子，谁出钱就给谁效力，但并不存在波斯大帝被他的外国军队背叛的先例。再说，门农的职业生涯也说明，他们的确比波斯上流社会的人更懂得战争的技艺。

议政大臣们提出建议，说用军队把希腊人围起来，将他们用长矛刺死。大流士立刻予以否决。他说："如果述说己见就能招来杀身之祸，那还有人给我出谋划策吗？"[10] 他为希腊人对自己的关心表示感谢，但解释说撤退在某种意义上等于失败。

因此，后勤问题让他别无选择——他如果不后撤，就只有前进一途。而前进就意味着离开平原往山里走。

刚刚恢复健康的亚历山大也在跟高级将领商量如何打赢接下来的这一仗。这回他（总算是）同意了老将帕曼纽的意见。库尔修斯写道：

> （帕曼纽）认为最紧要的是马其顿人必须避免在平地和空旷处作战，因为这样容易被包围或被夹击。他怕的是他们败在疲于奔命上，而不是输给敌人的英勇——如果是在移动不受限制的地方，新的波斯士兵就能不断冲到前线补充人力。这个战略十分合理，立即得到了采纳。[11]

所以亚历山大尽可能推迟与波斯大帝的遭遇战。他推测，现在早已过了收获季节，所以粮食供应跟不上会促使饥饿的波斯人冒险进入峡谷。他等待大流士的动静。他学会了行事谨慎。

为了不浪费时间，他离开了他在塔苏斯的基地，经过了传说中以荒淫无度闻名的亚述国王萨丹那帕露斯（Sardanapalus）的墓地。亚历山大听说他的墓志铭里有这么一段话："你，陌生人，应当享受吃喝色欲，因为与其他一切相比，这样最值。"（配合上鼓掌的手势）[12] 这里躺着的是一个完全虚构的、日暮途穷的野蛮人，是所有善良的希腊人都能轻易降伏的人。我们可以认为，这是卡利斯提尼斯和马其顿公关团队能够善加利用的材料。

国王拿下了西里西亚西部一个亲波斯的港口索力（Soli），而后又与部分精英步兵一起用了一个星期的时间收拾了山里的部落。通过这些行动，他保障了后方的安全，但这些行动也明显耗费了时间。回到索力后，他以希腊人的方式大肆庆祝，（他肯定是有意）和蛮族君王的"东方式"颓废形成对比。

国王出于对军队士气的关心，宣布大家放假一天，并举办文化节。他一如既往地细心而虔诚，因为自己的康复而特地向医术之神阿斯克勒庇俄斯献祭。全军游行由他亲自带队。余兴节目包括火把竞赛、体育比赛和表演艺术。

高昂的士气因为驻守卡里亚营部传来的捷报而更加高涨，他们击溃了飞扬跋扈的欧龙托巴特斯，收复了原先丢在艾达手中的部分卡里亚领土。

帕曼纽奉命带兵驻守山脉的隘口，那里通往波斯大帝驻兵待命的平原。他将波斯守卫从阿曼山脉赶了出去。亚历山大骑马前去与他商量并整合部队，接着他们通过隘口，沿海岸前行，抵达古镇伊苏斯（Issus）。

在此，亚历山大再次与高级将领商议，这些人都建议直接进入平原，立即对波斯人展开进攻。在这里我们有一个难解之谜。国王并没有接受这个不理想的建议，放弃可提供安全（与优势）的山地，转而向南，沿着阿曼山脉与大海之间的狭窄地带朝叙利亚而去，途经名叫“约拿之柱”（Pillar of Jonah）的峡谷（也就是相传约拿被鲸鱼吞食的地方）前往腓尼基海港迈利安德鲁斯（Myriandrus）。

这么走一趟的他究竟意欲何为？我们很难定论。假设波斯人仍在索朝，或许他希望他们会由通往海岸的某一个关口袭击他。他一直担心粮草供应问题，能走海路，就能保障供应。

问题的真正解答或许与大流士走的下一步棋有关：他终于决定行动了。在少量军事随员的护卫下，他将运输车和非战斗人员送往叙利亚的大马士革。同时送去的还有他所有的钱财与“最珍贵财宝”。依照帝国礼数，他母亲西西冈比斯（Sisygambis）、妻子斯塔泰拉（Stateira）、未出嫁的女儿和小儿子都跟着他。

大流士获悉约拿之柱如今落入马其顿人之手，遂率领全军打算包抄。他离开平原，由阿曼山脉北隘口穿过山脉屏障，他打算从后面赶上亚历山大。如果幸运的话，部分马其顿部队还在西里西亚，他还能把他们一分为二。

奇怪的是北隘口竟然无人把守，波斯人通过时没有遇到任何麻烦。帕曼纽不可能有如此重大的疏忽，未在此派兵驻守。所以我们估计这是他们精心设下的局，引诱大流士进入西里西亚并向海边追击马其顿人。亚历山大这才转身在他选定的狭路与敌人相逢。

也许亚历山大决定让部分或全部山间守军向南撤退。既然他行动在即，不让敌人离开平原就说不过去了，原来为的不就是让他离开吗？

波斯人到了伊苏斯，这也是亚历山大安置无法跟着大军行进的病号和伤员的地方。此时大流士比之前更加确定，马其顿入侵者八成是丧失了斗志，一心想要避开交锋。对形势的乐观估计让他更心狠手辣，在朝臣的撺掇下，他命人将马其顿伤员的双手斩断，再用沥青炙烤。

据罗马史学家库尔修斯记载："然后他差人带着这些人四处看看，让他们知道波斯军队的厉害，样样都看完了，就告诉他们将自己看到的一切回报国王。"[13]

古人没有现代通信手段，正式对阵前往往不知道敌人究竟在何方，难免碰上遭遇战。亚历山大却属例外，他谨慎使用侦察骑兵，尽可能搜集一切情报，从对手的具体位置到当地地势、距离以及粮草和水的供应情况。侦察兵就相当于他的望远镜。

当他听说大流士就在他的后方，他看上去有点儿吃惊。一开始他认为这个报告不可靠，希望能获得比伤残士兵所提供的更多的信息。他派出一艘三十桨战船，载着一些伙伴军沿海岸线而上，核实先前情报的真假。所有部队是否均由波斯大帝亲自指挥？毕竟他听说还有第二支部队计划从另一方向进行夹击。傍晚时分，伙伴骑兵有了答案。他们从水上的安全位置望去，但见大批人马，暮色中营火点点。这就是波斯人全员聚集的地方，距马其顿部队仅有 11.5 英里之遥。[14]

不管是靠运气还是靠超强的判断力，一切正如亚历山大所愿。如果能重走来时的路，他应该会在刚刚走过的岸边狭长地带与大流士相遇，波斯部队将没有回旋余地。一想到这儿，他顿时有些紧张。他趁着黑夜爬到山脊上，借助火把的光，向地方保护神献祭，祈求祝福。

马其顿人此时人困马乏，状况欠佳。前几天他们一共行军 70 多英里，昨晚又赶上瓢泼大雨，无法在帐篷内休息。第二天又得沿原路回去，在敌众我寡的情况下与敌人对垒。

亚历山大意识到士兵们需要鼓舞打气，他把将帅、伙伴骑兵的领头人召集到身边，给他们做了一次简短、热情、过度乐观的谈话。[15] 谈话的大意是，他们已经让波斯人吃了一次败仗，他们有众神的保佑，马其顿人要比波斯人能打仗（色诺芬等一万士兵在多年前就证明了这一点）。他周围的人高声赞同，当场就请求他亲自指挥他们。

时间不容耽搁。亚历山大让部队吃了晚饭，派了几名骑兵和弓箭手在前面探路。日暮降临之际，全军重新向约拿之柱进发，当晚就睡在悬崖峭壁之间。

一条细长的陆地从海岸一直延伸至山脚下，渐渐加宽到 1.5 英里宽。接着它又被一条蜿蜒入海的浅流——皮纳鲁斯河——分成两半。[16] 陡壁上布满了荆棘，除了靠近水的地方，地面并不平整，沟壑和溪流纵横交错。

波斯大帝在皮纳鲁斯河北面扎营。他看到马其顿人在开阔处摆开阵势，大吃一惊。他预期的敌人是精疲力竭、落荒而逃的敌人，亚历山大却摆出了开战阵势。他派骑兵到河流南岸去检查并保证自己部队的部署。他能利用的空间十分有限。他将战斗力最强的希腊雇佣军安排在中间，两侧是轻装步兵、轻矛兵，再靠外侧有弓箭手掩护，沿河岸还搭建了临时的栅栏保护（显然它们并不那么靠得住）。

它们主要发挥的是防护作用，而不是进攻作用。其余步兵——基本上就是各类亚洲新兵——没地方布置，只好安排在后面。

据库尔修斯说，大帝"希望能在骑兵接触战中一决胜负，因为他以为方阵是马其顿部队的主要实力所在"[17]。一般的安排都是骑兵居两翼，步兵居中，但大流士把所有骑兵安排在右侧。这样就能重击并粉碎马其顿相比之下人数少得多的骑兵。然后他们就能转头向左攻击亚历山大一侧的方阵。与此同时，波斯军队左翼会抵达山脚下，渡河后占领亚历山大前线无法触及的高地，从而将对方置于被围困的严重威胁下。

马其顿的部队花了不少时间才到达。他们采用纵列方式行军，步兵在前，骑兵在后。进入平原后前线随即加宽到空间允许的地步。战斗力强但机动性较差的方阵居中，紧挨在他们右边的是持盾步兵。

就在骑兵陆续出现时，亚历山大命希腊人和联军纵队居左翼，由帕曼纽担任总指挥。同时他下达了一个死命令，绝不能让部队与大海之间有任何缝隙。一旦被波斯人包抄就大事不好了。

亚历山大将伙伴骑兵和精锐的塞萨利骑兵队安排在持盾步兵的右侧，持盾步兵保证了他们与方阵之间的灵活联系。另外还有侦察骑兵和佩欧尼亚轻骑兵以及零零碎碎的非正规军，如投石手、克里特弓箭手和最受器重的阿吉里亚投枪兵。在战役还没有开始时，士兵队列排好以前，他们就在骑兵和步兵构成的主要阵列前排充当先头部队。希腊盟军提供的步兵则作为预备队放在方阵之后，不能指望他们会全心全意地攻打希腊同胞。

伊苏斯战役
骑兵
步兵
马其顿人
波斯人
英里
0
1/4
米
250
250
负责包抄的波斯纵队
轻骑兵
阿吉里亚人
阿吉里亚人
弓箭手
佩欧尼亚轻骑兵
轻骑兵
亚历山大
伙伴骑兵
持盾步兵
希腊雇佣军
克拉特鲁斯指挥的方阵
弓箭手
希腊雇佣军
弓箭手
塞萨利骑兵
联盟骑兵
皮纳鲁斯河
轻矛兵
弓箭手
亚洲新兵
希腊雇佣军
大流士
亚洲新兵
希腊雇佣军
亚洲新兵
弓箭手
亚洲新兵
轻矛兵
纳巴扎瓦指挥的骑兵
伊苏斯湾

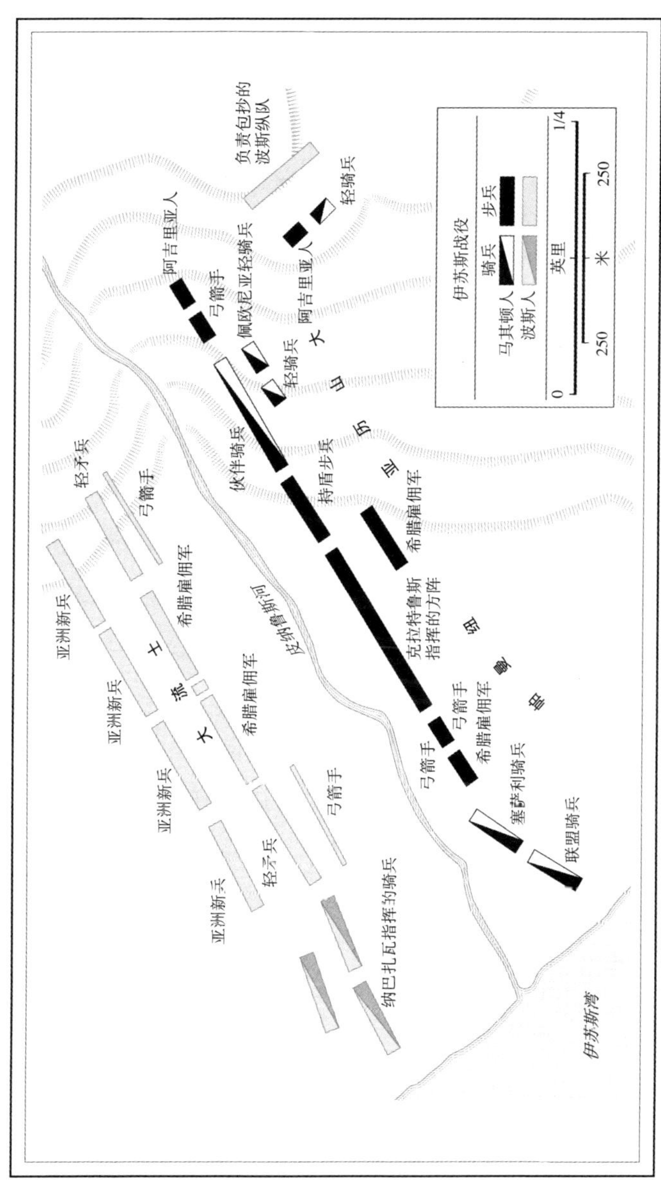

图 3　伊苏斯战役

亚历山大的行动计划与波斯大帝如出一辙。他打算与伙伴军一起同波斯骑兵作战，把他们从战场上击溃，然后再攻打希腊雇佣军的两翼和后侧。他最终的目标是大帝本人，按照传统，波斯大帝应该就是战线正中（换言之就在希腊雇佣军当中）站在装饰讲究、镶着珠宝的战车上，穿着华丽的那个人。[18] 他周边有精锐波斯士兵作为贴身护卫。如果能杀了他或迫使他逃命，那么这场战役——甚至这场战争——就赢定了。

待波斯人摆开架势，他们的骑兵立刻撤回河对岸的右翼阵地，亚历山大观察一番后高兴地发现敌人基本上是采用严密防守的的态势，而赢得战斗得靠攻势。

不过，他还是做了两个紧急调整。大流士三世在最后一刻将骑兵调集到海边，引起了他的警觉，他命令塞萨利骑兵从方阵后面偷偷调往左翼为帕曼纽增援。中间的空缺由希腊后备军填补，他还另外调派两个中队的伙伴军过来。

波斯骑兵的聚集显然是威胁，好在伙伴军主要面对的是轻装步兵，如果一切不出所料，把他们从战场上击溃应非难事。

亚历山大也想办法消除了敌人从马其顿阵线后方借助山势包抄己方的威胁。阿吉里亚人和一些弓箭手赶跑了波斯人，守住了马其顿战线的后部。他还配备了300名骑兵专门负责监视逃亡者，他们自此不再兴风作浪。

时间不断流逝，都快到下午四点半了。[19] 亚历山大还不着急。

他骑着马沿着前线来来回回，鼓励士兵全力以赴。他们则以热烈欢呼来回应。敌人就地观望，没有行动。国王逐一叫着军官的姓名和头衔，以及前几次战役中表现英勇的人。他挥舞手臂放慢行进的步伐。他要确保方阵队形。他不时让军队稍停，让大家不要太紧张。

就在马其顿人抵达箭弩射程内时，亚历山大提速了。他带领伙伴军突然冲过河去，很可能自己位于楔形的最尖端。经过几个星期的谨慎思考后——他汲取了格拉尼卡斯之役的经验——他再次挺身赴险。栅栏很快被推倒，轻矛兵抱头鼠窜。骑兵一转身，朝着波斯大帝的希腊雇佣军的侧翼和后部一拥而上。

直到此时，这些训练有素的步兵表现都不错，海边的波斯骑兵亦然。由于持盾步兵和方阵跟不上伙伴军的步伐，亚历山大眼看就要败下阵来。方阵没能保持队形，被希腊雇佣军乘隙而入。这是一场苦战。有些马其顿人得爬上 5 英尺高的陡峭河岸，然后又被敌人推落水中。120 名方阵士兵及指挥官为守住阵线牺牲了性命。

波斯大帝的重装骑兵身着金属盔甲冲过河来，塞萨利骑兵中队惨遭重创。因地形狭窄，波斯人无法发挥人数优势。他们的机动性也不如塞萨利人高。不过，他们还是奋勇向前，帕曼纽担心左翼不保。

战场的另一边，伙伴军在解决了轻矛兵（以及少数大流士没有转移到右翼的骑兵）后扭转了战局。他们从侧面和后面直奔希腊雇佣军而去。或许持盾步兵和一两个方阵营也参与了冲锋。希腊人开始动摇，亚历山大手下承受敌方攻击重压的步兵重新组织队形，终于冲过了皮纳鲁斯河。

在格拉尼卡斯之役中波斯人的首要目标是马其顿国王，大流士三世如今也是亚历山大的头号目标，不论是将他生擒还是置之死地。

他一定记得色诺芬描述的库纳克萨之战中的小居鲁士，他挥舞着弯刀朝他的兄弟亚达薛西斯杀去，但没等如愿，自己就惨遭不幸。

亚历山大冲着已呈败势的希腊雇佣军追赶过去，小居鲁士没做到的事，他要做到。他一股劲朝波斯大帝的方向冲过去。虽然有些记载说大流士三世怯弱胆小，实际上（前面说过）他曾只身对敌并赢得战斗，还有一些准确的记载则说到他和他弟弟奥萨特雷斯奋勇对敌。许多波斯贵族，包括埃及总督，都因护卫主子而丧命。向来迎难而上的亚历山大的右腿大腿被剑擦伤。

波斯大帝看到自己部队的左翼都逃命去了，颓势已现。如果还要继续反抗马其顿侵略者，自己就绝不能被俘或被杀。他只好掉转战车打算撤退。由于路面坑洼不平，车子颠簸，他为了舒适与速度改为骑马，盾弓都没带。为了不被认出来，他丢弃了皇袍和其他装饰品（亚历山大后来缴获了被弃置的战车及其他物件），直到他抢在追兵前面抵达幼发拉底河对岸才停歇。[20]

很快大家就注意到波斯大帝已没有了踪影。希腊雇佣军听说了格拉尼卡斯之役的屠杀事件，知道一旦被困性命堪虞。他们立即迅速有序撤离。数千骑兵试图逃离，被塞萨利人穷追猛打，许多人因此遭难。

军队开始溃逃，大多数死伤就发生在这个时候。排列在后方的亚洲新兵处境最悲惨。他们在这场战役中的唯一作用就是充当最后被踩踏、被屠杀的对象。此战人马损伤甚为庞大，虽然无法确切估算，但应该有几千。马其顿方面损失了 150 名骑兵和 300 名步兵，4 500 人受伤。这个伤亡人数对得胜方而言也偏高，可见厮杀激烈。[21]亚历山大给在佩拉的安提帕特送信时，将自己受伤一事一笔带过。

“我大腿也受了点刀伤，但不论是当时还是后来均无大碍。”[22] 他这次也非常幸运。

等到确定帕曼纽和他带领的骑兵无恙，并且没有其他的仗需要打的时候，亚历山大才开始追击波斯大帝。天色已晚，他和一些伙伴军在暮色中骑行了 20 多英里。[23] 他的好朋友兼支持者托勒密当时跟他在一起，据他回忆，他们曾穿过一个遍布尸体的山沟。[24] 但大流士三世已然远去，夜幕降临，追兵这才掉头回营。

亚历山大和随行人员约到午夜时分才回到营地，又脏又累。他们发现马其顿人正劫掠敌人营地里的财物。虽然波斯人为安全起见已经提前将运输车送回大马士革，但好东西还真不少。

宽敞的皇家专用营帐如今归亚历山大所有，里面的摆设也都没动，因为按规矩这一切都归他所有。帐内布置讲究，家具豪华，仆人穿着整齐。国王首先想要洗澡。他卸下盔甲说：“且用大流士的浴缸洗掉战争的汗水吧。”“不，现在那可是亚历山大的浴缸了。”一名伙伴军奉承地纠正道。[25]

据普鲁塔克描述，亚历山大走进浴室，

> 看见盛放油膏的盆、瓶、缸、盒等，全是金制品，并有讲究的雕刻，他还注意到整个房间因香料和油膏而芬芳四溢。从这里走到高大宽敞的营帐，他见到餐椅华丽非凡，已经为他预备了盛宴。他转头对随行人员说：“看来，这才是国王的享受。”[26]

当亚历山大坐下来享用晚餐时，他听到女人的哭泣声。[27] 别人告诉他大流士三世的母亲西西冈比斯和其他女眷看到他的战车和其中物件都从战场运回来了，推测主人已遭不测。亚历山大差人告诉她们大帝还活着。信使还传话说，亚历山大决定让她们继续保留太后与公主的头衔和生活方式。[28]

第二天早上，尽管他自己也受了伤，但亚历山大还是去探望并安慰伤员。接着他对全军阅兵，并主持了阵亡将士的葬礼和火化仪式。[29] 他还指示给波斯人也举办同样的简单仪式（由于死者众多，肯定费了不少事）。他允许西西冈比斯指定一些人，为他们举行比较繁复的波斯葬礼，她不愿意得罪俘虏她的人，只选了几位近亲按这种方式安葬。

国王在皮纳鲁斯河岸给宙斯、他的先祖赫拉克勒斯和战争与智慧之神雅典娜立了三个祭坛。[30] 他给了士兵几天的时间休整，接着前往叙利亚，他已差遣帕曼纽先赴大马士革查找大帝的运输车。

当日稍晚，亚历山大和赫费斯提翁出于礼节，一起去拜会皇室女眷。两人都穿着普通的马其顿短袍。因为赫费斯提翁身材比较高大，长得也好看，西西冈比斯以为他是国王，立即匍匐在他脚前。一旁的宦官指出她的错误，她茫然过后立即再次跪倒，这回没弄错。

“母亲，不用担心，”亚历山大答道，“你没把我们两个搞错。其实，他也是亚历山大。”

这段对话很有深意。首先它说明国王公开表明他与赫费斯提翁是密友，两人无话不谈。但更值得注意的是，他用了“母亲”这个词。西西冈比斯是他孝敬甚至爱慕的另一位中年妇女。他们成了好友，友谊一直延续到两人辞世。

当然就国王而言，感情之外还有实际考虑。以后与大流士的一切谈判中，皇家女眷永远是有用的棋子。但最好把她们留到最后，因为亚历山大还没想好他应该开多高的价，才好把她们送还回去。

戈尔迪乌姆的预言看来没错。亚历山大眼见亚洲已唾手可得。不过，他要做的事还有不少。

伊苏斯之战中两个国王的计划相同，实际执行时却出现了差异。马其顿部队（尤其是伙伴军）素质优越，主要因为他们勤于训练，注重士气。亚历山大气势非凡，善于掌握时机，波斯将领中无人可比。他既是兵也是将，他个人的勇猛也鼓舞了他麾下的骑兵；[31] 他以大流士为特定目标，直接导致后者逃亡，使波斯溃败。

马其顿国王找到了制胜的秘诀，他希望以后还能重复使用——左翼负责防御，凶悍的方阵继续留在中间，右翼则是瞄准时机进攻的骑兵。他解读敌军动向和立即反应的能力如鹰眼一般精准。他已经学到了筹备工作必须谨慎，鲁莽行动万万不可。

亚历山大的另一特点是知人善任。在战役达到高潮时，噪声一片、混乱不堪、尘土飞扬。他自己奋力参战，与他人隔绝，军官们得自己做决定，而他们的不凡表现证明他们的能力得到了充分发挥。

伊苏斯对大流士而言是耻辱。他是英勇能干的领导人，但是只发挥了象征作用。根据传统和子民对他的期望，他被迫穿戴皇家服饰出现在战场，无法发挥他的对手能发挥的作用，他只要让大家看见即可，是不用参战的。除了露脸，他无须有所作为。

亚历山大获得全面胜利，但算不上一面倒，甚至可以说令人相当失望。他本来想杀死或生擒大流士，一战定江山，拿下波斯帝国，结果却没做到。一切都得从头再来。进攻者控制了小亚细亚，波斯帝国其他部分则毫发无伤。

波斯大帝带着不少忠心耿耿的希腊人和其他战败的零散士兵回到首都苏萨和波斯波利斯，重新稳住了阵脚。一群幸存者曾苦战，希望夺回安纳托利亚高原，最终未果。马其顿的叛徒阿明塔斯连同其他四名希腊变节者，带领八千希腊雇佣军去了塞浦路斯。[32] 根据“情况特殊，先占先得”的原则，他招募了更多人员和船只去了埃及，在那里他谎称是奉大流士之命前来担任新总督的（取代在伊苏斯战死的总督）。此人命中注定了要接连受挫，最终也没能翻身。在孟菲斯城外的一次小冲突中，他被乱刀分尸了。

亚历山大面临两大棘手问题。第一，现在他怎么办？最简单的答案就是率军继续往东走，追击应该还没有时间组建一支新军的波斯大帝。他或许要在巴比伦王国或在波斯打赢这最后一仗。

有人反对。马其顿人除了从希罗多德和色诺芬的作品中获得的少量知识外，对即将经过的领土几乎不了解，这在特别关心后勤保障的统帅看来可谓严重短板。也没人知道大流士究竟身在何处，在遥远的山区和荒漠搜寻他的踪迹，恐怕会引发无法预知的游击战。

更糟的是，只要波斯船队还在爱琴海出没，在东方追击大流士的亚历山大就有可能丢掉波斯帝国西边的领土。为消除这个危险，他需要说服给波斯海军提供大量人手的腓尼基城邦如西顿、提尔等向自己效忠。他们已经有动摇迹象，但国王需要让此事落实。

所以第一个问题的答案是，任由波斯大帝自己折腾去，同时亚历山大应完成对地中海沿岸的征服，直至打下埃及总督的领地。大流士三世需要一年以上的时间才能组建一支新的、规模更大的部队。

这正合亚历山大之意，因为这样一来他才有机会在对阵中再赢一次，这回肯定是最后一战了。

第二个问题更触及根本。亚历山大发动战争的目的为何？伊苏斯的结果有没有让它产生改变？我们很难设想他此时会宣布胜利，继而带着手下返回马其顿。如今小亚细亚大部分地区已归他管辖，由他任命总督和征税，已经开始的做法应该还会继续。前面已经说过，如果他离开了，哪怕他只是满足于现状，波斯人也迟早会回来报复，把他们的故土抢回去。

除非他重挫大流士，否则赢得的土地终将难保。所以仗还得继续打。不过，推翻了大帝以后，波斯帝国又由什么人来统治呢？候选人只有一个：亚历山大自己。

这如同琥珀中困住的一只苍蝇。他的马其顿士兵出来一趟，增长了见识，自然欢喜，但他们也希望能在不久的将来重返故土。毕竟国王曾在战前给将士们打气时允诺胜利将“结束他们的劳累，给他们增添荣光”[33]。他们并没有为世界上最大的帝国的每一寸土地苦战并作为占领军终老一生的意愿。

亚历山大目前还不需要解决这个矛盾，但明眼人已经能洞悉将来会有问题。他们并未提出来，亚历山大也没有再做过他以前因一时激动而做出的允诺。

第八章

渴望超凡[1]

叙利亚首都大马士革所在的内陆高原飘起了阵阵白雪。[2] 这预示着罕见的严冬。轻柔的雪花给墙外的农地和灌溉渠裹上了银装。

但见这片白茫茫的大地上出现了一队长长的人马，那是波斯贵族和随军流动的平民的逃难队伍。总督宣告凯旋的马其顿人势不可当，呼吁大家疏散。一群挑夫在武装随员的保护下，正在运送大流士送往大马士革保全的金银财宝。其中有带紫色和金色刺绣的名贵华丽长袍。气温太低，挑夫们就用这些衣物御寒。

总督其实是在耍两面派，他想把运输车上所有的东西都交给亚历山大，但又不愿意别人看见。于是他捎信给在接收投降城池路上的帕曼纽，表示他愿意把大帝所有的金银财宝先带到城外空旷的地方，在那儿接收没有阻力，比较容易。

当这位马其顿将军带领部队来到现场，看见难民涌动，还有穿着奇特的挑夫和武装随员，疑心油然而生。这看着像是陷阱。他下令塞萨利骑兵冲锋。

挑夫们见状撂下东西拔腿就跑，护卫的胆子也大不到哪儿去，扔下武器从熟悉的小路溜之大吉。7 000 头驮兽无人看管。大量皇室财宝在雪地里散得到处都是：2 500 多塔兰特的钱币——这是个不得了的数目——和金器皿、金辔头、装饰讲究的帐篷，还有一车车数不尽的财宝。我们的资料显示，仅是镶嵌着宝石的金爵、金杯就重达两吨多。

许多马其顿人第一次见识到蛮族生活方式的奢华，普鲁塔克说得好："从今以后，就像狗会寻味一样，他们也知道要追踪波斯人的财富了。"[3]

每一样物品都被小心翼翼捡拾和收集后，报给亚历山大。随信还捎上了一个看管大流士财宝之人认为所有物品中最精致的、美轮美奂的宝盒。亚历山大问友人他应该把哪一样珍贵物件放置其中。众说不一，最后亚历山大宣布，他决定用它存放自己珍藏的一版《伊利亚特》。

亚历山大指示帕曼纽把大流士的运输车运回大马士革并小心看管。他还命令帕曼纽对大马士革所在的叙利亚低地进行军事监管，同时授权他铸造新币。[4]

在人员方面，帕曼纽也接管了波斯大帝的所有管家杂役，包括 277 名御膳专员、17 名饮酒侍者，还有能反映大流士三世休闲消遣方式的 300 多名宫女。政治方面的重要俘虏中有为数不少的波斯名人，包括皇室女眷：大流士三世的前任亚达薛西斯三世有三名未出嫁的女儿，他还留下了遗孀，以及大流士的勇猛兄弟奥萨特雷斯的女儿。其他战俘还有接替门农担任小亚细亚沿岸统帅和海军统帅的法那巴左斯的妻女。所有这些人都能换来大量赎金。但毫不夸张地说，此时亚历山大的财富已远远超出了他的梦想，可能就将这帮俘虏与西西冈比斯和斯塔泰拉一起留在宫中。此后他再也没有遇到财政困难。

有些来自底比斯（或他们记忆中的底比斯）、雅典和斯巴达的使节，不幸赶在伊苏斯的大战时来拜见波斯大帝。他们的城邦本来就不情愿参加科林斯联盟，此时打算断绝关系，使节来见大帝就是为了缓和与波斯的关系。这本来在亚历山大眼中都是重罪，但他选择了从宽处理。既然他毁了底比斯城，人家有敌意也是意料之中的，甚至值得肯定。所以他放了他们。雅典的使者是他崇拜并曾当作上宾款待过的军事名将伊菲克拉底（Iphicrates）之子，后来这位大使（因自然原因）故去，亚历山大还安排将他的尸骨送回雅典老家。

大马士革的波斯女眷中有一位绝世美人。她就是巴西妮，亚达薛西斯三世的侄子阿塔贝扎斯众多子女中的一个。前面说过，巴西妮曾在亚历山大孩提时代与父亲一起流亡到佩拉。她的出生年月不详，但此时应该是 30 多岁。

她这一生经历不凡。她母亲来自希腊罗得岛，是大流士手下足智多谋的两位军事统帅孟托与门农的妹妹。他们并不避讳血亲婚姻关系：巴西妮跟她的舅舅结了婚，那时候她大概刚刚成年。她给他生了三个孩子，全是女儿。在公元前 336 年或更早时，孟托逝世，巴西妮又与门农结合，他们有一个儿子。据记载，她的第二任丈夫在担任大帝的海军司令和爱琴海及亚洲军事总指挥时，为表示对大流士的忠诚，把她送到大流士处当人质。所以她才出现在大马士革的皇室成员当中。此时她已经二度守寡，没有了男性保护人。

亚历山大的性欲似乎有所增加，因为有人说他爱上了巴西妮。她显然是与他同房的第一位女性。[5] 她知道如何取悦对方，毕竟她比他要大上 10 岁左右，作为一位成熟的女性，对付一个毛孩子（起码在异性关系上，他应该是没什么经验的）她应该有一套。除了美貌和受过希腊教育，据普鲁塔克观察，她还“个性温柔”。[6] 她身上流淌着的阿契美尼德的血液也不无帮助。

帕曼纽多年来一直催促亚历山大找一位门当户对的女性结婚生子。这回他似乎起了媒人的作用。两人坠入爱河后，巴西妮生了一个儿子。他们给他取名赫拉克勒斯，以纪念亚历山大的半神英雄祖先。两人虽然相爱，却没有结婚。（我们不知道此时巴西妮的父亲阿塔贝扎斯在何处，但他与女儿不同——假设女儿的现状是她选择的结果——他仍然效忠大流士。）

尽管亚历山大有了新欢，但原来那个对性事兴趣不大的亚历山大并没有完全消失。他见到这些被掳女眷便戏言道：“这些波斯妇女看着让我的眼睛难受。”[7]这话引用自希罗多德，波斯大帝的一些使者曾抱怨马其顿的妇女“看着让他们的眼睛难受”[8]，可后来又对她们毛手毛脚，想搂搂抱抱。与这些人不同的是，亚历山大表现得洁身自好，起码普鲁塔克是这么记载的，他说亚历山大就当大流士的后宫嫔妃如石像一般，压根儿不注意。[9]

国王强烈反对以性服务为目的贩卖奴隶或俘虏。[10]他的沿海部队指挥官、有总督权的菲洛塞奴（Philoxenus）曾写信给他，说他身边有个从意大利塔伦特姆来的奴隶贩子，正在为两名貌美的男孩找买主。亚历山大有意买吗？结果国王大怒。他问朋友，菲洛塞奴到底看到了他什么样的变态证据，竟然浪费时间问他如此荒诞不经的问题。

富裕而且有影响力的朝臣哈格农（Hagnon），也是亚历山大伙伴军的一员，曾犯过类似的错误。他给国王写信，说他打算给他买一名奴隶美少年，此人的姿色在科林斯名闻遐迩。哈格农为此遭到一顿痛斥。（顺便说一下，这些故事确定了当时人一般认为亚历山大与男性有性关系。）

国王听说帕曼纽手下的两名马其顿士兵勾引了几位希腊雇佣军的妻子，据说他写信给这位将军，说如果罪名成立，这两人应像野兽般被砍杀。

看来他曾多次与帕曼纽讨论性的话题。他在同一封信里还说："就我自己而言，你们会发现我不但从来没见过大流士的妻子，也没打算见，甚至不允许任何人于我在场的情况下讨论她有多美。"如果亚历山大有"此地无银三百两"之嫌，我必须说明，确实没有古人指责他曾对这位皇后有任何不轨行为。

亚历山大孩提时代生活在腓力喧嚣的王宫中，宫内的同性关系或异性关系粗暴、随便、司空见惯。长得漂亮的奴隶肯定颇受欢迎。一些不太可靠的文献称，亚历山大的儿时经历与他成年后对此兴趣索然的态度无关，但我们可以大胆猜想，他对自己和周围的人的行为怀有期望，即便做不到彰显美德，至少应有所收敛。

大流士给马其顿国王写了一封信。他放下了无人能与他平起平坐的架子，以"君王对君王"的口气，请求以一笔高额赎金换得自己的近亲——母亲、妻子和孩子——获释。[11] 他提出了 1 万塔兰特的天文数字。他建议订立友好条约，据狄奥多罗斯说，他还同意放弃哈吕斯河（Halys River）以西的所有亚洲领土及城邦。换言之，当年国际知识分子伊索克拉底设定的战争目标完全实现了，按伊索克拉底设想，兼并今日的土耳其后即不再东进，或许腓力私底下也会同意。

大流士觉得自己开出的条件很好。当国王把信交给他的咨议们商量，帕曼纽也认为如此。也许他想到了与老王共商军计的场景，他说："如果我是亚历山大我就答应这些条件。"[12] "宙斯为证，如果我是帕曼纽我也会答应。"亚历山大狠狠地答道。

其实，这里面大有文章，国王拒绝是对的。友好条约并非是根据双方的实际利益订立的，而是设了一个长远的局。马其顿人将有漫长的边界需要防守；动乱和战事必将此起彼伏，让他们永无宁日。

亚历山大在回信中先是提醒对方此次战役是对一百多年前两次入侵的回应。他并非侵略方，而是在进行自卫（此说有些牵强）。大流士唆使他人杀害了腓力（几乎可以肯定此说不实，但说得很妙），还贿赂希腊政客起来反对他（的确，但也是对威胁和入侵的反应）。大流士本人就是王位的篡夺者（可以这么说，他是由宦官扶植上王位的）。亚历山大接着说：

> 所以，我是全亚洲的统治者，你应该来朝见我。假如你恐怕我会加害于你，你可以派人来把我的保证带给你。等你亲自来了，就可以跟我要你的母亲、妻子和孩子，你要什么我都可以给你。只要你能说服我给，我就给你。以后来信得尊称我为亚洲国王，不得与我平起平坐。既然你所有的财物如今都归我所有，告诉我你需要什么。不然，我将视你为罪犯。如果你对我的王位有异议，就请坚定立场，为此一战。别想逃，因为不管你逃到哪里我都会穷追不舍。[13]

这封严峻回信让大流士放弃了谈判的希望，开始招兵买马，这回招兵对象都来自他的东方省份。这正是亚历山大希望引起的反应。

一个衣衫褴褛的人在叙利亚的腓尼基海港西顿市郊做花匠和挑水为生。这个靠着微薄薪水度日的人名字叫阿布达罗尼穆斯（Abdalonymus）。一天忙着劳动的他并没有太注意当时的政治和军事活动。

他对伊苏斯之战几乎一无所知，除了马其顿的军队抵达西顿之外，他毫不知情。亚历山大接受了叙利亚北边城市的投降。西顿国王交出了他的小城邦，他的这个举动并未赢得民心，老百姓认为他心里还是支持波斯人的。他因此遭到罢黜，亚历山大授命赫费斯提翁给西顿找一位新王。

阿布达罗尼穆斯对这些大事一概不知。

赫费斯提翁住在两位富有的年轻西顿人家里，问起他们有没有合适的人选。他对两位东道主印象很好，问他们对王位感不感兴趣。他们两人都拒绝了。他们说西顿人只能同意王室成员出任国王，还说其实他们都知道谁是最佳人选，此人是统治家族的远亲，人很老实。

阿布达罗尼穆斯正在井里汲水或在锄草，园子里突然来了两个身穿盔甲的年轻人，捧着王袍和徽章朝他走来，欢呼说他就是国王。他以为自己是在做梦，还叫来人不要开这个玩笑。最终他们还是向他表明了诚意，让他洗干净，丢掉烂衣服，穿上紫金袍子。

城邦里的贵族强烈反对任命他为王，理由是阿布达罗尼穆斯出身寒微，所以亚历山大就把他请来面谈。他问他：“你是如何忍受贫困的？”阿布达罗尼穆斯答道：“我只希望能以同样心态对待权力。我一无所有，但也一无所缺。”亚历山大对他的淡漠态度印象深刻，同意了提名他做国王。[14]

在他统治期间似乎一切顺利，起码时间较长，还有了一位子嗣后来接替他为王。不过我们只知道在亚历山大在世期间，他曾送来用指甲花做的香水[15]（这是西顿的特产）和一些百合花，除此之外他的作为概无记载。

西顿投降是接下来的重大事件的必要前奏，也即对腓尼基沿岸更南边的商业大港提尔（在今日黎巴嫩境内）进行围城。

这座骄傲的城池无人能敌（居民对此坚信不疑），离海岸仅半英里之遥。其所在地是周长2.75英里的岩岛[16]，四周为高墙环抱，靠陆地那边的城墙高达150英尺。这些建筑工事内部空间有限，为容纳四万居民，城中楼房密集。

提尔是腓尼基人在叙利亚沿岸各个聚居点中最富有的、最强大的一个。它有两个良港，北边的是西顿港，南边的是埃及港。海对面的大陆就是提尔老城的旧址，如今则成了提尔岛的郊区。希罗多德在公元前5世纪造访当地时听人说，提尔老城始建于两千多年前。[17]

这位史学家被城市的守护神麦勒卡特（Melqart）神庙深深震撼，这个守护神相当于希腊人的赫拉克勒斯。他写道：“我去了神庙，看到了众多珍贵供奉物品，包括令人叹为观止的两根柱子，一根用纯金打造，另一根则镶满绿宝石，在黑暗中熠熠生辉。”

数百年来提尔人都是靠商船在地中海做贸易为生的，日子过得十分殷实。早在公元前7世纪，犹太先知以西结（Ezekiel）就传达了耶和华的话：

提尔啊，你夸耀自己“十全十美”。
你以海为家；
你被造得美轮美奂。
他们以圣尼尔的松树作木板；
以黎巴嫩的香柏作船桅。
他们以巴珊的橡树作桨；
以塞浦路斯的松树镶嵌着象牙作甲板。
你的帆用上等的绣花麻纱制成，
是埃及的产品，
这就是你的旗帜；
你的篷用最好的布料制成，
是从以利沙岛运来的蓝紫色布。[18]

提尔人的收入来源多种多样，[19]包括铜、铅和其他金属，还有象牙、乌木、香水、油和宝石。他们还以生产紫色或深红色的染料闻名，这些染料不易掉色而备受青睐。染料是用骨螺科的海螺研磨而成的，由于生产不易但需求量巨大而价格昂贵。腓尼基（Phoenicia）得名于希腊的“深红色”（phoinos），是以提尔为城邦之首的闪族人领地。

提尔经久不衰的繁荣也笼罩着一层阴影。据以西结说，耶和华不会饶恕该城对他的选民的敌意，并预言了它的毁灭：

你的终结是突然的、恐怖的，
从此你不复存在。[20]

但时间不断飞逝，大灾难始终没有来临，城市的未来仍然一片光明。

伊苏斯之战的结果和西顿这样的腓尼基城市投降，引起了提尔人的注意，但他们估计问题并不严重，甚至在公元前 332 年 1 月马其顿部队从 20 英里外的西顿南下并驻扎在城对岸的大陆上时，他们也没预料到事态严重。

提尔当局包括王储（国王阿泽米卡斯正在波斯舰队中服役）打心底里对波斯帝国十分忠心，面对马其顿的凯旋之师还只愿结盟而不愿投降。[21] 他们不愿意让外国军队进城。虽然他们与亚历山大关系不错，也给马其顿部队送去了饮食，可是他们知道事事还是得小心谨慎。他们派了使者到对岸，给国王送去了一顶金冠，表示愿意服从其指令。

国王对他们表示热烈感谢，但似乎总觉得对方有些许保留。他请使者传话给政府，说他打算“向赫拉克勒斯致敬”[22]，说白了就是要在岛上麦勒卡特的圣域中献祭。换言之，他要进城。这就不像示好，更像要对方投降了。

当使者再回来，信息的内容就有了一点变化。提尔人将听从亚历山大的任何指令，但允许波斯人或马其顿人进城则属例外。为了不要把事情搞得太僵，他们说提尔老城也有座麦勒卡特神庙，十分欢迎他上那儿去献祭。

提尔与西顿不同，它选择表面中立。亚历山大的怒火爆发了，他打发走使者时说了一句狠话："我要么走进你们的城，要么攻进去。"[23] 使者被亚历山大的神情吓坏了，回去之后就劝其他公民最好还是让他进城。可是提尔人确信他们防御工事坚固的城池岛屿是无法攻克的。再说波斯海军名扬四海。他们强大的北非殖民地商埠迦太基已答应伸出援手。亚历山大的威胁成不了气候。

狄奥多罗斯写道，他们兴高采烈地同意城池被围：

> 他们帮了大流士一个忙，等于是再次向他表忠心。大帝一定会因为他们把亚历山大拴在旷日持久的艰巨围城战中而好好犒赏他们。因为他们给大流士的准备争取到了喘息的时间。[24]

但亚历山大摧毁提尔的心意已定，谁都挡不住。他做的第一件事，也是马其顿君王的惯常做法，就是听取部队的意见。他把伙伴军和部队将领叫到跟前，解释了他想拿下提尔城的原因。他知道众人不会喜欢这个决定，因为围城免不了一场血战。

他说，如果在后方留下一个不友好的或态度暧昧的提尔，那么他们前往下一站埃及之行就不安全。塞浦路斯还在波斯人手中，他们主要由腓尼基的船组成的舰队还有可能夺回地中海沿岸，并在不安稳的希腊地区煽风点火，就和门农当年的计划一样。但是，一旦拿下提尔，腓尼基大部必将落入马其顿人之手。届时腓尼基的海军就有可能倒戈加入亚历山大的船队。大帝就会丢了塞浦路斯，进而导致他制海权的终结。

最后，亚历山大说：

> 征服了埃及，我们就不用担心希腊或我们自己的国家了，国内安全，我们的声名远播，波斯人无法在海上和幼发拉底河这一侧的土地上耀武扬威，我们就可以向巴比伦进发。[25]

为了给自己上双重保险，国王宣布他梦见赫拉克勒斯引领他进入提尔城。一向可靠的亚里斯坦德正好可以提供正确解读，提尔将陷落（这个推理并不难）。全场掌声雷动，围城的工作立即开始。

马其顿人面临的似乎是无法克服的挑战，亚历山大知道他必须全力以赴。围城团队由工程师戴德斯与同为塞萨利人的查里亚斯牵头，还从腓尼基和更远的地方请来了更多造弩专家。

他们的任务简单明了。必须用攻城重锤和石弩摧毁部分城墙，让军队通过这里发动进攻。带轮的高塔要能贴近城墙。进入提尔后，围城者必将遭遇激烈反抗，但守军一定会在紧张之余乱了阵脚，反抗将难以为继。另一种可能是，如果亚历山大不着急，他可以实行封锁，让守军饿死。那可能就要花好几个月，所以并非上策。

但如今这座城不仅进不去，还戒备森严，四面环海。如何完成上述任务呢？这座城有自己的战船，还可以要求波斯海军支援。新组建的马其顿舰队还无法应战，能派上用场的只有 20 艘雅典三层划桨战船。

对国王来说，这等于是他要切断的另一个戈尔迪结。只要有冲劲和决心总能找到办法。围城是公元前 332 年 1 月开始的。跨出的第一大步就是要筑一条堤道，据说最宽处有 200 英尺，连接岛与岸。除了出动军队，他还找了当地民工。一开始难度不大，因为海峡前半部多为浅塘泥滩。接近海岛处水深却深达 3 英寻（约 5.4 米）。

提尔老城被拆毁，为工程提供了需要的大量石块和木材。先往泥滩里打木桩以固定下面铺设的碎石，桩子上再铺上木板。堤道逐渐加长。提尔人打断了工程进展。他们将船驶近堤道，向没有穿甲胄的工人投射石块，讥笑着“曾经的战士弯腰驼背像头驴”。[26] 工程陷入停顿，直到两座高塔被推到堤道的终端，高塔外面有能抵御火箭的动物皮革覆盖。

提尔人此时才开始严肃对待围城一事。为减少粮食压力，老弱妇孺都被撤退至迦太基，[27] 他们同时向殖民地要求增援。眼看着堤道越来越长，势不可当，他们的回应既大胆又有想象力。他们把一辆宽广的运马船改成纵火船，船身里装满了干柴、木屑、沥青和硫黄。他们在船桁端间拉线，线上的吊桶里装了易燃物（或许是石脑油），将其点燃后用三层划桨战船将火船拖往堤道处，船员在恰当时刻点燃桁端，等拉线被火烧断，吊桶掉进满装燃料的船体，三层划桨战船这才释放火船。船体接近堤道一端时，已是火焰冲天。为了不让消防人员灭火，三层划桨战船上的人向高塔万箭齐发，高塔火势迅速失控。

亚历山大受到重挫。他下令加宽堤道，打造新高塔，但他意识到只要没有制海能力，他就永远拿不下提尔。他带着持盾步兵和阿吉里亚人到西顿，弄了几艘战船回来。接着他时来运转，或者说他带兵行经腓尼基各地时的受降政策有了立竿见影的效果。

波斯舰队的大部分是腓尼基小分队组成的。就在腓尼基的城邦纷纷向亚历山大投降时，这些人也觉得有必要抛弃波斯大帝赶回老家。没料到竟有 80 艘腓尼基船驶入西顿，并同意改挂马其顿旗。接着，从罗得岛驶来10艘三层划桨战船，西里西亚3艘，利西亚10艘，外加马其顿来的有50名桨手的战船。不久，塞浦路斯也来了120艘船，因为当地诸王集体决定，这正是加入获胜方的好时机。

突然间，亚历山大控制了东地中海。

就在筹备将船舰以备战状态向南驶往提尔的同时，国王饶有兴致地带领一小撮人马，对黎巴嫩山区的阿拉伯部落开启了十日之战，[28]目的可能是为保护他的供应线。[29]一旦提尔城久攻不下，需要坚持数周乃至数月，士兵要吃饭，所以粮食供应事关紧要。饮水很富裕，但其他必需品大多要从当地采购或由海路运输。

亚历山大正好有机会大大不负责任一回。曾经教过他的老师利西马科斯坚持随行，但因年事已高，落在了部队的后面。亚历山大等少数人陪伴在他身边。太阳下山后天气变得酷寒。夜幕降临之际国王见到远处有火光。据普鲁塔克描述，

> 他自恃速度一流，身手矫健，朝着篝火飞奔而去，操起短刀瞬间解决了篝火旁的两名蛮族，捡起火把赶了回来。他们很快生起大火，部分敌人被吓跑，其余应战者很快也被赶跑，马其顿人当晚平安无事。[30]

当时的情况允许国王像《伊利亚特》所描述的英雄那样铤而走险。书中有戴奥米底斯和诡计多端的奥德修斯一起趁夜色溜进特洛伊营地，屠杀睡梦中的士兵然后安全逃离的记载。据荷马记述（戴奥米底斯）：

手持利剑左右出击。
但听得垂死之人可怕的呻吟，
鲜血染红了大地。[31]

在黎巴嫩山区这种基本上无谓的举动提醒了我们，亚历山大既活在当下，也活在英雄时代。他似乎没有想过自己是不是太鲁莽。就在火光摇曳的黑夜中，他成了再世的戴奥米底斯。

国王回到西顿，他的庞大船队现在正整装待发。在他指挥下，船队以备战状态开始了往提尔岛的向南短途旅程。提尔人原打算一战，但对敌方新近实力陡增之事一无所知，看到无数战船纷纷涌现，不禁大吃一惊。于是提尔人将船撤回两港。为阻挡马其顿人在港口抛锚，他们将战船从侧面连接，封锁港湾。第二天早上，亚历山大命令腓尼基人永久封锁埃及港，塞浦路斯人封锁西顿港，令敌人的海军完全瘫痪。

大量攻城利器就在国王不在的时候打造完毕。有的装到了船上，有的已经推到堤道一端，离提尔的高墙已越来越近。浮于水面的攻城重锤是一项了不起的技术创新。它们很可能是摆放在有两船支撑的平台上，只要船只锚定稳固，将极具杀伤力。

提尔人这方面也是花样百出。其中一个制敌绝招就是在金属箱里装满滚烫的沙子，倒在下面进攻的人身上。他们在面对堤道的城垛上建造比亚历山大的塔还要高的塔，并在主城墙内匆忙修筑了一道内墙，以防万一。他们还在城垛上架起弩，向浮动的攻城重锤密集发射火箭。为抵挡飞来的大石块，他们给外墙盖上了一层缝在一起的兽皮，后面还垫上干海草。他们把大石头从城墙上扔到墙根下，不让船靠近。马其顿人不得不将大石头用绳索和吊机一一移到深水区。

围城发展到无所不用其极的激烈对峙状态。双方都看到，如果不用极端手法就无法打破僵局。那用什么手法呢？防守方的答案是派几艘能防投射物的船，去割断马其顿重锤船的锚缆。马其顿人将船驱赶，他们就改派潜水员持刀去执行任务。最后马其顿人用铁链代替了绳索才解决问题。尽管猛烈的暴风雨暂时带来了不便，也阻挡不了马其顿人靠近城墙。

提尔人知道海上封锁的威胁，也曾绞尽脑汁试图找到破解之法。他们注意到船员每天都上岸午餐，而那也正是亚历山大的午休时间。他们决定这是最佳的突袭时段。一日，但见西顿港入口处风帆高悬，挡住了背后的准备工作，中午时分，10艘最强大的提尔船配备上精挑细选的水手和最精良武装的海军出发了，径直往无人值守的塞浦路斯人的船驶去。

幸好那天亚历山大放弃了午休，他在埃及港探望腓尼基船队时接获提尔人闯关的消息。他立即组织了一队桨帆船全力赶赴岛的另一边。城垛上的提尔人见状立即大声警告自己船上的人。由于行动噪声大，船员听不清，等弄明白后才急忙逃命。有几艘船及时赶回了自己的港口，但大多数被歼灭，有的被击沉，有些被控制。这是提尔海军的最后一战；从此，马其顿船队不论走到哪里都畅通无阻。

大约就在此时，堤道已修到城墙处。尽管为了修筑堤道付出了那么多血汗，但围城结束之日仍遥遥无期。提尔人把所有的力气都用在防护堤道与城墙的接触点上。亚历山大终于了解到了这一点，如今敌人在海上已无力可使，他环顾岛的四周，寻找工事的薄弱环节。他把他的重锤平台挪到西顿港，依然不成功。

他决定从埃及港南边看起来比较弱的那一段城墙下手。他的攻城重锤很快就撼动并摧毁了那段墙的一部分。马其顿人在缺口处架起引桥后，进攻立马开始。进攻未果，但是国王知道他已经找到了弱点。

几天后，亚历山大命令军官阿德墨托斯（Admetus）带领持盾步兵，与伙伴步兵一起展开总攻。缺口更大了，能架设两道斜梯。亚历山大与持盾步兵一起加入混战。（不是混战还能是什么？）阿德墨托斯第一个翻过被毁坏的工事，但不幸被长矛击中，当场毙命。

与此同时，载有弓箭手和投石机的船队已将岛屿包围。攻打两个港口的纵队有了突破。阿里安写道："袭击来自四面八方，提尔人周遭危机四伏。"[32]

亚历山大与步兵拿下了好几座高塔以及它们之间的幕墙。他们沿着城垛往王宫进发，从王宫到城中心有一条捷径。守城的大部分士兵放弃了城墙，改而在阿格诺尔（Agenor）——传说中引进腓尼基字母的提尔国王——神庙集结，进行最后一战。他们看到提尔城及其港口均已陷落，也拼上了自己的性命。据阿里安描述，

> 马其顿人杀红了眼。他们因为长时间劳心劳力的围城而心生怒火，也为一部分提尔人俘虏从西顿驶入港口的马其顿人时的所作所为感到愤怒。他们在众目睽睽之下，把这些提尔人排列在城墙上，一一割喉后丢入大海。[33]

这样的屠杀着实骇人听闻，不过西顿水手出于对腓尼基人的同胞之情，让许多守城者藏在船上，救了他们的性命。[34] 约有 8 000 名提尔人丧命，马其顿人在整个围城过程中约折损了 400 人。

有些贵族躲到麦勒卡特神庙逃命，其中包括提尔国王阿泽米卡斯、政府官员以及一个迦太基的代表团，这回迦太基对它的宗主国可是什么忙都没帮。这些人全部保住了性命，可是其他幸存者就不那么幸运了。有 2 000 名达到服役年龄的男子被处死，城内约 30 000 名提尔人和外国人被贩卖为奴。[35]

亚历山大终于能在他 7 个月以前要求的地方向神献祭了。国王照例在战役结束时要庆祝一番。为纪念麦勒卡特，他对全军包括海军进行了一次检阅。除了体育比赛之外，他还在神庙的区域举行了火把竞赛。

提尔这座因贸易商人遍布地中海各地而为人熟知的城市，遭到了彻头彻尾的毁灭，就像当年的底比斯一样，这给舆论界留下了不可磨灭的印象。全世界都学到了，面对这位年轻的马其顿征服者，合作是最明智的选择。

以西结当年的预言终于得到了可怕的应验。

没有人愿意花那个力气去拆毁那个堤道，历经数百年的沧桑，淤泥堆积逐渐形成了永久的地峡。提尔又有了居民，不论希伯来先知怎么说，如今它又见繁荣。但是在这座现代城市的众多街道和建筑之下，依然静躺着石砌的堤道，记录着我们看不见却忘不掉的亚历山大当年的怒火。

提尔城陷落的一两个月后，国王再次命悬一线。他被弩箭击中，箭头穿过护身、胸甲，刺进了肩膀。[36]这次事件发生在加沙围城时，加沙也就是到达将埃及与亚洲分割的巨大沙漠带之前的最后一座腓尼基城市。

御医菲利普挖出了箭头。显然亚历山大的胸甲让他周围的人看不出他的伤有多深，见到血汹涌而出，他们才紧张起来。

亚历山大面不改色。血止住了，伤口包扎好了。库尔修斯写道：

> 他在军旗下站立良久，掩饰或控制伤口的创痛，直到刚刚因敷料止住的血再次涌出，伤口还热，不觉得疼，随着血流冷却，伤口肿了起来。他开始晕眩，双腿一软，被旁边的人一把扶起。带回了营地。[37]

加沙总指挥是位名叫巴蒂斯的体格壮硕的黑人宦官，[38]他是波斯大帝的忠臣，虽然听到了来自提尔的坏消息，但还是决心抵抗乘胜而来的马其顿人。

加沙是座富有而且防卫森严的堡垒，是香料贸易中心，地处高原之上，距海有两英里。虽然加沙仅有一个小军营，围城者却面临两个无法克服的困难，但也有一大良机。高原有 250 英尺高，攻城利器够不着城墙。地面沙多地软，带轮子的车几乎无法通行。有利的一点是工兵很容易在防御工事下挖地道移除底土，上面的城墙就会自然塌陷。

这次围城肯定是最棘手的一次[39]，或许比提尔还要艰难。但这反而更坚定了亚历山大的决心。赫费斯提翁与载有提尔使用过的攻城利器的舰船和运输车一起抵达，他还负责为加沙城外的马其顿人筹集大量粮食和水（后来的埃及之行也同样由他负责）。

国王下令暗中挖地道通往高原，另外，作为障眼法，他还让一些可移动的高塔朝某段城墙移动（应该是有路或斜坡到达的城门附近）。

高塔陷在沙地里动弹不得，加沙城内的阿拉伯人射出火箭将它们点燃。国王领着持盾步兵前去营救，他就是在这个时候受的伤。有人说，在白天他主持献祭仪式时曾有一只秃鹰扔下一撮土，掉在他头上散落开来。[40] 据先知亚里斯坦德解释，这预示加沙城会沦陷，但国王也可能会有凶险。他们警告他那天别打仗，他尽管不情愿，还是在阵线后方待了一会儿。但抢先出击的诱惑还是太大了。

伤口并未很快好转，但亚历山大还在继续处理战事。他在城的四周围了一圈土墩或土坡，将攻城利器推上坡开始轰击城墙。部分墙体垮塌，工兵的地道又导致更大面积的崩塌。

在乱石堆上架起梯子后，他发动了三次攻击均未成功。第四次攻击时，国王用重装步兵将加沙城团团围住。马其顿人冲上前去，打开了每一扇他们找得着的城门。

亚历山大的肩膀还是非常疼，伤口一直不结疤。但他坚持参战，又被石头击中腿部，只得借助长矛支撑自己，可是他依然坚持在第一线。

加沙陷落。一万守军战至最后一兵一卒。城中妇孺全部被贩为奴。巴蒂斯英勇顽抗，被生擒。亚历山大想来是受到伤痛的影响，有了一个疯狂举动，再次上演了《伊利亚特》当中的一幕，也就是愤怒的阿喀琉斯杀害特洛伊最伟大勇士赫克托耳的故事，阿喀琉斯曾把赫克托耳的尸体绑在他的战车上，一路拉回希腊营地。巴蒂斯也遭到类似命运，最大的不同点是他当时还活着。人们用皮带将他撕裂的脚踝捆绑在战车上，围着加沙垮塌的城墙游街示众，直到这位宦官咽气。

马其顿人在加沙仓库里发现了许多香料，包括500塔兰特乳香和100塔兰特没药。也就是在这个时候，国王将大量香料运送给他早年的老师利奥尼达斯，并附上短笺，说现在不用再省着用香料了。

在10月份穿行130英里的沙漠，从加沙行至边境堡垒贝鲁西亚（Pelusium），也即通往埃及的关口，这肯定不容易。[41] 每年雨季要到11月才开始，这一路上水井本来就不多，而且这个时候井水要不是盐分太高不宜饮用，就是井已经干涸。然而，亚历山大又不愿意等，他就这么带领大军上路前往埃及。

他的“大军”规模已今非昔比，因为他赢得了大片新领土，每个地方都需要留驻军营，所以军队人数在不断下降。他令安德罗梅尼斯的儿子——帕曼纽的儿子菲洛塔斯信得过的朋友——阿明塔斯带着十艘船，回马其顿招募达到服役年龄的男子。

亚历山大与手下一行沿着海岸从加沙往贝鲁西亚进发，所经之处全是沙丘。他们得沿着潮湿的海岸走，否则马和车队就会陷入沙地。沿岸设立了补给站，与部队同时前行的船队则给干渴的士兵送水。一切都算顺利，马其顿人平安无事抵达了边境的堡垒。为节省粮食，他们只花了一个星期就走完了137英里的路程，每天得走约20英里，不可谓不快。

当地人张开双臂高兴地接待亚历山大。贝鲁西亚大批百姓都等着欢迎他来到法老的土地。其实，每个人都知道他肯定是下一个法老。

埃及人在波斯大帝的重轭下已经委曲求全了好几百年。他们时不时会把波斯人赶走，有时长达数年之久，但次次起义都被镇压。上一个起义的法老是奈克塔雷柏（Nakhthorheb，希腊人称之为尼克甲尼布），他的长子在伊苏斯之战中与大流士三世处于同一阵线。他的下落不得而知，但另一个通敌的埃及人塞玛托韦特那赫特（Sematawytefnakht）——名字太长，十分难念——则做了战场逃兵。他见到波斯人溃败，选择不跟他们走了，飞快赶回老家。

埃及人不把亚历山大视为攫取他们财富的另一个外国入侵者，这似乎有点儿费解，不过只要是像他一样看上去有能力摧毁波斯帝国的人，一定都受欢迎。或许埃及人还真的相信亚历山大的宣传，认为他是真正的解放者。

国王乘船到了尼罗河三角洲下游的孟菲斯，埃及最大的政治和宗教中心，与政治精英和兼任行政官的祭司们见了面。泥筑的城墙一律漆成白色，访客从远处望去，如同看到一座光辉耀眼的海市蜃楼。波斯官员并未等候国王的到来，除代理总督外（总督已经在伊苏斯牺牲）均避而不见。代理总督未离职守，他把手里所有的800多塔兰特的黄金拱手上交，有趣的是，他还奉上了所有皇室家具。他也因此在新政府获得了一个职位。

埃及有众多神明，尤以普塔（Ptah）最大。他是工匠之神，是宇宙间先于一切事物的造物主。事实上，就是他完全靠冥想创造了宇宙与众神。他有许多化身，有时是个赤身裸体、畸形的矮子（希腊人认为他相当于希腊的锻造之神——瘸子赫费斯托斯），但通常他的形象是皮肤呈绿色、身上紧裹着布匹的人。

在孟菲斯，普塔化身为圣牛。这头公牛在神庙里养尊处优，有8头母牛为伴。它被人当成普塔崇拜，死了以后成为阴府圣牛。然后通过一系列精确定义的标记，选出一头牛犊继承它的地位。牛犊的母亲是被上天闪电击中而受孕的，所以能一辈子享受荣华富贵。它是头幸运的母牛。

亚历山大小心翼翼地向圣牛献祭，深知不好得罪他人的信仰。他可能还去安葬公牛木乃伊的萨卡拉墓葬殿致敬。10年前，亚达薛西斯三世入侵埃及时屠杀了当时的圣牛，与公元前6世纪冈比西斯大帝入侵时的做法一样。相比之下亚历山大比他们做得都漂亮。

亚历山大在孟菲斯被正式封为法老，即兼神职与政权于一身的祭司国王。[42] 但他没法像传统的新统治者那样在埃及住下来，完成需时一年的所有仪式。

法老在埃及神谱中象征主神阿蒙之子，有5个正式名字或称号。亚历山大的名字就以象征方式反映了他战胜了波斯人并被当成埃及的守护神。他的帝号是“太阳神所选，阿蒙所爱”（Setep en Ra, mery Amun）。[43] 作为埃及守护神鹰头神荷鲁斯的化身，他的称号是“攻打外国土地的英勇统治者”，其他称号还有“拥有山、陆地、沙漠的狮子，大力伟人”和“保护埃及的公牛，海洋和太阳环绕之地的统治者”。[44] 他的全名叫亚历克辛德斯。

登基大典采用了庄重的宗教仪式。典礼结束，亚历山大认为展现希腊文化的时机已经到来。这位新法老给他的士兵准备了体育比赛以及戏剧、音乐、舞蹈艺术的比赛。这些庆祝活动一定是事先安排好了的，因为希腊世界的名角、当时的明星都不远万里来埃及演出。

也许从这里我们能略窥亚历山大政治观的基本原则，即对不同文化的同等尊重。据普鲁塔克记载，他并不同意他的老师亚里士多德的如下教诲。

> 对待希腊人要像领导，对待其他人要像雇主；像对朋友亲戚那样尊重希腊人，像对待动植物那样对待其他人；这样（也就是说如果照亚里士多德说的做）就能使领导人免受无数战争、流放和邪恶背叛之苦。[45]

国王也有他的实际考虑，如果他要统治亚洲，他就需要当地居民的服务和同意。仅靠马其顿的人口是不够的。他似乎发自内心地不同意大多数希腊人以及马其顿子民根深蒂固的种族主义观念，在任命一些敏感职位时，他考虑的是能力而不是种族。

这就是他对埃及行政安排背后的关键设想之一；其他两个设想分别是“分而治之”和不扰民。他应该是在祭司官僚的建议下任命了两个埃及人，按照古老传统将国家分成上下两部分，让他们共同治理。

政府管理民事，不管军事。两名马其顿伙伴军担任驻军司令，希腊雇佣军的统帅则由一位希腊将军和一位马其顿伙伴军共同担任。东西边区由两位希腊人监管，其中一人负责掌管全省财务。此人就是来自尼罗河三角洲瑙克拉提斯港的克莱奥梅尼（Cleomenes），才干一流却又极度腐败。史料虽未明言，但他和军事指挥官们应该都是直接向这位马其顿法老汇报的。

对埃及百姓而言，什么都没变。各地官员照样收税，不过最后是上缴到克莱奥梅尼那里，而不是波斯总督那里，用于管理地方事务。

如此安排主要是为确保没人能有足够权力威胁到亚历山大对这个幅员辽阔又富庶的省份的控制。一开始，这个安排确实行之有效，但以后我们会看到，国王的精心策划被破坏了，他不得不插手挽救大局。

大约在此时，有船带来了有关爱琴海海军状况的好消息。伊苏斯战役后，大流士任命法那巴左斯顶替意外身亡的门农出任海军司令，但他未能阻止特内多斯、希俄斯、科斯等希腊岛屿与波斯断交，也没能避免自己被俘的命运。后来虽然他又逃脱了，但波斯大帝在海上威风凛凛的日子也从此一去不复返。

办完正事，亚历山大沿西边的卡诺皮克支流向尼罗河下游驶去。随行的有一小队步兵和王室骑兵中队。此时他正为一个人的不幸而黯然神伤。帕曼纽有三个儿子，其中两人菲洛塔斯和尼卡诺尔都是军中高级统帅。最小的不满 20 岁的赫克托与国王特别要好。库尔修斯写到，船行当中，他

> 想赶上（亚历山大），于是与一伙人登上了一艘小艇，因人员超载，小艇倾覆，所有人都落水。赫克托在水流中挣扎了很久。虽然他衣服湿透，靴子紧紧束住了双脚，让他游水十分费力，但他最终还是挣扎着上了岸。[46]

可是同行的人都游到了对岸，他一个人在无助的情况下还是没能活命。亚历山大为他举办了风光的葬礼。

部队抵达瑙克拉提斯，这是埃及出口谷物、亚麻、纸莎草纸

并进口银、木材、橄榄油和酒的地方。提尔和加沙的陷落给这座城市提供了难得的大好商机。不过，亚历山大并不太欣赏这个地方，巧的是，就在他沿着水面宽广、吃水不深的咸水湖马留提斯湖（Mareotis）行进时，他发现了一个天然良港。

有一处伸出水面的狭长石灰岩地块。它的南面背对一个潟湖，靠地中海那一边正是法洛斯岛（Pharos）。隆起的地块与岛屿之间有一道深水相隔，可供船只安全停靠。这个地方气候温润，和风徐徐，有淡水，有石灰岩矿，进出尼罗河非常方便。没有难熬的燠热，没有疟蚊滋生的沼泽。

亚历山大选择在这里建造一座以自己的名字命名的新城——亚历山大城（Alexandria）。他的决定因为有荷马的加持而更坚定。在《奥德赛》里，诗人让被戴了绿帽子的斯巴达国王梅涅劳斯从特洛伊乘船回家——就是他的妻子海伦与人私奔导致了一场大劫难。结果船被风吹偏了航向，把他带到了埃及，他发现自己在“埃及附近波涛汹涌的大海中的小岛上，人称法罗斯岛，它有港口，便于抛锚，人们可以带着淡水将船平稳地驶入深海”[47]。亚历山大就一直在找一个便于抛锚的地方，但此时他心里所想的是另一个为自己扬名的项目。

就是在埃及，亚历山大经历了一次心理危机。我们对他的内心深处的反应了解不多，但他表露在外的影响显而易见。

我们已经看到他是个信仰虔诚的人，对祭祀和典礼从不马虎。他留心神谕，亚里斯坦德经常在他身边解说众神的意志。他的精神生活以自我为中心；他最关心的是他在精神宇宙中的地位。前面说过，他相信马其顿王族阿吉德是宙斯的儿子半神英雄赫拉克勒斯的后人。赫拉克勒斯是唯一成神的凡人。珀尔修斯也是亚历山大的先祖之一，他杀了眼神能将注视者化为石头的蛇发女怪。奥林匹亚丝来自摩罗西亚王室，该王室自称先祖是阿喀琉斯之子尼奥普托列墨斯。

他思忖，自己的成就与光荣的先祖们同样轰轰烈烈。他们在奥林匹斯山得到了肯定和犒赏。如今他作为法老，被誉为阿蒙之子。阿蒙是众神之主，是宙斯在当地的化身。亚历山大能否就此声称是宙斯之子呢？如果是，腓力怎么办？难道他真与自己儿子的诞生无关？

这些问题都不好回答。前面说过，亚历山大与腓力的关系比较紧张，但与母亲的关系则亲密温馨。后来也有记载称腓力曾公开怀疑自己是不是亚历山大的父亲。奥林匹亚丝则扬言“是一条巨蟒让她怀上了亚历山大，而不是腓力”[48]。其实我们也不需要通过这些故事才能推断他们的家庭生活并不美满。这些故事很可能是后人杜撰的，但如果这一切都起源于腓力和奥林匹亚丝婚姻早期的谣言，这里就可能牵扯到婚外情了。或许王后曾向她年幼的孩子暗示过。我们至少可以推想他感觉到父母不和，选择站在母亲这边，认为腓力是一个怀有敌意的外人。

我们不确定亚历山大是不是谋害腓力的背后黑手，也不知道奥林匹亚丝是否参与其中。假如他是，弑父可是了不得的大罪，肯定会受到天谴。亚历山大一定会想到俄狄浦斯，底比斯传说中的国王，他因为杀死了自己的父亲（与自己的母亲成婚），最后成了遭人唾弃的瞎子。

亚历山大是否听说了谋害腓力的阴谋，虽然没有参与，但也没有及时上报？如果是，他也要负一部分责任，需要涤罪，又或许神对他没有这个要求。知情不报的性质其实也很值得神明去推敲。

另外一个值得担忧的可能性就是，他母亲参与了刺杀丈夫之事，但没有告诉儿子。

国王怀着压倒一切的“渴望”[49]，去咨询古典世界最著名的宙斯－阿蒙神庙的神谕。他需要从利比亚沿岸跨越160英里的沙漠来到神谕所的所在地锡瓦（Siwah）。这个地方对他有特殊意义，因为据传他的两位先祖赫拉克勒斯和珀尔修斯都曾到访该地。

他打算就这些萦绕心头的根本问题去求教。

亚历山大和护卫一行于公元前331年3月离开了马留提斯湖。他沿岸西行，在帕拉托尼姆这个小港口附近转向南，进入了鲜为人知的地方。他们雇了骆驼装载行李（据说这是马其顿人第一次使用骆驼）。走了两天，由于沙丘太深，进展缓慢。这时又赶上严重的沙暴。[50]埃及每年到这时候往往会因为春季的利比亚沙漠与中东其他地方温差太大而生成沙暴。大风强劲，气温骤升，湿度下降。最糟糕的是铺天盖地的沙暴掩盖了地标。经过四天的旅程，水喝完了，向导也迷路了。情况再不好转的话，此行将难以为继。

命运之神展露了慈悲。一场突如其来的大雨解决了他们对水的渴求，两只乌鸦朝这一行人的前面飞去。亚历山大猜想乌鸦可能是奔着绿洲而去的，决定跟随。他猜对了，果然不久后就能望见锡瓦。据说，即便在今天，绿洲居民仍然认为飞来两只乌鸦是吉兆。

6英里长、4～5英里宽的锡瓦地处海平面以下。它大概有200

处水泉，包括一个温度不定的温泉。处处都是枣树和橄榄树。居民开采岩盐，出口到埃及（今天仍如此）。宙斯－阿蒙的神庙就坐落在一块隆起的山丘上。

阿蒙通常以一个头上长着山羊角的男子形象出现，但在锡瓦，这位神的形象是一块布满绿宝石和其他宝石的脐形石头。一旦有人请求神谕，就由80位祭司将悬挂银杯的镀金船中的宝石抬出来。船似乎会自主移动。[51] 在妇女吟诵赞诗之后，一位祭司会根据船的移动来解读对神的提问。

亚历山大随即走上通往神庙的路，走进两个大厅中的第一间。[52] 一位年长的祭司先知对他表示欢迎："（祝你）快乐欣喜，我的孩子。"埃及人一般都将法老称为阿蒙之子，所以祭司也就按照惯常的礼数接待他。言毕又补了一句："阿蒙（宙斯）生来就是全人类之父。"[53] 不过，国王听到这样的问候，却认为这是来自神的直接信息，进一步确认了自己是宙斯儿子的猜想。接着他经人带领，走过第二间大厅进入神庙的内间。

祭司听取了国王的问题（如果已事先以文字方式提交，那么祭司就是阅读了国王的提问）。他应该是离开了内室，去观察神船的摆动，接着他又回来给出他的解读。父亲是谁的问题已经解决，亚历山大就问他是否命中注定要统治世界。深谙逢迎之道的祭司答道，神同意他的要求。

第二个问题有如晴天霹雳。"是不是所有谋害我父亲的人都受到了惩罚？"祭司纠正他说，如果阿蒙是他父亲，阿蒙既然是神，就不可能被谋害或死亡。不过，他确定所有谋害腓力的人都已经为他们的罪行付出了代价。

这确实是大家万万没想到的问题，或许亚历山大担心还有尚未揭露出来的更大阴谋。但这不是很早就处理完了的旧事吗？当然，如果他在行刺一事中算得上是外围从犯，又或者奥林匹亚丝曾秘密参与其中，他的良心肯定会有一番痛苦挣扎。

当时的话都是私下说的。阿里安为国王严格保密，并没有透露更多。他的描述出奇地简约：“到达（锡瓦）后，亚历山大饶有兴趣地参观了该地并就他的问题请求神谕。听到他希望得到的回答后，即启程返回埃及。”[54] 其他古籍则记载了对话内容。难道说这些记载是凭空杜撰的？也许是。但国王有关腓力的提问增加了它们的可信程度。或许在后来几年国王透露了风声，或许锡瓦的人也不免饶舌。

不论亚历山大与锡瓦祭司的私下谈话内容是否广为人知，许多在腓力时代成长发达的马其顿高官都因为亚历山大同意认阿蒙为神格的父亲，等于拒绝了他在人间的生父而耿耿于怀。据说，帕曼纽的儿子菲洛塔斯就曾给国王写信，劝他保持缄默，不要张扬此事。[55] 一名马其顿大人物慨叹：“我们失去了亚历山大，失去了我们的国王！”[56]

这些刚显露的不满情绪没有进一步发酵，因为接二连三的胜利强化了忠心和激情。

亚历山大站在长长的石脊上放眼四周。从锡瓦回来的路上没有再遇到险情，他再次来到马留提斯湖。站在他周围的官员中就有著名城市设计师迪诺克拉底（Deinocrates）和统管整个开发项目的瑙克拉提斯的克莱奥梅尼——亚历山大的埃及财务总管。一边是潟湖，另一边隔着一道长长的海湾与法洛斯岛相望。

国王全神贯注地思考新城的设计。他希望这是座街道成网格状的、具有希腊风貌的城市。据阿里安的描述：

> 他完全投身于这项工程，亲自总管他的城市的实地测绘——它的中心广场应该建在哪里，应该有多少座神庙，都纪念哪些神（有希腊的神，也有埃及的伊希斯），四周的城墙应该怎么走。他通过献祭，希望这些计划获准，果然兆头很好。[57]

他还规划了一座庞大雄伟的宫殿，由此或可推断亚历山大城将成为埃及的行政首都。

亚历山大一定也建议以海堤将石脊与法洛斯岛相连（这一工程到下一个世纪才修建）。这样一来就有两个港口，一个供商业航运用，另一个供舰队使用。亚历山大按照马其顿传统，用磨细的珍珠麦标示圆形城墙的走向。结果被天上飞下来的鸟吃光了，亚里斯坦德和其他预言家都说这座城市必将“特别因土地的产出”而繁荣（这是毫无争议的预言，因为埃及当时是地中海的粮仓）。

城墙内面积极大，因为亚历山大心中所想的是一个大都会；果然，在一两个世纪里，亚历山大城都是世界第一大都市，直到被罗马赶超。他们从附近城乡征调劳工，外来的劳动力多为来自东地中海各地的希腊人。计划里还包括制定一部民主宪法，设置公民大会、议会以及由民选官员组成的委员会，负责当地行政管理事务。

国王在公元前 331 年 4 月 7 日为这座新的、但仍停留在想象阶段的城市正式奠基，随后就立刻离开了他一生中流传最长久的丰碑。此后他就再也没有去过埃及，也从未亲见亚历山大城完工时的模样。

大多数工程都在他死后完成，包括世界七大奇观之一——法洛斯岛上名闻遐迩的巨型灯塔。

距离攻破提尔城已过去了一年。尽管有过两次围城苦战，但亚历山大的战略还是成功了。如今整个小亚细亚和北非沿岸，从赫勒斯滂到利比亚，都在他控制之下。一如预期，波斯人的制海权已然丧失。在对孟菲斯做了短暂回访后，国王重回部队，在尼罗河谷过冬后的他意气风发。现在正是东行进入波斯本土的时候，他将与伊苏斯战役之后大流士重新组建的部队一决高下。

一连串激动人心的海陆胜利固然令亚历山大欣喜，与宙斯 – 阿蒙的会晤同样令他欣慰。如今他可以名正言顺地与昔日的伟大勇士并列，自称英雄和半神了。我们在追踪他的一生时会不断产生这样的印象，他的亢进有内在和外在两个层面。对与他同时代的人和他手下的人来说，他是那么真切，那么生气勃勃，那么敢闯敢干，甚至过分到令人揪心，而他自己似乎觉得这个世界就是个能让神话般的过去重新上演的舞台。

在这两个平行的宇宙中，他进出自如。

第九章[1]

在骆驼之乡[2]

亚历山大带领军队走下低坡，进入美索不达米亚广阔的高加米拉（Gaugamela）平原。他在3/4英里之外第一次看到了敌人，被眼前所见吓了一跳。波斯人的军队比自己多得多，完全可以将自己包围。这里没有可以保护两翼的山或者海，放眼只见一望无际的平坦空旷的土地。

更糟的是，波斯大帝显然已经从伊苏斯一役中学到了教训：他的步兵打不了硬仗，所以如今的前线几乎是清一色的骑兵，与格拉尼卡斯一样，中间部位除外，因为亚历山大可以看见该处的希腊雇佣军步兵和皇家护卫。

他知道敌人的阵势会影响自己人的士气，但一时也不知道该怎么办。于是他召集了他的伙伴军、将军和中队指挥官来商议。他征求他们的意见，自己是应该就在这里出击，还是应该一反过去作风，采纳帕曼纽的谨慎建议。帕曼纽建议暂时按兵不动，先好好了解一下周围地形。大流士似乎已经清理了不少灌木丛，填平了许多沟坎。

亚历山大同意推迟行动，他在大量护卫陪同下，把当天的主要时间花在视察波斯人清理过的土地上，并小心记下了它的边界。他倒不怎么担心波斯人在自己部队的行进路途上设置陷阱，而更想了解敌人作战程序的意义和目的。就在不远处的小山包上，高加米拉村（村名是骆驼之乡的意思）正好将决战的平原尽收眼底。

国王回来之后再次召集军官会议，他说他们有那么辉煌的战果，自然不需要他的激励，但是他们需要好好鼓舞下面的士兵。他们的战斗决定了未来小亚细亚由谁来统治。其实人人早已心知肚明，国王为他们下达的命令已不再是报仇雪耻，而是征服。如今一切都挑明了。

公元前 331 年 9 月 30 日日落时分，[3] 亚历山大命令众人吃晚饭，然后即回营休息。另一边，紧张的大流士点着火把视察军队，坚持人人全副武装，以防敌人夜间偷袭。也许马其顿人中有他的间谍，因为帕曼纽和几位年龄较长的伙伴正在讨论搞一场偷袭的可能性。

据普鲁塔克的记述，他们极目远眺，但见平原另一端

> 蛮族那边火光摇曳，从他们营地依稀传来人声，很多人在说话，也听不清说了什么，就像远处大海的呼啸。眼前的一切令他们十分震撼，人人都说跟如此强敌在白天交战，取胜绝非易事。[4]

他们去找亚历山大谈谈他们的想法，发现他在自己的营帐前。他当时神情焦急，正跟亚里斯坦德——他与众神之间沟通的桥梁——讨论什么事。先知穿着一身白衣，手持圣杖，头上罩着蒙布。他主持了某种神秘仪式，带领国王一起向他的“父亲”宙斯和胜利女神雅典娜求助。值得一提的是，国王还特别向掌管“恐惧”的神

的化身献祭。

等这些仪式都走完后，帕曼纽跟他谈起夜袭的事。下弦月刚刚升起，他说借着月光他们可以趁敌不备，乱其阵脚。国王不为所动。夜间作战有太多东西不好掌握。有人担心他是否无心一战，他却展现了他的绝对乐观。他答道："赢就要赢得光明正大。"[5]

然后他回到了自己的营帐，但好像还是担心次日的战术，琢磨着各种不同选项。[6]终于做了决定之后，整个人就平静了下来，凌晨时分才上床，睡了一个好觉。

天已破晓，国王还没起身。他的指挥官们正十分焦急地等待他的命令。没有人敢进帐去叫醒他。甚至还有人怀疑他是不是喝多了。帕曼纽于是决定让士兵们先吃早饭。波斯人都已经摆开了阵势，亚历山大却还在睡觉。

天已经大亮。难道这仗还没开打就要输了吗？

两个月以前，公元前 331 年的 7 月底或 8 月，马其顿部队从埃及回程途中曾路过提尔城的废墟。亚历山大在此举办了一场最盛大的艺术节活动。[7]节目包括向诸神献祭、庄严的游行仪式、合唱比赛和古典悲剧演出竞赛——这是从公元前 5 世纪雅典鼎盛时期以来就有的传统节目。

公元前 4 世纪最流行的娱乐形式就是戏剧，同时它也是宗教义务。希腊人应观众要求建了不少大型户外的大理石剧场。不过，腓尼基人并不热衷于希腊悲剧，所以可能用的是马其顿工程师以木头搭建的临时舞台。演员全是男性，包括男扮女装者。最好的演员都是国际明星，经常在希腊世界各地演出。他们戴上面具，穿上华丽的长袍和高跟靴，个个都显得不同凡响。

这些演员颇受尊敬，经常与当时的政界领导保持私交，也常常充当使节在国家之间走动。其中就有曾在雅典蜚声国际的狄俄尼索斯庆典中两度获奖的特萨罗斯。他曾在披克索达洛司事件中为不满20岁的亚历山大做使者，险些酿成大祸。在提尔领衔演出的就是他和他的对手、戏剧明星亚瑟诺多洛斯（Athenodorus）。

在雅典，各种戏剧演出和合唱团演唱会背后都有富人赞助。这次盛会的赞助人是塞浦路斯诸王，他们都是在最近围城期间才从大流士一方倒戈，转而效忠亚历山大的。

虽然亚历山大没有明说他的喜好，但他还是希望他的朋友特萨罗斯能赢得竞赛。多数裁判都认定亚瑟诺多洛斯获胜。国王在离开剧场时说：“我支持裁判的判决，但我宁可送掉我王国的一部分也不愿意看到特萨罗斯败选。”

获胜者本来应该在那年冬天在雅典的小狄俄尼索斯庆典上演出，结果却因在提尔露面而违约，遭到罚款。他请国王为他向雅典当局陈情。亚历山大拒绝了，但私下为他付了罚款。

初一看，亚历山大为了举办文化庆祝活动而暂停军事大战不仅显得奇怪，而且有轻率无聊之嫌。但国王对自己的公众形象一向十分在意。庆典活动就是为了强调希腊价值观，他和他的马其顿子民之所以向蛮族挑战，就是为了加强这个价值观。

人人都知道击败波斯帝国之战已迫在眉睫。还有比在此时宣传希腊文明优越性更好的时候吗？

科林斯联盟差人热烈祝贺亚历山大“为希腊的拯救与自由”所

取得的成就，并献给他一顶金王冠。但其实希腊的局势出现不稳，已经有一段时间了。极度独立、侵略成性的城邦斯巴达及其老家拉科尼亚都拒绝参加联盟（前面已经说过），变成了不满情绪的温床。斯巴达曾经是强国，得罪过伯罗奔尼撒半岛上的多个邻国。自从他们 40 年前惨败于底比斯人之手，只能在小地方耀武扬威。但斯巴达人从未忘记有朝一日重新统领全希腊的雄心壮志，所以他们拒绝与亚历山大的父亲合作。腓力曾经给他们传过话："一旦我征服了拉科尼亚，接着就该收拾你们了。"斯巴达人向来以言简意赅著称，简短地给出了他们的回答："一旦。"[8]

他们年轻的国王阿吉斯三世处心积虑要解除马其顿人对希腊世界的控制。他有的是耐心：斯巴达并未参加喀罗尼亚战役，也没有参与亚历山大继任后出现的叛乱。等到公元前 333 年末马其顿部队远在千里之外鞭长莫及时，阿吉斯这才决定再次鼓动叛乱。爱琴海流域变成了波斯的内湖，米利都和哈利卡尔纳索斯再次沦陷。所以，虽然亚历山大在陆地上连战皆捷，阿吉斯还是非常看好大流士的。他派了一位使节前往苏萨，开始商讨希腊叛乱之事。

由于没有得到大流士的回音，他决定亲自出马去了解情况。他乘坐一艘三层划桨战船去见波斯船队司令法那巴左斯，请求大帝支持他。

阿吉斯希望将尽可能多的船只和军队带回伯罗奔尼撒。不巧，后来发生的伊苏斯之战让他的希望破灭了。法那巴左斯如今的首要任务是力保在爱琴海沿岸的领地，最多只能给阿吉斯 30 塔兰特和 10 艘三层划桨战船。他将它们送给他在斯巴达的弟弟，同时还捎信嘱咐他要为波斯大业守住克里特岛。该岛过去一向是斯巴达的势力范围，也是停靠船队的有用基地。他自己则在亚洲待了一阵子，协助抵抗亚历山大。公元前 332 年或前 331 年，阿吉斯回到斯巴达，举起了反抗的大旗。

在马其顿国王眼中，他充其量也就是个小打小闹的角色。亚历山大对于联盟无力恪尽职守控制内部的异己分子感到不快，但无意回去亲自弭平叛乱。他把此事交给了他在佩拉的副手安提帕特。但他知道需要让舆论向他倾斜。在埃及时，他接待了无数希腊代表团，而且有意对他们予取予求。最重要的是，他知道雅典的实力虽已今不如昔，但这个朋友还是值得交的。他只要能劝说雅典人不参与，平息叛乱应该不是难事。

这就是德摩斯梯尼家中一位年轻俊美的长期食客隐晦故事的大背景（具体是什么情况我们不得而知，但或许与性有关）。这位伟大的演说家因极力反对马其顿，深恐哪天自己会遭遇不测。这位食客就通过赫费斯提翁，与亚历山大秘密建立了联系渠道，亚历山大表示，只要演说家保持中立，他非常愿意给他“一定程度的豁免”[9]。

在提尔举行艺术活动期间，雅典的国家桨帆船现身了，代表团再次请国王赦免如今仍是战俘的同胞公民，他们曾在格拉尼卡斯之役站在亚历山大的敌对方。他立即同意了这一请求。

大约就在此时，他的前任司库、无赖之徒哈尔帕拉斯也来到营地，恳求他赦免自己在伊苏斯大战前携巨款潜逃一事。他的犯罪同伙潜逃到意大利，恰恰又死了。与亚历山大不同的是，此人性好渔色，特别喜欢高价的妓女，也许他正好身上缺钱花。这个人大概真的是巧言令色之辈，竟然还让亚历山大主动先联系他，再劝说他回来。亚历山大答应哈尔帕拉斯不会惩罚他，结果他到了腓尼基之后，国王还让他官复原职，又当起了司库。

这个故事令人费解。亚历山大不是个会饶恕背叛的人。但说到底他们也算是老朋友了。还有人怀疑哈尔帕拉斯是执行秘密任务去了，[10]但能有什么事需要让身居高位的人介入？不过，也可能哈尔帕拉斯打探到了正在谋划的叛乱的相关有用信息，亚历山大因此对他心存感激。

无论如何，尽管希腊人好话说尽、满脸笑意，亚历山大担心仅有友谊是不够的。他派了战船介入克里特岛争夺战，并且密切监视伯罗奔尼撒的动静。

亚历山大要是乐意，就能当个外交能手。他刚柔并济的做法显然没能让阿吉斯变节，却在雅典人那儿奏效了，他们果然在叛乱一事上选择置身事外。

现在是找波斯大帝一决高下的时候了。大约在 7 月的第一个星期，亚历山大及其所有部队离开提尔一路往北，途经叙利亚，很可能是沿海岸线行军的（以便供应粮草和水）。就在几个世纪后的塞琉西亚港（Seleucia）的所在地附近，他往右一拐，去了幼发拉底河西岸的古城塔普赛卡斯（Thapsacus）。

按照惯例，亚历山大对后勤规划做了周密安排。[11]供应将由沿河道南下前往巴比伦的军队负责，巴比伦就是大流士大军的集结地。军队与船只一路并行。不幸的是新任马其顿总督没能筹集到足够粮草而被解职。仅靠幼发拉底河谷地是无法满足部队供应的，再说存放新粮的粮仓都锁在筑有高墙的城内，这条路如今是行不通了。于是亚历山大决定往东走到底格里斯河，通过美索不达米亚北部的肥沃土地，这里应该有足够的粮草，夏日的太阳也不会像南边那么炎热。

赫费斯提翁被派先行，为横渡幼发拉底河建立临时浮桥。最远的那几段暂时不修完，以免被敌人所用。一位卓越的波斯人马扎厄斯（Mazaeus）带领浩浩荡荡的人马——3 000 名骑兵和 3 000 名步兵（其中有 1/3 是希腊雇佣兵）——前来阻挡马其顿人渡过幼发拉底河，一度对河岸密切监视。但听说亚历山大即将到达，马扎厄斯很快就撤兵了，或许是恐怕自己的军力不足以抵挡马其顿人，或许是他无心应战。

浮桥架成后，部队大概用了 5 天时间完成横渡。[12] 国王在那里停留了几天让士兵稍事休息，因为前面还要行军 125 英里才能抵达底格里斯河。他不希望波斯人赶在他前面到达河岸。幸好，大流士本以为亚历山大会沿幼发拉底河河谷而下，等他发现他其实是沿底格里斯河行军时，已经来不及拦截了。

敌人就在附近，让部队渡河本来是相当危险的事。如果水深流速快，渡河必然缓慢而困难。但据现代旅行者记录，九月份底格里斯河水深不超过一英尺；[13] 我们没有理由相信过去情况不同于现在。马扎厄斯又出现了，但并未直接攻击马其顿人；他着手将河东岸稍远处变成一片废墟。这样的焦土政策（很像门农在格拉尼卡斯之战前的主张）本来可以让波斯人立于不败之地，只不过行之已晚，并未给亚历山大带来什么大麻烦。这回他又是在速度和出其不意方面赢得了先机。

渡河后不久，他们确实遇到了一队波斯骑兵。亚历山大派了些侦察兵奋力猛追。侦察兵统帅刺中了波斯的侦察兵统帅，此人跌下马来，还在地上挣扎之际就被斩首了。统帅拎着对方的首级回来，在众人的掌声中将它掷于亚历山大脚前。

在遥远的巴比伦，大流士及其部队正准备出发与亚历山大在美索不达米亚北部一战，庙里的天文学家正在记录每天观察到的天象和气候情况，这是已经沿袭了数百年的传统。他们相信众神创造的行星运动就是为了让地上的人们能预知未来。

在埃努玛－阿努－恩利尔天文观测记录中，天文学家将天空中星星的位移与重大的政治、经济等事件联系在一起解释，有的是事后追述，有的是预测未来。他们警告当局，国家将有不测。虽然他们没有望远镜，观测却相当准确，而且还能预知日食和月食。

观星者记录，公元前331年9月20日晚上9时20分发生了一次接近全食的月食：[14]

> 日落到月升：8度。有月食。当木星落土星起，会出现月食。月食期间西风起，吹散东风。月食期间发生了死亡和瘟疫。[15]

据祭司兼天文学家的解释，这一现象预示：

> 有人带着西方的王公们闯入，他将称王8年；他将征服敌军；他前行的路上富饶充裕；他将继续追击他的敌人；他时运畅通。[16]

不过，当亚历山大带着人马看见月亮渐暗，并呈现血红色，并不知道这些吉利的占卜。他们的家远在千里之外，他们对于未来将如何是一片茫然。宗教引起的敬畏很快变成了恐慌。

亚里斯坦德和专攻天体运行的埃及先知们，都知道月食是太阳、地球和月亮完全或近乎出现在同一直线上时，地球的影子将月亮完全遮住的结果。但亚历山大确信一般人无法接受这种理性的解释。这是神明的操弄。他在自己的营帐里召集所有将领和军官开会，并请埃及人发表意见。这些人即刻发挥想象力，称太阳代表马其顿人，月亮则代表波斯人。月食现象预示后者要遭殃。国王感激之余向月亮、太阳和地球献祭（顺便提一下，这说明他是了解月食的真实解释的）。亚里斯坦德宣布，仔细观察了动物内脏后，他看到了好兆头。占卜显示亚历山大将获胜。军队这才恢复平静，士气也重回正常状态。

马其顿人继续行军，只是他们并不确知大流士在哪里。9 月 24 日，马其顿侦察兵遇到了一群波斯骑兵。他们俘虏了其中一两人，得知大帝的部队就在 8 英里外的高加米拉一排低矮山丘的另一边。

亚历山大就在这块高地上扎营，周围有壕沟和栅栏保护。这样的防守对他来说并不常见，对一般的希腊统帅来说也不多见，说明他此时还是比较紧张的。他让士兵又休息了四天，波斯人却在平原上饱受闷热之苦。

大帝自作聪明写了一封信，却被拦截，送交给亚历山大。该信意在收买马其顿部队中的希腊士兵去谋害他或背叛他。他犹豫着是否应该在集会上宣读这封信。这样做或许能在战斗前夕激起大家的怒气，而且他对科林斯联盟军的忠心相当有信心。但帕曼纽却劝他别这么做。不能让士兵听到大流士的阴谋诡计，否则就等于给大帝的险恶用心做宣传。只需要一个士兵就能了结亚历山大的性命。亚历山大认为他讲得有道理，这封信就被搁置了。

大约在此时，大流士的妻子斯塔泰拉去世的消息传了出来。[17] 她似乎是因为总在部队运输车上颠簸而体力不支死亡的，但当时她只有 35 岁左右，一般情况下不至于受不了。所以她大概是染上了什么致命的怪病。

或许就是因为她相对年轻，才传出了她怀孕并死于流产的荒诞传言。[18] 大流士当然担心亚历山大与她同房。但一位侍候她的宦官从马其顿营地逃出来，并将她的死讯告知大帝，他曾向大帝保证，所有被俘的皇家女眷都得到了尊重。显然，亚历山大与她只有一面之缘，也就是在伊苏斯战役刚结束时。他按传统波斯仪式为她举办了一场郑重的葬礼。[19]

两军距离十分接近，大流士有感于对手给他亡妻的礼遇，第三次提出和平倡议。[20] 他派了十位使者向亚历山大提出这个新提议。这回的倡议要比前两次更慷慨。波斯大帝答应割让幼发拉底河以西的所有领土给亚历山大，愿意用 3 万塔兰特赎回他的母亲和女儿，并愿意将一个女儿许配给亚历山大为妻。为表示诚意，他还愿意让他的儿子奥克斯（Ochus）留在马其顿。两个领导人以后就是朋友和盟友。另外，虽然他未明说，但将来大流士的这个新女婿也可继承波斯的帝位。[21] 这样做是有先例可循的，亚历山大的父亲腓力就曾取代阿明塔斯自立为王。

但明眼人不免心生疑窦，天上如何容得下两个太阳。[22] 和解很可能无法持久。别的不说，首先就需要诚意。在大流士的暗杀企图被揭穿后，他还哪里有诚意可言呢？此外，几天之后即将决战，最后一分钟叫停所有军事筹备，冷不防地进行和谈也不切实际。

波斯代表团无功而返，穿过大流士选定的平原战场，向他报告了此行任务失败。

这可如何是好？年轻的国王迟迟未起，他身边的人又没人敢进帐。部队是应该按照计划摆开阵势了，可是除了他没有人知道具体的战斗计划。

最后帕曼纽进去了，站在床旁叫了两三次亚历山大的名字。国王醒来后，将军问平生最大的战役在即，他怎么可能睡得那么沉。亚历山大答道："为什么不呢？你没看到我们已经赢了吗？我们不需要再围绕没完没了的焦土平原追击无意应战的敌人了。"这样说大流士有失公允，但那个时刻话说得夸张一点正合适。

让国王前一晚不能入眠的难题是：马其顿人兵力远不及对方，很容易被包抄。他们面对的是一长列虎视眈眈的骑兵队，骑兵身上的盔甲轻薄灵巧、闪闪发亮。骑兵队前面隔不多远还摆放着大帝的多辆秘密武器——车轭和轴罩上都捆绑着锋利镰刀的战车。

我们不知道波斯部队的确切人数，但肯定是大大超过马其顿的。阿里安竟估计有 100 万步兵和 40 万骑兵。这个数字显然太夸张，但根据可靠记载，两军相接时，亚历山大的右翼竟然面对大流士的中心。大流士最多能向 10 万左右的人马提供粮草和水。

大流士从自己在伊苏斯的战败中吸取的教训是，打胜仗靠的是骑兵而不是步兵。他注意到亚历山大是带领骑兵从右边奋力冲锋而一战得胜的。而他简单实用的计划则更进一步：他将利用自己的兵力优势双管齐下。他的精锐骑兵将对马其顿两翼猛烈出击，形成包抄之势，将他们集中歼灭。

他苦心经营他的部队，大帝的步兵身着样式各异的民族服装，虽然美丽，但在战场上几乎毫无价值。所以他决定把他们安排在很可能来自帝国东方的强悍部落的骑兵后面。

大帝部队中最好的骑士来自民风彪悍的巴克特里亚（今天的阿富汗、塔吉克斯坦、乌兹别克斯坦）和北方人迹罕至的塞西亚。估计他们（及其他民族纵队）有1.9万人，构成了整个波斯的左翼，其中约有8 000人超出亚历山大左翼阵线的末端。他们的统帅是精力充沛的皇室成员拜苏。大帝右边约有骑兵1.4万，指挥官是马扎厄斯，他的地位似乎并没有因为他未能阻挡马其顿人横渡幼发拉底河和底格里斯河而受影响。

与伊苏斯时一样，中间仍然是站在华丽战车上的大流士。他周边有精锐皇家步兵保护；这些人就是所谓的金苹果兵（Apple Bearers），因为他们的长矛尾端不是尖锥而是金苹果。他们旁边是波斯骑兵卫队和两个军团的希腊雇佣军，一个军团约有1 000人。这些部队前面有50辆战车和15头大象，大象主要是起心理震慑作用而非军事作用，给从没见过大象的人和马制造惊恐。大帝正确猜到了亚历山大的所在位置（他学得很快）并命令100辆战车对付他，而对付帕曼纽的只有50辆。

波斯人有一套经过深思的战术，要取胜当然还要看能否把握时机和灵活应战。亚历山大前一晚深夜时分又想出了何等妙计呢？

我们能用相当可靠的方式估算出马其顿的军力。人数比伊苏斯战役时稍多。亚历山大麾下总共有 44 000 名步兵，其中精锐部队当数有 12 000 人的马其顿方阵。骑兵有 7 250 名。[23] 另外一方面他还有忠心耿耿的特殊兵种，人数不多，但屡建奇功，包括 600 名希腊雇佣骑兵，不到 500 名佩欧尼亚轻骑兵，约同样数量的侦察骑兵，1 000 名阿吉里亚人，还有来自色雷斯部落的精良投枪手。

亚历山大注意到大帝改变了战略。在伊苏斯，大流士的作战计划以防守为主，如今在高加米拉，整个前线都布置了大量骑兵，证明他已决定易守为攻。他一定打算两边包抄，用骑兵绕过亚历山大的两翼。经过一番军力计算，亚历山大发现很难应对。于是他决定将计就计，鼓励对方包抄。

他的计划是这样的：诱使波斯骑兵用过多的兵力包抄。这样就会削弱敌军的中部，然后他就带兵深入中部开展殊死战斗。这计划确实聪明大胆，但也有很大风险。

如往常一样，他将配备长矛的方阵安排在中间。其右是灵活的持盾步兵，它再次担任方阵与马其顿精英骑兵——伙伴骑兵以及前方的王室骑兵——之间的“万能联系”。国王的位置就在这里。整个右翼有弓箭手及投枪手护卫，他们一半是阿吉里亚人，一半是马其顿人。与过去一样，左翼由帕曼纽出任总指挥；左翼主力是骑兵，包括约 2 000 名塞萨利骑兵，与右翼遥相呼应。

每一行两端都配有由骑兵和步兵陪同的特种兵战士。右边是一行由米尼达斯（Menidas）指挥的希腊雇佣骑兵，他们后面是长矛骑兵和佩欧尼亚骑兵，再后面是另一半阿吉里亚人和弓箭手。后者附近还有 6 700 名左右富有经验的希腊雇佣军步兵。

高加米拉战役
英里
0
1/2
千米
0
1
马扎厄斯
亚洲骑兵
亚洲步兵
亚洲步兵
大流士
拜苏
希腊雇佣军
皇家骑兵护卫
皇家步兵护卫
希腊雇佣军
巴克特里亚和其他亚洲骑兵
亚洲骑兵
侦察兵
亚洲骑兵
阿吉里亚人
弓箭手
雇佣军步兵
伙伴兵
持盾步兵
方阵
后方方阵
亚历山大
塞萨利骑兵
帕曼纽
运输车
马其顿营地
马其顿部队
骑兵
步兵
波斯部队
骑兵
步兵
=25辆战车
=5头大象

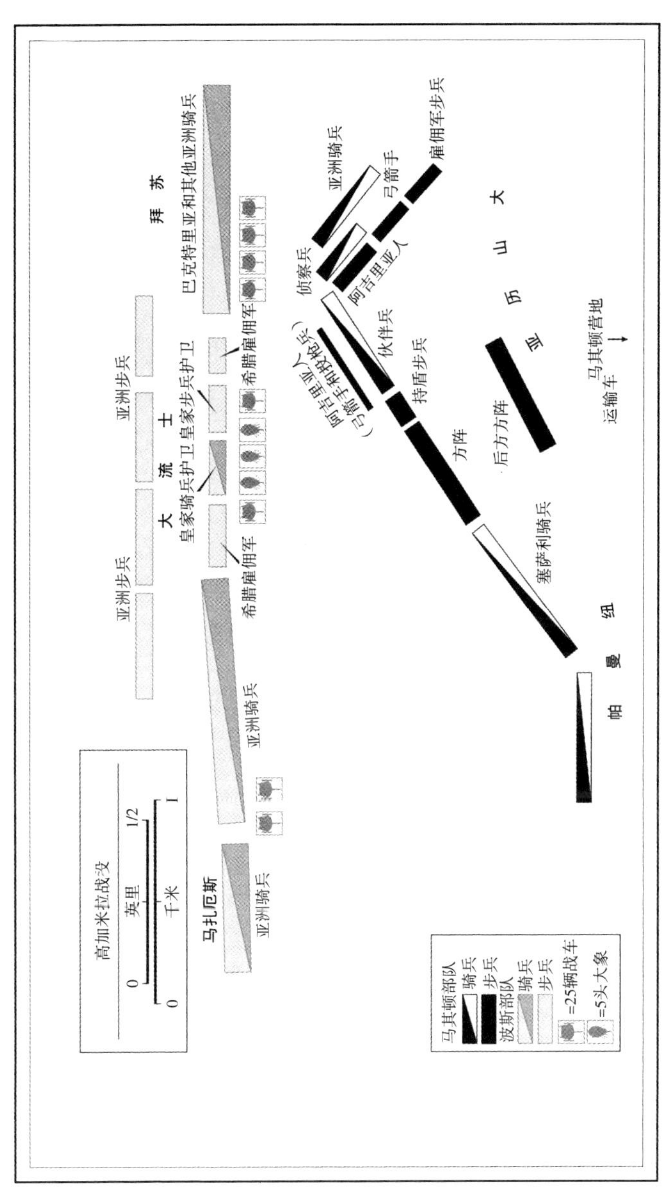

图 4　高加米拉战役

两翼的卫兵都被前面的骑兵挡着，波斯人看不见。故意给人一种不堪一击、容易歼灭的印象。其实后面却藏着与骑兵密切配合的步兵，可以击退或重挫波斯来袭者。

考虑到被完全包围的危险，亚历山大在方阵后面还安排了第二线步兵，主要是科林斯联盟成员国的希腊人。他已事先向这批后卫下令，一旦敌人成功包抄马其顿两翼，他们就转身迎战敌人。

国王完全清醒过来以后，下达了他的计划，一直跟着他横跨大陆的庞大军事机器，就在公元前 331 年 10 月 1 日缓慢开动了。

他从营帐里出来的时候已经穿好了盔甲，上身是一件在西西里裁剪的有腰带的短装，上衣里面是伊苏斯战役的战利品——厚厚的一层亚麻护胸。[24] 我们在庞贝古城找到一幅彩色镶嵌画，画的就是他在这场战役中的戎装英姿，同时在马其顿的埃迦伊王室墓葬中也发现了一幅类似的画，可能是他自己收藏的。他的精铁头盔像银子一样闪闪发光，头盔连带着一串镶满宝石的精铁项链。他的佩剑是塞浦路斯国王的馈赠，锋利而轻便；他训练自己用它作为近身搏斗的主要武器。最后他还外罩一件装饰讲究的斗篷。

这一身打扮让亚历山大在战场上十分耀眼，[25] 一眼就能认出，就像一面旗帜或标杆，大军随之而动，他既是我方尽全力要保护的对象，也是敌军的关键目标。波斯方面有点儿本事的弓箭手、投枪手、弹射手必将不惜一切把他打下来。

前几次战役中亚历山大的坐骑都不是“牛头”，毕竟它已不复当年。直到他要上战场了，这匹老马才被牵出来让他骑上。他对塞萨利人和其他希腊人说了很长一段话，但听得士兵一阵欢呼。国王的回应是改用左手举起矛，举起右手向众神祈祷，如果他真是宙斯之子，众神就应当保护并加强希腊人。[26] 穿着一身白袍、头戴金花环的亚里斯坦德沿着部队骑行，指着头上飞往波斯人方向的老鹰，这是个好兆头。鼓舞了左翼的士气后，国王穿行至右边，向军官和附近的人问候致意。然后，他在伙伴骑兵中就位。他莅临战场就足以提振士气。

终于，就在日正当午的时刻，国王下达了进军的命令。马其顿部队斜着向敌军进发，右翼一马当先。目的是让敌军不知所措，如果敌人右翼骑兵快马向前去迎战马其顿的左翼，就有遭到侧击的风险，并把波斯中部阵线拉得过长。为避免被包抄，亚历山大的左翼卫队及塞萨利人要做好弃守的准备。

马其顿人的前进角度或呈 45 度角。如此一来，处于左翼最远端的特种兵就不可能再往后撤，只能与波斯阵线平行相对。他们之中有希腊骑兵也有塞萨利部队。

亚历山大即将迎接指挥也无法控制战况的时刻。千万人马踩踏后尘土飞扬、喊声震天、万马嘶鸣、金戈敲击，直到亚历山大也搞不清战况。虽然有骑士来回传达信息，但信息不够快，送不送得到也没有保障，甚至在战斗分出胜负后，参战者也不一定能说清楚具体的经过。

不过，亚历山大的军官事前已听取了作战计划的全面简报，他们已习惯了最高统帅信任他们并容许他们根据情况和指示斟酌应变。他自己则负责关键决定，能决定战役胜败的伙伴军的冲刺时刻。

当他的部队接近敌人的时候，他有意向右倾斜。如果继续下去差不多就完全进入崎岖不平的区域了。大流士预见到这一危险，于是命令拜苏带领斯基泰人和巴克特里亚人往前包围马其顿的右翼。

亚历山大见状，立即命令米尼达斯和他手下的雇佣骑兵对其冲锋。不出所料，敌众我寡，冲锋不成。

亚历山大随即派了两个小骑兵队——侦察兵和佩欧尼亚兵——在善战的雇佣军支援下攻击斯基泰人，[27]斯基泰人不支并败走。阿里安没有解释这么少的骑兵是如何取得这个结果的，我们或可从亚历山大必然熟悉的色诺芬的话里找到答案。他指出没有步兵陪伴的骑兵具有弱点：

> 如果骑兵指挥官手上有步兵，就该加以利用。骑在马上的人要比站立在地上的人高得多，步兵不但可以藏在骑兵队中，也可以置身于其后……若藏在骑兵后面的步兵猛然现身参与杀敌，我想他们将会是决胜的重要因素。我注意到，出其不意如果运用得当能鼓舞士气，如果全无防备则会手足无措。[28]

亚历山大连续派小队出面应战，既节省人力又能准确把握时机，而拜苏出动的人马却越来越多。有经验的雇佣兵的战斗力显然已经超出斯基泰人和巴克特里亚人的预期，侧边的守卫则完全没有受到影响。不过，他们也不可能永远不受影响，敌人的势头迟早会显现。

此时，大流士令 100 辆战车直奔伙伴骑兵而来，[29]本来波斯人是希望拜苏能歼灭整个马其顿侧翼的，但直到此刻敌人还没有接触到伙伴军。前面的轻装散兵（阿吉里亚等人）抢下缰绳，拉下驭手，屠杀了马匹。事先受过训练的伙伴骑兵放过那些躲过一劫的敌人，这些人却落入后面的马夫和持盾步兵手中，做了俘虏。大帝的奇招彻底失败了。

全体波斯大军现在进发了，他们看上去威风凛凛，实则因紧张了一夜而十分疲惫。因为之前拜苏试图包抄马其顿人而动用了许多骑兵，他与阵线中部大流士一行的联系已现单薄。亚历山大等待的机会到来了。阿里安解释道：

> 派出去迎战试图包围右翼的波斯骑兵已在蛮族的战线中冲出了一道口子。他（亚历山大）直奔缺口而去，与伙伴骑兵及其紧邻的步兵（持盾步兵）以楔形全速全力朝大流士冲去。[30]

就在几分钟时间内，战况出现了大逆转。马其顿重骑兵扬起漫天尘土，嘶喊着“阿拉拉，阿拉拉”的口号。带领王室骑兵中队冲在楔形最尖端的，正是穿着深红色和银色服饰的马其顿国王，胯下是他的壮硕爱马“牛头”。他和骑士的后面是持盾步兵。他们人数很可能不及眼前的波斯骑兵，但是两军一交手，马其顿人优势立现。

亚历山大与伙伴军冲进敌人的骑兵阵，往左一拐，与暴露在外的希腊雇佣军短兵相接，随即与大帝的禁卫军展开近身搏斗。他们骑着马横冲直撞，举起矛刀向波斯人的脸上乱刺。步兵赶到后携带长矛加入混战。两位王的距离越来越近。大流士自己也投掷投枪来抵挡攻击。亚历山大也以牙还牙，但没射中大帝，杀死了大帝身边的驾车手。

战场上其他地方情况如何？消息不好。

右边的马扎厄斯正狠揍帕曼纽和塞萨利人。[31] 他一定觉得自己打得相当顺手，于是派了 3 000 名骑兵绕到马其顿人后方，打算拿下约 10 英里外防卫薄弱的驻扎营地。或许他是奉波斯大帝之命这么做的，因为这里就是拘押战俘的地方，里面包括大流士的母亲和其他家属。如果能将他们夺回，那可是大功一件。这伙人果然没费什么事就冲破了防卫。[32] 惊慌的仆役跑到西西冈比斯的营帐告诉她已然被解救的好消息。她毕竟是见过世面的人，在没有确切知道谁是赢家之前没有任何表态。库尔修斯是这样描述的：

> 她不动声色。不但一言不发，面色和表情也没有任何变化。她一动不动，大概是害怕过早表现惊喜会对自己不利。旁人根本看不出她希望的是什么结果。[33]

接着阵线中部告急。当亚历山大和伙伴军开始进发，最靠近持盾步兵的四个方阵营也跟进了，而左边的两个营却因马扎厄斯对塞萨利人的进攻而分了神。结果是方阵中间出现了裂缝，一群波斯和印度骑兵乘虚而入。[34] 或许他们是打算从后面抓住帕曼纽的，结果冲过了头（历史上骑士冲过头的事例屡见不鲜），一个劲儿往前跑。他们冲破马其顿后备步兵，到了离马其顿部队后沿不远的临时存放辎重的地方。

阿里安写道：

> 位于前线方阵后面的后备步兵指挥官发现了问题，立即按此前的作战命令调转队伍直追波斯人而去。许多波斯人就藏身于辎重行李和马匹之间，然后被杀，也有些人逃了出去。[35]

大帝的处境有些不妙，他恐怕自己不但侧面受敌，很快后面也可能失守，断了他的逃亡之路。王公贵族在他眼前一个个倒下。虽然生性并不懦弱，他却被迫再做一次懦夫。亚历山大和马其顿人离他越来越近，大流士眼看自己不是要被俘虏就是会被杀。如果他还想来日打个翻身仗（他很希望有这一天），眼下除了逃命已别无他途。

不幸的是，要让他卡在死伤士兵中间的战车调头逃窜并不容易。马忽而跃起，忽而落下，驭手无法驾驭。借助尘埃的掩护，大帝下了战车，骑上一匹母马绝尘而去。他的身形若隐若现，继而消失。

就在亚历山大开始冲锋的时刻，帕曼纽通过他信任的塞萨利人波吕达玛斯（Polydamas）从他镇守的左翼传话。[36]他告诉国王，敌人攻击猛烈。这是事先约好的暗号，意在帮助亚历山大掌握好他决定性的出击时刻。不巧，信使到达前，国王已经加入激战，话一时传不到他那里去。大概是大流士逃离战场后，战况稍稍平息之时话才传到。

后来还有一说，帕曼纽发出了不必要的求助信号，故而错失了追击大流士的机会，还有人说帕曼纽在这次战役中表现欠佳，似乎无心应战。其实他的任务明显的就是要坚守。我们也看到他得到的命令就是尽可能坚守阵线，好让亚历山大赢得战事。他所带领的部队，特别是塞萨利骑兵勇于应战，设法阻挡了波斯人的进攻。

大流士逃命的消息在军中不胫而走。拜苏决定趁队伍溃散前撤退，实属上策。波斯阵线在一片混乱中渐渐瓦解。后面那些不管用的步兵本来就没有参战，现在更想避免一战，他们拔腿拼命地跑。

亚历山大不愧为名将，在未弄清胜负前他绝不会离开战场。他不知道帕曼纽是否成功抵挡了马扎厄斯的进攻。他得先弄明白，必要时还得伸出援手，再说，即使这一边赢了，那一边输了也没有意义。所以在解决了中间部分波斯大帝的问题后，他就从波斯右翼的骑兵后方，直奔帕曼纽这边来。

如此一来他就必须经过惊慌逃命的波斯骑兵。阿里安写道：

> 接下来就是此役最惨烈的骑兵战。蛮族一鼓作气……朝亚历山大的部队直冲过去。他们也顾不上什么惯用的骑兵战术了——既不扔投枪，也不讲队形——每个人只顾自己，都想拼了命冲出重围逃命。现在他们并不是为别人的胜利而战，是为了保住自己的性命而战。[37]

这一次短兵相接，亚历山大的伙伴骑兵约有60人丧命；赫费斯提翁手臂也被矛刺伤，另外还有两位指挥官也挂了彩。

许多波斯人逃了出去，但亚历山大没有对这些人穷追不舍，而是急急忙忙朝帕曼纽那儿赶。等他赶到，马扎厄斯的骑兵知道大势已去，匆匆丢下奋力还击的塞萨利人就走。国王看到一切都还好，立即转身去追大流士。仗是打赢了，但今天还没过去。

古时候打仗就像携带武器的橄榄球队争球纠缠。打的时候并不太血腥，一旦分出胜负，才开始血流成河。格拉尼卡斯之战如此，伊苏斯之战如此，高加米拉之战亦如此。兴奋的马其顿人追上逃命的敌人，骑兵一拥而上，步兵被踩踏，不到杀红了眼不罢休。许多人还去捣毁如今已无人驻守的奢华营帐。有的记载给出的死伤数目高得惊人，[38]波斯牺牲的士兵很可能有上万人。估计马其顿人大概折损了 1 000 名步兵和 200 名骑兵。[39]

对大流士的追击一直持续到夜幕降临。国王让他的士兵和马匹休息一两个小时后继续追，直到午夜。他和同行人（可能是王室骑兵）在黑暗中驰骋。他跑了 75 英里后来到阿贝拉［Arbela，今天的埃尔比勒（Erbil）］，发现大流士刚刚离开此地。这眼看就要到手的鸟儿再次脱逃，亚历山大败兴而返，回到了正大肆劫掠的部队中。

第二天早上他安葬了死者，思考下一步该怎么走。当了 5 年国王、年仅 25 岁的他已经改变了世界。

“这一仗打出这样的结果，波斯帝国在众人眼中等于已经土崩瓦解。”[40] 普鲁塔克在谈起高加米拉之役时如此说。在戈尔迪乌姆，亚历山大以亚洲统领自居还有夸张之嫌，因为当时他只控制了小亚细亚。但如今这个头衔他已当之无愧。他在一次公平交战中击败了阿契美尼德王朝。

大流士准备到位，选择的战场位置也很聪明。高加米拉是一片广袤平原，如果入侵者人数不多，将无法借助河流或山脚护住两翼。这回他召集的人马比伊苏斯战役时还多，对未经战争洗礼的步兵，他给他们配备了新武器，安排了一定的练兵，还从帝国那些爱养马的东方省份招募骑兵。他也没忘记过去与马其顿人对阵的教训，让亚历山大在第一眼看到一望无际的波斯骑兵阵势时就震撼不已。

但马其顿国王就在他辗转反侧的那个灵魂黑夜，想出了一个绝妙高招，把他人数的劣势转为优势。大流士讲求数量、重量，而国王知道胜负取决于兵力的调动和眼明手快。诱使拜苏和他的骑兵不惜一切对自己的右翼边线出击，因此削弱了正对着伙伴军的敌人阵线，甚至可能让它出现了缺口，他再趁隙发起决定性冲击。在高加米拉，他按捺住自己冲动的性格，把精力用到了点子上。

但如果说亚历山大打败了波斯大帝，那么他有没有推翻他呢？当时的人认为帝国或起码一个王朝就此终结，这个说法正确吗？不，普鲁塔克错了。尽管亚历山大做了最大的努力，他再次未能在高加米拉将大流士生擒或杀死。他仍然无法名正言顺地继承帝位。只要大帝愿意，他还是可以在自己统治区的最东边继续战斗，他其实很可能有这个抱负。

不过眼下除了欢庆也无事可做。波斯帝国及其管辖的各大城市都在这欢欣雀跃的征服者面前俯首。

第十章

“英勇绝伦的国王”[1]

如今亚历山大有何打算？

他有三个选择，第一个选择立即被他否决了。他知道许多官兵都希望他立即宣布和平，让大家欢欢喜喜地衣锦荣归。为了不让他们发声，他用金子堵住了他们的嘴。普鲁塔克写道：“被宣告为亚洲国王后，亚历山大首先举行了对众神的献祭大典，接着他赠予朋友丰厚犒赏，除了财富，还给封地和官爵。”[2]手下们知道他对他们体恤有加，对他都十分爱戴。他跟他们说很快就可以有一段毕生难忘的假期。哪怕任何人有任何异议，此时也不再言声。

马其顿国王知道战争并未结束。继续追赶大流士是第二个选项，但如今他已深入东方，经过米底进入了崎岖不平的贫瘠土地，这里不利于大批人马穿越。大流士的目的就是尽可能拉开他与追兵之间的距离，争取时间第三次组建军队。

大帝身边有拜苏带领的巴克特里亚骑兵，他们从战场上撤退下来时，基本上未受折损，此外还有一批高级波斯军官和少数金苹果兵，以及约 2 000 名战后重组的希腊雇佣军随行。

人数不算多，理论上波斯大帝仍然是亚历山大的主要战略对象。

但我们也可以假设马其顿人并未掌握帝国东部的地貌信息，而亚历山大向来不愿意误入未经后勤分析的地区。他在此前的军事生涯中，每在大军出发前总会派侦察兵先行，去了解地形，并与当地人谈判粮草供应事项。这一次也不例外。

他还有第三个更具有吸引力的选项，也是亚历山大最终的选择。就是一路往南穿过美索不达米亚，前往以空中花园和奢华生活闻名的巴比伦城。他打算在该城的城墙外扎营一个月，士兵们可以进城放松，然后前往苏萨和波斯宫殿所在的波斯波利斯。

由于天热，敌人散落在战场的尸体开始发臭，马其顿人无意久留。[3] 他们收拾完大流士丢弃在阿贝拉的财宝后立即上路南行。高加米拉到巴比伦的距离接近 290 英里，加上中间必要的停留，通过美索不达米亚这块肥沃土地共花了三周。

要到苏萨还需三周，国王担心那里的财宝可能会被转移并送交东边的大流士。所以他派了一位高级官员以最快速度赶往苏萨，警告他们不得如此，并要该城投降。

马其顿人从远处望见了巴比伦的高墙。[4] 亚历山大为防别人设计，让部队摆开战斗架势。但见城门开处有很长一列人向他们走来。领头的是祭司和政府官员，后面是携带礼物的社会各界代表。马扎厄斯也在人群中。高加米拉战役后他就逃到这里，他在城里有关系，其妻就是巴比伦人。他与成年子女一起以哀求的姿态出现，正式向马其顿征服者交出该城。波斯大帝核心集团成员的变节对亚历山大而言可谓一大胜利，估计这也是事先谈判的结果。这对大流士的权威打击不小，还可能鼓励别人效仿。

城堡的波斯负责人兼巴比伦财务官不愿意让马扎厄斯专美，他在路上洒满了鲜花和花环，还在路的两边竖立了多个银祭坛，上面堆放着沉香和其他香料。他身后仿佛带了一个移动动物园，有关在笼子里的狮子和花豹，以及更有用的牛与马。这是他献给亚历山大的礼物——有些不便携带，但十分慷慨。

拜火教的智者，或称博士（magi），吟诵着圣诗。他们的后面是迦勒底天文学家兼祭司，他们的工作（前面说过）就是观测并解释天体的运动和季节的变化。接着是音乐家，他们通常唱的是颂扬波斯国王的歌，现在歌词应该已改写，转而赞扬马其顿征服者了。

队伍的最后是巴比伦骑兵；他们身穿异域风采的制服，是不用真正打仗的“巧克力兵人”。

国王乘坐战车进入城内，途经用上了釉彩的天青石砌成的、有动物和玫瑰纹饰的巨型伊什塔尔门，进入一条公元前 7 世纪尼布甲尼撒修建的大道。亚历山大立即将南宫及其中宝物据为己有。或许他还被加冕为巴比伦国王。

马其顿人没有遭遇任何敌对行为，反而受到当地的热情欢迎。巴比伦人还记得自己昔日的光辉。他们曾两度拥有自己的帝国，第一次是在公元前 18 世纪，为期不长，当时的王就是有名的立法者汉谟拉比；其后在公元前 7 世纪末，约有一百年的帝国统治时间，当时的疆域西起埃及，东至波斯故土波西斯（Persis）。空中花园就是在后来这段时间打造的，估计当时在很长一段时间里，巴比伦都是世界上最大的城市，人口高达 20 余万。

公元前 539 年巴比伦被波斯人攻陷，此后就一直在波斯大帝统治下。初一看，亚历山大的到来为他们挣脱重轭争取自由带来了希望。考虑到当地人的感情，亚历山大在见了天文学家兼祭司后听取了他们的忠告，对众神献祭，特别是该城的守护神马尔杜克（Bel-Marduk），他在蛮族神话中相当于希腊神赫拉克勒斯。

为争取民意，他命令重建马尔杜克神庙埃萨吉拉。据说它毁于薛西斯大帝之手，但也可能是毁于年久失修。[5] 无论如何，巴比伦的新统治者希望将其修复。当他表明费用应该由地方政府自筹，民众对他的这一姿态也就没那么感激了。

我们不知道迦勒底人有没有告诉他最近月食的天文记录及其政治意义。可能他们说了，因为他们有义务将得到的启示提供给当时的政府。果真如此的话，亚历山大应该早早就知道他的运气会持续8年，但不超过8年。他肯定心里一沉。他一定会将自己比作宁可英年早逝也不愿终生籍籍无名的阿喀琉斯，以此自我安慰。据说，御用史官卡利斯提尼斯找人将天文日志翻译出来，并将过去几个世纪的月食记录给了亚里士多德。[6]

眼前有些事情需要立即处置。巴比伦城及全省的行政管理怎么办？马扎厄斯已经管事了，亚历山大任命他为常设总督（为保证安全，由马其顿人掌管军事大权）。高加米拉战役后的几个星期里他们可能一直在秘密接触，继而达成了协议。但这一任命似乎并未受到普遍欢迎。对波斯爱国人士而言，马扎厄斯是逃兵；对以为自己被解放的巴比伦人而言，他是波斯压迫的象征；而对血统纯正的马其顿人而言，他是国王信任当地人的鲜活例证。

但是亚历山大有什么其他选择吗？大军越往东走，遇到懂希腊语的人就越少。连国王身边见多识广的专家们对他们所经之地的人民都不怎么了解，也不真正认识当地的精英。巴比伦人说的是一种阿拉米语（Aramaic），只有一小部分人通晓马其顿话或希腊话。他们的主要外语肯定是波斯语。而马其顿官员不太可能有人能掌握这两种语言中的任何一种，哪怕随军有翻译。

从实际考虑，最好的解决办法就是找一位资深的、信得过的波斯贵族。马扎厄斯恰恰既忠诚又可靠；数年后他死于任所，鲜活地证明了继续反抗毫无意义，因为马其顿国王打算在重要职位上留用大流士的官员，只要他们肯合作。

亚历山大还任命米瑟仁尼斯担任亚美尼亚的总督。他是三年前将吕底亚首都萨迪斯交给亚历山大后投降的波斯人。这一次的提拔让他喜忧参半，因为亚美尼亚还没有被征服，所以要做总督的话得先打一仗。此人后来下落不明，有可能就在这场战争中丧了命。这两位波斯高官是新政权下第一批获得升迁的众多人士中的两个代表。

就在宫廷安排治理一事的同时，官兵们得以休闲娱乐。战士们虽驻扎在城外，却能进城享乐。当地居民招待他们又吃又喝。

比较拘谨保守的罗马史学家库尔修斯对巴比伦人的道德沦丧颇有微词：

> 这里的道德败坏，无人能比……父母允许孩子与陌生人有性行为，丈夫允许妻子与陌生人有性行为，只要对方愿意付钱……巴比伦人特别嗜酒，往往酒后乱性。妇女可以出席酒宴。宴会之初还衣冠整齐，不久就把上衣全脱了，渐渐尊严尽失，直到（我要为下面说的话向读者道歉）把内衣裤都脱了。这种

> 令人作呕的行为并不仅限于妓女，已婚妇女和年轻女孩都这样，他们觉得这种下作行为是“友好”的表示。[7]

也许这种过分绘声绘形的记载反映的是被神允许的卖淫行为，是巴比伦自古以来的传统。几百年前，制定了法典的汉谟拉比曾给予从事这个职业的妇女保护。当地的风俗允许婚前与陌生人有性行为，但婚后则必须严格守身。显然，这种行为与神明米利塔（Mylitta，相当于希腊的爱神阿佛洛狄忒）信仰有关。据说，一个女人的一生必须有此经历，而且是强制的；赚得的钱要献给女神。这种习俗更有可能仅限于女性性祭司。

希罗多德在公元前 5 世纪曾描述过这样一个场景：

> 有众多来来往往的妇女；每条路上都在人群中画线指明通道，男人就沿线边走边选。一旦女性在某个位子站定了，她只有与向她丢银币的陌生男子在外性交后，才能回家；他丢钱的时候必须说“我以米利塔的名义邀请你”……费用多少不计；女子不得拒绝，否则就是犯罪，因为钱通过这种行为就有了神圣性。[8]

不管这些记载真假，显然在巴比伦找个民宅偷欢相当容易，而马其顿人像所有士兵一样，很享受强制独身生活的解禁。

放了一个月的假以后，马其顿人又上路了，目的地是苏萨。

亚历山大正接近帝国的中心地带。之前他所经之地的民众都对他充满善意，而今则不然，居民都与他为敌。他的部队就像在惊涛骇浪中的移动岛屿。他一向设法事先了解路况、资源、地形、气候等，虽然以后更有必要，要做到这一点却益发困难。[9]

一路行军经过的土地相当富饶，供应暂时没什么大问题，但从苏萨开始，亚历山大往往兵分两组或多组而行。每一组路线不同，消耗的粮食和水就不那么多。有时，大部队在后，亚历山大会带一组快速行进的特种兵先行。只有在降伏了敌对势力后，他才会叫大军跟上。

安德罗梅尼斯的儿子阿明塔斯在行军期间从马其顿带来了不少增援与亚历山大一起前行。[10] 阿明塔斯是在加沙围城后被派去找兵源的，现在他带来了 500 名马其顿骑兵和 6 000 名马其顿步兵、4 100 名色雷斯骑兵和 4 000 名色雷斯步兵，另外还有从伯罗奔尼撒友好城邦征集的不到 1 000 名骑兵。亚历山大趁机审视了一下高级将领的表现，不论资历提拔其中优秀者。他废除了骑兵部队按部落分组的安排，中队一律由他选拔的人带领。他同时改善了普通士兵的居住条件。每个人都从巴比伦上缴的银钱里拿到不少分红。

古典时代的士兵除了拿工资，还期待打胜仗后得到额外报偿——从被焚烧的敌人城镇中掠夺财物。亚历山大不打算让士兵任意抢夺帝国和文明都市中心的财富，否则会给他带来不必要的政治、经济和社会困难，阻止他获得自己希望很快就能登上的大帝宝座。

狄奥多罗斯写道：“他让全军上下对指挥官一片忠心，令出必行，队伍作战高效，绝不畏战。”当然凡事都有限度。他的手下崇拜他，他也非常体恤手下，但是在胜利后雀跃自豪的表象下，也可以察觉到有隐隐的不满。有些人不免问自己这场战争有没有到头的时候。

阿明塔斯给他带来了 50 名已经成年的马其顿贵族之子做他的贴身侍卫。他们是王室助理，负责侍候国王饮食，他上战场时给他牵马，陪同他狩猎等。在他卧室外轮流站岗的也是他们。说得礼貌一点，这些年轻人是他们的父亲（在后方）不出乱子的保证，但他们也标志着亚历山大的改变，过去他是非正式领导人，是同侪之首，现在他是有正式王宫的统治者，对能接触他的人开始有了更严格的控制。

随着阿明塔斯和他带来的人一起到来的，还有些相当坏的消息。[11] 亚历山大早在提尔围城时即听说希腊情况不稳，斯巴达蠢蠢欲动。如今他听说自己任命的色雷斯总督竟然参与了叛乱。由于叛乱构成了实际威胁，安提帕特被迫率领大军镇压，还动用了船队（最终取得胜利）。同时，亚历山大又下令给波斯之役增援。兵源开始出现紧张。

国王阿吉斯见到马其顿军队有压力，认为机会难得。他离开小亚细亚，去了克里特岛，他兄弟正把那里置于斯巴达的控制下。他在这里征召了躲在当地避难的 8 000 名希腊雇佣军，大约在公元前 331 年春浩浩荡荡向伯罗奔尼撒进发。尽管斯巴达与邻居一向不和，他却也找到几个邻国商议建立了一个反马其顿联盟，很快就集结了 20 000 名步兵和 2 000 名骑兵。在重创马其顿部队后，阿吉斯在希腊大陆上声名鹊起。

斯巴达看来有希望了。正如后来一位雅典的演说家所说："亚历山大已经撤到北极星照耀下最偏远的区域，几乎已超过了有人居住世界的边界，同时安提帕特征集军队的速度又慢。未来如何仍难以预料。"[12]

阿明塔斯就在此时去了东方。他对后来发生的事一无所知，我们可以想见，他的报告引起了亚历山大的警觉。但亚历山大鞭长莫及。大约在这个时候他给所有希腊城邦写了一封信，宣布废除所有僭主，让他们以后都奉行自己的法律（其实这只是一个公关计策，并非事实，因为在希腊大陆仍然有马其顿支持的僭主）。他赞扬普拉蒂亚的公民重建他们在彼奥提亚被损毁的小城，说它是在阻止波斯人公元前 479 年入侵后伟大胜利的象征，并借此提醒众人这次战争官方宣称的目的。

在抵达下一站，即波斯帝国行政首都苏萨时，亚历山大令一位高官将为数不小的 3 000 塔兰特带给安提帕特，由他任意支配。他在苏萨发现了薛西斯大帝在公元前 480 年从雅典掠走的一对雕像。它们纪念的是暗杀雅典僭主并最终为民主制度的建立铺平道路的两兄弟哈莫迪厄斯（Harmodius）和阿里斯托格顿（Aristogeiton）。两人是雅典的民族英雄，所以亚历山大差人将雕像送回雅典。这是一系列和解姿态后的又一举措。它们似乎也确实起了作用。当阿吉斯设法争取雅典加入他的联盟时，雅典坚持了其谨慎的不结盟政策。

这个斯巴达人犯了一个严重错误，他试图使用武力强迫伯罗奔尼撒半岛上的城邦加盟。他对半岛北部阿卡狄亚首屈一指的城市迈加洛波利斯（Megalopolis）进行围城。人们开始怀疑他的真实用心或许不是与亚历山大作对，而是想恢复斯巴达在希腊南部的昔日雄风。

围城不果，阿吉斯又因此浪费了宝贵时间。特别是这让安提帕特有时间与色雷斯达成协议，征召了北方城邦的士兵南下与阿吉斯对峙。很快，安提帕特手下就有了四万大军。

在迈加洛波利斯城外的一次战役中，阿吉斯及其部队与马其顿人英勇奋战，他大腿受伤，血流不止。[13] 他被扶回营地，战斗失利。见到敌兵靠近，据库尔修斯记载，“他命令士兵了结自己的性命”[14]。见无人听命，他拿起盾牌挡住自己，开始挥舞手中的矛。没有人敢冒险与他近身搏斗，他最后被投枪远距离击中毙命。

这次败仗也给叛乱画上了句号，希腊各个城邦只好与马其顿霸主讲和。亚历山大在从苏萨到波斯波利斯的路上听到了这个好消息。他应该觉得如释重负才对，但对任何会阻挡他征战波斯的事件或威胁，他总是淡化处理。对安提帕特的胜利，他说：“诸位听着，看来就在我们在这里征服大流士的时候，在阿卡狄亚那边也有一场不值一提战事。”[15] 其实，当初他听说阿吉斯造反时，他的警觉是对的。如果丢了马其顿，征服了波斯又有什么意义呢？

安提帕特并不傻。他知道他的领导者是个有自尊心的人，他把和谈一事交给科林斯联盟处置。而他们也同样小心谨慎，只允许斯巴达人直接向亚历山大陈情。

这是一个不幸的故事。阿吉斯与亚历山大一样英勇，但没有他幸运。他的跳板不是富有强盛的马其顿，而是一个过了气的小王国。他也算是尽力了。

公元前 330 年或公元前 4 世纪 20 年代初有一段记载，说希腊闹过一次饥荒。[16] 对此我们所知甚少，其实我们对这时候普通老百姓的生活所知寥寥，但估计此事与阿吉斯造反和亚历山大东征对贸易的扰动有关。石板记事记载了埃及西边北方沿岸的希腊城邦昔兰尼（Cyrene）提供粮食的城邦名单。估计他们为避免通货膨胀并未抬高粮价。

只有两个接受或购买粮食的个人留下了姓名——奥林匹亚丝和女儿克丽奥佩特拉。虽然细节不详，但两人之间关系紧张。在马其顿，安提帕特掌权，亚历山大的母亲虽无权，却有影响力。克丽奥佩特拉则在她丈夫（也是叔叔）到意大利港口重镇塔伦特姆做雇佣军的当口，担任摩罗西亚的摄政。他在一次战争中牺牲了，遗体遭人毁坏，被砍成两段，火化后的骨灰被送回了老家摩罗西亚。

这些王室妇女应该是买了粮食分发给了各自领地。之所以提到她们的姓名，是因为她们是国际知名的政治人物。

不知在什么时候，奥林匹亚丝与安提帕特交恶。她似乎一直不能接受自己的儿子会让他来负责欧洲事务。在平定了阿吉斯的叛乱后，安提帕特地位稳固，可以自行其是了，这个时候对他搞破坏没有好处。于是奥林匹亚丝躲到伊庇鲁斯去接管那里的政事。她和她的女儿一度合作良好。但是一个蜂巢里通常容不得两个蜂后，克丽奥佩特拉后来远走佩拉。

后来一位英俊的男子成了这位年轻女王的情人。[17] 这事给奥林匹亚丝发现了，这回她的反应却是一反常态的平静，她认为自己的女儿作为王室成员应该有一定的享乐。

在前往苏萨途中，马其顿人碰到地里冒出的原油竟然多到积蓄成小型湖泊的现象。那东西极度易燃，据普鲁塔克记载，“不用触碰到它，仅靠火焰的照射”[18] 即可点燃。一天晚上天色渐暗之时，几个波斯人安排了一场表演。他们在通往国王住所的路上洒了少量石油，或石脑油，然后将一端点燃。只见瞬间火焰就到达了另一端，这是古代人从未见过的奇观。

还有一次，一个叫斯特方（Stephanus）的童仆正侍候亚历山大沐浴，给他身上抹橄榄油。一位近臣认为火焰走得那么快应该不会对皮肤造成灼伤，所以建议斯特方用石脑油涂在身上试试。斯特方竟然还同意了拿自己做实验，在身上涂了一层石脑油。火一点就着，斯特方身陷火中。亚历山大见状大惊。要不是仆人在男孩身上浇水灭火，斯特方必死无疑。男孩活是活了，却被重度烧伤。

当时的科学家怀疑（不用说，他们猜错了）石脑油是从含油且易燃的土壤中流出的。他们还拍马屁称这绝非偶然，因为国王本性也同样炽烈。难怪他能轻而易举地征服美索不达米亚这片易燃的土地。虽然故事来源并未说明拍马屁的人是谁，但很像是谄媚能手卡利斯提尼斯说的话。

据考证，苏萨城在约公元前 7000 年就有人类居住。经过时间的推移，这座新石器时代的村落逐渐发展成了今日伊朗边远的西部和西南部埃兰文明的代表城市。它的命运随着一批批征服者的进出而跌宕起伏，这座城市曾三度被夷平。

新亚述帝国的君王亚述巴尼拔（Ashurbanipal）就是这样一位“万王之王”。他在毁城后还曾吹嘘：

> 苏萨，伟大的圣城，众神之所，神话传说的国度，为我所征服。我走进它的宫殿，打开了金银、珍宝、财富的收藏库……我摧毁了苏萨的金字神塔，击碎了它闪亮的铜角。我把埃兰神庙夷为平地；让他们的男女众神随风散去。[19]

亚历山大只不过是一长串征服者中最新的一个，但他就像在巴比伦一样，更热衷于维护而不是破坏。

他于12月初抵达苏萨城外。该区的波斯总督阿布力泰丝与高加米拉战役后亚历山大派往苏萨的马其顿官员一起出城迎接，还带来跑得快的单峰骆驼和12头大象为礼物。投降是事先已商量好的，没有动用武力。进城后，亚历山大以传统马其顿方式献祭，为士兵举行了一次火把竞赛，还和往常一样安排了一场体育比赛。国库所有财宝悉数上交，经盘点发现多年积攒的金银条竟有4万塔兰特，另有9万塔兰特已经铸好的波斯金币达里克。[20]

几场重要会见肯定了国王与高级波斯官员的和解政策。阿布力泰丝的地位得到了确认。我们没有听到任何抗议之声，但往好了说军中肯定有人感到困惑，往坏了说他们怀着没有明说的反感。为制衡起见，驻守部队指挥由伙伴军出任，全军指挥官也是马其顿人。

亚历山大已经对大流士出征时的豪奢生活方式颇感震惊。如今又有人带着他去参观“装潢令人难以置信的皇宫”[21]，看到大帝在国内的排场。他发现了大帝每日中餐和晚餐的菜谱都镌刻在一个铜柱上。[22]其上列出了成百上千种美味佳肴的用料，包括400只鹅、300只乌龟、300只小鹅、30匹马以及多种草药（包括串叶松香草，人们相信这香料既能催情，又可避孕，可惜现在已绝迹）。

显然，宫中众人的饮食都由司库出资。这是一笔不小的开销。亚历山大该大方的时候很大方（当然都是有目的的），但他不喜欢浪费。他坚信懦弱是锦衣玉食、放荡不羁的结果，勒令摧毁这块金属菜谱。在波斯大帝的寝宫御榻上方吊着一条镶满珠宝的金带。[23]约十年后进行的库存清点还列出重达15 000塔兰特的大量工艺珍品。[24]

亚历山大坐上了波斯大帝的御座。[25] 座位太高了，他的双腿悬在空中不着地。一位马其顿侍从见状当即搬了一张桌子放在他悬着的腿下。桌子高度合适，亚历山大很欣赏侍者的急智。接着他注意到宫里工作的一名太监在哭泣，问他为什么哭。此人说，波斯大帝一般就是在这张桌子上进餐，如今竟然成了脚垫，他不禁触景生情。亚历山大很是尴尬，显然他也不愿意让这个大不敬的名声在整个波斯宫里流传。他令人把桌子拿走。

帕曼纽的儿子菲洛塔斯出面阻拦。“陛下，别拿走。就让它当一个兆头吧，大流士的餐桌如今是您的脚凳。”[26] 国王转念一想同意了，桌子就留在了原地。这一偶然事件因此被解说为上天同意权力转移的暗示。

来自科林斯的德玛拉特斯，这位化解问题的高手，如今已年迈，他相信通过战争的办法能报仇雪耻。他在苏萨见到亚历山大时哭了。他边哭边说，此前逝去的希腊人没能看见亚历山大坐在大流士宝座上的一幕，无法享受这一巨大的喜悦。[27]

晴朗的天空暂时被一片乌云遮挡。[28] 波斯太后西西冈比斯和她的孙辈还在随军迁徙，亚历山大决定把他们长期安置在苏萨。他给他们找了老师，教他们希腊语。[29] 他与西西冈比斯关系还是很好，不过差一点因为一个小错让这个关系毁于一旦。

马其顿给国王送来了不少马其顿服饰，而在皇宫里正好又发现了大量珍贵的紫色料子。他令人将这一切送给太后过目，同时前去的还有缝制衣服的妇女。他顺便还捎信，说如果她喜欢这些马其顿服装，可以设法安排她的孙女学习缝纫。亚历山大对波斯人的文化习俗显然知道得还不够。西西冈比斯认为这样的礼物是对她的严重侮辱，因为上层波斯女性如果被迫制作羊毛物品，无异于一种羞辱。知道自己犯错后的亚历山大吓坏了。虽然他的词汇里一般没有“对不起”一词，他还是亲自前去表示歉意。他说，像他自己姐妹这样的希腊女性，从小就学习纺织，所以他是被自家的习俗误导而犯了错。他请她饶恕自己对波斯习俗的无知。两人之间的友好关系得以恢复。他继续对她以母亲相称。

对一个胜利大军而言，前往帝国礼仪之都波斯波利斯的这段路出奇的不顺利。[30]

古时候打仗一般都选在春秋两季，可是亚历山大需要在别人对该地的财富捷足先登之前赶到波斯波利斯。扎格罗斯山脉（Zagros Mountains）横亘在前，而隘口又都盖上了积雪。他于公元前 330 年 1 月中旬深冬时节离开苏萨，就说明他觉得时间紧迫。

从苏萨前去得走 370 英里，马其顿人要通过乌西（Uxii）走廊才能到达“人烟稀少、崎岖不平”的波西斯，也就是波斯人的老家。[31]有些部落栖息在此地肥沃的平原中，归波斯总督管辖，得缴纳赋税。山上的乌西人则不同；他们并非大帝子民，民风彪悍，向旅行者收费度日，更确切地说，他们就是靠打劫为生的土匪。波斯当局认为既然打击不易，干脆交钱买个平安。

国王进入乌西领地后，平原上的居民立即投降。但住在山区的人把守着一个东进的战略关口，坚持按照惯例收买路钱。亚历山大叫他们在关口等他。“到时候该给多少就给多少。”他们以为他是打算付钱了。[32]

他们弄错了。国王带着部分人马——最多不会超过1.4万人，包括9 000名步兵、3 000名雇佣弓箭手、1 000名阿吉里亚投枪手和1 000名色雷斯骑兵——以最快速度前进。到乌西村落后一番烧杀抢掠。接着，亚历山大首先到了关口，抢在因家园遭劫而惊慌失措的部落民族之前占领了据点。他派克拉特鲁斯前去占领高地，因为他判断部落民族在重压之下可能会撤退到那里，然后开始全面进攻。如他所料，他们纷纷往克拉特鲁斯方向逃窜，结果不是被杀，就是坠入悬崖身亡。

过去，乌西人只需每年交出100匹马、500头用于拉车或耕作的牲口以及3万只羊——估计这是个沉重负担——就可以安心度日。这个数百年来令历任波斯大帝无可奈何的芒刺，几天工夫就给除掉了。

国王接着与帕曼纽兵分两路。由老将带领塞萨利骑兵、重装步兵和运输车，走大路前往波斯波利斯。他们的速度快不了。亚历山大则带着剩余步兵、伙伴骑兵、应付小型战斗的轻骑兵、阿吉里亚人和弓箭手，一路急行到波斯之门（Persian Gates）——位于高山间一条狭长而易守难攻的峡谷。峡谷长6英里，最窄处只有6英尺宽，两侧峭壁相对。波西斯总督亚里奥巴扎尼斯（Ariobarzanes）已经猜到了没有耐心的马其顿人的计划行程，派了25 000人和一些骑兵占领了隘口。更糟的是，他还在隘口筑了一道墙。

亚历山大面临一个难题。他打算击败亚里奥巴扎尼斯，又得防备总督全身而退。如果波斯人有序撤退，很可能会迅速赶往波斯波利斯。到那儿以后，他们也许会防守该城，更糟糕的是，他们可能把据称藏在当地的大量金银财宝据为己有，而后远走高飞。如果他们把金银送给藏身于东部荒地的大流士，这位败走的君王就有资金组建新军。

亚历山大出师不利。他又犯了过度自信的毛病，一上来就直接攻墙，却遭到对方自上而下的弩弓乱射，头上还有翻滚而下的大石块。国王别无选择，只好撤退，丢下牺牲在峡谷的士兵。这场挫折十分屈辱。他们不愿抛弃阵亡者的尸体不管，但再次进攻也不会有什么结果。怎么办？如何才能在亚里奥巴扎尼斯撤回波斯波利斯之前迅速将他一举击败？

马其顿人在几英里之外建立了一个坚固的营地，暂时等待。国王审问了几名战俘，[33]他们说还有一条崎岖小路可以绕到波斯之门后面。他本来就喜欢冒险，立即表示愿意一试。他命令克拉特鲁斯负责管理营地，给他留下几个方阵步兵分队、一些弓箭手和500名骑兵。营地得表现正常，多生些火，不让人看出有任何变化。

夜幕降临后他领着其余人马上了那条秘密小路。爬行途中适逢飘雪，进展缓慢。11英里之后，国王再次兵分两路。他自己带上一支精选的快速纵队，有持盾步兵、一个方阵分队、轻装弓箭手、阿吉里亚人和两个骑兵中队。其余部队则交由三位高级将领——骑兵统领菲洛塔斯、（从马其顿带领增援人员后已经归队的）他的朋友阿明塔斯（即安德罗梅尼斯的儿子）、以及帕曼纽的女婿科纳斯——下到波斯之门另一侧的平原。他们负责在通往波斯波利斯必须跨越的河流上搭建临时浮桥。

安排第三分队的目的应该是为了确保一旦马其顿人在隘口无法击溃亚里奥巴扎尼斯，还有足够兵力阻挡他逃往波斯波利斯。

亚历山大和他的精锐部队穿过密林沿着艰难崎岖的小路前行。中午时分他们停步进食并稍事休息。天黑以后再次上路。黎明前到达了波斯之门后面的制高点，正好可以看到下面敌军的哨所。他们迅速将之歼灭，在第二个哨所也杀了不少人。到了第三处，大多守卫得以逃脱，但他们是往山里逃，没有逃回大本营，所以敌军没有任何察觉。亚历山大这才带领部队向敌营进攻。在外围沟壑处，他发出与克拉特鲁斯预先约好的信号，号声响起，克拉特鲁斯立即开始正面冲锋。

因为完全出乎意料，波斯人发现自己被围后不知所措，纷纷逃窜，死了不少。亚里奥巴扎尼斯带着 40 名骑兵和 5 000 名步兵逃回山里。一如国王所想，他直奔波斯波利斯而去，但守城方颇识时务，不让他进城。他掉过头来与马其顿追兵作战，最后与手下一同丧命。

如果伊苏斯之战和高加米拉之战的胜利者竟然在一次小冲突中失手，那就只能怨命了。冲动让国王遇到了大麻烦，但如果这种个性包含了雷厉风行和坚决果敢，那么它也是他的救星。

抵抗结束，皇家司库将城市交予亚历山大。国王放过了巴比伦和苏萨，但对波斯波利斯就不那么心慈手软了。正如薛西斯多年前毁了雅典一样，波斯人如今也遭遇同样被惩罚的命运。

绝大多数城市的发展都是由小而大慢慢成长的。波斯波利斯则不然，因为它是侵略希腊的大流士一世一手打造而成的。[34]

他认为自己需要一系列豪华宫殿来举办庆典和大型招待会、接见外国使节和举行宗教仪式。历任大帝也可以威严地安葬其中。波斯波利斯将成为帝国的象征和代表，其设计就是为了让人在震撼之余油然而生出敬意。（但因其地理位置偏远，一直未能发展为有特色和社会动力的都市中心。）

一个占地 450 米 × 300 米的巨大高台依高山而建。有台阶通往上面的一座朝见厅，顶部用杉木、乌木和柚木搭建，其下有 72 根 25 米高的大柱支撑。大厅可容纳数百人甚至上千人。附近有一个收藏战利品和税收单据的库房。从留存下来的大量楔形文字泥板来看，单单是管理帝国财务的雇员就有一千多人。可能出自希腊雕刻家之手的精致浮雕，描绘了波斯帝国不同民族前来向大帝进贡的情景。其中就有厚颜无耻的爱奥尼亚人，就是他们的叛变引发了这个历史进程，如今随着亚历山大的到来达到高潮。

大流士一世的继承者继续了前人的建设，又修建了几座自己的宫殿和厅堂。他的儿子薛西斯热衷建筑，曾在一段铭文中吹嘘：

> 朕即薛西斯，万国万语之王，广大世界之王……朕登基后颇有作为。除保护先帝所建又有所增添。朕所建及先帝所建，皆为受阿胡拉马兹达［阿契美尼德王朝官方宗教拜火教创建者兼唯一真神］所赐而建。[35]

亚历山大派了先遣队接收该城，然后他登上高台。据普鲁塔克记载，他见到已从基座上被推下来的薛西斯雕像躺在地上。

他停下脚步对着雕像说话，就像它是活人一样。“我是应该因为你曾入侵希腊就任你躺在这儿，还是应该把你扶起来呢？”他站在那里凝视着雕像沉思良久。最后决定继续前行。[36]

府库内竟有金银币和金银块共 12 万塔兰特。另外人们还从波斯波利斯 50 英里之外的帝国旧都、居鲁士墓葬所在地（今天还在）帕萨尔加德（Pasargadae）的保险库中找到 6 000 塔兰特。

等大军悉数抵达，亚历山大允许手下士兵对城市洗劫一天一夜，除了属于他自己的皇城。他还下令见到成年男子就杀，并屠杀所有罪犯，普鲁塔克称："他以为这有利于自己的事业。"[37] 波西斯的波斯人对新主子十分痛恨，有机会一定会起来造反。国王觉得毁坏了他们的圣城，等于是告诉他们昔日的美好已到尽头，再反抗也没用了。当年他毁掉底比斯，既引起人们痛恨，也激发了人们的恐惧，可是亚历山大懂得棍棒之下出孝子的道理。

洗劫是军事特权，而士兵们自从加沙陷落后就没有一展身手的机会。这回人人似乎都疯了。如今就剩下一座既无财物亦无居民的空城。凡是没有逃到城外的人全都死了。

血洗结束后，国王为庆祝胜利照例举办了一些比赛。他不惜重金向众神献祭，还举办了大型文娱活动犒劳将士。

没人知道那么多宫殿的下场。有一种说法是，就在 4 月大军离开波斯波利斯前不久，亚历山大与密友曾在一座大殿宴饮。酒酣耳热之际，有几个年轻人"在酒精的作用下"[38] 硬要亚历山大默许他们上演一场酣饮游行（komos）。那是在婚宴、庆祝体育赛事获胜或现在这种庆祝军事胜利之时会举办的醉酒游行仪式。[39] 同时还有男子合唱胜利凯歌（epinikia）。

酣饮游行的队员很快就组织好了，所有宾客和乐师（为国王的宴会演出的女性演奏者）都分得了火把。与以往不同的是，还有其他女性与她们的主顾或情人在场。其中一人就是来自雅典的高级妓女（hetaira，女性伴游或妾室）泰伊思。她后来成了托勒密的情妇，再后来成了他的妻子。

醉醺醺的国王领着所有人，随着歌声、管声、笛声在房间中穿梭。泰伊思作为酣饮游行队伍的召集人，第一个跟着亚历山大将熊熊燃烧的火把向建筑物扔过去，于是其他人纷纷跟进。木屋顶点燃了，很快建筑大部分陷入火海。

部队在城外扎营。当时天色已晚，士兵们注意到天边亮起红光，急忙赶去救火。他们见到带头放火的是国王，都放下了手中的水桶，将干柴丢入大火中。

此事还有另一个版本。纵火行为从一次酒后的意外变成了政策。进城后国王立即召开了将领会议，表明立场。库尔修斯记载，亚历山大又老调重弹，说这一战是为波斯人当年的入侵报仇雪耻。[40]他要惩罚波斯人对雅典和城内神庙的疯狂破坏。他说没有一座城比波斯波利斯更可恨。为了告慰先祖在天之灵，他们应当将城市夷平。

这就不单单是前面说的让士兵洗劫了，等于是他宣布了自己摧毁波斯波利斯的决定，让它与底比斯同命运。帕曼纽劝他三思，把如今已经是自己的财产摧毁殆尽没有意义。他接下来的一番话确实打动了国王。帝国的百姓如果认为他根本无心治理这个国家，用阿里安的话说“是一次征服之旅”[41]，就更不情愿接受他的统治了。

国王同时有两个相互矛盾的战略——既要报仇又想和好——使得他自己两边犯难。他一方面不断让阿契美尼德精英担任要职，并任命波斯人为波西斯总督，或许他同意他的睿智老将的意见。但另一方面，他又特别在乎象征意义。在他看来，他多少年来在东西方之间来回征战，作为当代阿喀琉斯再次拿下了特洛伊。他深信如果科林斯联盟领导人不能以一个戏剧性的举措给这场千年的纷争画上句号，将会令希腊世界大失所望。而且这一姿态或能提醒那些希腊叛军记得底比斯的命运，安提帕特于迈加洛波利斯获胜后仍有希腊人不安分，他们在看到主人的纵火决心后也会警醒。

即便中长期来看纵火焚城一事并不明智，但我们应当注意，大流士个人的威望也已经因为帝国四大城市不战而降以及波斯波利斯毁于一炬而大打折扣。[42] 一定就是在这个时候，一些波斯高官决定改而效忠亚历山大，其他人也开始秘密考虑废帝事宜了。

放火乃政策结果的假说得到了实地证据的支撑。许多高台上的建筑并没有损坏就是证据。纵火者的注意力集中在大流士一世的朝见厅、薛西斯的宫殿和府库上。这两人都是罪人，出于他们之手的建筑物都必须在其死后偿还他们的罪行。

经现代考古学家证实，雅典卫城的灰烬与波斯波利斯的灰烬一样，因为他们在两地的柱子和碳化层中都找到了焚烧的痕迹。两者同样毁于火焰。

纵火焚毁波斯波利斯的两个不同的版本其实并不冲突。从主要内容来看，亚历山大的酣饮游行顶多可被认为是一次历史事件，但不像即兴演出，更像有意上演的一出戏。

还有什么比围绕营火起舞更自然的事吗？

但据说宴会过后的第二天早上，国王又觉得不对了，他对自己的行为感到后悔。[43] 从此再也没有听他说起此行是为讨伐蛮族的话了。他开始了解，如果要成为大帝，行为举止就得像个大帝。要确保权力，单靠军事实力是不够的，他还得争取被统治者的认同。

焚烧宫殿无法取信于民。

奇迹男孩

亚历山大在 20 多岁时的这尊雕塑，展现了他朝气蓬勃的领袖魅力。雕像由著名雕塑家莱奥哈雷斯雕刻，他还曾为马其顿王室一家铸造过等身大小的铜像，现存于奥林匹亚，也即奥运会的发源地。（雅典新卫城博物馆藏）

早年生涯

位于米耶扎的作为山泽女神神庙的洞穴，如今已成废墟。亚里士多德曾在这里给亚历山大及其朋友授课，石凳和荫凉的步道，让他们能不被打扰地交谈、学习。（来源：wikicommons，摄影：Jean Housen）

ARISTOTLE AND HIS PUPIL, ALEXANDER.

一幅想象化的场景，亚里士多德正在为未来的征服者亚历山大讲课。（Charles Laplante 绘制，1866 年。来源：wikicommons）

赫费斯提翁在他们都还是青少年学生的时期遇到亚历山大，他们后来成为挚友和（很可能是）恋人。他们经常被看作一对，在几周内先后离世，都只有 30 多岁。这尊头像是以大理石雕刻的，大约是在公元前 4 世纪赫费斯提翁死后不久。（加利福尼亚州 Getty Museum 所藏，作者不详）

亚历山大与赫费斯提翁拜访大流士三世的母亲及其他皇室女眷。绘制于 1750 年，画家混合了古罗马与文艺复兴风格，创造性地再现了整个古典军营的气氛。（Francesco Fontebasso 绘制，达拉斯艺术博物馆藏）

底比斯城竖立了象征勇敢的狮子雕像，纪念地下所葬的“恋人军团”底比斯圣队，他们大多数是在喀罗尼亚战役丧生的。腓力二世和他年轻的儿子亚历山大就是在此地决定性地击溃了希腊军队，自此，强大的雅典和底比斯城邦失去了自由。亚历山大率领的骑兵队促成了这场胜利。（来源：wikicommons，摄影：Liapi Geo）

亡故于清晨

埃迦伊的剧场建于公元前4世纪中叶，马其顿的腓力二世于公元前336年遇刺时，它还是崭新的。亚历山大和他惊恐万状的母亲奥林匹亚丝很可能参与了谋杀。亚历山大显然从中获益，他立刻登基，并接手了父亲入侵波斯的计划。（来源：wikicommons，摄影：Klaus-Peter Simon）

在遇刺身亡后，腓力被埋在埃迦伊的王室陵墓中，陵墓于1977年被考古学家发现。腓力的遗体被安置在金棺中，同时发现的还有一顶金冠。（希腊埃迦伊王室陵墓博物馆藏）

腓力的雕像，他在公元前 355 年或前 334 年墨托涅围城战中瞎了一只眼，这是他戎马生涯所受的许多创伤之一。腓力为他儿子的成就打下了基础。（公元前 4 世纪，作者不详，来源：wikicommons）

奥林匹亚丝带领年幼的亚历山大会见亚里士多德。（Gerard Hoet 绘制，1733 年）

邪恶帝国

人们想象，波斯大帝是管辖从埃及到印度广阔帝国的至尊统治者。实际上，他拥有的只是一些半自治领地拼凑的帝国，波斯大帝的权力交接往往伴随着腥风血雨，为了保住王位，亚达薛西斯三世（公元前 358—前 338 年在位）曾处死了他能摆布的所有王室男性。图为亚达薛西斯三世之墓。（来源：wikicommons，摄影：Bernard Gagnon）

亚历山大极度推崇波斯帝国的建立者居鲁士大帝（卒于公元前 530 年）。他曾多次参观位于波斯首都帕萨尔加德近郊的居鲁士陵墓，在陵墓遭窃后，他还一度扩建。陵墓的纪念建筑今天仍在，但墓主不在其中。（来源：wikicommons，摄影：Bernd81）

胜利！

亚历山大率伙伴骑兵在伊苏斯战役中与波斯大帝正面交锋。他穿着一件精制的亚麻胸甲，与在埃迦伊王室陵墓中发现的相似。这是一幅公元前 1 世纪制作的彩色镶嵌画，从埃雷特里亚的菲洛塞奴的绘画原本仿制而来。（那不勒斯国家考古博物馆藏）

高加米拉战役（Jan Brueghel the Elder 绘制，1602 年。来源：wikicommons）

石棺上的伊苏斯战役雕刻。图上重塑的雕刻按古典时代风俗，上了鲜明色彩。其原件是在公元前 4 世纪晚期用高品质的彭塔利大理石雕刻的，从西顿的王室墓葬群中挖掘出来时，还保留了原本上色的痕迹。它很可能是西顿国王阿达尔罗尼穆斯（Abdalonymus）的石棺。（伊斯坦布尔国家考古博物馆藏）

赢取和平

这块石雕展现了亚历山大和伙伴军追猎一匹雄鹿。按希腊人的看法，他有种逞英雄式的鲁莽。马其顿人不是在战场上杀人，就是在闲暇时猎杀动物。亚历山大是个积极的猎人，常常在追逐猎物时冒生命危险。（伊斯坦布尔国家考古博物馆藏）

亚历山大也是个纵火犯。他烧毁了波斯帝国的纪念性都城波斯波利斯，以报复此前薛西斯在一个多世纪前入侵希腊、焚毁雅典城之仇。拜他所赐，今日的到访者仍会对废墟印象深刻。亚历山大很快意识到自己犯了错，没有波斯人的合作他就无法管理他的庞大帝国，在其他被征服的领土上，他努力安抚新臣民。（来源：wikicommons）

公元前 327 年，亚历山大与罗克珊的婚礼被公元前 4 世纪的希腊画家埃西翁绘制下来。作品本身已遗失，但对这幅画的细节描述保存下来，激发了索多玛创作此画的灵感。（罗马法尔内西纳别墅藏）

钱币是古代统治者向其臣民“诉说”的一种特殊工具。在这枚四德拉克马银币上，亚历山大称他获得上天眷顾。他身披赫拉克勒斯的狮子皮。在钱币另一侧是坐在王座上的宙斯。（来源：wikicommons）

亚历山大战胜波鲁斯。（Charles-André van Loo 绘制，约 1738 年。来源：wikicommons）

亚历山大进入巴比伦。夏尔·勒布伦绘画，1665 年。（巴黎卢浮宫藏，来源：wikicommons）

荒野灾难

穿越格德罗西亚沙漠（今马克兰）的长征历时两个月，是亚历山大军事生涯中最大的灾难。30 000 多名士兵中只有约 1/4 生还。图为亚历山大大军穿越沙漠。（A. Castaigne 绘制，来源：wikicommons）

第十一章[1]

叛　国!

亚历山大觉得时间紧迫。

他已经在两场战役中想方设法杀死或活捉大流士，但每一次此人都侥幸逃脱。显然仗是打赢了，一切都已经过去。但他不得不千里迢迢去寻找大帝的下落。要找到他的话，马其顿部队得加快步伐。时间一久，大流士就可能从目前为止没怎么参战的东部行省再组建第三支部队。

既然如此，亚历山大又为什么还在波斯波利斯逗留呢？他是一月份到的，直到五月底或六月才离开。

这个问题的答案就是，马其顿人还要经过一段漫长的路才能抵达下一个目的地，也就是埃克巴坦那（今天的哈马丹）——北方行省米底的首府，帝国的第四大城，也是皇室成员的避暑胜地。路上得通过扎格罗斯山脉一个地势很高的关口，冬天因积雪基本无法通行。

在这个人烟稀少的穷乡僻壤，保障供应也是难事。公元前 330 年 3 月亚历山大带领 1 000 名骑兵和少数轻装步兵组成的小探险队，打算与不友好的马尔蒂部落见面，很可能是为解决粮食存放的问题。

这一路麻烦不少。士兵们吵着闹着要回衣食无忧的波斯波利斯。熟悉地理情况的库尔修斯[2]写道：

> 一如既往，在前面带头的国王，跳下马来徒步在雪和坚冰上踏行。他的朋友不好意思不跟，军官们接着跟进，最后士兵们也就范了。国王是第一个亲自用斧头凿冰开道的，其他人于是照做。[3]

击败了马尔蒂人后，马其顿人终于在离开一个月以后又回到了基地。到埃克巴坦那 500 英里的路上，都是被冰雪覆盖的岩石荒漠，许多地方积雪有三四英尺深。亚历山大只好接受得待在波斯波利斯直到春天或初夏的现实。唯一值得欣慰的是，据说藏身于埃克巴坦那的大流士一个冬季亦动弹不得。

在波斯波利斯无事可做的亚历山大倒是有时间把该回的信都回复了。[4]古时候西方世界写信都是写在像铅一样的软金属上，或写在涂蜡的木牍上。埃及制造的纸莎草纸也有，但比较贵。书信一般由信得过的信使，经由专人养护的道路在波斯各首府与西部各省之间传递。

据普鲁塔克记载，“亚历山大竟然有时间给他的朋友写那么多信，这着实令人吃惊”[5]。希腊和前波斯帝国每一位有头有脸的人物都有理由给这位世界征服者写信，在众多正式询问的重压下，亚历山大也有义务做决定、给答复。有一个聪明的希腊小伙子攸美尼斯充当处理国王信件的秘书。过去他曾在腓力手下做事，竟然难得地讨奥林匹亚丝欢心。

需要亚历山大远程处理的问题有的相当复杂，莱斯博斯岛沿海山城伊勒苏斯（Eresos）的危机就是一例。这个地方并不重要，但政治手段残忍。亚历山大从来没去过，但不得不多次写信干预其事。公元前 350 年左右，三兄弟夺得政权联合专政。后来三人失势，就在亚历山大登基后不久又有了两位亲波斯的新专政者。

格拉尼卡斯之役后亚历山大将这两人撤换，应该是恢复了民主，不过就在门农短暂而有效的海战期间，两人又被官复原职。后来该城再次被解放，两位执政官被送往当时亚历山大所在的埃及受审。他将两人送了回去，并附信要伊勒苏斯人民成立法庭决定两人的命运。最后他们被人民法庭判了死刑，好像还执行了。

三兄弟执政官的家人如今派了一个代表团来，请国王为他们恢复执政权。为此亚历山大给伊勒苏斯写信。从残缺的大理石文字来看，国王的裁决是：

> 应由人民决定是否允许他们回归工位；由人民根据法律和国王亚历山大的命令设立法庭，在听到双方证词后，决定反对执政者的法律是否成立，他们是否应被放逐城外。[6]

普鲁塔克曾记下罗马皇帝奥古斯都发人深省的一段话，他说，亚历山大竟然不认为治天下比打天下麻烦得多，这很让他吃惊。这一批评似乎并无根据。虽然我们的资料对治理国家的事情关注得很少，但是从像伊勒苏斯这样的古代遗址中发现的记载来看，国王对政事还是十分关心的。不管是他本人还是他的僚属都十分注意各个地方的政治活动和立法情况。

再说，国王对战役中后勤补给的细心和他对士兵福利的周全安排，都说明他是一流的人力资源管理人才。关于他领导才干的方面，因为材料有限，我们也只能说这么多。

亚历山大与母亲经常有书信往来，通常为排解她的许多抱怨。不过，她也操心他的生活舒适与否：据说她曾劝亚历山大买下她自己身边的奴隶，因为此人烹调祭祀盛典菜肴的技术高超。[7]

像国王核心集团中许多成员一样，奥林匹亚丝也十分受不了赫费斯提翁，在争取她儿子的专注关爱方面，此人就是她的对手。不过，赫费斯提翁也不客气。当她写信威胁他时，他盛怒之下写道：“不要再吵我们了，也不要发脾气，不要说威胁的话。你再说我们也不会听。你知道亚历山大对我们来说比什么都重要。”[8] 我们可以想象他以“我们”自称会让奥林匹亚丝气到什么地步。他当然是意在调侃。他知道自己在情人心中的地位，所以敢于冒犯他这位极难相处的“岳母”。

但国王也不允许他恣意妄为，因为一般来说奥林匹亚丝的信都是由他亲启的。其他信件他们都是一块儿处理的。有一次，赫费斯提翁看到一封已经拆封的奥林匹亚丝的来信，亚历山大让他看信，并取下戒指将印面在赫费斯提翁的嘴唇那儿压了一下，“等于是告诉他不得对外声张”[9]。

亚历山大喜欢与朋友保持联络，与他们分享每日生活中的如意事和不如意事。他们不在身边时，他写信表示对他们的想念。他们都热爱狩猎，任何四条腿的动物都是猎物。他写信给一位被熊咬伤的伙伴军，抱怨为什么自己是所有人中最后一个知道他受伤的人。接着他说："现在你必须告诉我你的状况，还有同行的猎人有没有对不起你的地方，我好惩罚这些人。"最后来那么一句其实是玩笑话，并不是真的威胁。国王缺乏轻松一点的幽默感。

有一天他外出捕猎獴狐猴，克拉特鲁斯不慎打伤了另一位将领佩尔狄卡斯的大腿。亚历山大写信告诉正在出差的赫费斯提翁。虽然同事们都不怎么喜欢赫费斯提翁，但他和佩尔狄卡斯关系不错，听说后肯定很担心。受伤的人最终没事。

马其顿社会蓄奴成风，家奴数不胜数。他们要发挥作用就必须有行动自由，有的奴隶自然也就借机溜之大吉。国王竟然有时间帮忙寻找朋友家奴隶的下落。他下令寻找其中一名逃跑的奴隶。另一个奴隶被发现并被逮捕后，他写信道贺。至于第三个躲到神庙里去的奴隶，国王建议谨慎处理，应该计诱而不能用蛮力让他从圣域出来。宙斯之子永远尊重神明。

大帝在埃克巴坦那挨过了一个冬天，他还不打算放弃斗争。

他身边还有不少人马（当然比起以前要差多了），不下3万步兵。士兵包括由来自德尔斐神谕所在地福基斯的帕特龙领导的、忠心耿耿的希腊雇佣军团。亚历山大认为这些人是叛徒，因为他们在希腊圣战中与他敌对。这些人永远不能回家，一旦被捕性命堪虞。因此他们除了坚持立场外别无选择。

拜苏，这位能干而精力充沛的巴克特里亚总督旗下还有 3 300 名骑兵，加上由 4 000 名弹弓手和弓箭手组成一个整编部队。

要在第三次对阵中击败马其顿人，这样的兵力还是不够，于是波斯大帝派人前往东边的领地招兵买马。他还在等待增援。

随着春天的降临，有消息说他的克星已逐渐逼近。他别无选择，只有匆匆前往更遥远的赫卡尼亚、帕提亚、巴克特里亚、索格底亚那等行省藏身。他用空间换时间，有时间就能找到兵源。但时间也可能导致士兵折损，因为从埃克巴坦那撤退就会让他重要的盟友——卡杜西人和斯基泰人——遭受马其顿人攻击。

在某一时间节点，大流士命令部队偏离大路行进，而让跟随军营流动的人员和看守运输车的人继续走大路。接着他召集了一次幕僚会议。主要行政长官千夫长纳巴扎尼（Nabarzanes）和阿塔贝扎斯——亚历山大情妇巴西妮的父亲，大帝的忠仆——等人均列席会议。东部省份的总督也在场。

会场的气氛肯定凝重，但人人都坚决表示效忠大帝。私底下这些帝国高官都有自己的算盘。大流士在高加米拉的撤退让军队士气低落，另一边亚历山大显然有意维持帝国延续，这就意味他们在新政权下有可能保全自己的工作、职位和性命。叛国也可以说是为了公共利益。

阿塔贝扎斯发表了一番慷慨激昂的演讲。“我们将跟随大帝去战斗，”他说，“穿上我们最华丽的战袍，配备上我们最好的盔甲。”[10] 但是东方的增援迟迟不到，总督们都觉得不断让自己的人去送死没有意义。他们不打算行动。

而在幕后，纳巴扎尼和拜苏想到一块儿了。他们决定逮捕大帝。库尔修斯写道：

> 他们推断如果亚历山大赶上来，他们将大帝生擒交出，必能讨好得胜方——亚历山大肯定重视大流士被捕一事，如果双方没有狭路相逢，他们则可将大流士杀害，自己夺权，重启战事。[11]

这些都是不讲情义、野心勃勃的大人物，但他们真心认为大流士已成功无望。如果大流士能成功，他们会爱国，否则也只有为自己着想了。

纳巴扎尼开始为两人的计划打基础，他转头跟大流士说："暂时把你的权力和指挥权交给另外一个人，由他代行皇帝职权直到敌人离开亚洲，等到胜利之日再由他将王国交还于你。"[12]

他本想在不被指控为叛国的情况下提出政权更迭的概念。但是有如此缺乏说服力的金玉良言吗？大帝勃然大怒，拔剑欲将进言者置于死地。拜苏和一些巴克特里亚人将他团团围住。表面上看他们挺难过；他们恳求大帝不要下手。大帝住手了，但如果他坚持，肯定会被这些人逮捕并戴上镣铐。

会议散场，纳巴扎尼开溜，拜苏很快与他聚到了一起。他们决定将手下士兵与大军分离。同时，阿塔贝扎斯则尽力安抚大帝，跟他晓以大义，他现在可得罪不起身边的支持者。大流士也同意，但仍禁不住心情压抑绝望，他回到自己的营帐中。

一下子没了拿主意做决定的人。帕特龙对情况的转变很是担心，他叫希腊人取下行军时存放在运输车上的武器待命。波斯部队深信"背弃大帝乃大不敬"，仍然忠心耿耿。阿塔贝扎斯承担了主帅的职责，努力提高部队士气。

阴谋者们决定行动的时刻已然到来。他们知道希腊雇佣军和波斯士兵忠心不改，所以不敢公开逮捕大流士。当阿塔贝扎斯告诉他们，他已经平抚了大帝的情绪，他们公然饮泣并请求宽恕。一夜无事，破晓时分，他们让士兵回到营地，来到皇营门外，匍匐在大流士面前。

大流士接受了他们的道歉，不再起疑心，他下达了行军令，像往常一样爬上了自己的战车。

帕特龙怀疑拜苏和纳巴扎尼会暗害大帝。他尽可能靠近大流士的四轮马车行走（大流士已经离开了颠簸的战车），希望有机会跟他说上话。拜苏怕这个希腊人拆穿他们的阴谋，守着大帝寸步不离；他的行为不像同行者，更像卫兵。

帕特龙犹豫了，落后了少许，不敢言声。终于大流士注意到他了，他让官员传话，问帕特龙是否想跟他说什么。帕特龙说，是的，但只能跟他一个人说。大帝叫他直接过去，不要带翻译。大流士是周围这些人里唯一懂一点希腊语的，所以两人能够在别人完全听不懂的情况下公开交谈。

帕特龙请他把皇营设在希腊人区，这样他好就近护卫。大流士问为什么，帕特龙告诉他拜苏和纳巴扎尼打算谋害他。君王说他知道希腊雇佣军的忠心，但是他很难离开自己的同胞。他讲得也对，因为他手下的波斯士兵肯定也在思考自己的地位，注意有没有大帝已经不再信任他们的迹象，如果有，他们也将不再信任大帝。

拜苏十分焦虑；他不懂希腊语，但是帕特龙不带翻译令他确定帕特龙是在出卖他。他再次高声表示效忠大帝，并警告像帕特龙这样的雇佣军是只认钱的。大流士的眼神似乎同意他的观点。其实，他同意的是帕特龙的指控：事后他也是这么跟阿塔贝扎斯说的。老贵族劝他住到希腊人那边去，被他再次回绝。

夜幕降临，营地里一片寂静。近身护卫开始不见了踪影。皇营中就留下几个不知如何是好的太监。大流士叫他们离开自寻出路。他们开始啜泣，其他人也情不自禁。

士兵们误判了呜咽声，向拜苏和纳巴扎尼报告大流士自杀的消息。他们骑上马，带上一些支持者赶到皇营，发现大流士还活着。于是下令将他逮捕并捆绑起来（据说用的是金链）。

阴谋者带着他们的部队上了大路，开始向东朝靠近印度边陲的拜苏管辖的省份巴克特里亚走去。

一路上他们还带着仍然穿着皇袍的大流士。他乘坐一辆老篷车，外面覆盖的是肮脏的动物皮毛，外面的人看不见里边坐着的是什么人。此时他肯定认为自己的未来一片黯淡，恐怕也为时不久了。

公元前 330 年的 5 月或 6 月初，亚历山大终于可以离开波斯波利斯了。雪还没全化，但覆盖积雪的地方少了，即将到来的收获季节将帮助提供粮草。

亚历山大打算带领 17 000 人往北到埃克巴坦那去。他决定带上投降者交出的一部分银钱，用于支付军饷。余下的钱则预备交由埃克巴坦那城守护。为带上这些银钱，他从苏萨和巴比伦王国雇用了大量骡子和 3 000 头骆驼。负责此次行动的是帕曼纽，他还奉命将财物交给已知悔改并官复原职的哈尔帕拉斯。接着，他对前面提及的卡杜西人——里海边敌对的山间部落——进行了一次惩罚性打击。

一路上，国王不断听到自相矛盾的谣言。有人说，如果马其顿人继续前行，大流士将弃守埃克巴坦那，往东逃窜，一路蹂躏。后来又有人说波斯大帝意欲一战。就在亚历山大离城还有三天的路程时，遇到一名阿契美尼德的变节者，他是前一任大帝亚达薛西斯的私生子。据他说，大流士原来在等待增援，但援兵未到，已于4天前离开埃克巴坦那，并从司库那里拿走了7 000塔兰特。

如果公元前5世纪希罗多德笔下的描述可信，当年的埃克巴坦那不可谓不壮观：

> 它的城墙厚实而宽广，环城而建，一圈比一圈高。根据设计，每进一圈，城墙就更高一些……一共有七圈之多，皇宫和府库都在最里圈。[13]

显然，每一层城墙油漆的颜色都不同，最外面是白色，接着是黑色、红色、蓝色、橘色。最里面两层分别是银色和金色。

亚历山大的优先事务是逮住大流士，到达该城后并没有花多少时间欣赏城市建筑就离开了。不过，他倒是选在这个时候进行了一次重要的军事改革。他让科林斯联盟的军队士兵全部复员，包括塞萨利骑兵。在烧毁波斯波利斯之后，这是讨伐战结束的最后信号。他对这些士兵还是那么大方，不但给每个人付足了军饷，每个骑兵还拿到1塔兰特的巨额红利；步兵拿的较少，但仍然有相当可观的1 000德拉克马。

不少人已经在外征战多年，并不想再长途跋涉回到自己工作机会不多的小城邦。国王为这些人也做了安排。他们可以重新入伍，凡是这么做的人还有丰厚的“黄金问候”，得到 3 塔兰特的犒赏（相当于 18 000 德拉克马）。

但从今往后，他们对希腊的忠诚必须变成对亚历山大的忠诚。他想要一支专业部队，一支遵守他的军纪、训练有素的军队。无论他到哪儿，他们都得愿意舍命跟随，也愿意与他刚刚征服的帝国区域内招募的士兵并肩作战，愿意看到蛮族与希腊人平起平坐。

亚历山大对钱财不感兴趣，但如今他几乎拥有无穷财富，就像因为得到父亲宙斯宠爱而获得大量金银的仙女达娜厄的男性版本。财富正好让他展露他的慷慨。大家对国王都有这样的期待，他肯定也从他以出手大方闻名的父亲那里学到了这一点。

普鲁塔克在他的传记中也对这个话题进行了讨论：“亚历山大本性就异常慷慨，随着他财富的增加益发如是。他馈赠的时候总是既有风度又有礼貌的，而就是这一点让接受馈赠的人真正心存感激。”[14]

不过，他也并不忌讳用钱财上的慷慨作为控制的工具，他的馈赠往往也带着点儿恃强凌弱的味道。他对接受馈赠者略嫌粗暴。有一次，国王看见一位马其顿士兵赶着一头身负波斯金块的骡子。骡子累了，这个人就拿下一部分自己扛。他显然也举步维艰。此时亚历山大向他喊道：“等会儿，继续往前，你可以把你扛的那部分带到自己的营帐里去。”

一位伙伴军请他给自己女儿们的嫁妆帮个忙，亚历山大很大方地给了他 50 塔兰特。伙伴军说 10 塔兰特就够多了，国王简单答道：“对你这个接受的人来说是够了，可是对我这个给的人来说不够。”

国王身边的人都对他过度大方颇感焦虑。奥林匹亚丝就曾对此直抒己见。她写道："我希望你能找到别的办法来犒赏你所爱和尊敬的人：你现在的做法等于是把他们都当成国王看待，让他们得以结交朋友，却让你自己一个朋友也没有。"[15]

（奥林匹亚丝对今天不受待见的经济学一无所知。如果她知道，她肯定还会告诉儿子，在古典时代的市场中释放太多钱财，最终会导致高度通货膨胀。）

亚历山大注意到身边有些人开始爱上庸俗奢侈的生活方式。哈格农当年曾犯错，企图向国王献上一位美少年，最后没有受到惩罚，依旧是颇具影响力的朝臣；此人奢侈到戴着银指甲穿靴。列奥纳托斯早在学生年代就是亚历山大的密友，腓力遇刺那天也在他身边。他为人勇敢、苦干、待人真诚，可是也偏爱波斯人的奢华。[16] 业余时间他喜欢摔跤，每次摔跤以前一定在身上洒上来自埃及的一种特别的沙子。他的盔甲上有特别装饰，马勒也是镀金的。马其顿高官都待己不薄，雇按摩师和专用的仆人。

国王注意到了这些事，但是也仅仅温和地表示不以为然。他问："一个不习惯用手照顾好自己好看的身体的人，还能照顾好自己的马、保持自己的矛和盔整洁锃亮吗？"[17] 长于说教的普鲁塔克认为过度的财富消弭了马其顿人的斗志。他声称"（国王的）友人被四周的财富和浮华所染，但求生活享乐安逸，觉得他的远征和战役是不能承受的负担，逐渐开始对国王产生了埋怨和不满"[18]。

但证据与此相反。亚历山大带兵连战皆胜，强行军和经历极端天气等都足以说明马其顿军队并未退化。国王对手下人执勤的要求绝对一丝不苟，决不允许自我放任。但闲暇时士兵则可以放松。我们也看到腓力的宫廷曾因不少战士作风奢华无度而臭名昭著。亚历山大并没有表示过反对。或可说有其父必有其子。

在埃克巴坦那，马其顿部队又一次形成了一个整体。消息传来，说大流士在帝国边陲的最富有强盛的巴克特里亚行省，现正全面撤退，往帕提亚、赫卡尼亚行进。马其顿人听说他有被暗杀的危险，但目前他的部队似乎仍由他全面掌控。追随者当中出现了离心离德的现象，许多人已经离开，回自己的老家去了。也有不少人愿意向亚历山大投降，亚历山大都是通过他们获悉大流士的情况的。

于是他穷追不舍。身边只带了伙伴骑兵、侦察或轻骑兵及雇佣兵马队、几个方阵、弓箭手和阿吉里亚人等，总之就是速度最快的士兵。其余部队以正常速度前进。

国王往拜火教城拉吉（Rhagae，今天的德黑兰附近）行进。它距离埃克巴坦那约240英里，就在里海和厄尔布尔士山脉以南的一条老道路边，[19]除了山顶积雪外，只见一片荒芜的褐色土地。离进入帝国东部的隘口里海之门，也只有一天的路程。亚历山大希望赶在大流士之前到达该处。

马其顿人一路星夜兼程，有的人掉队，有的马死了。经过11天强行军赶到目的地才发现大流士已经通过了隘口。显然，赶上他并不容易。所以亚历山大让士兵休整5天，从疲劳中恢复。他趁机任命一个叫欧克索达提斯的波斯人为米底总督；他曾经在苏萨遭大流士囚禁并被判死刑（到底是犯了什么罪我们不清楚），据阿里安记载，“亚历山大因此而信赖他”[20]。

马其顿人继续前行，通过里海隘口进入农耕区。下一段旅程将跨越沙漠，国王派帕曼纽可靠的女婿科纳斯与他最信得过的助手带着一个小队去寻找补给。没多久，从大帝士气低落的部队逃出来的马扎厄斯的一个儿子和一位巴比伦贵族跑来见亚历山大，告诉他大流士已经被纳巴扎尼和拜苏逮捕的惊天消息。

亚历山大为此精神一振。他必须在绑架大流士的人将其杀害前——看来这个可能性很大——赶去营救他。大流士若遭杀害，问题可就大了，届时肯定会有其他阿契美尼德王朝的人自立为帝，继续斗争。但只要活的大流士在亚历山大手上，他自然可以掌控局势，想一个办法让他的俘虏将帝位让给他。

没等科纳斯回来他就匆匆上路，只带了伙伴军、轻骑兵以及一些跑得快耐力强的步兵。他们身上就只带了武器和够两天吃的粮食。其余部队奉命以正常速度前进。

这伙人披星戴月地赶路直到第二天中午。经短暂休息后继续上路，又走了一个晚上。天刚亮他们就到了拜见亚历山大那两人当初离开的营地。大流士的翻译因病没赶上波斯部队，他被捕后受到讯问，道出了事态最新进展以及巴克特里亚骑兵已宣布效忠最高统帅拜苏的重磅消息。拜苏已称帝，给了自己亚达薛西斯五世的称号，而且还戴上了三重冕。阿塔贝扎斯和他的部队以及希腊雇佣军都异常愤怒。但他们也无力回天，只好离开。他们不走大路而往山中行。波斯人很快又回来了，因为“他们没有了追随对象”[21]。

听说这一切以后，国王觉得时间不容耽搁。他必须坚持，哪怕人困马乏，还是得坚持。经过又一天日夜兼程，马其顿人来到了拜苏和大流士三世前一晚宿营的地方。亚历山大听当地人说，波斯人都是夜间行军。他问有没有捷径能赶上这伙人，他们说有，只是这一路缺乏水源。

亚历山大并不因此却步。他挑选了500名最能吃苦耐劳的步兵，让他们骑上状态最佳的马匹。他指示持盾步兵总指挥帕曼纽的儿子尼卡诺尔以及阿吉里亚人的首领，带领其余攻击部队沿拜苏行走的路线前行。他自己则带着部队精英在向导的指引下，从傍晚时分穿过45英里的沙漠地带。他们能坚持下来实在了不起。天刚破晓，他们就遇到了波斯军队的后部。掉队的士兵多半都没有了武器，没有抵抗即四处逃散。

漫天的尘埃遮蔽了视线。拜苏没有看出他带领的巴克特里亚骑兵要比马其顿人多很多，完全可以歼灭对方。亚历山大再一次因胆大而幸运。

危机出现了。被链条拴着、坐在破篷车里的大流士成了包袱。敌人很快就能赶上他，拜苏和一些同僚试图说服他骑马与他们一起跑，以免被捉。大流士不同意，他宁可冒落入亚历山大手中的风险。

阴谋者没想到敌军人马的声音已隐隐可闻，即将到来，情况有变，得当机立断。当务之急是不让他们手中有地位的俘虏落入马其顿人之手。人带不走就只能留下，但不得留活口。

几个反叛的总督立即行动，反复向大帝投掷长矛，长矛刺穿了他的身体。他们又试图杀死拉篷车的牲口，还处死了两名陪同大流士的奴隶（应该是最后两名宦官）。

纳巴扎尼和拜苏慌乱了起来。他们确信亚历山大不会因为他们杀害大流士而心生感谢。其实，他们很可能还会受惩罚，一旦他知道还有个新的亚达薛西斯大帝，情况将对他们更为不利。他们的士兵大多拒绝应战。他们两人决定还是逃离犯罪现场，立即回到各自的辖区——赫卡尼亚和遥远的巴克特里亚。

大流士的最后部队中的大部分，可能就这样土崩瓦解了。帕特龙和他的希腊雇佣军向亚历山大无条件投降。但巴克特里亚的骑兵仍然效忠他们的总督拜苏，有些步兵也转而效忠于他。他们将在帝国最远的边陲地带负隅顽抗。

与此同时，受伤的拉篷车的牲口因疼痛而拉着车偏离了大路，疯跑了一阵，最后终于在不远处停了下来。附近有泉水，当地人告诉一名渴坏了的马其顿人那儿有水；他前去喝水的时候发现了大流士，此时的他仍一息尚存。波斯大帝要口水喝，据说他喝了几口凉水后，向亚历山大致意。“通过你，我将一切交予他手中。”[22] 他边说边拉起这位士兵的手，握着他的手咽下了最后一口气。那年他大概 50 岁。

亚历山大很快赶到，在旁边站立了片刻表示敬意，眼中噙着泪。他将自己的披风盖在他身上，并差人将遗体送到波斯波利斯办了一场盛大葬礼。作为自封的亚洲之王，他知道他应该支持帝国延续，以大流士悲痛的继承人自居。他发誓要惩罚谋害波斯大帝的凶手。

几英里之外就是后来人们熟知的赫卡通皮洛斯（Hecatompylos，希腊语“百门之城”的意思）。它矗立在这片平坦、黄沙漫天的沙漠之上，就靠厄尔布尔士山脚下一条河流的肥腴流域供给。亚历山大在这里筑营，建基地。他的部队终于得到了几天应有的休息。

有人把大流士描写成“缺乏男子汉气概”的弱者。[23] 在阿里安笔下，他就是“十足的无能懦夫”[24]。其实，他是一个效率很高的统治者，赢得了周围人的效忠。不幸的是，他面对的是一位天才军事统帅。

由于大流士三世是皇族的远亲，以残杀男性亲人著名的亚达薛西斯三世并不觉得他对自己的皇位构成威胁。大流士被任命为亚美尼亚总督，后来又被提拔，在邮政服务中任高职。他从来没想到能成为大帝。

他曾与一名部落叛乱者决斗并获胜，可见他身体壮硕。在皇室官僚中脱颖而出后，他很快就巩固了自己的统治地位，并展露了他眼明手快、令出必行的才干，除掉了把持朝政多年的恶毒太监巴勾斯就是证据。

听说腓力遇刺后，他做出了合理判断，认为马其顿人的威胁只不过是小麻烦，地方部队足以对付。无论如何，涉世未深的少年国王很可能会放弃他父亲的入侵计划。大流士的唯一错误就是没有任命一位总司令，因为他并不信任最有资格的候选人——门农。

格拉尼卡斯之役敲响了警钟；大帝除了御驾亲征别无选择。显然他组织能力不错，他快速高效地组建了一支部队，但是有两个不利的实际条件：他从来没有战场指挥经验；另外他成天在宫里被一群吹喇叭、抬轿子的人包围，这些人低估了敌对方的实力，也让他与现实世界脱了节。

大流士很能随机应变，从失败里吸取了教训。他看到格拉尼卡斯之役中的马其顿人使用长剑，还有重量轻而质地坚硬的山茱萸木为柄的矛，他就让波斯士兵都改用类似装备。可是，有经验的将军都不会选在伊苏斯这样的狭长地带打仗，因为他的骑兵优势在这样的条件下发挥不出来。大流士从此也吸取了教训，决定下一场战役一定要在开阔平原上打。而这回，他的作战计划充分利用了他的骑兵优势。他差点儿就打赢了。

他被迫第二次从战场脱逃。那天其他方面都打得不错，但如果他倒下，一切都没有了意义。他的决定是对的，是勇敢的。

大流士三世不但能胜任他的工作，而且让他下属的行政机关和治理系统在帝国大部分地区都运作良好（唯一的明显例外是埃及）。各省都很听话，大帝也有意不过问地方事务。

阿契美尼德王朝并不是因结构腐朽或治理不当而垮台的，而是垮于一次军事溃败。得胜方不打算搞改革，更着眼于国家的长治久安。他就当自己是阿契美尼德王朝的人，以继往开来的口号安抚传统的统治精英。

年轻的马其顿君王变了。他开始穿兼具波斯和希腊特点的新奇装束。他身着白袍，腰间系上饰带，但并不穿长裤和典型的波斯长袖上装。他让伙伴军穿上镶有紫边的披风，也让马匹配上波斯马具。但他头上戴的是蓝白王冠，而不是高高的三重冕。

当他给送往欧洲的信件封印，他还是用原来的马其顿印章戒指，但给亚洲人写信时，他却用大流士的皇家封印（估计是从死者的身上取下的）。

他显然保留了波斯大帝开销高昂的有365名宫女的庞大后宫，大帝有特权每晚临幸一名宫女。据我们对亚历山大这方面的了解，他不太可能亲自出面甄选数百名年轻宫女，他也不可能带着她们出征。我们假设他接收了大流士的后宫，并同意继续出钱。

亚历山大继续保护和提拔出类拔萃的波斯人。他请赫费斯提翁把长期征战滞留下来的俘虏带出来，绕着皇室庭院走一圈，把贵族与老百姓分开。他在其中发现了大流士三世的前任大帝亚达薛西斯三世的孙女；他不但退还了她的财物，还差人帮她找已经失散的丈夫。俘虏当中发现的最重要人物就是与哥哥感情甚笃的大流士的弟弟奥萨特雷斯。在伊苏斯，他曾在亚历山大发起决胜的骑兵冲锋时奋勇保护大帝。

奥萨特雷斯转而效忠亚历山大，而亚历山大也很喜欢他，把他拉进了自己不大的朋友圈子。这个波斯人明显不喜欢拜苏，不管他个人内心怎么想，他接受了亚历山大是当今这片土地上的新君王这一事实。他看到亚历山大打算在波斯政治精英的协助下统治帝国。加入王室后，他等于是公开表示了对亚历山大的支持。

国王知道，他留用波斯当地行政官员的做法令某些将军不满。普鲁塔克是这么说的：

> 同意他这些计划并与他一起改变穿着的是赫费斯提翁，而克拉特鲁斯则坚持马其顿风俗。因此亚历山大在与蛮族打交道时用的是前者，而与希腊人和马其顿人打交道时用后者。一般来说，他最喜欢赫费斯提翁，最尊重克拉特鲁斯，就因为他已经对此事有了自己的看法，所以才常说："赫费斯提翁是亚历山大的朋友，克拉特鲁斯是国王的朋友。"[25]

两个人关系不好，而且随着时间的推移还越来越糟，似乎也不足为奇。有一回两人公开吵了起来，亚历山大不得不出面调停。

几星期前在埃克巴坦那让希腊人复员的事情让底下的士兵有些不满，虽然当时没太看出来。在赫卡通皮洛斯短暂休整期间军队突然传出荒谬的谣言，说国王对已经取得的成就相当满意，决定立即班师回马其顿。库尔修斯写道："士兵们顿时纷纷回营整理行装准备上路。就像有人发出信号要收拾营帐了一般。这些人寻找同营帐的士兵和装车的嘈杂声传到了国王耳中。"[26]

亚历山大为之震惊，因为拜苏还没被打败。另外，他已经私下决定往印度来个探险性远征——当时人以为印度就是陆地的边缘，再走下去就是包围陆地的大洋了。他召集高级军官开了一次紧急会议。在会上，他眼中含着泪说，他手下的人不是懦夫，但他们突然如此思乡，很可能让他的事业早早陷入停顿。事情的发展已无法逆转。他征服了波斯，不可能马上就做甩手掌柜。不管内心是怎么想的，每一位将军都对他表示支持，并志愿担负起最艰巨的任务。他们答应去安抚士兵，只要国王对士兵们说几句安慰的话。

于是召集了一次全体官兵大会，国王在会上发表讲话。[27]他提醒听众他们曾接二连三赢得胜利，但失掉这些战果也很容易。拜苏和他的朋友正等待时机乘虚而入。他说，"我们一旦转过身去，他们就会追上来"[28]，把马其顿人"当女人那样欺负"[29]。只需要最后临门一脚，战争即可结束。他在给安提帕特的信中说，士兵们欢声雷动，表示不论他选择到哪里，他们都一定紧紧跟随。[30]危机过去了。两天以后，公元前330年8月，部队朝波斯逃亡者躲藏的赫卡尼亚进发。

那么到底原来有没有危机呢？事件就像情侣间的争吵，外人看来吵得凶，但吵架的人觉得好玩。亚历山大的领导作风是，随时愿意以自己的生命做赌注；从不命令手下做自己不愿做的事，往往他还比士兵先行一步，保证后勤供应无虞；经常让部队休息并提供有质量的娱乐活动；最重要的是每战必胜。这一切都让士兵们对他绝对信任。他们之间的关系甚至到了有点相互爱慕的程度。

亚历山大一向高度重视士气，但此后则更进一步，开始定期提供佳肴美酒，设宴款待士兵，让大家有机会彼此了解、加深友谊。[31] 另外，随着军事行动的无限延长，国王希望转移大家自然生发出的思乡情绪，刻意培养在异地生根发展的愿望。所以他很有远见地鼓励士兵结婚成家。军营里的生活越来越像平民的家庭生活了。

重要的是，他还给士兵的男孩提供基本福利（女儿有没有福利我们不知道）作为自己的政策支撑。据罗马史学家贾斯廷在公元 2 世纪的记载，

> 男孩有养育补贴，成年后还能得到武器和马匹；父亲根据子女的多少获得奖金。如果父亲阵亡，孤儿可拿父亲的军饷；孩子从童年起就在诸多远征服役中成长。幼年的劳作和危险的磨炼将他们打造成一支在未来战无不胜的部队；在他们眼中军营就是他们的国家，战斗就是胜利的前奏。[32]

公元前 330 年 8 月末出现了一次真正的危机，说明传统派的马其顿人并不买账，暴露了某些人相当严重的不满情绪。这甚至威胁到国王的性命。

迪姆内斯（Dimnus）迷恋上了年轻男妓尼科马霍斯（Nicomachus），于是将他买下，自己来包养。[33]年轻的迪姆内斯是一名无足轻重的伙伴骑兵，[34]但他知道了一个天大的秘密，急于与他的男友分享。

他有点儿迫不及待，把情人带到空无一人的神庙里，让他以两人的爱和盟约起誓，决不对外透露他即将告诉他的秘密。尼科马霍斯发誓保密，根本想不到会因此犯法。

迪姆内斯接着宣布，他已经加入了一个暗杀亚历山大的阴谋。他们打算在两天之内下手。他说策划者有8个人，并说出他们各自的身份，其中就有国王的近身侍卫德米特里厄斯（Demetrius）。文献记载并未透露他们的动机，但从时间上判断，可能与亚历山大的和解政策以及他拒绝结束战争有很大关系。再说，前面我们也看到了，马其顿人有杀害国王的传统。

尼科马霍斯被这个秘密吓坏了。他说他虽然发了誓，但这不能成为叛国的理由，也不能解除他报案的义务。从他自己的私利出发，他也想到这一类的阴谋诡计多半不能得逞。迪姆内斯被热恋和恐惧弄得有点错乱，试图说服他的情人也入伙，实在不行也一定要保守秘密。他拔剑在两人的喉部逐一按了一下。

最后尼科马霍斯假装出于情谊说他会按要求保密。他是个比较世故的孩子，知道自己的处境非常危险。他得想个办法自救，即便这意味着出卖迪姆内斯。

他决定把事情告诉他的哥哥西贝里纳斯（Cebalinus）。这又是一个明事理的人。他们意识到越早将情况转告国王，他们就越安全。不能由尼科马霍斯出面。如果其他阴谋参与者见到他在王营附近，可能就会以为他是告密去的。所以这事儿得由西贝里纳斯出面。他在出入口徘徊，想让进帐的人转达国王，他有要事相告。

偏偏那天就没有到访的人。终于亚历山大手下的大将、伙伴骑兵统帅、帕曼纽之子菲洛塔斯前来与国王谈事情。情急之下，西贝里纳斯拦住他将此事和盘托出。[35]将军褒奖了他，并说会向亚历山大汇报。他与国王谈了很久，却没有提及这个阴谋。

西贝里纳斯一直等到傍晚时分菲洛塔斯出来，问他转达了没有。他说亚历山大没有时间跟他说话，然后就自顾自地走了。西贝里纳斯不甘心就此罢休，第二天又来到王营之外。菲洛塔斯正好来见国王，他说他会处理这件事，虽然他并没有告诉亚历山大。

这位年轻人心生疑窦。他决定不再逼菲洛塔斯，转而把消息告诉了一位年轻贵族米特龙（Metron）。他是负责管理国王武器盔甲的王室助理，经常与国王接触。他立即采取行动，悄悄把西贝里纳斯带进武库，随即叨扰国王，当时国王正在沐浴。

事态发展节奏加快了。亚历山大派卫兵去逮捕迪姆内斯并质询西贝里纳斯。当知悉这孩子竟然等了两天时间才报案，亚历山大不禁怀疑他的忠心，命人将他逮捕。西贝里纳斯喊叫说，他其实立即就告诉了菲洛塔斯，是菲洛塔斯没说。显然西贝里纳斯说的是事实，亚历山大感觉到一场巨大的政治危机正朝他逼近。他手下这位高级将领、他副手的儿子到底是怎么想的？为什么他拒不转告西贝里纳斯的警告呢？难道他的政权核心里有人想叛国？

他难过地哭了。

迪姆内斯看到卫兵走过来，猜到大事不妙。他用身上的佩剑刺向自己，继而倒下。[36]他被抬到王营受审时已不能言语。他呻吟了一会儿，看到国王凝视着自己，别过头咽了气。

亚历山大约菲洛塔斯跟自己见面，问他能否解释为什么耽误了两天，一副肯定这中间有什么误会的样子。将军没有一点吃惊的模样。他说，对，西贝里纳斯跟他说起这个阴谋；但（库尔修斯写道）他说他恐怕“把一名男妓与他情人之间的争吵上报，会让自己沦为笑柄”。[37] 现在他发现自己犯了大错，请求亚历山大原谅。

为争取时间，国王伸出右手给菲洛塔斯，表示和好如初。他说，他认为这事儿只是菲洛塔斯未能严肃对待相关信息，并不是有意瞒报。

问题在于，菲洛塔斯是个有一定名声的人。他勇敢、坚毅，差不多与亚历山大一样大方。但据普鲁塔克说：

> 他也相当傲慢，个人生活习惯上喜欢炫富摆阔，要换其他任何人，这样的作风都是招人反感的。特别是此时他拿腔拿调并不令人心服，显得笨拙、粗暴，引起别人的嫉恨和猜疑。[38]

抱怨从不嫌累的奥林匹亚丝曾写信警告亚历山大得慎防此人。[39] 菲洛塔斯的同僚们也打心眼里不喜欢他。他父亲一度也很担心他人缘太差，曾劝他：“儿子啊，别以为自己有多了不起。”[40]

菲洛塔斯有个情妇安提戈涅。这位年轻美女来自塞尔迈湾的希腊港口皮德纳。在乘船去萨莫色雷斯岛了解神秘仪式途中落入波斯船队手中。[41] 伊苏斯之役后她出现在波斯大帝位于大马士革的运输车中。她被交到帕曼纽手中后，又被他转交给了菲洛塔斯。我们不确定她是不是奴隶，但似乎出身卑微。为了生活她只有做高级妓女糊口。

在出征埃及时，菲洛塔斯与安提戈涅已经出双入对了。每当他喝醉了，与枕边人说话就口无遮拦。他抱怨亚历山大竟自称是宙斯－阿蒙之子。他认为国王还是个孩子，他在战场上的风光其实都得归功于菲洛塔斯和腓力。安提戈涅跟别人议论这些闲话，最终传到了菲洛塔斯的政治宿敌克拉特鲁斯耳中。他偷偷把她带到亚历山大身边，亚历山大要她继续维系与主顾的关系，并定期向他报告。他一般对下属之间的相互攻讦不太当回事[42]，也没有采取进一步的行动。

亚历山大与菲洛塔斯的关系向来都不太亲密，就因为在与披克索达洛司联姻那件事中，他觉得菲洛塔斯似乎是站在腓力一边的。这是好多年前的事了，但亚历山大一直记仇。不过，他还是认为消极的吹牛与积极的背叛是两回事。他看重他的骑兵统帅的军事才干，也不想白白地得罪帕曼纽。睡着的狗，即便不够机灵，也别惊动吧。

如今面对尼科马霍斯和西贝里纳斯带来的有罪确证，国王知道，按照马其顿的习惯，他必须跟大家商量，民主行事。他召集高级官员开会，但菲洛塔斯除外。他让尼科马霍斯和西贝里纳斯重述事情的经过，然后他问大家的意见。

克拉特鲁斯落井下石道：“我们要追捕的敌人还有不少。不要对内部的敌人疏于防范。除掉这些人，外国人就没什么好怕的了。”[43]

其他将领也想不出菲洛塔斯未能警告国王有什么说得过去的理由。先说亚历山大没有时间跟他谈这本身就是弥天大谎。[44] 如果他不相信西贝里纳斯的话，他就应该当面拒绝，把他轰走。但他没有，反而拖拖拉拉，暗示对方的话是可信的。

会议一致同意有足够证据，允许酷刑拷问。我们对马其顿的司法体系所知有限，不知道在涉及重罪时是否经常使用酷刑，但在古希腊时代，只有对奴隶才会用酷刑；相反，作为公民，出于荣誉是必须讲实话的。不过，既然无人反对，也许国王有权勒令使用酷刑。

逮捕菲洛塔斯前做了周密的准备。先是邀请他和其他宾客一起与国王共进晚餐，另外，为了给人一切如常的印象，还宣布次日将举行便步行军。在所有营地入口都有骑兵把守，奉命封路。这是为了确保即将发生的事不会传入帕曼纽耳中。他可能并没有犯罪，但是有没有并不重要。老将军听到儿子落马的消息肯定会盛怒。他是很得士兵爱戴的将领，届时为了菲洛塔斯一定会闹事。

半夜，所有的灯都熄了，亚历山大最信得过的几名官员——赫费斯提翁、克拉特鲁斯、科纳斯和艾利吉亚斯（Erigyius），加上卫队的佩尔狄卡斯和列奥纳托斯——在王营中秘密集会。小型军事纵队分别将那些有名有姓的嫌犯一一逮捕，另有 300 人将菲洛塔斯的营帐团团围住。这位骑兵统帅好梦正酣，被捕上铐时都没全醒。他们还给他罩上了头套，所以那些熬夜的士兵也不知道抓了谁。

第二天早上亚历山大命令全体武装集会。约有 6 000 名士兵和七七八八的随营人员在王营外集合。众人看不见被一列士兵挡住的菲洛塔斯，迪姆内斯的尸体却被公开展示。

根据马其顿法律，国王在极刑案中充当检察官，马其顿士兵则是陪审团。他们有权力，但不一定会做出国王想要的决定。他在处理这样敏感的案件时得特别小心。

亚历山大与一行人走出来，面色凝重沉郁。他站在那里凝视地面片刻后，终于开口了。他宣布已经曝光了牵扯甚广的罪恶阴谋，以年老的副将帕曼纽为首（这是下面的听众怎么都想不到的人）。他点了菲洛塔斯和其他参与者的名字，指了指已然死去的迪姆内斯。

接着他叫出尼科马霍斯、西贝里纳斯和米特龙重复他们的陈述。虽然有阴谋的证据，但并不能证明菲洛塔斯和帕曼纽参与。一开始众人哗然，听完三位年轻人的叙述后大家一片沉寂。

亚历山大继续发言。他引述被拦截的帕曼纽给他两个儿子的信中的一段话。话是这么说的："首先，照顾好自己，其次照顾好你们的人——我们就应当如是实现目的。"国王说，任何知情人都了解这段话的内容，可是其他读者不会看出此中真意。

听众中有人批评被告，包括科纳斯（尽管他与菲洛塔斯沾亲带故）。他捡起一块石头要砸菲洛塔斯，但国王挡住了他的手。此时，亚历山大没有给出理由就离开了。到目前为止，菲洛塔斯似乎还没有受到酷刑，但状况不好。他昏昏沉沉、目光呆滞，哭了起来。不过，他抹干眼泪后大声为自己辩解。

他主要说了两点：第一，迪姆内斯所提到的参与人中既没有他，也没有他父亲，所以并没有他们参与阴谋的证据；第二，他听到西贝里纳斯的举报后没有采取行动的理由，是说得过去的。他解释道："不幸的是，我以为我听到的消息只不过是情人之间的口角。我怀疑尼科马霍斯是否可靠，因为他没有亲自来举报，反而让他兄弟出面。"[45] 他以为如果他将此事当真，进而采取行动，必将遗人笑柄。

菲洛塔斯接着被带走了。或许因为他再一次展露了他以往的傲慢，所以一位行伍出身的老军官站出来，细数菲洛塔斯如何奢侈浪费，如何自吹自擂，众人立即炸开了锅。气氛开始对他不利。但检方的指控仍然单薄，它未能证明这一场巨大阴谋确实牵涉两位将军。

似乎是之前就计划好了，亚历山大在此时回到会场，并立即宣布休庭，隔日再审。他再次召集谋士，征求他们的意见，大家同意对菲洛塔斯施以石刑，即传统的马其顿死刑执行办法。但必须先定罪。

现在就差认罪了。赫费斯提翁、克拉特鲁斯和科纳斯均主动要求承担对菲洛塔斯严刑逼供的工作。国王退回里间，静候事态发展（虽然也有人说他是躲在一张挂毯后偷听）。[46]

他们给菲洛塔斯看了要用在他身上的刑具。他立即全面认罪。“还有必要拷打我吗？我是罪行的策划者，我希望它成功。”[47] 但克拉特鲁斯坚持必须用刑让他认罪。据说，菲洛塔斯遭到了“火刑和鞭笞”[48]。他一身鲜血，无力抗争，同意供出阴谋细节，只要他们不再用刑并把刑具卸下。

故事还要从阿塔罗斯——此人的侄女兼被监护人正是腓力的最后一任妻子——的亲戚西格罗库斯（Hegelochus）说起。他与帕曼纽关系密切，在大军在埃及期间，他曾狠狠地抱怨亚历山大到访锡瓦绿洲一事。如许多马其顿人一样，他看到亚历山大如今自称是宙斯－阿蒙之子，等于不认腓力为父，甚为愤怒。他于是请老将军参与密谋杀害国王一事。

他说，帕曼纽在原则上并不反对此事，但认为时机不对。据菲洛塔斯供述：

> 大流士还健在，所以帕曼纽认为此计时机不成熟，杀了亚历山大只对敌人有利，对他们不利，反之，一旦除掉了大流士，

> 杀害国王的报酬则将是亚洲和整个东方。就这样，他们针对计划达成协议并宣誓。[49]

菲洛塔斯对这一庞大阴谋认罪。如今计划的执行迫在眉睫，因为帕曼纽年事已高，很可能退休在即。不过，菲洛塔斯坚称自己对迪姆内斯的活动一无所知。他的前同僚再次取出刑具，他立即在这一点上也改口了。

亚历山大现在可以向马其顿陪审团交付一个完整的案子了，第二天大会继续。菲洛塔斯此时已无法行走，是坐在椅子上被抬出来的。他的认罪书全文被当众宣读。接下来发生了一件奇怪的事，他竟出人意料地供出了另外一位在场高官，他说此前从未提及的某位高官也是密谋者之一。然后，菲洛塔斯和所有其他密谋者都被处以石刑。[50]（近身侍卫德米特里厄斯大呼冤枉，暂时得以保全性命，等到一切归于平静，他还是未能逃过死神之手。）

远在埃克巴坦那的帕曼纽对他仅剩下的儿子的悲惨下场一无所知。国王意识到“留下他这个活口过于危险”[51]。他买通了老将军信赖的老友波吕达玛斯，派他到米底的首都去。波吕达玛斯骑着竞跑的骆驼在沙漠中飞奔了11天。于夜间秘密到达后传达了暗杀的指令。帕曼纽的副手克林德安排于次日行刺。老将军见到来人十分高兴，在带围墙的波斯花园里阅读伪造的他儿子的来信时，毫无防备地倒下了。

一位毕生为马其顿王室卖命的人，落得如此下场，令人不胜唏嘘，但帕曼纽知道他玩的是一场激烈游戏。他不会对自己的命运感到吃惊，如果他当时有时间想的话。

亚历山大决定现在是了结剩余事务的最佳时刻。当有罪的人都被处死后，他终于把林赛斯蒂斯的亚历山大带到了会上，[52] 并要他自我辩护，这个倒霉蛋在伊苏斯战役前就因为给波斯大帝写信谋反而被囚，还涉嫌参与行刺腓力。在行李车上被囚禁了三年的他已经完全变了模样。库尔修斯写道："虽然他有整整三年的时间思考如何为自己辩解，却紧张得前言不搭后语，心里想的种种理由怎么也说不出来，最后不但记不起事，思绪也出现了紊乱。"[53] 处死这位林赛斯蒂斯人没费多少事。

尸体移走后，亚历山大接着审理安德罗梅尼斯的四个儿子。老大阿明塔斯的十分不幸，碰巧是菲洛塔斯的密友，另外小时候还曾是国王佩尔狄卡斯之子阿明塔斯四世的同学，阿明塔斯四世已于公元前 336 年被亚历山大以争夺王位的罪名处死。但这几兄弟向来都表现忠诚，且深受士兵爱戴。最小的帕雷蒙还不到 20 岁，经历了菲洛塔斯事件后吓坏了，逃离了营地。

其他几位兄弟都静候起诉。阿明塔斯说服了吵吵嚷嚷的参加会议者，说他是无辜的，三人均被宣判无罪。阿明塔斯答应大家会把帕雷蒙找回来，找回来以后，这孩子也被宣判无罪。[54] 这个结果证明马其顿的司法有时也是公平的、宽大的。当然，也有人怀疑国王是不是有意平息大家的激动情绪，让这场不幸的审判和处死事件有一个皆大欢喜的结尾。

有些现代学者认为，上述经过全系谎言，或故弄玄虚。他们声称亚历山大自继承王位之日起，就想败坏帕曼纽和他儿子的名声，欲除之而后快。因为他们的存在等于是不断提醒他，他的军队并不真是他的，而是腓力一手打造的军队。命运之神帮忙解决了尼卡诺尔和赫克托，如今经过多年的等待他终于有机会消灭这个有才干、有想法的家族了。于是恶毒的君王和他无视法制的臣子就炮制出了这个戏码。

这个理论站得住吗？更笼统地说，其中有多少内容值得信赖？

首先得说明的是，我们现在正谈论两个阴谋。第一个就是不太专业的迪姆内斯那一伙人的阴谋。库尔修斯的描述最为详细，故事的来龙去脉清晰，我们完全有理由认为它基本上是在叙述历史。除了近身侍卫德米特里厄斯，所有其他阴谋者都不是知名人士，或者说他们就是一伙有不满情绪的年轻人。我们猜想，他们的动机或与亚历山大的亲波斯政策以及他打算继续打仗有关。

唯一值得关注的一点就是，菲洛塔斯为什么在知道参与阴谋者打算一两天内动手的情况下，却仍然拒绝让暗杀对象知道此事。他的解释不太站得住脚。即便他信不过西贝里纳斯，起码也应该调查一下他所言是否属实。我们很难否认他不言声反映了他不怀好意的推论。

帕曼纽与迪姆内斯及其友人显然没有干系（尽管他儿子在经历两轮酷刑后被迫承认他们有干系）。如果菲洛塔斯参与了这件事，西贝里纳斯又怎么可能请他去警告国王呢？

至于第二个更大的阴谋，案件本身就大有问题。菲洛塔斯在受刑之初曾央求克拉特鲁斯："就告诉我你们要我怎么说。"后来在详细的认罪书中，屈打成招的菲洛塔斯声称他们早有杀害国王的计划，并把父亲也牵扯其中，说他蓄谋叛国，这很可能是施刑的人出的点子。毫无疑问，亚历山大已经决定要除掉帕曼纽，而且需要法外处决他的理由。

关于帕曼纽有意谋反的唯一具体证据就是菲洛塔斯声称西格罗

库斯说过的一段隐晦的话，但无法验证这个指控的真实性。帕曼纽人不在，而西格罗库斯又正巧在高加米拉丧了命。

除了这一段流言，他一生清清白白。古典历史中确有国王经常不采纳帕曼纽建议的记载。于是就有学者推断，这种诋毁他的反面宣传，就说明国王有意除掉他（和他的儿子们）。如前所述，这一指控其实站不住脚，因为亚历山大也曾多次采纳过他副将的建议。

帕曼纽是腓力的人，曾将女儿嫁给亚历山大的最大仇人阿塔罗斯。但在国王遇刺后他很快就转而支持亚历山大，另外，如前所述，他也从命将女婿处死。

远征波斯期间，帕曼纽以及他的儿子菲洛塔斯和尼卡诺尔的所作所为都为人熟知。他们在亚历山大所有战役中都发挥了领导作用，在他接二连三的胜利中都有功劳。为什么国王要想方设法除掉他最好的、最靠得住的统帅呢？如果他真打算这么做，凭他在即位之初清洗异己的无情，他完全可以在任何时候给他们降级或开除的处分。他连战皆捷的威风满可以让他安然度过抗议的浪潮。但是他还是让帕曼纽和他的儿子们留任。帕曼纽死时已临近退休，三个儿子已经没了两个。为什么要除掉菲洛塔斯呢？

如果罪名有一丝一毫的真实性，那么这可能是因为马其顿的宫廷文化。虽然聪明的君主一般都能遂己所愿，他身边的贵族则坚称他只不过是同侪之首。他们一起痛饮，一起冒险，彼此直言不讳。腓力是个大而化之的人，对他们的坦率直白也无所谓，只要这些人在战场上愿意卖命。亚历山大的态度跟他爸一样。只有在言语转变成叛国行为时，他才会干预。

现在我们可以对我们知道的事情做总结，或者可以给出对真相的合理猜测了。

亚历山大是极为成功的军事领袖，备受手下官兵爱戴。他从他父亲那里继承了不少能兵强将。他对他们的要求非常高，不论是他直接指挥他们，还是在让他们兵分几路独立带兵。他们果然不负重任。他们仗打得漂亮，对国王可谓一片赤胆忠心。

正如杰出的希腊史学家波力比阿斯所说：“或许亚历山大作为总指挥的确功劳不小，尽管他实在太年轻，他的合作者和朋友们在多次杰出的战役中击败敌军，不辞艰苦，不畏危险，功劳也并不在他之下。”[55]

然而，许多人并不认同他这套时髦的、与马其顿传统不符的政策。他们反对他对腓力国王的贬低，反对他认宙斯－阿蒙为父的怪异行为，反对他提拔波斯人，反对日益奢华的宫廷生活，也反对持续战争。这些想法他们也并不都埋在心里。

多数时候也就是抱怨抱怨，但迪姆内斯和他的朋友们决定付诸行动。菲洛塔斯对国王的看法跟他们差不多，当他听说有这么一个计划后，决定三缄其口。唯一的解释就是他愿意看到阴谋得以继续。

获悉了这个难以承受的事实时，亚历山大和他周围的密友就遇到难题了。他们确定菲洛塔斯的行为叛国，应该处死。但是他的不作为也不会让他的罪名太重。此外，亚历山大猜测帕曼纽会想方设法为儿子的死报仇，如果要军队同意抢先下手处死他，又需要有能给他治罪的具体证据。

所以才有必要捏造第二个阴谋来给这一对父子泼脏水。不存在的事何来证据，因此就必须让菲洛塔斯屈打成招，让他全面认罪。

阴谋者——真正的与声称的阴谋者——伏法后，眼前的危机就此结束。亚历山大得以勉强全身而退，之所以说勉强，是因为他的名声还是受了一定损害。他并非此次丑闻的主要推手，只能说是应对者。他的行为堪称迅速合理，但又残酷。如果要找出一个“基于国家利益”的典范，这就是一个。

亚历山大肯定知道事情并没有过去。他的政策并没有比以前更受欢迎，他与手下之间亲爱精诚的关系开始出现了恐惧的暗流。他起码弄明白了一点：如果忠义如此不可靠，他可不能再把伙伴骑兵交给一个将军带领，一个人变节就可以带动所有人造反。他决定改由赫费斯提翁和王室骑兵中队长克雷塔斯联合指挥。[56] 赫费斯提翁与亚历山大私交甚笃，但此人才干平庸，比不上菲洛塔斯。国王在提拔人才时一般看才干；如今提拔自己的恋人，说明他信得过的干才不多了。

至于克雷塔斯，他的任命确实当之无愧，也反映了国王希望提拔一位像帕曼纽那样的人选，既能体现传统马其顿价值，又深得士兵欢迎。他十分担心士气军心。士兵给家人和朋友的信都暗中经过检查，[57] 看有没有人表示不满，凡对国王提出批评的人都被调到一支特别部队，表明他们有污点（显然，他们在战场上跟其他人一样英勇）。

马其顿士兵仍然热爱他们的国王，不论他们对菲洛塔斯的看法如何，他们都愿意在打倒他这件事上尽自己的一份力。不过整个气氛变了，变冷了。亚历山大越来越冷漠，部队也陷入茫然，所有人都只想回家。

安提帕特听说这个惊天大案时说：“如果帕曼纽都会背叛亚历山大，那么我们还能相信谁呢？如果他没有，还有补救之道吗？”[58] 也许他私下里还会问，下一个人又会是谁？

第十二章[1]

没完没了的战争

公元前 330 年春，亚历山大与他在追捕大流士时留在后方的军队会合。他考虑到行动能提升士气，便下令帕曼纽的部队前来与自己会师。但他并未尽早向东进发抓住篡位者，而是带领 20 000 名士兵与 3 000 骑兵往北直驱赫卡尼亚（波斯语“狼群出没之地”的意思）。[2]

亚历山大往赫卡尼亚去是有道理的。大流士遇害后，他手下不少朝臣都到那儿避难去了，忠心耿耿的希腊雇佣军的余部也在那里，国王想逼迫他们投降，以解除他前行时对后方敌人的后顾之忧。

赫卡尼亚省夹在里海东南与崎岖的厄尔布尔士山脉之间。凡不是嶙峋怪石和崖壁的地方都是一片热带沃土，植被苍郁繁茂。[3] 山谷里参天大树成林，藤蔓缠绕其间，极难通行。马其顿人看见树干流出蜜汁（里海刺槐的树汁，今人用它来制作糖果），不禁啧啧称奇。

部队兵分两路，很快就降伏了赫卡尼亚省。国王进入了该省首府扎德拉卡塔（Zadracarta），也即“黄城”，因其市郊种植橘子、柠檬等黄色果实而得名。一群波斯达官贵人已经在此等候。当他们意识到自己无处可逃，纷纷从山上下来投诚。

他们没有理由为自己的命运担忧。这些人都非等闲之辈，于是国王继续了他对旧统治阶级的怀柔政策，给予了他们热情款待。众人中最大的一条鱼当属千夫长纳巴扎尼。他曾与拜苏一起阴谋逮捕并杀害大流士，他有自知之明，事先就写信给亚历山大，探明自己受不受欢迎。国王毫不犹豫地担保了他的人身安全。

千夫长给亚历山大呈献了丰厚礼品，包括改变此后亚历山大个人幸福的一份大礼——一个“风华正茂”[4]、美艳绝伦的宦官（他的宫刑可能就是切除了睾丸[5]）。此人名叫巴勾斯，据我们所知，他与手段毒辣、执掌废立国王大权的同名宦官巴勾斯并无血缘关系。他与大流士也有同床共枕之缘。

尽管亚历山大过去不赞成将貌美的奴隶当成性伴侣的做法，却对这个男孩一见倾心。古籍中对巴勾斯的记载甚少，有的也就是一笔带过。虽然他的名字不常出现，但读者应当记住的是，他在亚历山大的余生中时时刻刻如影随形。

正如自古以来多数宫廷宦官一样，巴勾斯也无端赢得了无数骂名，[6]不过普通士兵只是把他作为戏谑对象。在这件事情上赫费斯提翁或巴西妮怎么看我们无从知晓，肯定两人都不会高兴。他似乎并未寻求发挥政治作用，亚历山大终其一生都对他钟爱有加。国王死后他的命运不得而知，很可能不妙。

两位地方总督法拉塔弗尼斯（Phrataphernes）和奥托福雷达特斯（Autophradates）前来投降，国王立即让他们官复原职。最受欢迎的投降者就是子女成群的阿塔贝扎斯，与他前来的还有他 11 个儿子中的 9 个。他一直坚持忠于前朝，但在认识到阿契美尼德王朝寿数已尽后，决定转而效忠亚历山大。其实这个转变并不难，因为他早年在佩拉流亡时就已经认识了亚历山大。而巴西妮作为他的新主人的情妇，肯定也会协助父亲获得亚历山大的信任。阿塔贝扎斯终于成了亚历山大最信得过的小圈子中的一员。

大流士留下一些可怜的希腊雇佣军，他们派信使前来，希望获得大赦。如今他们只剩下 1 500 人，但力量不容小觑。亚历山大不愿对他们网开一面，在任何情况下都不愿意跟他们谈条件。他们曾拒绝科林斯联盟的希腊共识，还与蛮族一起跟自己的同胞对着干。他坚持这些人必须无条件投降。接着他又再三思忖。

在赫卡尼亚时，国王曾对当地一个桀骜不驯的穷部落马迪安人（Mardians，不要与前一章所述的马尔蒂人混为一谈）进行过五天的成功讨伐，不过讨伐的动机不详。据库尔修斯描述，这帮人“文化落后”[7]，是靠劫掠为生的土匪。大帝一直无法征服他们。他们并未招惹亚历山大，不过，他们有能力纠集 8 000 名能征善战的勇士，算得上是潜在威胁。[8] 他或许觉得这一场小战既是冒险，也是训练演习。

也许他还有别的原因。马迪安人显然热衷骑射。许多马其顿骑兵的坐骑都在追逐大流士的过程中死于热浪和劳累，国王也许就是想找一些替代马匹。

马迪安人于是以牙还牙，绑架了亚历山大最心爱的“牛头”马作为报复。虽然如今“牛头”年事已高，他还是不让其他人骑，它依然是国王的最爱。[9] 听说此事后，亚历山大勃然大怒。他差遣一名翻译转达了最后通牒：马迪安人要么还回他的马，要么就让整个部落面临灭顶之灾，妇孺也不例外。[10] 马迪安人见他当真了，立即归还了“牛头”，还附送了一些礼物。不久后他们就投降了。如愿以偿的亚历山大又是一副和颜悦色的模样，甚至还付了马迪安人一笔赎金。

回营后亚历山大发现希腊雇佣军正在等他。[11] 他们是在阿塔贝扎斯协助下（肯定也听了他的劝告）前来的，他们决定，再反抗已无济于事，愿听凭国王处置。于是他大方一回，释放了在他与波斯开战前加入波斯军队的雇佣军，并将其余人并入自己的部队。小亚细亚的年轻人开始接受马其顿人作战方式的训练，但还不能正式服役；或许亚历山大有经验的士兵不够了，打算把能用的人都用上。

亚历山大在扎德拉卡塔待了两个星期。这段时间里他出现了视力衰退，[12] 也许这就是他长时间没有行动的原因。可能他是得了古时常见的结膜炎或类似眼疾。有一阵子他担心自己会成盲人，好在后来视力恢复了。

按照惯例，在军队休整期间，他向众神献祭，并举办了体育赛事。公元前 330 年 8 月底，他恢复了往日的意气风发，带领所有部队走上了追拿拜苏的路，此时的拜苏正在他的辖区巴克特里亚招兵买马。由于战利品的拖累，大军行动十分缓慢。国王下令烧毁所有战利品，并首先将自己的行李付之一炬，堵上了批评者的嘴。马其顿人咬紧牙关一路东行，经过帕提亚到了阿雷亚（Areia），或许就是沿着古时的丝绸之路走的。

增援部队赶到，阿雷亚总督萨提巴赞也赶来亲自向亚历山大投降。与其他波斯高官一样，他得以官复原职，可是就在马其顿人转过身来往前赶路之时，他立即举旗造反。他将几名留守的马其顿人全部杀害，并开始组建军队。

亚历山大为之震怒，坚定了他对这些犯上者的政策，不会再跟他们做任何妥协。从此以后，国王不只认为自己是大流士的继任者，更是替大流士实施无情报复之人。他挑选了一支部队（将剩余部队交由克拉特鲁斯对省会围城）快马加鞭去追赶阿雷亚人。经过两天两夜的强行军，终于发现了敌人。

萨提巴赞吃惊之余带着 2 000 名骑兵偷偷溜到了附近的巴克特里亚，不管其余人的死活。非战斗人员以及 13 000 名士兵跑到一座四周被峭壁环绕的平顶山上避难，顶上是一片广阔的草场。[13] 面对这个天然城堡，亚历山大一时也想不出对策。此时幸运之神出手相救。他的士兵在砍树搭建攀缘绝壁的坡道时不慎引发了火灾，霎时间火焰将山峦团团围住，大部分守军被活活烧死。

国王任命了另一位波斯人当总督，并建立了阿雷亚的亚历山大城，这是七八十个驻兵重镇中的第一个（其中有的是新城，有的是易名的旧城）。他开始学习游击战或者说“不对称作战”的新技术。[14] 就目前来说，他还没有找到能按照既定计划列阵数千人并进行决战的场地。帝国东部的政治不满情绪开始扩散，不少骑兵小队夹杂在人潮中骚扰马其顿人，来无影去无踪。[15] 亚历山大知道就在他转身之际，已经赢得的领土很容易失守。他必须留兵驻防，防止动乱再起。

有效的征战还有另一项障碍。亚历山大和将军们对于山脉与沙漠占很大面积的帝国东部的地理条件和气候情况所知甚少。随军的科学家也只有在研究之后才能略知一二。我们已经看到马其顿人对所经之地的语言一窍不通，得依赖不十分可靠的波斯人才能获得路线资料，了解当地的权力政治情况并进行日常生活交流。

亚历山大觉得还没有准备好直接与拜苏对阵。冬日将至，必须找到能大面积耕种的区域，让他庞大的军队不用担心粮草。基于这一考虑，他挥兵南下，前往阿拉霍西亚省，目的地是锡斯坦湖（Lake Seistan）[16]，湖的四周居民众多，土地肥沃，虽然也有蚊虫、马蝇和毒蛇的危害，不时还有干燥的沙尘暴来袭。

阿拉霍西亚的总督是一名弑上夺权的波斯人巴散妥斯（Barsaentes），他已表明支持拜苏，必须严肃对待。当马其顿人逼近时，他躲到附近的印度部落藏身。几年后别人将他交给了亚历山大，随后他被处死。

前往锡斯坦湖途中，部队经过一个叫弗拉达（Phrada）的地方，也就是菲洛塔斯丑闻最终的结束地，有那么几天，大家都把拜苏忘了。国王决定给弗拉达改名为先知的亚历山大城（Alexandria Prophthasia），来纪念那次危机。他对所发生的一切并不感到可耻，他想让全世界都知道他永远都比他的敌人抢先一步。

公元前 329 年 1 月或 2 月，部队开始了长达两个月的穿越阿里阿斯皮（Ariaspi）的旅程，该地又称“施恩者之地”，因为波斯帝国奠基人居鲁士大帝与士兵在此陷入绝境时，当地人曾对其提供援助。亚历山大对许久以前的这一善举颇感钦佩，又以银钱与额外的土地来犒赏当地部落。

后方传来了坏消息：萨提巴赞又准备出战了，这次还带上了拜苏提供的骑兵。国王不打算丢下一切去处理反叛事宜，所以命令艾利吉亚斯——一位已过中年、有丰富经验的指挥官——带领一支机动部队前去迎战并消灭这位前总督。来自米底的部队（以前由帕曼纽指挥）正在与亚历山大会师的路上，它将协助确保南部的安全。亚历山大也曾请法拉塔弗尼斯协助，但当地的一些问题使他不得抽身。

显然东部各省形势严峻，状况不稳。

双方对阵后随即展开激战。当萨提巴赞见到自己的战士后力不济，他立刻策马行至前线，脱下头盔，宣称他愿意与敌军中任何一人来一次决斗。艾利吉亚斯被他这一番装腔作势激怒，志愿亲自上阵。库尔修斯写道：

> 这野蛮人首先将短矛掷向对方。艾利吉亚斯将头略略侧了侧，躲过了这一招。然后他夹紧马腹冲上前去直接将手中长矛往野蛮人的喉管部刺去，只见长矛头部已从野蛮人后颈部露出。野蛮人被拽下了坐骑，但依然顽抗。艾利吉亚斯将矛自伤口拔出，再刺向他的脸部。萨提巴赞用手抓住长矛帮助敌人使力，加速自己的死亡。[17]

抵抗就此终止，阿雷亚重新恢复了平静。死者的首级被砍下送给亚历山大。他对这种老式的、荷马史诗般的英勇表现感到高兴，让他想到在特洛伊多风的平原上近身搏斗的情景。

一位马其顿人被任命为阿拉霍西亚总督，在阿雷亚替代萨提巴赞的则是一位塞浦路斯人。看来只用波斯人的政策是暂时停止了。

终于到了与拜苏对决的时候了。在设立又一个军事重镇[18]镇守阿拉霍西亚后，亚历山大带领马其顿大军北行325英里来到兴都库什山脉，山的另一边就是僭越者的基地巴克特里亚。他们一路历尽艰辛，经过环境恶劣、童山濯濯的高原，[19]这里居住着贫穷落后的帕拉帕米萨德（Parapamisadae）部落。脚下的地是永冻土，头顶上的天通常是万里阴云。部队吃了不少苦。据库尔修斯描述，“他们从未经历过如此的冰天雪地，严寒吞噬了不少士兵的性命，许多人脚上生了冻疮，还有不少人得了雪盲症”[20]。劳累的士兵在这种情况下极易倒下。刺骨的寒冷让他们几乎丧失了意识。唯一的对策就是想尽一切办法迫使他们保持清醒，继续前行。

近 3 月底，瑟瑟发抖的部队抵达一处丰美而友好的山谷，休息了几天。横亘在眼前的是另一场艰苦卓绝的挑战，即平均海拔 16 872 英尺、连绵不断的兴都库什山脉。当时的人误以为它是高加索山的一部分。普罗米修斯[21]——比奥林匹亚众神更古老的泰坦神之一——就被锁在这座山高处的一块巨石上。每天都有老鹰俯冲而下吃他的肝脏，夜里肝脏会再生，但次日老鹰又把它吃了。这是对他从众神处盗火给人类的惩罚，而人类就利用燃烧的力量酝酿出了可用于战争与和平的各项技术。当地人还指出他的居住洞穴、鹰巢的位置以及他的锁链在岩石上留下的痕迹。

亚历山大一如既往向当地诸神献祭，并建立了另一座驻兵重镇“高加索的亚历山大城”（Alexandria of the Caucasus）。他无法留下马其顿人，但安置了 7 000 名当地老百姓负责粮食生产；[22]另留下 3 000 名随营人员，以及雇佣军当中的一些自愿留下的人。

接着，亚历山大带领手下穿越地势最低但距离也最长的山脉隘口，这趟单调的跋涉花了他们十六七天的时间。气候十分恶劣，损失了不少马匹，粮食吃完了，士兵们只能靠野菜充饥。国王命令士兵把驮兽杀了生吃。

到达巴克特里亚后，他发现敌人使用了焦土政策，所以补给依然短缺。阿里安在描述他们在厚厚的积雪中行军的艰难时写道：“但他们仍然坚持一步一步前进。”[23] 马其顿人的抵达比拜苏预期的早得多，也让他有些不安。在一次狂饮宴会上，一位支持他的米底人巴勾达拉斯（Bagodaras）建议他向亚历山大投降，求其宽恕。拜苏大发雷霆，要不是别人拦着，差点儿把这个人杀了。情绪失控的拜苏匆匆离席。巴勾达拉斯赶忙借机溜之大吉。他向亚历山大投降，亚历山大也给予了他礼遇。自封波斯大帝的拜苏的其他追随者，对他受到的款待也都看在眼里记在心里。

基本事实是拜苏作为一省总督，却没能让他统治的行省同意共同防御计划。他一共只招募了 7 000 名骑兵和一些来自索格底亚那的粟特人新兵，根本不能抵挡数倍于它的部队。

巴克特里亚的北界是河面宽广的奥克苏斯河，河的另一边就是一片同时展示两个极端的土地，既有水草丰美的绿色河谷，也有黄褐色的干燥沙漠。这就是索格底亚那省，居住在这里的都是游牧民族。拜苏没有信心保住自己的省份，于是后撤到索格底亚那。他的出逃是出于理性考虑，但这也意味着他在巴克特里亚的军队变节了。

亚历山大并未放慢前进的脚步，很快他就拿下了省会巴克特拉，接着又一举攻克另一城镇。在深入索格底亚那追捕对手之前，他将巴克特拉的行政权交给了信得过的阿塔贝扎斯。接着他面临的任务就是穿越无水的沙漠到达奥克苏斯河。他离开了大部队，带了一个轻型纵队先行。此时已进入 6 月，酷热难当，部队不得不在稍微清凉一些的夜间行军。沙漠的沙子滚烫。士兵们冻疮刚好，如今又冒着中暑的风险。一天傍晚，亚历山大抵达河边，但掉队的人不少，他们特别用火把为后面的人指引前路，夜幕降临后，后来者陆续到达营地。他身着盔甲站着欢迎他们，在所有人到齐前，他拒绝进食。

就是在这里，国王出人意表地宣布让年纪比较大、不适合服役的马其顿人以及塞萨利骑兵志愿军复员，让他们回家。这些人大概不是身体不行了，就是心生叛逆；不管是哪一种情况，他们都觉得受够了。亚历山大为长远计，觉得需要让这些人高高兴兴地离开，所以给他们发放了丰厚的奖金。

下一个挑战就是这条河。河面有 3/4 英里宽，而且河水出奇地深。拜苏在用船渡河到达索格底亚那后，就把所有的船都烧了。同过去一样，国王让士兵在营帐的蒙皮中间塞些东西，缝制成筏子。部队用这些因陋就简的筏子花了五天时间成功渡河。

斯皮达迈尼斯（Spiamenes）是拜苏的主要支持者，也是他的密友。他还是完全不赞成亚历山大的爱国者，但是他和两个索格底亚那贵族都认为亚达薛西斯五世成功无望。[24] 他们决定把他交给敌人。这样一来不但可以除掉一位不称职的领导，也可以平息马其顿国王的怒气。

阴谋者假称要私下会见拜苏。待到他一个人现身，他们即将其制服。他们将他捆绑停当后，摘下了他头上的皇冠，脱下了他的皇袍。斯皮达迈尼斯告诉亚历山大，他们愿交出拜苏，只要他派一小队士兵前来取人。

国王立即差遣托勒密——他自少年时代起的马其顿友人 [25]——带领 1 600 名骑兵和 4 000 名步兵前往（这并非小队的架势，因为他们怀疑这是对方设的局）。阴谋者三思后又不想直接参与交人事宜，就把拜苏一个人留在一个小村落里。当地居民也许大大松了一口气，一有机会立即将这位不情愿的俘虏连同他的御印[26]交给了托勒密。

托勒密派了一位信使请示国王应当如何将拜苏带到他前面。亚历山大以大流士复仇者的新姿态命令将拜苏置于他和部队必经的路旁。拜苏被赤身裸体地绑在一个柱子上，像奴隶那样在颈部戴了枷具。

于是他们就严格按照指令办事。亚历山大坐着战车前来——战车对他来说很不寻常，而他之所以选用战车，就是想将它作为自己已是大帝的象征。他在拜苏身边停下，问他杀害大流士的理由。拜苏有点儿心虚地说，自己僭越称帝就是为了将帝位让给亚历山大。大流士的弟弟奥萨特雷斯如今已是伙伴军的一员，在他的监督下，僭越者拜苏遭到鞭打。后来他被带到巴克特拉，数月后接受审判，罪名是他背叛了大流士。全城的百姓都应邀出席，但他们不是陪审团，而是证人。国王是唯一的法官。拜苏被处以波斯叛国者的严厉刑罚，被割掉了耳朵和鼻子，接着被当众处死。他可能还遭到最严酷的刑罚，忍受肛门穿刺的痛苦。[27]

对肢体的损毁行为让希腊人和马其顿人大为震惊。阿里安写道："我个人无法赞同对拜苏如此过分的残酷惩罚，我认为对肢体的残毁是一种野蛮行径。"[28]如果有人这样批评亚历山大，他一定会说他没有其他选择。不论他个人感觉如何，他既然是波斯帝国的统治者，就不得不按照当地传统行事。

古代文人并没有对拜苏多费笔墨，他这个人其实既不能干，也不走运。他对亚历山大认识不够。不过，他是个爱国的波斯人，在他看来，也许他的行为更多的是为国家利益考虑而不是为满足个人野心。他罢黜并杀害大流士是希望在自己的领导下能扭转战争的结局，有利于阿契美尼德王朝的延续。但在面对马其顿征服者时，巴克特里亚人能更实际地看待自己的胜算机遇，他们决定不站在他的大旗下。

拜苏的时机来得太晚，命运之神已经切断了帝国命脉的纱线。

国王相信只有铁腕才能维系帝国东端的安宁。对待拜苏的残酷无情就是为了起杀鸡儆猴的作用，告诫有意谋反的人不要以身试法。

此时，马其顿人的残暴也表现在其他方面，最令人揪心的就是发生在索格底亚那一个小镇上的事。[29] 这里的居民都懂两种语言，他们其实是布朗奇达伊人（Branchidae）之后，而布朗奇达伊人又是米利都附近的迪迪马（Didyma）主管神谕、圣泉和阿波罗神庙的一支贵族。波斯人在公元前 5 世纪入侵希腊时，波斯大帝（不是大流士一世就是薛西斯）摧毁神庙，掳掠内中宝物，也包括众人崇拜的一座神像，而据说布朗奇达伊人当时就站在波斯人一边。泉水枯干，神谕从此沉寂。

布朗奇达伊人恐怕被他们的同胞报复，所以请波斯人把他们迁徙到帝国遥远的角落，希望能在这里苟且偷安。

亚历山大到米利都围城后，泉水再次涌现。后来神像在埃克巴坦那被寻获，被送回了迪迪马。神谕所也重开了。如今亚历山大找到了布朗奇达伊人，应该拿他们怎么办呢？亚历山大征求了部队中米利都人的意见，他们意见不一，于是国王决定自己定夺此事。

对布朗奇达伊人的指控究竟是否属实？我们也不确定，但神谕所重新开张之后，也许他们提出了恢复主管权的要求。国王还有另一考虑：执政的民主议会不可能同意布朗奇达伊人回归。无论如何，马其顿方阵奉命将小镇团团围住，获得信号后即开始劫掠破坏，所有男性居民均被杀戮。库尔修斯写道：

> 尽管语言相通，不论他们如何示好，如何哀求，都无法终止暴行。最后，马其顿人甚至把城墙的根基都挖了，彻底将其毁灭，不留下一点昔日城镇的痕迹。[30]

若要找出祖先的过失祸及三四代后人的故事，此即一例。公共舆论也为之震惊。这是亚历山大又一次拒绝怀柔和解的证据，他的暴君恶名亦不胫而走。

公元前329年夏末抓获拜苏后，亚历山大穿过索格底亚那来到药杀水（Jaxartes，今日的锡尔河），也就是索格底亚那的西北边界。途中他去了省会马拉坎达（Maracanda，今日的撒马尔罕）。此行的目的是为平息民愤，加强他对全省的控制。他用当地的马恢复了骑兵队的战斗力，因为在穿越兴都库什山脉和来往于奥克苏斯河期间，他损失了不少马匹。

在路上，一队马其顿人在觅食时遇上了一群粟特人（据说有两三万人之多）。许多马其顿人被杀或被俘，其后粟特人后撤到崖壁中。国王多次出击，但均被箭雨击退。他自己腿部也中箭，腓骨部分断裂，箭镞不易取出。后来的记载没有再提及这个伤，估计很快就痊愈了。最终马其顿人还是攻下了这个阵地，砍杀了一些敌人，其他人则投崖自尽了。

亚历山大学东西非常快，不久即掌握了对付非正规军的军事行动原则。他设立了 7 个据守重点，保证了他对赢得的土地的控制，并防止武装团伙任意出没。据守重点包括既有的城镇，如公元前 544 年居鲁士建立的居鲁士城（Cyropolis），也有全新的居民点，包括药杀水南岸的“最远的亚历山大城”（Alexandria Eschate）。该城周长 4.5 英里，规模相当大。城墙建成只用了三周。完工后，国王照例向众神献祭，并举办了体育和骑术比赛。这座新的亚历山大城是为了防备药杀水对岸的游牧民族入侵而设的；城中居民有希腊雇佣军、充当廉价劳工的当地居民以及已不能继续服役的马其顿人。

国王希望一度支持拜苏的斯皮达迈尼斯和他的友人能出面相助。他邀请他们去巴克特拉开会，但有感于国王的严苛，他们拒绝了。随后，令亚历山大吃惊的是他们竟然在索格底亚那和巴克特里亚举旗造反。一群怀有敌意的部落民族攻陷了刚刚建立起来的几个据点，斯皮达迈尼斯还围困了马拉坎达城堡和它的马其顿军营。

初看之下，情况的发展似乎完全出人意表。因为索格底亚那人和巴克特里亚人此前一直未曾生事。亚历山大取代大流士，他们并没有反对，也并未支持拜苏；至于马其顿军队，他们也只认为那是暂时的不便，相信不久驻军就会离开。他们并不觉得自己的安危或生活方式受到了威胁。不过建立“最远的亚历山大城”却严重侵犯了当地的自由，它意味着亚历山大打算久留。这是绝对不行的，所以这两个省份才揭竿而起。

亚历山大派了一支规模不算大的部队前去救援，有 60 名伙伴骑兵，800 名雇佣骑兵和 1 500 名雇佣步兵，意在解除对马拉坎达的围困。然后他将大军兵分两路。取代帕曼纽位置的克拉特鲁斯去围困居鲁士城，国王本人则以迅雷不及掩耳的速度在两天内攻陷了其他堡垒。堡垒的泥砖城墙经不起他的弩炮袭击。其后，亚历山大就与克拉特鲁斯一起用攻城重器摧毁城墙。他注意到城墙下面有一道干涸的河床，正好够人在内爬行。

机会难得。于是他们组织了一个精锐进攻小队，领头的（自然）是亚历山大，这样一个富有刺激性的冒险壮举他当然不会拱手让人。小队不费吹灰之力就钻进了居鲁士城内。守兵见大事不好，但有些人还是奋力反击马其顿人。

克拉特鲁斯中箭，亚历山大头颈部亦遭受重击。他眼前一黑，瘫倒在地。就在他丧失意识之际，士兵们以为他死了，不禁大声哭泣起来。后来他恢复了意识，但因脑震荡而几乎无法发声。一如既往，他坚持在伤势痊愈前重回战场。居鲁士城陷落。大约有 8 000 名部落民因此丧生。

也难怪国王拒绝宽大为怀。他将所有成年男子处死，将居鲁士城及其他收复的驻军重镇内的妇女儿童悉数贩卖为奴。按照战争惯例，围城者遇到反抗时可以这么做，但此举显然无法减少索格底亚那对马其顿人日益增加的反感。

亚历山大处理事情一般按部就班。“最远的亚历山大城”引起了居住在药杀水北边大草原上的游牧民族斯基泰人的注意。这帮人善于骑射，他们对付敌人的办法是快速骑马靠近，射出大量箭后即掉头而去。只见药杀水对岸已经集结了大量人员在大声叫骂。亚历山大在协助南边灭火之前必须解决这些人的威胁。

亚历山大得设法让大军安全渡过药杀水。“最远的亚历山大城”附近的水面较窄，马其顿人在渡河到斯基泰人那边时很可能成为箭矢的活靶子。再说，到达彼岸后肯定还得对付蜂拥而至的骑射手。

国王并未因此裹足不前。他采用了在奥克苏斯河用过的办法，马其顿人只用了三天时间就缝制了12 000个可以承载马匹和弩炮的浮漂与皮筏。此次行动肯定充满风险；当国王为成功渡河而占卜时，他的御用预言家亚里斯坦德报告了不祥之兆，并预测他个人可能会有凶险。

这回亚历山大不再虔信预言，拒绝叫停进攻。他说：“作为全亚洲的征服者，我宁可冒最大的风险也不愿意沦为斯基泰人的笑柄。”[31]

行动由一轮弩炮攻击开始。斯基泰人发现弩炮射程竟然这么远，于是后撤到射程外。马其顿人因此得以陆续渡河，国王再次打头阵。第一波渡河的是弓箭手和弹弓手，他们与弩炮一起，让敌人无法靠近。

等部队已安全抵达河的彼岸，马其顿人得设法让围着他们转的敌人骑兵应战。[32] 国王已有对策。他下令由一支较弱的骑兵纵队打头阵。敌人骑队果然中计，开始用老办法进行合围。就在他们后面不远处，一排轻装步兵、弓箭手和阿吉里亚人呈半月形往前推进。斯基泰人继续在骑兵和步兵之间驰骋。

接着，三个大队的伙伴骑兵和马上的投枪兵由步兵方阵的屏障后突然冲出，从两翼攻击敌人骑兵。许多斯基泰人发现自己已被团团围住，顿时争先恐后逃跑，乱了阵脚。约有1 000人丧命。虽然塞西亚全军并未溃败，他们还是鸣金收兵，因马其顿人的作战表现感到大为震撼。

亚历山大本想带头追击，但随即放弃了这个念头。由于他喝了不干净的水，腹泻得厉害，加之旧伤未愈依然疼痛。他被抬回营地时情况危重。亚里斯坦德的预言又对了一次。

国王从来没有打算兼并斯基泰游牧民族的领土。他只想表明马其顿人知道如何破解游牧民族打了就跑的战术，向他们挑衅实非聪明之举。对方很快就懂了他的意思，因为斯基泰人接着就派使者前来连声道歉。他们声称最近发生的事并未经过官方同意，同样的错误以后不会再犯。亚历山大觉得拒绝对方的解释对自己无益，所以双方都同意忘记这场令人遗憾的误会。

此次战役肯定了一点，尽管国王身边困难不少，他能征善战的本事却未曾稍减。同过去一样，他对敌人的观察全面、细致，面对新问题他总有新对策。军史专家约翰·富勒的描述十分到位，他说亚历山大

> 掌握了此前斯基泰人所向无敌的原因，就因为他对他们看得准、看得透，才能诱使他们绕进了经验丰富、训练有素、装备精良的士兵的包围圈里。他们原来打算围住马其顿人，突然间他们围成的圆圈竟变成了敌人的靶心。[33]

马拉坎达传来噩耗。马其顿援兵被全部歼灭，几乎一个不剩。援军指挥官帕尔努凯斯（Pharnuches）——利西亚的翻译，或许是国王宠幸的巴勾斯的父亲——领导不力。帕尔努凯斯没有什么指挥经验，但精通巴克特里亚语和索格底亚那语。国王任命他为指挥官，

也许是以为与斯皮达迈尼斯之间周旋谈判的可能性要大于打仗。帕尔努凯斯知道自己不能胜任，一度请辞，但下面的官员不敢违逆国王的意思，都拒绝担任指挥。

马其顿人靠近马拉坎达时，斯皮达迈尼斯立即放弃了对城堡的围困，往沙漠里逃窜。马其顿人想把这些游牧民族一劳永逸地赶出该区，所以在后穷追。在 600 名斯基泰骑兵加入其阵营后，斯皮达迈尼斯在一处平地上停下了脚步，等待追兵。他让自己的骑兵不断进出打转，向步兵纵队射箭。马其顿骑兵试图还击，但是坐骑已因长途跋涉、粮草不足而不听使唤。敌人先是与他们保持距离，然后就在马其顿人坚守阵地或后撤时给予重击。

为箭矢所苦的帕尔努凯斯将部队改组为方形，撤往河边一处林地，希望借此躲过箭雨，有个喘息的机会。[34] 骑兵指挥决定自己想办法，在没有命令也没有与任何人商量的情况下擅自渡河。乱了阵脚的步兵纷纷起而效仿。斯基泰人不敢相信自己竟然如此幸运。他们先是在岸上用箭射敌军，后来干脆下水近距离射杀。马其顿人躲到河中一个小岛上避难，但已身陷绝境。斯基泰人将他们围住后一顿射箭。有少数人被俘，但均被处死。最后生还的不到 300 名步兵和 40 名骑兵。

这是亚历山大一生经历的最大的灾难。而且也是自公元前 353 年以来马其顿人在历史记载中的第一次败仗。他们不只是败走，还遭到屠杀。获悉消息后，国王第一时间与斯基泰人缔结了协议，随即赶赴马拉坎达，此时从战场凯旋的斯皮达迈尼斯又回来继续围城。亚历山大用三天的时间走了 172 英里的路，于第四天还未破晓之时抵达马拉坎达。

机动性特强的斯皮达迈尼斯再一次消失在沙漠的小绿洲中。亚历山大找不到他，但找得到索格底亚那的百姓。亚历山大去了灾难发生现场，掩埋了躺在地上已经开始腐烂的尸体。他决定进行血腥报复。他有条不紊地破坏了该省内波利提梅特斯河（Polytimetus，希腊语中“非常宝贵”之意，是今日的扎拉夫尚河）沿岸盛产金子的沃土，击溃敌人的要塞，屠杀居民。连续不断的挫折似乎让国王的个性变得残酷。

能做的都已经做了，他就在巴克特里亚的首府过了冬。亚历山大孩提时代的朋友尼阿库斯，和阿桑德——他可能是帕曼纽的兄弟，此时（竟然）仍效忠国王——带着大批希腊雇佣军到来，给亚历山大及时提供了增援，而叙利亚省也提供了新近培训的当地士兵，总共有 19 400 名步兵和 2 600 名骑兵。[35] 为增强部队，他还在当地招募了巴克特里亚人和索格底亚那人。

奥克苏斯河下游的一个酋长前来朝见马其顿王。在双方的友好对话中，亚历山大透露了他对未来的想法。一旦结束对波斯帝国的征服，他打算进军印度。接着他谈到了主宰世界的计划。据阿里安记载，当酋长表示愿意提供军事支持，他的回答是：

> 一旦征服了印度，他就掌控了全亚洲；拿下亚洲后，他将回到希腊，再从希腊发动对直到赫勒斯滂和普罗庞提斯的黑海地区的全面海陆征战；他请法拉斯曼斯到那时候再助他一臂之力。[36]

公元前 328 年开春时节，奥克苏斯河上的大块浮冰开始融化，亚历山大渡河来到了索格底亚那。多年来的平叛都徒劳无功，他决心一劳永逸结束叛乱。他打算练习一下他学到的不对称作战法。国王摇身一变成了游击队员。

一进入索格底亚那，他就将部队分成独立的五个部分，一部由他带领；其余部分则交由（如今已是）他不可或缺的左膀右臂克拉特鲁斯总管，任务是守住巴克特里亚。亚历山大又将自己手下的这些士兵分成五个纵队，一个由他带领，其余的则交由赫费斯提翁、托勒密、佩尔狄卡斯和科纳斯连同阿塔贝扎斯指挥，阿塔贝扎斯的加入无疑是为了协助谈判。据阿里安记载：

> 各部均在所属位置上伺机出击，有时用武力歼灭集中在据点的群体，有时说服他们自愿投降。各部分工的结果平定了索格底亚那的大部分领土，所有人在马拉坎达聚首时，亚历山大交予赫费斯提翁一项任务，给索格底亚那已建立的驻军重镇增加居民。[37]

这是用残酷军事手段实现的赤裸裸的殖民政策。全省就像格列佛一样，被一系列要塞和驻军重镇死死看住，斯皮达迈尼斯和他的党羽能藏身或作为突袭基地的空间越来越少了。

不过，叛军首领仍逍遥法外，被打得头破血流，但仍不屈服。万般无奈的亚历山大在索格底亚那省会经历了夏日的酷暑。在这里他接受了阿塔贝扎斯辞去巴克特里亚总督一职，他请辞理由是年事已高（他已 60 多岁了）。我们不清楚他这不平凡的一生的后续情况。我们可以假设他的女儿巴西妮对巴勾斯的到来以及后来亚历山大结婚一事一定很失望。不过，阿塔贝扎斯的家族成员仍然受重用。他的两个儿子都身为部队指挥官，另一个女儿嫁给了国王的亲密副手托勒密。估计他是安享晚年了。

征战之间的闲暇时间里，国王和他的伙伴军最喜欢的放松方式莫过于打猎。没有人打的时候，他们就跟动物过不去。在希腊，打猎基本上都有实用目的，猎物是要煮食上桌的菜肴。男人拿着短矛或弓箭捕杀兔子，更危险的是猎杀野猪。

在波斯帝国，波斯大帝和贵族们都建了带围墙的狩猎苑囿或庄园，他们可以在里面追逐大型猎物，比如鹿，据古书记载还有狮子、老虎等野兽。有时他们骑马，有时徒步。他们也使用猎犬和捕网。

有一个公元前 4 世纪末制作的、做工精细的大理石石棺雕刻，一面是国王骑在前腿悬空的马匹身上，在伊苏斯之战中用矛捅刺一个波斯人。另一面雕刻的却是他狩猎狮子的景象，就好像这两件事具有同等价值一样。

狩猎时表现勇敢，被认为是王者的美德；亚历山大每每在冒性命危险时敢为人先，容不得别的猎人挡了他的路。库尔修斯就描写过这么一段他们在索格底亚那步行狩猎时的场景：

> 国王下令全程敲打，把动物从它们的藏身林木中赶出来。[38]其中一头体型特别巨大的狮子出来后就朝国王扑去。国王的护卫雷西马克正好站在亚历山大旁边，立即将狩猎用的矛对准狮子，国王将他一把推开，嫌他碍事，还说自己跟雷西马克一样可以凭一己之力应付狮子。

这等于是他对不久前在叙利亚的一次狩猎经验再次表达了不满，那次，雷西马克独力猎杀了一头体型庞大的狮子。不过他的左肩也惨遭撕咬，伤口深可见骨，险些为此丧命。亚历山大嘴上不依不饶，手脚也没闲着，迅速上前一击就把狮子解决了，自己毫发无伤。

尽管他打赢了，部队还是因为他在战场以外冒这种不必要的风险而不悦。马其顿人于是开了一次大会，规定将来他不得步行狩猎，也不得在没有一队军官或伙伴军的陪同下狩猎，这可是少见的旁人吩咐亚历山大应如何做事的例子。

一批希腊水果从地中海千里迢迢送到了在马拉坎达的国王手中。[39]他见到水果新鲜美丽，一时兴起，决定请刚刚被任命来接替阿塔贝扎斯出任巴克特里亚总督的人与他共享。

此人就是老一辈的马其顿人克雷塔斯，一位鬓发花白的战士。他一向直言不讳，就像这是他作为公民应尽的义务一般。他既勇敢又忠心，在腓力手下就很得器重，在格拉尼卡斯混战中，还及时砍下一个正持剑刺向亚历山大的波斯贵族的手臂而救了亚历山大一命。他喜欢对国王直呼其名而不用他的头衔，他全然不同意与波斯人的和解政策。他是位不能与时俱进的保守平等主义者，就因为他自认一片忠心遭到了背叛，所以总是那么愤愤不平。

这位新任巴克特里亚总督奉命准备次日的行军。这件事，再加上水果的及时到来，给了国王一个借口，于前一天下午早早开始了晚宴。

酒过三巡，微醺的亚历山大开始大肆吹嘘自己的丰功伟绩，令在座的许多来宾不太自在。他说喀罗尼亚之役得胜靠的是他而不是腓力国王。于是就有马屁精发表高见，说腓力的确没有什么出色或伟大的成就。有人开始唱歌讽刺败在斯皮达迈尼斯手下的马其顿指挥官，年纪较大的来宾感到不满，开始喝倒彩。但是亚历山大和坐在他左右的人似乎乐在其中，要求那人继续唱。

对马其顿人来说，宴会不到人人都醉倒的地步就不是宴会。这时候是不要求讲礼貌的，其危险自然不在话下，几乎人人记得腓力曾在宴会上受酒精影响，险些怒杀亚历山大。

这时也已经颇有醉意的克雷塔斯叫道，不应该在蛮族和敌人面前侮辱马其顿人，包括那些不怎么走运的马其顿人。亚历山大反驳道，克雷塔斯将懦弱归咎为时运不济，是在为自己开脱。克雷塔斯一跃而起，挖苦道："对了，可不是嘛，就是我的懦弱在格拉尼卡斯救了你一命。"他接着又批评国王不认腓力这个父亲，自称是阿蒙的儿子。

"你这人渣，"国王喊道，"你觉得你可以继续说这种话，在马其顿人中间挑拨离间，而不用付代价吗？"

"可是我们是付了代价的，"克雷塔斯对宫中所有波斯人的恨意不禁一涌而出，"我们要见我们自己的国王之前不都得先求波斯人吗？"

亚历山大的朋友们立即跳了起来，比较负责任的来宾则试图让双方都平静下来。酩酊大醉的克雷塔斯拒绝收回自己讲的话，还公开向国王叫板，让他跟大家说实话，否则就不要邀请说实话的自由人与他同桌共饮。如若不然，亚历山大就应该与奴隶为伍，这些人愿意在穿白上装系腰带、波斯君王打扮的亚历山大的面前，匍匐在地以示恭敬。

看上去国王还能控制自己的情绪，可惜克雷塔斯依然喋喋不休，大着舌头又赞扬起帕曼纽和阿塔罗斯——两个死在国王手里的人，这成了压死骆驼的最后一根稻草。

此刻，亚历山大再也控制不住自己，捡起桌上的苹果就向这个跟他过不去的人扔了过去，接着就四处找他的匕首。他的一个近身护卫已经抢先一步把它拿走了。伙伴军一拥而上恳求他冷静下来。

他猛地站起，用马其顿语呼唤卫队，这是情况极度紧急的信号，他还命令吹号手吹警报号。吹号手勇敢地拒绝从命，亚历山大对他挥起了拳头。事后，吹号手因为当日的表现而得到热烈赞扬，因为要不是他就会惊动整个部队。

克雷塔斯不肯闭嘴，但最终他的朋友还是把他推出了宴会厅，推到了宴会厅所在城堡的墙外甚至壕沟外。但不一会儿，他又从另一个门回到现场，大声傲慢地引述了欧里庇得斯剧作中的一段话："如今赫拉斯（希腊）有了一个坏习惯。"[40]

欧里庇得斯是一位多产的雅典作家，写下了 90 多部悲剧，其中 19 部流传至今。他的作品很受欢迎，希腊世界许多人都对他的著作烂熟于心。亚历山大带到亚洲的书库中就有不少欧里庇得斯的作品。

克雷塔斯引述的那句话来自《安德洛玛刻》(*Andromache*)，一本描写战争如何使人道德败坏、灭绝人性的书。这话乍一听并不会冒犯任何人，其实却十分伤人。克雷塔斯没有引述接下来的话，但国王和宴会上的许多人都应该知之甚详。后面的话是这样说的：

当部队面对敌人打了胜仗，
苦战的士兵得不到歌颂；
荣耀归于大将。然而他，毕竟，
手中也只有一柄剑能冲杀抵挡。

这正是克雷塔斯的论点：部队现在就像一支一人乐队了。

来宾们在尴尬和警觉之余，开始找借口离去。亚历山大从执勤的卫士手上夺过一根长矛试图刺克雷塔斯，但未能得逞。托勒密和佩尔狄卡斯压着他的腰部，列奥纳托斯从他手上夺下长矛。此时的亚历山大或许害怕自己会成为暗杀阴谋的受害者。无论如何，他奋力甩开了他们，抓起一支短矛往通向前厅的门前一站，眼睁睁地看着一个个排队离去的人。克雷塔斯排在最后。国王挑战他，克雷塔斯的答复是："我在这儿，你的克雷塔斯就在这儿。"他说话的当儿亚历山大的短矛已刺入他的身侧，（据说）口中还说："现在就让你去见腓力、帕曼纽和阿塔罗斯吧！"

鲜血流满了前厅。震惊错愕的卫兵与伙伴军都与国王保持距离。他意识到自己干了一件要不得的事，情绪突变，产生了自杀的念头。他抽出短矛向自己下手。卫士们赶过来，把他的武器夺走。他们扶起他，把他抬到床上。他大哭起来，号啕了一整夜，像葬礼中的哀悼者，用指甲撕挠自己的面颊。看着朋友们沉郁的面容，他不知道他们以后还会不会跟他说话。

悲痛欲绝的国王差人将遗体抬进他的营帐，他的朋友过了一阵子还是把它移走了。他不但为死者难过，也为克雷塔斯的妹妹拉妮斯难过：她曾是亚历山大儿时的保姆。她三个儿子中的两个已经在米利都围城时丧命，现在她的哥哥竟然因自己而死。有三天时间，亚历山大拒绝见任何人，拒绝吃喝。他也无心顾及"身体的其他需要"。[41] 渐渐地，他周围的人怀疑他是否就想一死了之，开始求他吃点东西。最终，他同意了，危机得以缓解。

远征军的主要思想家、史学家兼公关负责人卡利斯提尼斯探望国王后情况并不见好转，因为他不想刺激亚历山大的情绪，在病榻前绝口不提克雷塔斯遇害一事，只说些安慰的话。此时需要的不是安慰，而是实际建议。另一位哲人做的稍微好些。这人就是阿那克萨图斯（Anaxarchus），他表面上看来不讲情面，骨子里还是向着国王的。他批评国王“像躺在地上哭泣的奴隶，害怕面对法律，害怕手下的人会怎么想他。其实一直以来代表法律、为司法制定标准的人应该就是他”[42]。换言之，就因为亚历山大是国王，所以他是不可能违法的。他是无罪的。这确实是一个权宜又宽慰人心的办法，亚历山大自此记下，以待后用。

马其顿议会因为不愿意在遥远陌生的世界失去自己的领导人，进一步帮助解开系在亚历山大脖子上的绳索。他们在讨论了杀害一事后，正式宣布克雷塔斯的死事出有因。

我们对这次的不光彩事件应如何解读？首先，在高雅的希腊文化表象之下，我们看到亚历山大其实是一位典型的嗜酒成风的马其顿宫廷里的君王。宫中人物玩乐、纵饮无度。据当时参与东征亚洲的历史学家奥林索斯的伊菲普斯描述，他们“饮酒不知节制。进食前就开始开怀畅饮，在第一道菜未吃完前即已醺醺然，根本无法享用后来的餐食”[43]。

亚历山大是位公民国王，按照习俗，他必须与手下说话直率的贵族平起平坐。他得很有风度地忍受这些人几杯黄汤下肚后发表的慷慨激昂的奇谈怪论。可惜这回他没有做到。继菲洛塔斯“阴谋”之后又发生了克雷塔斯之死，其后果就是手下的人对他的尊敬开始转化为恐惧。

更重要的是，它说明国王下面有些指挥官对他逐渐变成尊贵的波斯人以及他越来越专断的作风有强烈的不满。阿里安也说他变得脾气暴躁；周围尽是唯唯诺诺之辈，让他与马其顿人“原有的融洽关系”[44]不复存在。

马拉坎达那个不幸的夜晚让我们看到了全然不同的三伙人：国王的朋友（特别是不同民族或族群的亚洲人以及希腊雇佣军）、马其顿人、没有固定政治立场而经验丰富的士兵。

在他的小圈子里也同样有这三伙人。[45]赫费斯提翁支持国王治理帝国的战略对策，克拉特鲁斯——目前他最能干的指挥官——则是马其顿保守派。

至于一般士兵，我们不掌握他们的情况。我们看到国王很关心他们的生活起居。定期给他们假期，提供娱乐，鼓励他们结婚生子，尽可能减少伤亡，遇到艰难险阻时他总是身先士卒，英勇不落人后。他往哪里带，他们就往哪里走，虽然有一天他们也可能会不耐烦。只要他与士兵之间的纽带一直牢靠，他尽可以对争吵的军官不予理会。

国王从克雷塔斯事件获得了一个重要结论。这个事件并没有像其他人预期的那样，让他恢复马其顿人的作风。只要他歇斯底里地别扭几天，暂时不问政事，他就可以逼迫甚至讹诈周围的人接受他所做的一切，包括谋杀，这个办法他已屡试不爽。尽管马其顿王室历史上暗杀事件频仍，他还是听不进批评者的意见。虽然在宴饮时，他多少还是在一群平等者中间坐首席，但在世人眼中，他正不断朝着大帝、朝着专制君主的方向演变。

多数古典史学家说，大概就是从这时候开始，亚历山大酒喝得越来越多了。如果他有所节制，他就“不会在晚宴上杀害自己的朋友”。库尔修斯这种严格遵守道德的人曾慨叹，国王的良好品质都毁在了酒精手里。

> 亚历山大禀赋优异：气质高贵……临危不惧；行事果断，办事迅速；对投降者公正，对俘虏宽厚；一般人接受甚至会沉迷于享乐，他却知晓玩物丧志的真理。但所有这些品质都因为他过于嗜酒而毁于一旦。[46]

普鲁塔克则持不同观点。他承认国王有时候的确像个讨人厌的、傲慢无礼的醉汉，但称一般而言他喝酒是有节制的。

> 他给人嗜酒过度的印象是因为他没事的时候总喜欢一杯在手，但其实他还是说话的时候多，喝的时候少：他喜欢跟人长谈，只要他有余暇。一旦有急事要处理，他可是专心致志，酒、睡眠、运动他都能抛下，也不会因为性事或喧闹光景而分神。[47]

亚历山大的饮酒习性是一种很私人的生活习惯，我们很难去直接评判，也很难说他个人承受的压力或紧张是否间接促成了这个习惯。即便是当时的观察家也有不同看法，不过有一点我们能肯定的是，亚历山大没有酗酒的毛病。大多数时候他忙于公务，哪有时间去喝未经稀释的浓酒（当时马其顿的酒都得先兑水稀释后才喝）。他多数时候在打仗，需要随时保证体力和头脑都处于最佳状态。

休息放松期间，亚历山大或者真如普鲁塔克所说有适度饮酒的情况。但像克雷塔斯这样的事件证明，放假时的他可能饮酒过量。当时他还只有 20 来岁，与自古以来的年轻人一样，放假的时候往往会贪杯。

经过两年在恶劣地形条件下的苦战无果后，对斯皮达迈尼斯的战争应该画上一个句号了。这个难以制服的叛徒在斯基泰游牧民族马萨格泰人的协助下攻下了巴克特里亚的一个哨所，杀死了守军后逃往巴克特拉去了。该处军营人数不多，英勇抗敌，也取得了一定的成功。但他们不幸在回营的路上遇伏，伤亡惨重。克拉特鲁斯及其纵队就在附近，很快赶到现场将敌人赶走。城堡网络的建立还是发挥了作用的。

五路部队按计划在马拉坎达会师。亚历山大取代克雷塔斯担任伙伴骑兵的指挥，多数部队都驻扎在索格底亚那的冬季宿营地诺塔卡。科纳斯受命指挥马拉坎达的大量部队，他的任务就是密切监视该区，尽可能歼灭叛军。

斯皮达迈尼斯的回旋余地严重受限，之后已经招募了一大批斯基泰骑兵，决定对科纳斯展开进攻。激战后马其顿人获得了决定性胜利。大多数游牧民族盟友决定弃他而去。有些巴克特里亚人和索格底亚那人还是选择跟着他，可是他们一听说亚历山大正朝他们这里开进，不由得闻风丧胆，于是砍下了斯皮达迈尼斯的首级。

据库尔修斯描述，这故事还牵扯了他的家人。[48] 是他的老婆趁他熟睡之际砍下了他的脑袋。寡妇来到马其顿营地献上首级时仍然穿着溅满鲜血的凶衣。曾经不可一世的、亚历山大最坚定的反对者就这样结束了他的一生。

叛乱接近尾声。随着公元前 327 年春天的来临，国王开始对山里的残余抵抗势力进行清剿。经历了一场可怕的雷暴雨之后，他遇到了悠然自在躲在一处天然堡垒中的敌人。

“如果你想拿下这个地方，你需要长了翅膀的士兵！”[49] 身居高处岩峰的守军望着下面的马其顿人叫道。

亚历山大基本上也同意。他已经仔细观察过了这块索格底亚那岩峰，似乎真的无懈可击。四周崖壁陡峭，只有一条小路通往峰顶。峰顶上聚集了大量不服亚历山大统治的索格底亚那叛军。[50] 虽然冬天已过，一场大雪却阻拦了道路。索格底亚那人预备了充足的粮食，如果水不够了还可以靠融雪供应。

国王希望双方坐下来谈判，对方不屑一顾的态度惹恼了他。他改变了主意。苦思对策后他宣布，头一个登上索格底亚那岩峰的人可得到 12 塔兰特的奖赏，这对一个小兵来说可是一笔不得了的数目，第二名、第三名也依次有奖。他们搜集了固定帐篷用的小金属短桩当作登山用的岩钉，用粗壮的麻绳将人连在一起。士兵为避免被发现，在夜间进行攀缘。这几乎是自杀之举，也是亚历山大一生中发起的唯一一次没有他领头的特种行动。阿里安是这样描述的：

> 他们把岩钉往能打的地方打，有时是看得着的硬面，有时是看似最不可能垮塌的冰雪中，从不同路线往上爬。大约有 30 人在攀缘过程中摔落，身体瞬即深陷雪地，无从寻觅。其余人约在黎明前成功登顶，并建立了据点。[51]

登上顶峰确实是一项壮举。有意思的是，攀登技巧和设备几百年来基本没变。

索格底亚那人用岩峰上一处大山洞作总部，山洞上方是高峰。攀缘者上至最高处后摇晃白布条示意国王他们已经到位。国王让一名传令官向索格底亚那人呼叫，要他们别再磨蹭，赶快投降，因为亚历山大已经找到了带翅膀的士兵。

守卫者转头往上一看，看到最高处站着的年轻人，大吃一惊。马其顿人营地的军号响起，喊声震天，眼看进攻即将开始。惊慌失措的索格底亚那人投降了，条件是希望能够饶他们一命。其实，他们的情况并不那么糟糕；成功登顶的人要比守兵少多了，而且亚历山大也没找到能让部队上去的办法。

这次行动很好地展示了国王作为军事指挥官的特别品质：他知道与传统军力一样，掌握敌人心理也可以对制胜起重要作用。

就在索格底亚那和巴克特里亚的战事接近尾声时，亚历山大可以宣布胜利了，但这个胜利当中埋藏着失败的种子。他看到自己愤怒强硬的武力招安策略失败了。这些游牧民族部落一旦有机会一定还会东山再起。他离开此地往印度进发前，给这里（继阿塔贝扎斯之后）的新总督阿明塔斯留下了一个有 10 000 名步兵和 3 500 名骑兵的庞大军营。他必须留下军营，但这还不够。如果他继续对他们暴力相向，而不愿沿用他对待波斯新子民的成功政策，给予对方尊重，与他们和解，这些人是永远不会接受马其顿人统治的。

当地一个叫奥克夏特斯（Oxyartes）的贵族，他的妻子和孩子都是索格底亚那岩峰上的难民。他有个漂亮的女儿罗克珊（Rhoxane），时年 16 岁，按当时的标准已达婚龄。[52] 亚历山大看上了她，虽然阿里安坚称他没有对她有任何越轨行动，但可以看得出来国王认为他们就像《伊利亚特》书中的阿喀琉斯与布里塞伊斯。[53] 布里塞伊斯是赐给勇士阿喀琉斯的美丽俘虏，是他的性奴隶。

奥克夏特斯听说自己的家庭成员落入马其顿人之手顿时警觉了起来，但一听说国王对罗克珊有意，他即安排与国王见面，并获礼遇。库尔修斯一本正经地写道，为促成此事，他刻意“举办了一场典型的蛮族盛宴”[54]，让女儿闪亮登场。亚历山大告诉罗克珊的父亲他愿意正式定亲。按照马其顿习俗，他差人拿上来一条面包，用剑将面包切成两段，由自己与罗克珊分享。同意结婚是由男人做的决定；罗克珊完全没有参与。

部队为此不悦。为什么国王不能像他的先人那样娶马其顿人为妻？士兵们不禁提问。其实问这个问题就不公平——奥林匹亚丝不也是来自伊庇鲁斯的外国人吗？说白了，这些人真正不喜欢的是他竟然讨了一个被征服的蛮族妻子。或许是为了让这一类的种族主义反对意见平服，国王坚持两人的婚姻是爱的结合。

这当然是一场政治联姻。波斯帝国东部从未被完全驯服，一直处于半自治状态。过去几年的痛苦经验告诉亚历山大，他对这种情况也无能为力，起码短期内是如此。通过选择罗克珊，他表达了一种间接的歉意：它释放了一个信号，说明他以后不会再是那个只搞破坏的外国魔鬼，而是受人尊敬的君主，在当地统治精英的辅佐下，他不会干预他们的日常生活。

奥克夏特斯协助国王处理了另外一个更大的山头堡垒，也就是有 4 000 英尺高，周长达 7 英里的科瑞尼斯岩峰。马其顿人在数千英尺高的峡谷上架了一座木桥，再在桥上筑了一个土坡，以便对这个要塞展开进攻。这个危险计划最后没有付诸实施，因为如今跟国王同进退的伙伴奥克夏特斯说服岩峰上的指挥官光荣投降了。

指挥官还不只是投降了。马其顿人当时状况相当困难。先是在围困期间适逢大雪，损失惨重，后来粮食又跟不上（这是亚历山大通常很有效率的后勤工作中少有的一次差错）。指挥官还愿意给部队提供两个月的粮食，并立即用自己岩峰的储备给每一处伙食点送去谷物、酒和腌肉。

克拉特鲁斯奉命去肃清另外两个叛军领袖，大规模的叛乱至此终于结束。

现在，亚历山大终于可以掸掉脚上巴克特里亚和索格底亚那的灰尘了。他开始准备梦寐以求的远征印度之行。如今他带领的军队已经与五年多以前横渡赫勒斯滂的马其顿人与希腊人远征军很不一样了。今天的部队多了不少从亚洲招募的兵员，包括利西亚人、叙利亚人以及最近从巴克特里亚和索格底亚那招募的骑兵。

他的人马还是不够。马其顿基本上已无法提供更多人力。随着亚历山大征服的领土不断扩大，需要守卫的帝国面积也逐渐增多。他通常都是将希腊雇佣军编入总督部队和军营中。军队中还有“自然损耗”，人年纪大了要退休，还有人战死疆场或成了打不了仗的伤员。

大约在公元前 327 年，新近征服的各省以及许多军事重镇又给亚历山大送来了 3 万名当地男童。[55] 他们年龄相仿，都即将成年。亚历山大安排让这些孩子学习希腊文，使用马其顿武器和战术，并为此聘用了一大批教师。三年后这些学生将会被征召为全职士兵。

.他们就是作为“继业者”的后辈英雄（Epigoni）。人人都得效忠亚历山大。与马其顿的直接联系自此中断。从名称上可以清楚看出，国王打算建立一支全新的部队，军队目的不再是征服，而是为帝国提供保护。

第十三章

印度之行

“跪拜礼”（proskynesis）之争其实完全是误会一场。

这个词的本义是“向某人亲吻”，表示社会上低阶层的人对高阶层人的敬意。但这个词可以有两种不同的应用方式——波斯人的用法和希腊人的用法。据希罗多德说，

> 当波斯人在街上相遇，如两人社会地位相同，一看便知。因为他们不是口头上问候，而是嘴对嘴亲吻；但如果一方地位较低，两人则在面颊上互相亲吻，如果双方社会地位悬殊，一方就会扑倒在地，向对方表示深度敬意。[1]

大帝期待其子民在他面前匍匐敬拜——亲人与挚友除外，对这些人来说，微微鞠躬飞吻一下即可。这种礼数属于习俗，与宗教无关。这里并不牵涉君权神授的问题。

但对希腊人而言，跪拜礼远远超出了对身份地位的强调范畴。希腊人只有对神才做这样的崇拜动作。一般来说，行礼时是站立姿态，双手向天举起，下跪是非常少有的。对于一个自由人而言，向

他人下跪是一种屈辱。而对凡人而言，接受他人跪拜则是傲慢自大。

如今马其顿人看见波斯人经常恭敬跪拜就觉得好笑。亚历山大希望统一宫中的做法，以保证马其顿人和波斯人都觉得在他面前人人平等。他说服了身边的人同意以跪拜礼为通用的问候，会见国王的马其顿人和波斯人也同样适用。

大家安排了一次实验。[2] 他们从一次宴会开始使用这种问候，并不另做解释或宣告，以后则成为宫中的规矩。这个礼节可能并不要求匍匐跪拜，只需要鞠躬。起码这是他们原先的希望。亚历山大首先用双耳金杯饮水，再将金杯传与友人，友人即起身面对屋内的祠堂，向国王躬身致敬，接受亲吻，再回到宴会厅的长椅上坐下。

希腊宫廷哲人兼历史学家卡利斯提尼斯不但对这种礼数十分不认可，对整个波斯化的政策也不认可。与他的良师亚里士多德一样，他认为波斯大帝的子民其实是奴隶，而包括马其顿人在内的希腊人则是自由人。当双耳杯传到他这里，他饮罢并未躬身致敬，就向前打算接受亲吻。正好赶上亚历山大与赫费斯提翁闲聊，没有注意到他并未致敬。当伙伴军中有人将此事告诉国王后，国王就拒绝亲吻他。卡利斯提尼斯答道："行，我回去就是，不就少了一个亲吻嘛。"

此事引起了关注。由于哲人深得年轻士兵喜爱，国王尽管懊恼，还是决定对此事不再追究。

不同意表示鞠躬致敬的理由，其实有一部分是来自错误的假设。波斯大帝并不认为自己是神，在他面前匍匐是礼貌而非崇拜的表示。希腊人错把自己对敬拜的定义用在波斯人的社交礼仪上了。

但从另一个角度来看，他们也不无道理。争论的背后是对亚历山大开始自认为神的猜疑与日俱增。他在锡瓦的经历对他影响至深。或许他不只是象征意义上的宙斯之子，而是真正的宙斯之子，虽然这不会改变他的凡人之身。亚历山大与众神之间的关系也是他与腓力疏远的原因。

希腊人在人与神之间并没有清楚的界限。希腊人可以跨越这个界限，变成与神同等的神人或半神。亚历山大自豪地认为赫拉克勒斯是自己的先祖，而赫拉克勒斯成为半神后，罕见地荣获长生不老的恩赐。伟大的底比斯诗人品达曾在祝贺赢得尼米亚赛会少年摔跤冠军的颂歌中写道：

这是一次竞赛，
是人与神的一次竞赛；
我们的气息都仰赖一位母亲。
但凡事力量的不同
使我们千差万别；
人其实稍纵即逝，而古铜色的天空
才是永远固定的居所。
只要我们心志高洁，
身体壮硕，即能类似神仙。[3]

亚历山大的成就在时人眼中真可谓丰功伟业，如果他自以为这至少与赫拉克勒斯的伟业等量齐观，也不算过分。历史上确实有崇拜天神般的人物的先例。斯巴达名将莱桑德（Lysander）在斯巴达与雅典长年征战中，在伊哥斯波塔米（Aegospotami）赢得了决定性的海战胜利，因此在希腊城市受人景仰膜拜。他或许是第一个有专门祭坛并接受献祭的希腊真实人物；萨摩斯岛将其民族节日改名为莱桑德节。亚历山大的父亲腓力得到的荣誉也与神近似。

古典时代的作者认为，亚历山大将自己当作狄奥尼索斯或阿波罗那样的神。但更可能的是，他个人并不相信自己是神，但如果这有助于建立对他的个人崇拜，那也不妨在政治上善加利用。库尔修斯声称，他曾在一次谈及众神之父的演讲中说：

> 他给了我儿子的名分，接受这个名分对于我们现今执行的任务没有坏处。我只希望印度人也能相信我是神！因为名声能决定军事胜负，虚假信仰经常也能跟真理一样完成任务。[4]

这些话可能纯属虚构，但国王在一次身负箭伤疼痛难忍之际引述过《伊利亚特》中的一段话，可以佐证他的怀疑态度：“朋友们，你们看到这流出来的是血，而不是神体内的灵液。”[5] 而且这话是有史料记载的。有希腊人或马其顿人在场时他几乎从来不提他的神性，倒是经常以此在“蛮族”面前炫耀。[6]

普鲁塔克曾没好气地说，显然国王“并不好慕虚荣，也不心存幻想，而是用自己是神人的信念来奴役他人”[7]。

总之，亚历山大很可能认为自己不同于凡人，是神人，众神之中有他的先人。可身上疼痛的伤疤却时刻提醒着他，他是凡人。

见习骑士事务繁忙。他们都是马其顿贵族子弟，之所以在宫中出现，一部分也是为了确保他们的父辈行为端正，但他们也在亚历山大日常的行政管理中发挥重要作用。

他们的责任烦琐。夜间要在国王卧室门外执勤。他们会绕过官方的武装护卫，将性伴侣由私人通道引进门。白天他们把国王的马牵进来并协助国王上马。一般人都觉得他们能与亚历山大同坐同吃是十分荣耀的事。不论他是打仗还是狩猎，他们都随侍左右。这个工作对他们的文化素养也有一定要求。

觐见国王要经过严格把关，见习骑士们把所有事情都看在眼里，因为他们是最前排的观众。其实，他们也是政务以及战争与和谈技巧的见习生，积累适当经验后，将有机会在正规军中获得要职。

公元前 327 年的一天，在见习骑士们陪同亚历山大出外狩猎时发生了一件事，此事成了一系列悲剧的导火索。有一位见习骑士希摩劳斯（Hermolaus）是念哲学的，十分崇拜卡利斯提尼斯。他犯了一个错，把国王要射杀的野猪给刺死了。如此犯上的行为给他引来了应得的惩罚，这孩子在众见习骑士面前遭到鞭刑。

受到如此羞辱，希摩劳斯就向爱恋他的另一名见习骑士索斯特拉图斯（Sostratus）抱怨。两人互表忠心后，索斯特拉图斯说服希摩劳斯跟他一起趁夜里暗杀在床上熟睡的国王。他们还找了另外 7 个见习骑士一起干这件事。

这个阴谋有可行性，但也有障碍。阴谋者是在不同的夜晚执勤的，所以他们打算调动工作安排，让所有人都能在同一天晚上执勤，这样杀害国王时就不会有阻力。但是房间里还睡着两名近身护卫，他们也得一起牺牲。花了一个月，终于把大家的时间都调配好了。时间一长风声也容易走漏。

这帮人运气不错，没有一个人思想出现动摇，大家都士气高昂。

计划暗杀那一天晚上，国王举行晚宴，助理们都站在餐厅门外，打算在晚宴结束时带领他就寝。但是那晚众人饮酒甚欢，迟迟不散，后来又开始余兴。时间一分一秒地过去，助理们担心亚历山大和宾客可能会通宵达旦宴饮，而早上就会有另一帮人来交接班了。

结果，宴会刚巧就在黎明前结束，看来他们还有足够的时间实施计划。此时突然出现了一位疯疯癫癫的妇人。此人也是来访的常客，好像有宗教方面的天赋。她自称能预知未来。国王对她的某些预言印象颇深，所以就准许她自由进出。

她那夜看起来特别激动，就在国王离开时，她挡住了他的去路，要他重回宴会厅。“神的话都是金玉良言。”[8] 他笑着说，于是听她的话又回去了。

亚历山大直到早上七八点钟才决定上床。此时运气不佳的阴谋者已错失良机，可是交接班之后，他们仍然不愿离去。国王终于离开餐厅时他们还在那里转悠。他嘱咐他们，都已经站了一整夜，该回去休息了。他竟然还赞扬他们尽忠职守，传令对他们嘉奖。

暗杀计划得重新安排。就在这些大孩子等待下一个时机到来时，其中一个叫埃陂曼内斯（Epimenes）的不想干了。或许他是有感于国王的善良，更可能的是，那天晚上发生的一切让他觉得阴谋并未得到神明的祝福。不论是基于何种考虑，他向哥哥尤里洛克斯（Eurylochus）吐露了实情。

菲洛塔斯的阴魂仍然萦绕在每个人的心头，尤里洛克斯知道此事耽误不得。他拉上弟弟就往国王的住处跑去。在那儿他见到了两名伙伴军——托勒密和列奥纳托斯。他们立即打开卧房的门，拿着灯，经历一定困难后，才把醉后沉睡中的国王唤醒。

等亚历山大意识恢复后，两兄弟这才将阴谋和盘托出。亚历山大马上就赦免了尤里洛克斯，赏了他 50 塔兰特和新近失势的一名波斯贵族的财产。他的慷慨看似过分，但也反映了国王有多么惊愕，这些大部分时间随侍左右的人竟然想要他的命。

很快，有罪的见习骑士都给抓起来了。国王问，他做了什么让他们如此对待他。希摩劳斯毫无胆怯之意。“你还问，就像你不知道一样。”他答道，“我们计划杀了你是因为你开始不像自由人的国王，倒像个奴隶主了。”[9]

希摩劳斯的父亲与他断绝了关系。依照马其顿习俗，他和其他大男孩由其余见习骑士执行酷刑，被投掷石头直到身亡。

见习骑士阴谋行刺确有其事。情况严重而且险些成功。唯一不确定的是，他们究竟是出于什么动机。它肯定了一句俗谚，在贴身男仆眼中，没有哪个主人是英雄，但即便亚历山大这个雇主不好侍候，这也肯定不只是家仆背叛主人那么简单：这事儿还有它的政治层面。见习骑士们与那些批评国王的马其顿人意见一致。同过去一样，问题就出在国王对敌人的怀柔政策上。库尔修斯笔下的亚历山大是如此反驳希摩劳斯的，他说：

> 我把波斯人的习惯强加于马其顿人。的确，因为我在许多种族身上都看到值得学习的地方，学他们并不可耻。要满意地统治这个伟大帝国的唯一办法就是让当地人接受一些我们的东西，我们也从他们那里学习一些东西。[10]

国王隐隐约约看到了一个人——如今已失宠的卡利斯提尼斯。可惜，很难把他与这次的阴谋直接挂钩。看来那些男孩在供认时没有牵扯到他。普鲁塔克证实了这一点，他写道：

> 希摩劳斯的同伙即便在自己性命垂危之际也没有人怪罪卡利斯提尼斯。而亚历山大自己也在事发后写给克拉特鲁斯、阿塔罗斯和艾尔西塔斯的信中说，受了酷刑之后，这些年轻人认罪时都坦承是自己的阴谋，其他人都不知道。[11]

不过，卡利斯提尼斯似乎刻意栽培上流社会的年轻士兵，而且也并不讳言自己对政府的批评意见。他与希摩劳斯关系良好。

卡利斯提尼斯其实是个好惹事的主儿。他不但说话口没遮拦，也不觉得惹恼亚历山大会有任何危险。有一次，他被请去颂扬马其顿人。语罢场上欢声雷动，于是国王说："请你在批评马其顿人上也展示一下你的演说才华吧。"他一时虚荣心大作，接受了这一挑战。他淋漓尽致的演说让所有马其顿听众都勃然大怒，国王也不例外。他的叔叔兼老师亚里士多德就说，此人口才一流，可惜缺乏常识。

关于卡利斯提尼斯的谣言和指控满天飞。大家认为他与苏格拉底一样，对青年人是一种腐蚀力量。虽然并没有具体证据证明他对亚历山大不忠，但足以改变国王对他看法的证据则有很多。此外，亚历山大还怀疑这里面有希腊人的勾连。在雅典这样的城邦中，擅长煽动舆论者开始讥笑亚历山大希望成神的传言，并反对他与蛮族的和解政策。

亚历山大确定亚里士多德是这类议论背后的主要黑手，就是他在向他的侄儿耳朵里下毒。在给佩拉的安提帕特的信里他说：

> 这些小青年被马其顿人掷石而亡，至于那位诡辩家（即卡利斯提尼斯），我会亲自惩罚他，我不会忘记把他推荐给我的人，或在自己城邦包庇要谋害我性命者的其他人。[12]

乍听之下，这位希腊哲人似乎并未被交给马其顿议会审判，而是有人奉国王之命将他处理了。关于他的命运有好几个不同版本。[13]有人说他遭到酷刑、被钉上十字架、死于肥胖或虱症感染。最可能的情况是他被捕后不久死于狱中。

我们很难知道见习骑士刺杀事件所反映的不满情绪究竟有多普遍，不过很可能只限于马其顿贵族，只是被他们年轻的下一辈放大并扭曲了。但即便如此，这似乎并不影响他们打仗时的战斗决心或与主力部队分开时独立作战的应变能力。亚历山大在马其顿士兵中的威信极高，就我们所知，他在不同种族背景的士兵当中也十分得人心。他注意他们的生活起居，避免伤亡，而且不顾艰险，坚持身先士卒，所有这些都让战士们与他心连心。新的“蛮族”部队似乎并没有受到马其顿人风气变化的影响，希腊雇佣军也一样。

印度是一个呈三角形的半岛，北部多山。半岛南北长，东西较短，域内自北向南的河流众多，包括印度河。再往东就是陆地边缘，也就是世界的最远端了。这里有一片最广阔的水域——俄刻阿诺斯河（the river Ocean），它包围了欧非亚这个大岛。

这就是亚历山大和当时的人对世界的了解。他们对这块次大陆所知甚少，不知道的部分就用幻想来补白。[14] 大蚂蚁在沙漠中淘金。印度人像牛一样当众性交，他们的精子呈黑色。食人族在老人生病衰败前就将其杀害，这样他们的肉还未腐烂，可以食用。

抵达印度后，亚历山大给他的母亲写了一封颇为自豪的信，吹嘘自己已经发现了尼罗河的源头。他以为印度河是尼罗河的上游，流经沙漠后抵达埃及。证据是他曾在印度河中看到过鳄鱼。后来别人告诉他其实印度河自成体系，它流入俄刻阿诺斯河而非地中海。幸亏他的信尚未发出。于是他不声不响地将关于尼罗河的部分删掉了。

国王希望他带往亚洲的专家们能弄清楚印度的地理。他想知道各个地方都在哪里，得花多少时间才能到达。

希腊神明曾经造访印度。[15] 半神赫拉克勒斯把大部分时间都花在让当地女子受孕上。但他的后代中只有一个女儿，而且他是晚年得女。因为找不到适当的女婿人选，他自己在女儿七岁时与之发生性关系，希望能传宗接代。有人说狄奥尼索斯孩提时代是在旁遮普度过的。他征服了印度，建立了城市，并教会了居民农耕技术以及如何制作香水。他著名的亚洲到希腊之旅就是从这里开始的，沿途还散播了他对葡萄种植的崇拜和祝福。

据希罗多德记载，印度是已知世界上人口最多的国家，盛产黄金，从河水中就能筛洗出金子来。[16] 印度每年向波斯大帝进贡 360 塔兰特的金沙。在库尔修斯笔下：

> （印度）王室的豪奢……远超过所有其他民族。他们的国王游幸时，仆人必须带上银香炉沿着国王决定的行经路线焚香。国

> 王乘坐的是金轿子，上有珍珠装饰，穿的是有金紫绲边的亚麻衣服。轿子四周有手持武器的士兵和王家侍卫值守，树梢上则是经过训练会鸣唱的鸟儿，为国王解忧。王宫的柱子都是镀金的，上面还有金藤浮雕攀缘至顶，银鸟分布其上（十分赏心悦目）。[17]

大流士一世的帝国以印度河为界，但实际奉行大帝命令的地区范围不详。[18] 大帝曾派人沿河而下进行海上探险，直抵红海。到亚历山大时代，波斯帝国的控制也不可能超过喀布尔河谷。

虽然亚历山大没有谈过自己的想法，但入侵印度其实有两大目标——一个是感情考虑，一个是现实考虑。他有一个强烈的渴望，想到达俄刻阿诺斯河。这样他的成就就能超过赫拉克勒斯和狄奥尼索斯。说到底，他就是因为世界边缘的存在而渴望一睹为快。

眼前更紧迫的任务就是恢复帝国在这遥远国度的权威。从国王的行动可以看出，他打算让印度河成为其永久边界。南边的防御不成问题，因为它旁边就是塔尔沙漠。北边则不然，那里有不少独立的地方小王国。亚历山大希望在军事上击垮它们，但无意将其兼并。他希望它们能在帝国与阳光之下尚有待发现的领土之间起缓冲作用。就在马其顿人接近印度的过程中，他们获悉那片未发现的领土比他们原先预想的要大得多。

公元前327年初夏，亚历山大已准备好再次出征。印度听起来既神秘又诱人。他已经听说了他们的首领的富有，还有战士的衣物上闪耀黄金和象牙光亮的各种故事。他不愿意在表面上显得寒碜，让士兵的盾都镀了银，身上的盔甲也加了金银装饰。[19] 这么做不一定能镇住敌人，不过士兵们可开心了。

军队人数激增，据说，加上最新一批来自巴克特拉的增援以及在当地招募的战斗人员，军队已有12万人之众。这个数字看来偏高，或许把运输车里的非战斗人员也一起算上了。非战斗人员的数量可观，因为部队就像一个可移动的国家，起码是个移动城市。士兵人数估计不会超过6万。[20] 国王觉得可能需要更多士兵，故下令从各省再招募3万壮丁。[21]

印度西北部呈现在征服者眼前。这里拥挤着众多沿河的王国，统治者对于即将到来的马其顿人的威胁早有耳闻。他们认为可以接受，而且知道如何善加利用。他们猜到来者不善，但不会持久。一位当地的君王希希科特斯（或沙西古普塔）告诉亚历山大，辖地在印度河与许达斯佩斯河（今杰赫勒姆河）之间的塔克希拉（Taxila）邦的国王塔克希勒斯，愿意与亚历山大友好相处，并希望亚历山大能帮他对付许达斯佩斯以东的保拉瓦（Pauravas）邦的国王波罗斯（Porus）。[22]

双方安排了一次会议。当塔克希勒斯全副武装，骑着装点华丽的大象出现，亚历山大一度以为对方预备向自己出击。这场危险的误会很快就被澄清，两人相谈甚欢。塔克希勒斯坚持他无意一战（他不久后即逝世，继承王位的儿子跟他一样好说话）。他说："如果我的财产比你多，我愿意对你慷慨解囊，如果我的财产比你少，你赐给我的我都不会拒绝。"[23] 两位国王开始彼此送礼，并不断加码。亚历山大与他拼到最后，竟然答应给塔克希勒斯1 000塔兰特金币，令他周围的人很不高兴。他的一位将领梅里格在一次晚宴上喝多了，语带讽刺地对他说："起码你在印度找到了一个值1 000塔兰特的人！"[24]

马其顿人终于上路了。他们再次跨越兴都库什山脉，造访了新的军事重镇——高加索的亚历山大城。亚历山大当机立断，撤换了不称职的总督，随即向印度河谷进军。他应用在巴克特里亚和索格底亚那吸取的经验，根据情况将兵力分成了许多小股。他的战术是攻击并拿下敌人的军事要塞，引诱附近的人不战而降。他建立了一个新定居点监视动乱迹象。在一次围城之战中，一支箭射穿了他的胸甲，他的肩膀受了轻伤。[25]

亚历山大的第一个目的地是流域宽广的印度河。喜马拉雅山、喀喇昆仑山和兴都库什山上的雪水和冰川造就了这条亚洲已知最长的河流。国王派赫费斯提翁带领大军准备架桥渡河。其余部队则负责筑路和打造由小船及三十人划桨的大船组成的船队，它们将顺流而下到桥的末端，协助运送人员和辎重过河。

国王恢复了他昔日的残暴政策。史瓦特河谷下游的阿萨卡尼部落（Assacani）老给他添乱。他们的部队人数不足以与入侵者正面交锋，于是分头躲往不同据点，亚历山大就对其中一个据点马萨加使力，他动用了马其顿人最厉害的攻城利器。

有人在城墙上向亚历山大射箭，他的腿部中箭受伤。他一如既往地满不在乎。库尔修斯写道：

> 他拔出箭头，着人牵来他的坐骑，在伤口未经包扎的情况下骑上马照样完成了自己的既定任务。但是他受伤的腿是下垂状态，血干了以后伤口变硬，加剧了疼痛。据说，亚历山大当时还说，虽然人称他是宙斯之子，他还是可以感觉到伤口对身体的伤害。[26]

他应该卧床休息，可是（就像在加沙一样）他不肯坐等伤口结痂，还是坚持对工事进行巡视。

阿萨卡尼国王被弩炮击毙，他的母亲克里奥菲斯接掌政权。几天后，守城者眼看大势已去，于是由女王亲自率领一队侍女前去与亚历山大谈投降条件。她请求饶恕，并希望亚历山大肯定她的统治地位。国王答应了她的请求。显然，她颇有几分姿色[27]，与其他上了年纪的妇女一样被国王相中了。不久后一个婴儿诞生了，母后给他取名亚历山大。

阿萨卡尼人雇了约 7 000 名印度雇佣军，这些人抵触情绪特别大，但最后与亚历山大达成协议，如果加入亚历山大的正规军，可免于一死。他们带着武器走出了马萨加，并且与家人一起在马其顿人对面的小山上扎营。其实，他们并不想与其他印度人为敌，打算趁夜色逃走。

国王听说后，派兵将山头团团围住，将雇佣军悉数屠杀。我们可以假设妇女和孩子被卖了。这一事件震惊了文明世界，让人再次想起底比斯的毁灭。当然，也许亚历山大考虑到，将如此众多怀有敌意的士兵留在后方，他们会搞破坏，这太不明智了，所以他才做了如此选择。大屠杀可能是必要的残酷，而不是无谓的残忍。[28]

就在印度河蜿蜒流淌的地方竟然出现了高达 5 000 英尺的山峦，令人头晕目眩。它被称为奥诺斯山（Aornos），其名字在希腊语中就是“鸟飞绝”的意思，因为连鸟都飞不了这么高［现在判明这里就是巴基斯坦境内的皮尔萨尔（Pir-sar）］。[29] 山峦顶端有一处约 1.5 英里长的高原，有可耕田地和大量泉水；但上山只有一条很不好走的路。它的北边还有一处更高的峰形山丘乌尼萨尔（Uni-sar），与另外一座高峰之间有深渊相隔。

许多部落居民都聚集在高原上，以躲避马其顿军队的注意。当地人传说，曾有神明试图围困奥诺斯，或许是奎师那，最后他因地震而放弃。亚历山大听说奎师那是赫拉克勒斯的化身后，就产生了一种“渴望”，想做到自己先祖无法做到的事。他决心不惜代价拿下这片高原。

怎么做呢？亚历山大带着部分人马行军至奥诺斯。正面进攻不可能。在当地人的建议下，他派托勒密领着轻装先遣队在敌人察觉不到的情况下攀登上附近的乌尼萨尔。经过一番危险的攀爬，他们终于到了一处面对奥诺斯的峭壁。他们能被敌人看见，必须自卫，所以就在围上栅栏的沟渠内扎营。

通过事先约好的信号，国王获悉先遣队已建立据点，也带领人员沿托勒密的足迹登上乌尼萨尔。但从高原跨越过来的部落人马挡住了他们的前行道路。亚历山大不得不后撤。此时部落人转过头来对托勒密一行展开攻击。他们试图拆掉栅栏，日落时分仍未得逞，故而撤退。

夜间，亚历山大派了一位信得过的印度逃兵捎信给托勒密，令他次日一旦见到主力部队重新出击立即配合进攻，让敌人遭受两面夹击。此计果然奏效。马其顿人击退了敌兵，到达了高原对面的制高点。

不过，有一道深谷横亘在乌尼萨尔与皮尔萨尔（或称奥诺斯）的两个高峰之间。亚历山大并未知难而退。他勒令士兵建造一座便桥或便道，[30]很可能就是用木头为架，其上填土而成。用现代学者的比喻，肯定就像早年的美国火车栈桥。[31] 几天后，便桥已开始向深谷延伸。投石机和弩炮终于可以攻击守军了（一个轻型弩炮可将金属物射出 450 码 * 远）。一组头脑机灵的马其顿人爬上了深沟另一处与高原等高的小山丘。便桥距离它不远，很快就会抵达山丘所在。

部落人被马其顿人的工程技术、决心及临危不惧的精神折服，表示愿意接受投降条件；他们其实是打算白天拖延谈判，于夜间四散回家。国王得知后（不知道他是如何打探到这个消息的）故意将防守出路的军队撤离。就在部落人一步步走进他预设的圈套并离开山峰高原时，他领着 700 名士兵登上了敌人刚刚撤离的高原。信号一响，他们立即向撤离的部落人出击，不少人死于非命。

阿里安的记述简明扼要："亚历山大如今是曾让赫拉克勒斯低头的巨峰的主人了。"[32] 国王自己还是比较谦逊的，或者说比较聪明的，没有吹嘘自己的成就。[33] 不过，奥诺斯确实是他所有围攻中最出色的一次，也让印度人摸不着头脑。他作为军事领袖的声誉不胫而走，令许多人在反对他以前不得不三思。

部队的行为着实怪诞。[34]

士兵们在郁郁葱葱的山坡上像醉汉似的游荡，在空地和枝叶繁茂的丛林中嬉戏。藤蔓（代表狄奥尼索斯的植物）或与之类似的植物比比皆是，士兵们用它们做成叶冠，戴在头上。

有人就躺在落叶上发呆。有人给狄奥尼索斯献唱，俨然一副酒神信徒的模样，浑浑噩噩地追逐享乐。虽然文字记载并未提及，但运输车中的妇女在这些放荡狂欢中肯定发挥了作用（在其他地方类

* 1 码约为 0.9 米。——编者注

似场合中她们肯定也曾发挥过作用)。[35]

这群寻欢作乐的人正模仿酒神的行为方式生活，如一首颂扬酒神的诗所写：

> 他整日在长满藤蔓和月桂的深谷中徜徉。仙女们跟随在她们的领袖身后，但听得他们的喊叫声充斥着这无穷尽的森林。[36]

这些奇怪现象可以从尼萨（Nysa）公民派来会见亚历山大的使者身上找到答案，尼萨是印度河附近动植物繁盛的山丘下的小城。代表们要求他不要攻击他们的小城，因为该城是狄奥尼索斯所建，而且据称是他的出生地。我们都知道国王的母亲就是酒神信徒，并曾参加过酒神的仪式，所以国王认为他们讲得有道理，同意让尼萨人继续保持独立。

阿里安和库尔修斯没有耐心去顾及亚历山大与狄奥尼索斯的这层关系。他们认为使者故意夸大了当地的传说，来讨好亚历山大。弄不好这故事还是他们临时编造的。无论如何，国王之所以愿意受骗，据阿里安的猜测，是因为他希望尼萨确系狄奥尼索斯所建，如此事属实，意味着他的足迹已与狄奥尼索斯一样远，而且他还会走得更远。亚历山大认为，马其顿人在赶超狄奥尼索斯成就的鼓舞下，应该不会对前往更偏远的地方艰苦奋战有抵触情绪。

他宣布放假 10 天，并带领全军登上山顶俯瞰全城。在山顶上他向狄奥尼索斯献祭，并举办了一场丰盛的宴会。这肯定是一场非比寻常的联欢会，因为连他小圈子里面的马其顿高官都“中了狄奥尼索斯的魔，高喊酒神崇拜者的口号——euoi，随之陷入狂欢”[37]。

如果印度人知道这群战无不胜的入侵者正陷在密林深处，人人精神恍惚，远征一事很可能就此告终。但最后国王与士兵们终于打起精神下了山。

他们向印度河方向行进，发现了可用于造船的木材。于是组建船队沿河而下，直至赫费斯提翁奉命建造的渡桥处（渡桥或许就是将船只相连，上面铺设木板而成的）。在此，国王又给所有的神明（肯定包括狄奥尼索斯和赫拉克勒斯）献祭，并在河边举办了体育和马术竞赛。预言的兆头不错，马其顿人顺利渡河。他们再次献祭，这回是为感恩而非祈福。

在许达斯佩斯河上空的天一片铁灰，该河是发源于喜马拉雅山向南汇入印度河的五条支流之一。凡金属器物如剑和盔甲，一不注意就会生锈。大雨倾盆，连绵不断，无止无休。时值公元前326年7月，马其顿人不巧赶上了他们不熟悉的雨季，雨要一直下到9月。

亚历山大打算往东走，就必须跨越许达斯佩斯河，于是他拆了印度河上的船，经过陆路到达河岸后再重组。他怀疑印度国王波罗斯会给他使绊子。[38] 前面说过，波罗斯是许达斯佩斯河与阿塞西尼斯河（Acesines，今杰纳布河）之间的保拉瓦邦的统治者。波罗斯不知道马其顿人是不达目的不罢休的，所以他与其他王公不同，拒绝接受亚历山大的会面邀请。他已决心与入侵者一战，正等待统治许达斯佩斯河附近山间国度（克什米尔）的阿比萨瑞斯（Abisares）派增援部队到来。

河流正值丰水期——流量暴增，水质浑浊，水流湍急——但亚历山大还是希望能够利用津渡过河［津渡在今天哈蓝普尔（Haranpur）

火车站附近]。他到达渡口才发现东岸印度军队已严阵以待。眼前这一幕让人触目惊心。波罗斯本人的架势亦然。库尔修斯是这么说的，他“骑在一头体格最为魁梧的大象背上。身上的盔甲镶金嵌银，更凸显出他高大的身形。他身强力壮，性格勇猛”[39]。

史料记载不一，但据合理猜测对方应有3万名步兵、4 000名骑兵和300辆战车。[40]波罗斯还有能打仗的130头大象。亚历山大对它们的战斗力持怀疑态度，因为它们在战争中是分不清敌友的，可能伤及双方；不过，自己的马匹或会受惊，而他这次还是得依赖马匹制胜。

如何是好？国王决定使诈。他将部队分成几路，自己和手下将领分别带领士兵在敌人境内四处搞破坏，实际上是在寻找更容易渡河的地方。谷物补给陆续运到，给人的印象是马其顿人打算在此驻扎下来，等待雨季结束水位降低再行动。据阿里安记载：

> 他的船在河中上下游弋，皮筏内塞了干草，整个河岸尽是士兵，骑兵在这儿，步兵在那儿，亚历山大让波罗斯拿不定主意，不让他选择一处最有利于集中防守的据点。[41]

日复一日，每到晚间国王就让骑兵沿河岸上下驰骋，不断呼喊叫嚷，一副部队即将过河的模样。波罗斯也跟着声响带大象和其他部队上下移动。最终他意识到这些都是假警报，于是不再注意这边的动静。

一旦确定印度国王已经麻痹大意了，亚历山大开始实施他的巧计。时不我待，因为他听说波罗斯的盟友阿比萨瑞斯正带着大军在前来增援的路上，将于数日内抵达。

马其顿的侦察兵发现在上游 17 英里处（在今斋拉普尔附近）有一个无人居住的荒岛，岛上树木丛生，无路可走。岛上岸边隐藏着一处为丛生树木所遮蔽的小水湾。亚历山大打算在此渡河。他计划兵分两路，亚历山大将于夜间带领 5 000 名骑兵和至少 6 000 名步兵上岛。数目不算多，但他肯定计算过，这些足以应付眼前的需要，再说，一夜之间他最多也就能运输这么多人马。

为避免被发现，国王将绕远路走。士兵们将携带已经填充了干草的皮筏。重新组装的马其顿战船则将在岛后隐蔽处等候。

主力部队在克拉特鲁斯指挥下，将留在位于今哈蓝普尔的渡口原地不动。士兵们假装做出随时出击的模样。国王的营帐也留在原地，还有一个穿着王袍的亚历山大替身。另外，希腊雇佣军则被派往岸边，在战役即将获胜之际渡过许达斯佩斯河。

为了不让敌人看出出击部队已然离营，营帐都不动，外面仍然生火。国王给克拉特鲁斯的死命令是原地坚守，除非波罗斯前去与亚历山大对峙或撤退。他似乎还留下了书面的命令，说：

> 如果波罗斯带部队来对付我，但留下部分人马与大象在营地，你仍然得按兵不动。如果他领走所有大象来对付我，营地里还有部分军队，那么你就尽快过河。马匹上岸最忌讳的就是大象，波罗斯其余部队均不足为惧。[42]

一天夜里，亚历山大开始执行他的计划。他偷偷出发，几个小时以后就到了岛上，一切都还顺当。拂晓以前，骑兵都登上了皮筏，步兵也上了船。渡河开始。

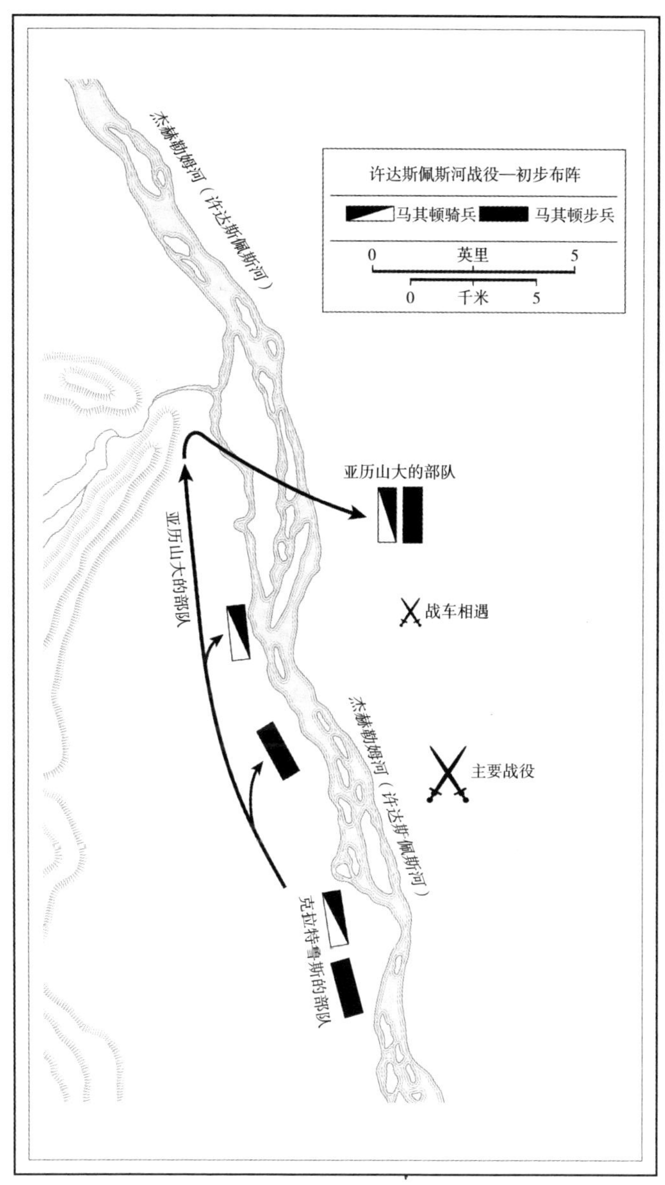

图 5　许达斯佩斯河战役，战前准备

他计划周详，却没有料到天公不作美。暴雨突降，倾盆大雨不但遮挡了视线，也将所有人浇成了落汤鸡。这一大不幸中唯一的安慰是电闪雷鸣和大雨滂沱或可掩盖数千人部队移动的声响。

更糟糕的事还在后面。当船与筏子都抵达对岸，所有人马均上岸后，他们才发现原来抵达的是河中的另外一个小岛。这是一个不小的挫折。因为天很快将大亮，光天化日之下就没有奇袭的优势可言。再上船已经没有时间，于是国王与士兵们只得挣扎着在波涛汹涌的水域中涉水过河。水深齐胸，马匹也只有马头能露出水面，人和马的体力消耗自不待言。

此时，波罗斯的侦察兵已经发现了马其顿人。所有攻击部队必须尽快抵达彼岸，准备与来袭的印度兵一战。整个过程大约花了好几个小时。国王将骑兵置于一排骑射手之后。（通过几年在巴克特里亚和索格底亚那的游击战经历，他发现骑射手能迅速出击、射击，再迅速安然返回，值得一用。）从河中爬上来浑身湿透的步兵则安排在骑兵之后。

此时的波罗斯面临一个两难抉择。他看见马其顿人已分成两部分。有一队应当是诈兵，是圈套，另一部才是主力。但到底谁是主力，谁是诈兵？或者应该这么问，亚历山大在哪一队？是在斋拉普尔岛还是在哈蓝普尔渡口？他一直在思考这个问题，因为他也知道他的命运和未来战争的成败就看他的选择对不对。同时，他很快派遣他的儿子带领 2 000 名骑兵和 120 辆战车前去，企图将入侵者再赶回河里。

初见大军到来，亚历山大还以为他们是波罗斯全军的前卫部队，当获悉对方的真正实力后，他决定将其歼灭。他立即朝骑兵领队处冲去。敌人见到亚历山大，大为惊恐，随即后撤。战车因轮子深陷雨季的泥泞而动弹不得，丝毫起不了作用。波罗斯的儿子战死，他手下的 400 名骑兵也战死疆场。

波罗斯终于做对了，但是他晚了一步。他的骑兵遭受重创。马其顿人已经从许达斯佩斯河上了岸，开始备战。有人看到带头冲杀他儿子的是亚历山大。印度国王意识到真正的威胁来自进攻部队。于是他留下一个小分队和几头象，吓唬克拉特鲁斯的骑兵，不让他们登岸。

双方都摆开了阵势，进行一场定位较量。波罗斯往前行，找到一片排水良好的地块，保证大象和骑兵能够一显身手。阵形中间由 85 ~ 200 头大象组成，象与象之间距离约 100 英尺，后面则是步兵，其列阵宽度远超马其顿方阵。[43] 狄奥多罗斯写道："整个布局更像一座城市，大象就像高塔，中间的士兵就像幕墙。"[44] 他的骑兵经过上一次冲突折损，只余下 3 600 人，而今被安排在两翼，前面有 180 辆战车和特种步兵护卫。

亚历山大暂时故意不让对方看见自己的部队，先不动声色地观察波罗斯这边的安排。马其顿士兵终于赶上了骑兵队伍，由于一夜劳顿，奉命稍作休整。

国王开始琢磨自己的战术。他再次决定使诈。军队的布局仍依照传统，方阵与持盾步兵居中，两侧辅以伙伴骑兵。他带领两个中队在右翼，科纳斯则带领两个中队在左翼。不过，这里亚历山大做了一个小小的改变。他的中队和中心部士兵更靠近敌人，在敌人视线范围内，而在左翼的科纳斯则奉命躲在树丛后，在盲区按兵不动。

国王派骑射手去对付在波罗斯左翼的印度骑兵和战车。用阿里安的话说，他们的任务就是"来回穿梭，密集射箭，给那部分士兵制造混乱"。敌人的骑兵队瞬间失序，战车基本上全被歼灭。这时亚历山大才领先出击。

他是在与印度国王斗智。他猜波罗斯会假设马其顿人只有两个骑兵队，由于波罗斯不知道有科纳斯带领的骑兵队，他会以为他右翼的骑兵没有对手，无事可做。很可能会命令他们从战线后方转移至遭到猛烈袭击的左翼处增援。

这样波罗斯部队就能在数量上大大超越亚历山大的中队，进而稳住自己的左翼。如果运气好，还有可能击退马其顿人赢得胜利。科纳斯已事先奉命盯住印度军的右翼，一旦他们离开所在的位置，立即紧随其后。

波罗斯的反应正如亚历山大所料。等科纳斯一现身，合并后的印度骑兵突然发现自己遭到前后两面夹击。[45] 溃败之际他们往附近大象的所在地撤退。

驯象人驱赶大象冲向马其顿骑兵。方阵步兵见状立即按计划围住象群，用矛刺象身，用剑砍象腿，切象鼻。有些被激怒的大象向马其顿阵线冲击，印度骑兵乘势反击，却并不成功。

战事已全面展开。在亚历山大和伙伴军频频向被围困在中间的敌军骑兵冲锋后，马其顿人很快占了上风。象群开始发疯。阿里安做出了血腥的描述：

> 被挤在狭小空间里的大象来回打转、冲刺、践踏，伤了敌人，也没少伤自己人。被象群紧紧围住的印度骑兵损失惨重。大多数驯象人已经被射落，还有的受了伤，精疲力竭，无人能够控制大象。象群在疼痛的刺激下不分敌我地盲目踩压、践踏、杀戮。[46]

许达斯佩斯河战役
0
英里
2
0
千米
2
大约比例
马其顿部队
骑兵
步兵
轻装军队
印度部队
骑兵
步兵
战车
大象
从许达斯佩斯方向来
方阵
持盾步兵
方阵
亚　历　山　大
科纳斯
波　罗　斯
克拉特鲁斯
由此靠近

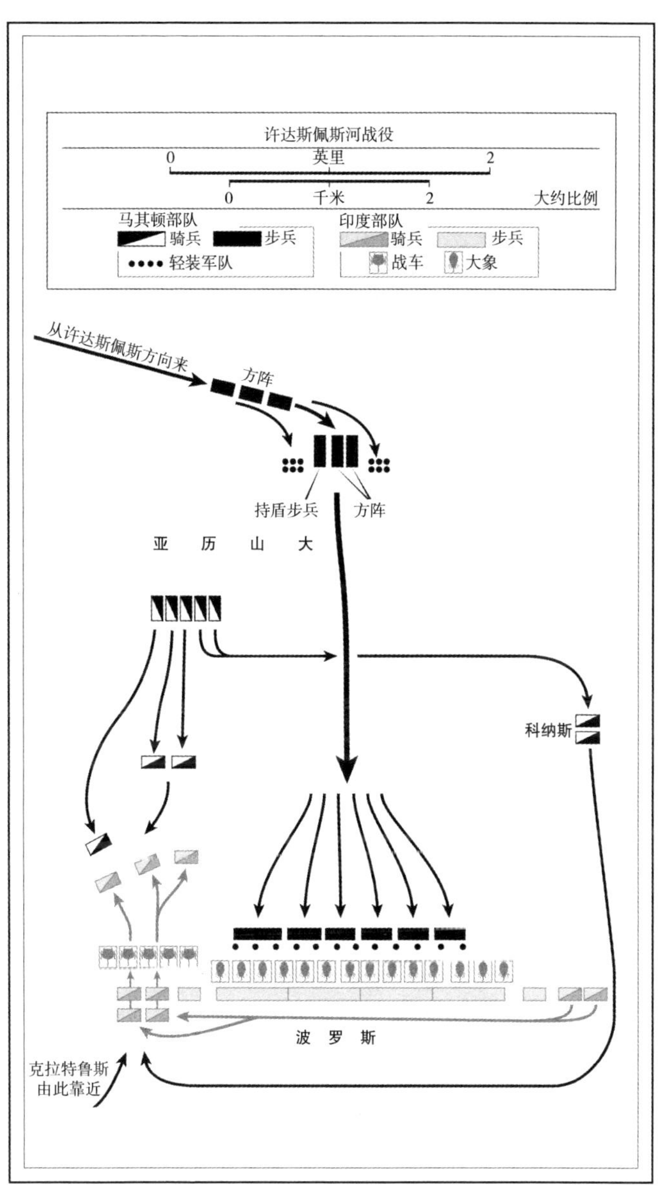

图 6　许达斯佩斯河战役

方阵恢复了生气，士兵们举起他们手中带刺的加长的长矛朝敌人步兵逼近。[47] 马其顿骑兵开始将他们围住，此时，原先等待在河边的希腊雇佣军可能也加入了围剿。费时耗力的屠杀就此开始。克拉特鲁斯的部队也过河参与清剿。

据说就在那一天，湿漉漉的地面上躺着 2 万名印度步兵和 3 000 名骑兵的死尸。[48] 战车全部被毁。马其顿人最多大约损失了 80 名步兵，10 名骑射手和 220 名骑兵。

此次战役或战后不久的一大损失最令亚历山大痛心。他的爱马“牛头”大概就在此时死了。它活了 30 岁，最后可能并非因受伤而死，而是死于中暑。爱它如战友的亚历山大为此悲不自胜。他在战场与营地所在地建立了两处驻军重镇，一个叫尼西亚（Nicaea），意为“胜利之城”，另一个就叫布克法拉（Bucephala），以纪念他最怀念的爱马“牛头”。

在巨型大象背上俯瞰战场的波罗斯见到自己的部队与希望已毁于一旦。他手持投枪将身边劝降的臣子刺死。与大流士不同的是，他并没有早早撤离战场而加速溃败。他肩上的伤口正不断往外冒血，在确信自己断无翻盘可能时，他终于认输了。他请人将他带到亚历山大处。

马其顿国王对他的英勇十分佩服。他问波罗斯希望得到什么待遇。

“像国王一样的待遇。”这是他给出的完美答案。[49]

“就我而言，波罗斯，我可以按照你的要求办。请你告诉我你的要求。”

“我只有这么一个要求，一切均在其中。”

两人都遵守同样的英雄守则，彼此都能互相了解。亚历山大承认了波罗斯的王位，还给了他额外的印度领土。至于波罗斯，从此一直忠心耿耿地追随他的征服者。

按照惯例，得胜者亚历山大纪念了阵亡者，并对诸神献祭以示感恩。这次众神之中还包括太阳神赫利俄斯（他是在祈祷上苍多给一点蓝天，少下一点雨吗）。国王就在他第一次带领军队渡河的许达斯佩斯河岸边举办了体育和马术比赛。他让克拉特鲁斯带着一队人马留在该地，建设并加固他奠基的城市，而他则继续前往波罗斯统治地区邻近的印度人王国。

人们为了庆祝胜利还铸造了两种纪念币。一种是四德拉克马钱币，它的正面是持弓的印度弓箭手，反面则是一头大象。另一种则是十德拉克马钱币。正面是一名骑士——无疑是亚历山大；他正追击骑在一头大象上的两人——无疑就是波罗斯和驯象人。反面则是胜利女神尼刻正给一个站着的人加冕，应该是亚历山大。他手中握着闪电，或许是为表现战役前的暴雨，我们也可猜测，这是表现他具备宙斯后人的神性。

亚历山大的战略拼图已陆续到位。沿印度河谷的各王国与各邦都加入了一个缓冲地带，成为波斯帝国的东界。马其顿征服者将是他们的人统领，但具体的管理则由他们自己负责。

此时波罗斯已成为他亲密而信得过的盟友，奉命挑出他剩余的最精锐部队和一些大象。大部队再次分成好几个支队在印度河谷上下移动，要求该区域的各邦投降。大部分邦都照做了，有的则不愿屈服。塔克希勒斯勉强与波罗斯和好了。原先要向许达斯佩斯河派兵增援却迟迟没有出现的印度国王阿比萨瑞斯，派他兄弟率领使团前来和谈。他被任命为原本属于自己王国的总督。阿萨卡尼人里出现了叛乱，随即被派来的军队平息。

另外一个同样叫波罗斯的国王（他是前一个波罗斯的堂兄弟）也臣服了。不过，他看到亚历山大与他的同名宿敌十分亲近，感到不安，于是说服了一帮战士跟他一起往东潜逃。赫费斯提翁奉命前去兼并了他的王国，并将其交予前一个波罗斯管辖；完成这件事之后，他建立了几个防卫要塞。

一个叫卡泰伊人（Cathaeans）的部族举兵造反，以城池坚固的桑加拉（Sangala）为据点。他们用篷车将城门外的一座小山丘足足绕了三圈。亚历山大攻破了他们这道临时防线，敌人于是退守到桑加拉的砖墙内。他们一度试图突围，其后马其顿人围绕城池四周建立双层栅栏，只在靠近一个浅湖的地方留了一个缺口。国王猜到守城者会再次试图涉水突围；他的马其顿人在波罗斯协助下将露头的敌人一一斩杀。

亚历山大靠着城池四周摆放好攻城利器，并有云梯架设于其上，桑加拉就这样被攻破。据记载有 17 000 名印度人丧生，7 000 人被俘。[50] 该城被夷为平地。

面对他的一流对手，亚历山大展露的“骑士精神”是凶悍与残暴的。印度人对桑加拉被毁产生了很多反感舆论。罗马皇帝马可·奥勒留的战略谋臣伯利埃努斯（Polyaenus）就说：“这种行为使他在印度人中声誉大打折扣，他们认为他就是个嗜杀成性的野蛮人。”[51]

虽然亚历山大连战连捷，部队的士气却直线下滑。许达斯佩斯河的战役发生在五月，但接下来的几个星期，象征雨季开始的春季雷暴雨变成了连续不断的倾盆大雨。就在马其顿人横渡一个又一个印度河支流时，河水水位也眼看着快速攀升。尼西亚和布克法拉均毁于洪水，不得不重建。[52]

整天身上都湿漉漉的是不会让任何人有好心情的。尽管亚历山大手下的士兵崇拜他，但他们的忍耐也有限度。

没想到印度比他们原先预想的要大得多。亚历山大和他雇用的一批科学家本以为其大小相当于今日的旁遮普，一次短途行军就能让他们走到俄刻阿诺斯河的边缘。如今已身在次大陆的他们却一再收到报告，表明其土地、国度与人口还在向东边无限延伸。

当地的一个国王声称，有一个要花 12 天才能穿越的沙漠。走完沙漠即可抵达宽阔的恒河。那个地方的统治者手下有 20 万步兵，还有 2 000 辆战车和 4 000 头有装备、能打仗的大象。[53] 亚历山大颇感吃惊，问波罗斯属实否，波罗斯毫不犹豫地肯定了报告的真实性（尽管根本没有这个沙漠存在，印度军队的人数也被夸大了）。其他报告也说有不少土地肥沃、大象众多的地方。

我们目前有一个未解之谜。[54] 此时马其顿人已接近印度河最后一个支流希法西斯河（Hyphasis，今比阿斯河）。河深七英寻，水流湍急，渡河不易。国王向来不畏艰难险阻，他有抵达地球边缘的强烈“渴望”，他就是这么执着。据阿里安记载，他“带着他的部队来到河边……打算把河东的印度人也打趴下。在他看来，只要有敌人存在，战争就没有打完的一天”。

部队不同意。他们在水中遭的罪已经够多了，所以拒绝随行。对他们来说，仗已经打完了。

亚历山大察觉到不满情绪初露端倪：在击败波罗斯后，他曾重赏将军及其他各级军官。士兵的妻子每月都有口粮，他们的孩子们可按照父亲的服役年限获得津贴。[55] 表现英勇的也有丰富的犒赏。可是这一切都未能提升众人的情绪。大家三五成群地在那里嘀嘀咕咕。有的直接埋怨，有的则发誓即便有亚历山大领头，他们也不会再往远处走了。但没有人公开表态。

国王觉得他有必要介入。他将高级将领召集到跟前，与他们谈心。[56] 他说，不论是工作还是危险，尤其是回报，他一向与全军分享，理应得到他们继续效忠。他跟他们说："所有这些土地都是你们的，你们就是这些地方的总督。"[57]

众人耷拉着脑袋，都不言语。"我一定是在不经意间得罪过你们，"亚历山大难过地表示，"你们连看都不愿意看我。就像只有我一个人在场一样——问话没有人应答，连个说'不'的人也没有。"[58]

现场一片沉寂，久久无人发声。这可算得上是头等政治危机了。整个远征的未来是建立在国王和他手下的相互信赖之上的，而如今这份信赖似乎已消耗殆尽。终于一位将军——能干可靠的科纳斯，以他的事业前途为赌注为全军发声了。他的讲话用字谨慎，态度谦逊，却直言不讳。士兵们想再看看他们的老家和他们的亲人。他还具体说到他们的装备，衣服、盔甲、武器状况都不好了。根据阿里安的记载，他下面这段话赢得了热烈的掌声：

> 你现在不应该带着一支不情愿的军队再往前冲了。你会发现他们不会像以往一样愿意应对危险，因为他们已经丧失了斗志。但如果你同意，可以跟他们一起回马其顿老家，看看你的母亲，处理在希腊该处理的事，将所有这些伟大的胜利带回去光宗耀祖。然后，如果你愿意，可以再从头开始，再开启一次战役。[59]

亚历山大不习惯被别人顶撞，特别听不进这番话。他怒气的矛头主要针对科纳斯。他突然宣布休会，第二天复会时依然盛怒未消。他宣布他决定继续远征，也欢迎任何人自愿参加。其他人可自行返回家乡，可以告诉他们的朋友，在国王被敌人包围之际，他们决定弃他而去。

说完这些话，他从讲台上一跃而下，像阿喀琉斯那样躲回自己的营帐闷闷不乐。整整三天他不让任何人进帐，连最亲密的友人和伙伴军也不例外。他希望这种做法能像他杀害克雷塔斯之后一样奏效，能强迫部队改弦更张。但部队态度坚决。士兵们为亚历山大的生气感到难过，但无意改变看法。

如今唯一的问题是，如何让国王让步又不失面子。按照惯例，他在横渡希法西斯河这项重要举措前举行了一次献祭仪式。这回却见凶兆。是不是有人事先跟亚里斯坦德咬过耳朵呢？无论如何，亚历山大取消了这次进攻，但明白表示他并不是向手下让步，而是奉神命而为。听到消息的士兵欢声震天。

为了将放弃前行的计划说成胜利，在国王安排下竖立起了12座与他最高的攻城塔一样高的巨大祭坛。他要感谢众神让他有连战皆捷的赫赫功绩。与往常一样，他也举办了体育和马术比赛。短暂休息，让部队在体力过度消耗后得以养精蓄锐，准备踏上遥远的归程。

就在几天内，科纳斯突染怪疾去世。现代学者怀疑其中有蹊跷，但当时没有人这么想。亚历山大很难过，给这位将军的后事也安排得备极哀荣。

这段故事有些蹊跷。

尽管亚历山大有他强烈的渴望，但他一向以务实见称，在评估风险和效益前不会随性行事。他在色雷斯和亚洲各次战役中关注的是边界的安全，并无兼并新领土的意图。如果从国王的行为而不是他那段无休止战争的言论来判断，他想在印度河谷实现的目标是合理的，而且是可以实现的。从前面我们可以看到，他的目的就是希望通过一系列可靠的友邦，来保护零零散散的、基本上无人管辖的波斯帝国东界地区，使之成为帝国与边界以外世界的缓冲区。

所以，事实是他从来就没有打算一直走到俄刻阿诺斯河。他已经在他帝国最远的疆界扬起了他的旗帜，印度冒险记已然被画上了句号。

如果是这样，他与手下之间又是为什么而起争执的呢？酷爱旅行和探险、酷爱主导全世界是他的一个公共形象特点。或许在计划离开印度时，他需要为自己没有跨越次大陆一直打到世界尽头这件事找一个人顶罪。否则可能就会有人指责他意志不坚定。军队成了背黑锅的对象，他知道如果他表明自己打算永远打下去，肯定会引发类似叛变的事件。所以他就这么做了。

更直白地讲，也许他并没有真的计划征服全印度，但脑海中也闪现过小露实力、吓吓当地老百姓的念头，就像他当年横渡多瑙河时一样。再说，如此一来他身边的专家也可以进行一些科学调研，对印度的地理有更准确的了解。而这一点在他手下的人——和古代历史学家——的想象中被夸大为一个更宏伟的计划。

真相到底如何我们无从得知，总之就在确保印度河谷的安全后，亚历山大的下一步计划应该在意料之中。他唯一还没有到访的帝国边疆就在南方——顺印度河南下，再沿阿拉伯海的海岸线北上波斯湾。

在他将帝国这一圈走完后，等待着他的将是在奇观之城巴比伦的休息和放松。

第十四章[1]

漫漫回乡路

一座城市在波涛中荡漾。

山上森林里砍伐的木材顺水流而下，一个夏天就被打造成一支由敞篷船、三十人划桨船、战船、运兵或运马渡轮构成的船队。加上许许多多印度的河上船舰，总数近 2 000 艘。[2] 军中有航行经验的人被征调为船员。他们在许达斯佩斯河沿岸的尼西亚和布克法拉这两个驻军重镇集合，目的地是流淌着喜马拉雅山脉冰冷雪水的印度河南边的大海。

时值公元前 326 年秋天。最糟糕的雨季终于过去，太阳再次露脸。但见河面上多如繁星的帆、桨和索具，场面十分壮观。但这不是准备打仗的船队，而是运送亚历山大的士兵与牲畜的船队。为预祝旅途顺利，先知们照例主持了献祭仪式，他们还坚持为许达斯佩斯河献祭，为此事上一个双重保险。

大约就在此时，亚历山大的妻子罗克珊产下一子，不是死产，就是婴儿生下几天后夭折了。她从结婚到怀孕中间有几个月的时间，国王证明了他虽然不热衷于房事，但起码有这个能力。不久后，他任命他的岳父奥克夏特斯为帕拉帕尼萨德的总督，由此我们推测这场婚姻至少是一次成功的公关。

11 月初的一天，天将破晓前，国王站在自己的船头，用一只金碗将酒倾入河中，向河神、向赫拉克勒斯、向他在神界的父亲宙斯－阿蒙、向海神、向海的女神安菲特里特、向海洋仙女涅瑞伊得斯献祭。号角声响起，船队出发。

忠心耿耿但缺乏创意的尼阿库斯被任命为舰队司令。他此前曾出任利西亚和潘菲利亚总督。可是亚历山大的舵手，来自希腊埃伊纳岛的欧奈西克瑞塔斯（Onesicritus），抢了他的风头，因为国王在船上时，他总是随侍左右并想方设法中伤尼阿库斯。阿里安就直截了当地说："欧奈西克瑞塔斯关于亚历山大历史的描述有不实之处，他其实只是一个舵手，却自封为舰队司令。"[3]

阿里安笔下的离别场景如下：

> 如此众多的船只同时划桨的声响真是无法想象。船长要为每一次划桨喊"起……落"的口令，而舵手们在木桨落入翻搅的水面时都会齐声喊"嘿哟"。河岸通常比船高，再将这噪声汇集、放大，让声音不断在两岸回荡。每逢岸边的密林空谷，峡谷就像回音壁那样从缝隙处将声音又送了回来。船上清晰可见的马匹让看热闹的蛮族啧啧称奇，因为以前在印度还没有马匹出现在船上的景象。[4]

一开始一切顺利。国王并不赶路，航行数日后大家都上岸短暂休息，然后再继续往下游走。但就在许达斯佩斯河和另一条叫阿塞西尼斯的大河的交汇处，众神忘记了对他们的丰富献祭，开始与马其顿人过不去了。不但水声喧嚣，而且两河相会造成了强旋涡。船舷宽的船会剧烈旋转，亚历山大脱了衣服，准备必要时游水逃生。最后总算是有惊无险。阿里安写道："只是把船上的人都吓得不轻。"[5]

战船因为形状窄长，船沿又矮，情况就坏多了。

> 它们在湍急的水流中吃水较浅，双层划桨船无法阻止下层进水。当船的侧身遇到旋涡，船桨就会相互撞击，许多船因此受损。有两艘战船互撞后沉没。船上许多人因此丧生。[6]

这是完全没有预想到的挫折，但亚历山大并不怨天尤人。他让船队停靠在水流平缓的右岸，对船进行修复。

部队又恢复了良好状态。从希法西斯河回程的路上，大批增援已经到达——从希腊和色雷斯来了近 6 000 名骑兵，亚历山大在亚洲的财务总管哈尔帕拉斯召集了 7 000 个希腊雇佣步兵，在欧洲、亚洲和非洲的希腊盟友也筹集了 23 000 名步兵。如今地中海各地的人都想跟随亚历山大这颗星走运发财，已经不需要招募顽固、爱唱反调的马其顿人了。巴比伦提供了急需的医疗用品和 25 000 件镶金戴银的盔甲。装备问题得到了解决。

船队上带的是持盾步兵、从伙伴军中选出的王室骑兵中队、不可多得的弓箭手和阿吉里亚人以及（虽然没有明说，但很可能包括）运输车和攻城利器。其余人马，也就是军队的大部，分为两队。克拉特鲁斯带领部分骑兵和步兵沿河右岸走。赫费斯提翁则带领人数最多、最强的部队走河对岸，部队包括各印度王公送给亚历山大的两百多头大象。这两位将军是死对头，许达斯佩斯河最窄处也有2.25英里宽，这肯定让两人如释重负。

就在这段时间左右，两人竟然到了剑拔弩张、拳脚相向的地步。[7] 朋友出现后，双方打得更热闹了。此时亚历山大骑着马过来，把显然理亏的赫费斯提翁好好数落了一顿。他指责他不是疯了就是傻了，难道他不知道，没有国王对他的青睐，他什么都不是吗？事后，他也私下狠狠地批评了克拉特鲁斯。

最后，他还强迫两人公开和好。他说："宙斯－阿蒙和其他众神可以做我的见证，这两人都是我在世界上最爱的人。但是如果我再听到两人争吵，我会把他们都杀了——或至少杀了引起争吵的一方。"国王这番怒气冲冲的话把两人都吓乖了，自此两人没再说过冒犯对方的话，连玩笑也不开了。

亚历山大身上已是伤疤累累。他喜欢近身搏斗的刺激，认为受伤是一个职业风险。就在此时，他受了最后一次并且是最危险的一次伤，最后能死里逃生实在难得。

尽管士兵们抱怨，但在找到大海之前他们又经历了一次艰苦战役。[8] 许达斯佩斯河与阿塞西尼斯河汇合后流经欧克西德拉卡（Oxydracae）和麻里（Malli）境内；这两个部落都十分不友好，如果要印度河河谷完全平安无事，要让这条大河上的帝国边界安全，就必须将其平服。消息传来，说他们打算用10万重兵阻挠马其顿人通行。

国王闻讯，将部队分成几个纵队，部署在部落领土南缘的几个据点处。这些领土的东西两侧均为没有水的沙漠。亚历山大决定从北边出击麻里，把他们朝自己已经布阵的方向驱赶。带头冲锋陷阵的当然还是亚历山大，麾下是由持盾步兵、一个方阵营、部分轻装步兵、半数伙伴骑兵和倍受推崇的骑射手组成的灵活突击队。

为最大限度地确保作战出其不意，他领士兵绕经一片干旱的荒地。走了几英里后，他们在一处泉水旁稍事休息，接着又赶了一天一夜的路。在黎明时分，一共跋涉了 45 英里后才走出沙漠，他们的出现让部落居民大吃一惊，许多人在旷野里并没有带武器。这些人并没有反抗，大部分还是被杀了。军队一路所经聚落，基本上就是有泥墙的村落，这些村子也遭到同样的命运，国王再一次展示了他的残暴与偏狭。他已经没有耐心了。

面对这种闪电袭击，麻里人弃守首都，将大部分武器都藏到一个防御工事坚固的据点。国王对这个据点进行包围。马其顿人突破了外围防线，开始攻打城堡。他们树立起高梯，但面对不屈不挠的守兵，士气出现了动摇，有些突击小队有点儿裹足不前。国王抓起一个梯子，以盾为掩护径自爬上了城墙。昔日的同窗朴塞斯塔斯拿着特洛伊的圣盾紧接着也上去了。另外两个马其顿人，列奥纳托斯和一个小队长也跟着亚历山大爬了上去。

最高处还有一个护墙，国工的盾就靠这个护墙支撑。他将附近的敌人一一解决，有的被推走，有的被他的佩剑击败。墙附近的高塔箭如雨下，朝他射来。

手下们看见他没有掩护，争先恐后爬梯子要上去，同一个梯子挤上这么多人，不堪重负，便折断了。亚历山大意识到他不能再在这个地方久留，否则安全堪虞。为了让印度人大吃一惊，同时也为鼓励马其顿人加倍努力前来援救，他决定来一个极端冒险之举。他几乎等于自杀，竟然从墙上纵身跳下，不是跳到围城的人的怀里，而是往城堡里跳。

他平衡功夫很好，加上运气，在一棵老树旁边两脚着地落下，树多少也给了他一定的保护。他杀死了两个与他近身搏斗的印度人后，对手们纷纷后撤，向他扔矛射箭。

许多箭和矛都被他的盾挡住了，但是他的头盔破了，两条腿也有些不支。一支箭射中了他，穿过他的胸甲直入胸膛，刺入他乳头上方。他退了几步，跪倒在地。阿里安写道：

> 伤口涌出的血还带着肺部的气泡。虽然此时亚历山大情况很糟糕，但只要流出来的血还是热的，他就还在顽抗；可是随着他的呼吸，血大量涌出，他开始晕眩，意识模糊，最终往前倒在自己的盾上。朴塞斯塔斯双腿叉开站在他倒下的地方，用特洛伊的圣盾保护他，而列奥纳托斯则站在他另一端，就在亚历山大逐渐因失血过多陷入昏迷时，这两人变成了被攻击的对象。[9]

最终，马其顿人的部队赶到，攻下了城堡。罪恶感加深了他们的怒火，他们把视线之内的麻里人全部赶尽杀绝，老弱妇孺概不例外。

同时，躺卧在盾牌上的国王被抬走。随军没有外科医生，而又亟须采取救助行动，国王胸口的箭头必须取出。[10] 因箭头带刺，只有将伤口开大些才能安全取出箭头。首先得将箭身锯断，因为其尾翼无法穿过胸甲的洞口。亚历山大手下一员大将佩尔狄卡斯切开伤口，小心翼翼地将带刺的箭头取出。[11] 切割时血液喷涌而出，剧痛引发了自然麻醉。亚历山大晕了过去。

他就在当地疗伤，等他能上路了就来到河边登船。当时有人担心他们不可或缺的领导人或许会挺不过来，将他的手下留在数千里以外的异国他乡。当亚历山大听说自己离世的谣言正不胫而走，他让两艘船连在一起，中间架设营帐。他于众目睽睽之下同时向朋友和敌人证明他还活着。但即便如此，他还是不得不挥动手臂，让众人完全相信他活得好端端的。他继续溯河而下，与其余船队保持一定距离，让划桨声不至于打扰他的睡眠（由于身体依然虚弱，他仍然需要保证睡眠）。

直到7天以后伤口才闭合，亚历山大恢复的速度惊人。血中出现泡沫说明他肺部很可能遭到穿刺。当年消毒杀菌的办法较差，国王能在几个星期之内就四处走动实属不易。

这次受伤对他的健康损伤是严重而永久的，这一点应该不容置疑。很可能他的肋骨碎裂，肺叶被刺穿，两侧胸膜穿透，肋间肌肉撕裂。[12] 这些受损部位都是呼吸系统的一部分，通常都是互相牵动的。但愈合过程中往往会形成僵硬、不平滑的疤痕组织。以后亚历山大每一次呼吸时应该都会感觉到他的伤，每次挥动手臂都会感觉到疼。

与他亲近的高级军官批评他不该冒这种无谓的风险。一般士兵可以，但身为指挥官的人不可以。听到这番话，亚历山大很不高兴。阿里安对国王看待风险的态度做了一番很有说服力的评估：

> 我猜亚历山大的恼怒是因为他认识到他们的指责有道理，而他确实应该为此事的发生负责。但事实是，他一旦打起仗来往往不理智，就像一个人忘我地追求荣耀一样，他缺乏避险的自律。[13]

公元前 325 年 7 月，来自西南方的雨季又开始了。在养伤期间，他造了更多的船，迫不及待地想要上路。如果在印度河下游再遇到抵抗，他打算迎头痛击。河流的东边就是幅员辽阔的塔尔沙漠，其上尽是大型流动的沙丘，一直延伸到出海口，无法穿行。

西岸的印度人仍然反抗入侵者，要想击败他们，不只是简单地流血就行的。马其顿人用了血洗战术。一位叛乱的王子与鼓动他的僧侣，或称婆罗门，一起被钉了十字架。很快南方的印度人不是被杀，就是被吓破了胆。

船队抵达印度河三角洲的帕塔拉。这里是沿河的重要港口，当时却空无一人，老百姓都吓得逃走了，亚历山大费了不少功夫才把他们引诱回来。赫费斯提翁奉命将该城改建为有船棚和船坞的军事基地。后来他们又在三角洲的南端建造了第二个港口。在建筑工程进行时，亚历山大趁机前去探索通往海洋的主要出路。起航后，他以公牛向海神波塞冬献祭，并用金杯盛酒祭神。动物的躯体、金杯和一些调酒的金碗都被献给大海以兹感谢。

地中海的潮汐变化并不明显，但印度的海潮让国王和他的马其顿同胞大长见识。他们看到船在退潮时于泥潭里搁浅，大为吃惊，好在涨潮时船又浮起来了。

他们遇到了一个更严重的问题，阿里安解释道：

> 当他们抵达河面变宽处，河面最宽的地方可达 22 英里，强劲的海上来风使划手在汹涌的波涛之中连桨都举不起来。在领航员的带领下，他们赶紧躲到旁流中去避难。[14]

没过多久，这股西南风就威胁到了亚历山大和他的部队的生存。

亚历山大旅程的下一阶段就是沿格德罗西亚（Gedrosia，今莫克兰）450 英里长的、荒无人烟的海岸线前进，完成从西印度到波斯湾的转弯。[15] 季风雨与此地无缘，雨云只能惠及内陆的山峰。这里绝大部分的土地都是呈红色的沙漠，多山，干燥得像骨瓮。据一位 19 世纪的游客说：

> 这里基本上就是一片荒漠，到处都是被太阳晒裂的石块和山脊，焦渴干涸的沟谷纵横交错，间或能见到盐水在萎靡困顿的柽柳或上一个季节枯黄的草秆上留下白色的鳞状盐渍……不时也能看到像被不断前进的沙海吞噬了一半的嶙峋高峰，上面没有树木，满目荒芜，只有山脚下偶尔能找到水。[16]

传说中几乎到过世界所有地方的赫拉克勒斯以及寓言里的亚述女王塞米勒米斯（Semiramis）都曾试图穿越格德罗西亚，均以失败告终。好胜心极强的国王当然很愿意把他们都比下去。不过这回他倒不是被强烈的“渴望”激励了，而是出于站得住脚的实际理由，他决定要走过这片残酷无情的大地。他的首要动机是视察，有必要的话还要进一步稳固边疆，但他也知道走海路要比陆路快，难度也小得多。莫克兰沿岸或可发展为物产富饶、人口众多的印度与帝国心脏美索不达米亚之间的贸易通道。亚历山大计划在海岸线上和离岸岛屿上建立一连串殖民地，他相信它们有朝一日能像腓尼基人的港口城市一样富庶。以后他再与印度行省及附庸国联系也会容易得多。

亚历山大意识到，带领他的士兵穿过沙漠将是他的一大挑战，所以他在筹备工作上下足了功夫。他把新近入伍的大量印度士兵都遣散了。6 月，他责令克拉特鲁斯担任主力部队的指挥，这个部队包括一半以上的方阵、一些弓箭手、各兵种不适合服役必须回乡的士兵以及在次大陆战役中获赠的大象。他们得往西通过东方各个行省，最后与亚历山大在卡曼尼亚——波西斯和波斯波利斯旁边的省份——会合。

这样国王就可以全力应付格德罗西亚的冒险了。他身边还带着相当大的部队，包括没有跟克拉特鲁斯走的马其顿人、希腊雇佣军和东方各行省的骑兵。此外，还有赫费斯提翁指挥的拉拉杂杂的运输车，上面有不少非战斗员，从妓女到孩童，从商贩到仆役都有。

航行状况最好的船只将参加一次两栖行动。船队奉命与沿岸的部队以同样速度进发。船上装载陆地士兵的供应，而士兵需要掘井，为水手提供淡水。他们当然也会从不时路过的山溪取水，此时正是这些流入海洋的溪水最丰沛的季节。他们一共准备了四个月的谷物，储藏在 400 艘货船中。几个军事小分队往西走，部分是为了侦察和掘井，部分也是为了惩罚两个不友好的部落，奥雷塔部落溃不成军，阿拉比塔见机不妙，逃之夭夭。国王又建了一个驻防城市，他留下列奥纳托斯，确保他离开以后不会再出乱子。

8 月下旬，国王踏上了归途。他选择在雨季方兴未艾之际离开，是因为他考虑到格德罗西亚干涸的河谷此时会出现短暂的河水暴涨，有助于部队的供水。历史记载对部队人数的估计有的高达 12 万，如果加上运输车队的人还会更多，也有合理估计有 3 万人的。[17] 持续的西南风使得尼阿库斯无法带船出海。亚历山大假设，等风向变了他们就会赶上他。

他犯了大错，雨季的大风是不变的，会一直持续到 10 月。马其顿人情报一向一流，这次却没跟上，或许是当地老百姓对他们在战役中的残酷表现感到愤愤不平，拒绝向入侵者提供准确信息。

船一直没跟上。

亚历山大最终不得不承认船大概是永远来不了了。他不知道到底发生了什么。它们是被印度军队打垮了，还是在暴风雨中沉没了？这都不重要，因为他得处理自己面前的危机。

该如何挽救他的军队呢？他有三个选择。他可以留在原地等待，但是地面情况十分糟糕，即便在最好的时节也长不出足够的粮食养活这么多人。或者他可以走回头路，重回近 300 英里之外的帕塔拉。但是部队经过的土地已经被他们糟蹋了，马其顿人不太可能活着走完自己造就的这片荒地。

最后一条路就是保持平静，继续向前。他选择了这条路，虽然他知道为了拯救他的士兵他必须竭尽所能，发挥一切想象力。他派使者乘快马去附近的总督辖地，命令他们让竞跑的骆驼和驮兽带上粮食和其他必需品，紧急送往预定地点供部队使用。[18]

一组侦察兵骑马前往海边了解沿岸情况。在听说那边是沙漠，只有少量渔民“住在用贝壳搭建、用鲸鱼骨为顶的不透风小屋中”[19]时，国王决定走内陆到吉浩（Jhau）去，那个地方能找到少量粮食。如果船能到的话，粮食采购完毕后原本是要打上国王的封条准备装船的，但饥肠辘辘的士兵将它们拆封吃了。不想惹麻烦的亚历山大原谅了他们。

从吉浩出发，马其顿人面对的是150英里一望无际的沙漠。四周是炙人的高温，脚下是滚烫的细沙，缺水少食，许多人都体力不支倒下了。人们在沙丘上挣扎前行。阿里安写道：

> 沙子太厚，太阳烘烤的温度太高是因素之一，但大多数情况下牲口最后都因干渴而死。沙丘很高，沙子又厚又松散，一脚下去就像陷在烂泥里一样，或者更贴切地说，就像走在堆积如山的新雪上一样。[20]

部队在晚间行走，很可能走的就是驼队经常行走的路线。只有在遇到水源时才稍做停留。如果需要白天赶路，那么热和渴就更难忍受。运输车队的马和驴都被非法宰杀吃了，面对这样极度的困难，国王也只能装没看见。篷车很难在厚厚的沙漠中移动，都损毁了。

据阿里安记载：

> 一路上都有人掉队——有生病的、有劳累过度的、中暑的，还有渴死的——没有人能帮扶，也没有人能留下来照顾他们。大家都尽可能赶路，为了集体利益顾不上个人需要。大多数行军在晚上，许多人干脆就在路上睡着了。等他们醒来，有体力的还能找到行走的印记，设法赶上队伍，但是生还者寥寥可数：他们大部分都葬身沙漠，就像水手跌落海中一样。[21]

不时还会碰到山上的雨水突然间汇集成洪流冲刷河床的事。有一次，许多妇女和儿童因此淹死，王营的帐篷连同里面所有的东西都被冲走。每当士兵们在忍受热浪和干渴折磨多时后遇到充沛的水源，他们往往纵饮过度，导致不幸后果。国王总将营帐架设在离泉水或溪流一两英里的地方，以防人们蜂拥而上导致踩踏事件。

亚历山大的宣传本领未曾稍减。他同其他人一样劳累、口渴，但他坚持用自己的两条腿在前面带队。他拒绝任何特殊待遇。有一次，一群士兵找到了一汪水，他们用头盔盛水匆匆端给亚历山大。[22] 国王对他们的好意表示感谢，但当着众人的面把水泼在了地上。

我们不禁要问，为什么他不干脆把水给比他更需要的人喝呢？不过，他的这个表态还是得到了各方的赞许，虽然阿里安笔下的记载不免夸张："它让全军士气重新得到了振奋，就像每个人都饮了一口亚历山大倒掉的清水一般。"[23]

当地向导承认他们也迷路了：一场沙尘暴吹跑了路标，他们无法分辨毫无特色的一座座沙丘中到底哪里才是路。亚历山大怀疑他们走的方向有误。他觉得他们应当左拐弯，于是跟几名骑兵前去探路，看看自己的感觉对不对。他猜对了。他与另外五个人找到了大海，更好的是他们还发现只要挖掘就能获得大量淡水。

这段痛苦经历长达 60 天，终于熬到了尽头。[24] 这批衣衫褴褛、形容憔悴的生还者进入了一片丰饶的土地，这里有大量的谷物、枣子和羊。

325 年的格德罗西亚之行可谓一次彻头彻尾的大灾难。普鲁塔克估计部队损失了 1/4 的战斗人员。[25] "他们死于疾病、粗劣的伙食、炙热的高温，最糟糕的就是饥饿。”[26] 运输车队的死伤比例肯定更大。

亚历山大颇受打击，也十分自责。这个账总有一天要算。他的周密计划到底是哪里出了问题？惨遭败绩的过错究竟在谁？船队到哪里去了？它还在吗？为什么总督们没有将供应送来？犯错的必得惩罚，这一点毋庸置疑。

不管这些问题的答案为何，他知道首先他得向他下面的人道歉，因为这是在自己眼皮子底下发生的事。他拐弯抹角地表示了歉意。他给他们七天自由放纵的时间。[27] 士兵们纵酒逐乐，有点儿像他们在旁遮普的酒神节狂欢。他们走过的路上铺满了鲜花，酒水随他们喝个够。经过改造的篷车上面铺设了营帐，士兵们可以坐在车上，让他们劳苦功高的双脚得以休息。国王还给大家分发了新制服和盔甲。

经历了重度精神压力的国王也需要轻松一下了。

> 亚历山大自己每日大宴小酌，昼夜如此，他与他的伙伴在一个小高台上斜躺着。支撑小高台的是一个特制的高大长方形平台，整个构造由 8 匹马缓缓拉行。王室宴席后面跟随着许多马车，有的覆盖着紫色或带刺绣的冠盖，有的由不断更换的常绿树枝遮阴；这些车辆上坐的是亚历山大的其余官员，所有的人都戴着花冠，喝着酒。[28]

没到年底，终于有了船队的消息。尼阿库斯是 9 月底起航的，但又被迫进港避风，在那里他等了 30 多天，直到雨季结束，无休无止的西南风才停歇。一开始他还得处理一些纪律问题，把那些不听话的水手都扔给了在奥雷塔的列奥纳托斯。列奥纳托斯没有抱怨，不仅给他补充了一些新水手，还给了他 10 天的粮食供应。

不过，尼阿库斯沿莫克兰海岸的航行也难逃营养不良、士气低落的问题。虽然他们在有些地方发现了枣树，但供应还是紧张。他们找来了一位当地向导，最后总算是把船队带到了卡曼尼亚岸边。尼阿库斯把船一一拉上沙地，四周建了双层围栏和壕沟以提供保护。他带着一小组人前往内陆寻找亚历山大。

此时，以为船队已然丢失而陷入绝望的国王接获报告，说船队安然无恙，尼阿库斯就在附近。他派人前去寻找。当舰队司令和他的同伴们被找到的时候，他连他们的样子都认不出来了，阿里安是这么说的：“最大的变化是他们一头长发、服装邋遢、满身盐渍、皮肤干皱，由于缺乏睡眠、历尽沧桑而面无血色。”[29] 亚历山大见到他们不禁潸然泪下。舰队司令向他汇报：“陛下，你的船和人都安然无恙。”[30] 国王再度饮泣。“它们都已经被拉上岸……正在修复。”

列奥纳托斯也传来了好消息。在平息了奥雷塔的叛乱之后，他由陆路找到了国王。

不过，情况已逐渐清晰，在印度成就的伟大胜利就像水银一样，很快就从这位征服者手中流失了。他打倒了许多部落及其统治者，但这些人很快猜到马其顿人在其他地方还有许多事务要处理，不会很快回来。飓风过后，被打趴下的人抬起头来，日子又恢复常态。亚历山大任命的印度河河谷总督被暗杀。一个名为桑陀罗寇塔斯（Sandrocottus）的年轻领导人统治的旁遮普动乱日增。今人对他的另一个名字旃陀罗笈多（Chandragupta）比较熟悉。他是孔雀王朝的奠基人，在他的鼎盛时期，印度北部大部分地区都在他控制之下。

后来，他还得到一个叫帕瓦塔卡（Parvataka）的国王的大力协助——此人正是对亚历山大极度忠诚的骑士波罗斯。

格德罗西亚首都普拉（Pura）举办了一次艺术节，进行了舞蹈和音乐比赛。可爱的宦官巴勾斯的表演获奖。[31] 他演出后仍然穿着戏服，头戴获奖的桂冠，他越过舞台，走到亚历山大身旁坐下。士兵们看见纷纷鼓掌起哄："亲一下！"起初亚历山大没理会，但最后让步了。他搂住巴勾斯亲吻了一番。

这是一个小插曲，但说明部队士气已经摆脱了莫克兰的阴影，得到了恢复。此外，虽然宦官常因残酷变态而名声不好，但似乎亚历山大的最爱并不被士兵们讨厌。

有些知名艺术作品可以佐证这个年轻人仍然深得国王的宠幸。[32] 我们从生活在公元 2 世纪的喜剧作家琉善处得知，著名画家埃西翁有一幅题为《亚历山大和罗克珊的婚礼》的画作。作品曾在公元前 324 年举行的奥林匹亚节展出，肯定是受王室委托画的。它不但祝贺两人的美满联姻，同时还提醒欣赏画作的人注意亚历山大的其他至爱。

据见证人琉善的叙述，画作展示的是一间漂亮的卧室。[33] 画中的罗克珊面对亚历山大，两眼略带羞涩地往下看。

> 面带微笑的爱神丘比特出现在好几个地方：一个站在她身后为她的夫婿揭开她的面纱，一个像仆人一样帮她脱下脚上的凉鞋，为她就寝做准备，第三个丘比特手中抓着亚历山大的衣服，拼命把他往罗克珊的方向拽。

> 国王自己手捧花冠即将献给新娘，他们的伴郎兼帮手赫费斯提翁手里拿着火炬，侧身面朝一位俊俏的年轻人——我想这个人是许米乃*（画作并未标明是谁）。

琉善对这个年轻人身份的猜测缺乏说服力。作为婚姻之神，许米乃的主婚位置应该更突出。再说按照传统，手举火把照亮整个仪式的应该是许米乃而不是赫费斯提翁。

这个人物更可能就是巴勾斯，他站在亚历山大另一位同性恋人的旁边也很合适。在彰显男性爱的同时，这幅画也表明罗克珊对她丈夫的心的掌控是有限的。

如果说巴勾斯在宫中依然受宠，那么他在波斯贵族中不怎么受欢迎，这一点我们很快就会看到。在放纵自己大吃大喝一番后，国王离开了卡曼尼亚去了波西斯。如同过去到访时一样，他特地到居鲁士大帝的坟前致敬。居鲁士是阿契美尼德王朝的开国君王，也是亚历山大的崇拜对象。

当年的坟墓（一如今日）是沿梯级而上的一块高台上的小型石砌斜顶建筑。里面的金棺内放着居鲁士的遗体、长椅和一柜子的考究衣着。棺外雕刻的铭文写着：

> 凡人，我是居鲁士，冈比西斯之子
> 我建立了波斯帝国，我乃亚洲之王
> 有一个我的纪念碑也在情理之中[34]

---

* 许米乃（Hymenaeus）是希腊婚姻之神。——译者注

这段铭文令亚历山大十分触动，提醒他世事无常，命运多变。

这次到访时，他发现墓葬遭到了盗墓者的扰动，尸骨被丢弃在外。他非常生气，差人将居鲁士的剩余尸骨放回去，棺内的东西复原或替换。守墓的祭司遭到严刑审问，但也没问出个名堂。

不过，后来发现是居鲁士的一个后人盗走了墓中的物件，破坏了祖坟。[35] 此人名叫奥克辛（Orxines），他在波西斯前任总督死于任所后，未经许可即就任总督职位。在亚历山大回到波斯后，他知道他得努力说服亚历山大肯定自己的篡位之举。于是他带着大包小包的礼物去打点国王的朋友们。

据库尔修斯记载，他向大大小小的宫中人物问候致意，就是不搭理巴勾斯。[36] 有人提醒他这样不妥，他的回答是："按照波斯习俗，我们不把允许自己在性生活中被当作女人对待的男人视为男人。"经调查发现，奥克辛在任内有贪腐行为，他掠夺了寺庙和王陵的财物，包括居鲁士的墓葬。他还非法处死了众多波斯公民。亚历山大下令将他刺死。

巴勾斯在奥克辛受审时做了不利于他的证言。这个波斯人肯定是有罪的，当然他那番不堪入耳的话也肯定伤了巴勾斯，但我们没有理由认为巴勾斯说了谎。他把知道的情况告诉亚历山大的做法可以理解，但其他波斯高官大概不会喜欢，在他们眼中，他就是一个冷酷无情的典型的宫廷佞人。

奥克辛并非唯一的罪人。在亚历山大长期滞留印度期间，许多新上任的总督都行为失检，[37] 因为对希腊人和马其顿人来说，印度在他们的地理知识中处于世界的边缘。既然天高皇帝远，总督们就剥削百姓中饱私囊，还处死了不少持异议者。连一些老实人都有渎职之嫌。

很多人都以为全然不见踪影的国王不太可能会再回来。他们估计他有很大的可能性战死疆场或得病而亡。在麻里之役后就传出他过世的谣言，与事实相距并不太远。不过，一旦当地人得知他回来了，帝国各地的投诉纷至沓来。27 个总督中犯贪污罪甚至公然叛乱的似乎就有 14 个之多。

亚历山大目光所到之处总能看到混乱、无能和对他半遮半掩的敌意。连在自己老家，奥林匹亚丝和国王的妹妹克丽奥佩特拉也在阴谋除掉摄政安提帕特。[38] 不过，要紧的事得先处理。首先要严肃处理的是在亚历山大在沙漠中处境危急之时未能送上补给的总督。他在格德罗西亚的马其顿总督阿波罗法尼斯（Apollophanes）缺席的情况下将他判处死刑，却不知道此人已在奥雷塔叛乱中阵亡。

两名波斯高官，是一对父子，被带到国王面前受审——他们分别是苏西阿纳和帕拉特森的总督。父亲没有提供补给，而是给了马其顿部队 3 000 塔兰特。亚历山大把钱扔到马面前。马丝毫没有反应，于是他问：“你给的东西对我们有什么用呢？”总督被逮捕后处死，估计是即决审判的结果。国王余怒未消，他拿起一把长矛，亲手将他儿子刺死。

邻近的卡曼尼亚总督有阴谋反叛之嫌。国王不动声色地与他攀谈。但在仔细阅读确凿证据认定他有罪后，立即将他逮捕，他就在众人狂欢期间被处死。

负责米底要塞防务的四位将军面临许多严重指控。他们的领导是希腊雇佣军克林德，他是在印度军事大会哗变时站在士兵一边而不久前才去世的科纳斯的兄弟。这些都是奉亚历山大之命将帕曼纽处死，故而有大恩于国王的人，但据阿里安记载：

> 这并不足以为他们所有的罪行开脱。在掠夺了俗世财物后他们竟然不知收手，又对神圣之物动了歪脑筋：在他们手中遭到性侵犯的处女和出身名门的妇女纷纷倾诉她们经受的虐待。[39]

亚历山大说，检方还遗漏了一项罪名，也就是这些受审的人曾假设他不会从印度生还。被告罪名成立，均被处死。另有 600 名小兵因在他们的长官犯罪时积极协助而被执行死刑。国王在整个军旅生涯中，对性虐待妇女者历来严惩不贷。士兵不得以"服从长官意志"为自己开脱。

这些惩罚的目的在于警告众人"统治者不得压迫被统治者"[40]。如此伸张正义深得民心，也有助于当地百姓与新政权之间和谐相处。我们猜想（虽然没有证据），在除掉这些对他执政以来最严重危机内幕知之甚详的人以后，国王也松了一口气。对亚历山大有恩总是有风险的，因为他往往并不感恩，反而为此感到焦虑和恼怒。

有些指挥希腊雇佣军的总督有感于国王处罚过严，意图闹事。多疑的亚历山大恐怕众人群起造反。他给所有的总督写信，勒令他们见信立即解散他们的雇佣军。[41] 但估计（我们并不确知）他们执行命令之后，又招募了当地人入伍以确保自己的安全。

这个决定非常不明智。大流士曾雇用大量希腊雇佣军。伊苏斯战役后许多人不情愿地成为亚历山大部队的士兵。由于亚历山大不信任他们上前线打仗的表现，他们经常被部署在要塞，或在省会保护总督的护卫营。

如今只见大量失业的希腊士兵在帝国各地流窜，匪患严重。必须采用釜底抽薪的办法恢复法治。亚历山大一如既往迅速采取果断行动。他的解决方案是让所有雇佣军回归故里。在公元前 324 年举行的奥运会上，一位传令官宣读了他的命令：

> 亚历山大国王告知希腊各城邦的流亡者。我们并非你们流亡的原因，却是你们归乡的原因，受诅咒者［亦即犯了谋杀罪和其他重罪者］除外。我们已为此去信安提帕特，如有城邦拒不接纳，他将对其采取强制措施。[42]

这道命令是针对所有希腊流亡人士的，不只是雇佣军，还有因为政治原因跟自己的政府闹翻了而流亡的人。希腊人的公共生活冲突激烈、纷争不断，输家不太有机会形成反对派，不是被驱逐就是被处死。

这道命令可谓一箭双雕。滋事的雇佣军从此可以从帝国绝迹，不会再给他和安分守己的老百姓惹麻烦。当然，亚历山大也知道，尽管公元前 331 年他在迈加洛波利斯已将斯巴达国王阿吉斯和他的联军击败，但是反对他统治的力量正在兴起。在反对马其顿的希腊各城邦内再注入一些政敌，也会让当地政府手忙脚乱一阵子，无暇对外冒进。

这是一项未经深思的恶毒政策，长此以往肯定会起反作用。普遍的躁动迟早会转化为新骚乱。马蜂窝还是别捅为妙。

国王的个性变了，变坏了。他越来越像暴君，文献记载都这么说。阿里安写道：

> 此时的他变得容易偏信那些完全不可信的针对官员的指控，而且即便是小过错，他也不惜重罚，似乎认为能犯小错的人同样可能犯重罪。[43]

对巴勾斯十分厌烦的库尔修斯说得更严重，他说："与以前相比，他完全像是变了一个人，过去他的自控能力可谓无懈可击，现如今却听信一名男妓的话来重赏某人或剥夺某人的性命。"[44] 于是一些现代学者大做文章，说他当时搞的是恐怖统治。他们把对总督的纪律处分说成偏执的清剿行为，与现代独裁者走走形式的审判无异。

但如果平心静气地阅读存留下来的文件，我们就会发现巴勾斯并未参与其中，而大整肃基本上都是对恶政、贪污和政治动乱的反应。当他和部队陷入绝境，迫切需要粮食的时候，总督们未能响应，这说明他们要么是心怀不轨，要么是构成刑事犯罪的渎职。他的打击办法不留情面，但合乎理性。有罪的人似乎都经过某种审判。我们听说亚历山大采取的严厉措施很得民心。

国王从印度回来以后发现的种种不稳定迹象可能会威胁他已经取得的成就，需要他迅速而坚定地作出回应。

话说回来，一个多年在军事上和政治上连战皆捷的统治者开始专制也不足为奇。我们确实可以感觉到他对反对者的态度变得粗粝，逐渐失去了耐心。国王的生活方式越来越正式、越来越讲究，简而言之，更加波斯化了。传统马其顿人所说的堕落可能既指他们讨厌的繁文缛节，也指心灵和道德的败坏。

史学家菲拉尔克斯（Phylarchus）对谒见亚历山大场合的描述，或许在官员和士兵人数上有夸大之嫌，不过大致能反映实际情况。国王的王帐大到能容纳 100 张长椅，营帐有 50 根金柱支撑，这无疑是大流士曾经使用过的营帐。营帐有带刺绣的金色遮阳棚。内部有一圈身着紫色和苹果绿服装的波斯皇家侍卫环绕。另外还可见 1 000 名穿着艳红或紫色制服的划手；许多人还披着蓝色外衣。在最显眼的地方则站立着 500 名马其顿精锐步兵。

营帐的正中央有一把金椅，亚历山大通常就坐在这里主持公务，四周都是近身护卫。王帐外圈是装备齐全的象队和 1 000 名穿着马其顿制服的马其顿人；还有 10 000 名波斯人，其中 500 人身着亚历山大提供的紫色服装。他有如此众多的朋友和仆人，没有人胆敢擅自接近国王。他就有这样令人心生敬畏的魅力。[45]

此时，那位神秘的财务总管、他的发小哈尔帕拉斯突然现身。伊苏斯战役之前他曾经潜逃，被饶恕后就待在巴比伦，负责掌管帝国财务。亚历山大就是通过他购买高档物品的。当他在巴克特里亚和索格底亚那过冬，曾要求运一箱书；哈尔帕拉斯知道他的喜好，送来了埃斯库罗斯、索福克勒斯、欧里庇得斯的剧作，还有一些赞美诗以及一本有关西西里的史书。后来，正如前面提到的，在印度征战期间他还给国王提供了 25 000 套镶金嵌银的盔甲。

亚历山大刚刚转过身，消失在陆地的尽头，哈尔帕拉斯立即开始挥霍无度。许多当地妇女遭到他的性侵。他用公款远从雅典买来一位名妓与他同居。她是一家妓院老鸨手中一位女性长笛演奏者的奴隶。当时的史学家提奥庞波斯形容她是“三重奴隶兼三重妓女”。[46]哈尔帕拉斯为讨她的欢心，不断送她贵重礼品，她死后还在巴比伦为她建立了一座寺庙，她在雅典城外的墓地也极尽奢华之能事。之后，他又有了新欢，并将新人像皇后一般安置在塔苏斯。他还在叙利亚为她立了一座铜像。

他听说国王凯旋且有仇必报，那可是天大的坏消息。更糟的是克林德和他的官员均被定罪。哈尔帕拉斯曾在埃克巴坦那待过一段时间，跟他们都很熟悉。他们犯的罪与自己类似，或许他还与他们狼狈为奸。他担心自己会脑袋落地，所以做了一个致命决定，又一次逃亡希腊。他不是一个人走的，随行的还有 6 000 人的雇佣军和巴比伦财库中的 5 000 塔兰特，故而在比较窘迫的城邦里，别人也不敢怠慢他。

这位财务总管喜欢女人已经成了宫中人尽皆知的笑话，亚历山大还准许以讽刺他淫荡成性的朋友为主题上演闹剧。但是当信使告诉国王哈尔帕拉斯潜逃，他却将他们以散播谣言的罪名逮捕。

这位逃犯知道，他唯一可以逃避惩罚的办法就是酝酿一场由希腊最大的海上强国雅典领导的叛乱。不过，雅典城邦看到他来寻求庇护有些尴尬。他们不想惹恼亚历山大，没有收容他。

哈尔帕拉斯于是将他的大部分军队都留在希腊南部的斯巴达港口泰纳鲁姆，这是一个集中了失业人口和牢骚满腹的雇佣军的地方。他自己则带着 700 塔兰特回到雅典求情。据普鲁塔克描述：

> 哈尔帕拉斯特别善于看出什么样的人爱财如命。他能从一个人脸上的一丝表情、一个眼神做出判断。这回他也没看走眼，德摩斯梯尼就没能抵抗住金钱的诱惑。[47]

德摩斯梯尼在拿到一个精致的、极其昂贵的金杯后立即倒戈，哈尔帕拉斯得以进入雅典。德摩斯梯尼并不是他唯一买通的人，其他高官也都收受了大量贿赂。很快消息不胫而走，事后这些人都因贪污罪而被流放。同时，哈尔帕拉斯也被下狱，他的钱被没收。安提帕特和奥林匹亚丝都要求引渡他，不过此人十分狡猾，很快就逃到泰纳鲁姆，带上自己的船队驶往克里特岛去了。

哈尔帕拉斯的故事到此突然结束。公元前 323 年他被副手暗杀，他的钱财和雇佣军也随之易手。

亚历山大在印度时曾见过当地的贵族僧侣婆罗门，对他们印象深刻。[48] 他们衣着简单，过的是苦行僧般的生活。他们对马其顿人的反对十分凶狠、激烈、绝对，还强迫地方王公抵抗入侵者。国王唯一的对策就是抓到一个吊死一个。

其实他也很佩服这些人动机的纯正。他们只追求灵性，对亚历山大有权给予的东西全然不在意。他们远离日常生活的种种需求，丝毫不把长官和国王的名分放在眼里，让人想到令亚历山大有几分敬畏的桶里的哲学家第欧根尼。

塔克西拉的国王给他引见了一位叫卡拉努斯（Calanus）的婆罗门，此人拒绝开口，除非国王肯脱掉衣服赤身裸体地聆听。国王究竟脱了没有，并无确切记载，不过从事后两人建立的友谊来判断，他肯定是脱了。

卡拉努斯加入了马其顿人的行列并与他们同行，这引起其他婆罗门的极大不满，他们认为他用凡人主子替代了神明。他究竟是出于什么动机我们不清楚，不过他倒是毫不犹豫地随性批评国王。很可能是在格德罗西亚悲剧发生前，这位圣哲给国王讲了一个寓言。[49]他将一张干了起皱的皮料扔在地上，把脚踩在皮料边上的不同部位，踩了这边，另一边就会翘起来，踩到中间时整张皮才服帖。卡拉努斯想告诉亚历山大的是，他应该集中管理好他辖区的核心区域，而不应该在边上游走。

在波西斯的帕萨尔加德，当时已经73岁的卡拉努斯已罹患肠道疾病多时。[50]他不愿意继续做一个百无一用的人，决定了结此生。他要求为他堆建柴垛，打算自焚。据普鲁塔克说，印度教是允许焚身而死的。亚历山大极力劝阻，但卡拉努斯直截了当地表明，如果不照准他的要求他就会找别的办法寻死。国王只好让步，请托勒密按照卡拉努斯的指示堆建柴垛。

显然，部队安排了送葬行列。柴垛上还放了香、金银杯和刺绣的衣物。婆罗门僧人此时已无法行走，他们为他准备了马匹，可是他上不了马，只好将他用担架抬过去。他努力爬上了柴垛，把马匹、金银杯和服装赠予他的左右。

他嘱咐在场的人要把这一天当作幸福欢庆的一天。他最后的话略带神秘："与国王把酒狂欢吧，我很快就会在巴比伦见着他。"[51]

然后他郑重躺下，遮住自己的头。柴垛点燃时号声响起。他一动不动直到烈火将他包围，烧尽。

国王决定遵照卡拉努斯的嘱咐，以节庆的方式欢送他：他邀请朋友和官员出席一场宴会，席间他建议来个饮酒比赛。谁能喝下最多的没有掺水的酒，就能得到价值一塔兰特的花冠。结果非常不幸。比赛的获胜者一口气喝了13升的酒，三天后因饮酒过度死亡。据说许多其他参赛者也遭到同样的命运。

> 他相信他是上天赐给众人的管理者，是全世界的调解人。凡是不为所动、不愿与他联合的人，他就用武力征服。他把各地方的人组成一个整体，就像在一个大的双耳杯之中，将大家的生活、个性、婚姻、习性等全部统一并混杂起来。血缘和孩子已将他们的衣着和食物、婚姻和生活方式融为一体，为共同所有了。[52]

普鲁塔克的这番评价出乎意料地把亚历山大描绘成了一个理想主义者，一个国际和平机构的全副武装的秘书长。事实要庸俗得多。上面这段话其实是亚历山大宣传工作的绝佳例证。

公元前 324 年春国王回到苏萨后，举办了一场集体婚礼，这段话正是对当时情景的折射。阿契美尼德的公主们自从伊苏斯之战后就一直在等他回来。他曾告诉她们要学希腊文，而且答应给她们找适合的对象。现在他打算兑现他的承诺了。

但是公主们应该嫁给谁呢？首先就得排除波斯贵族，因为如果他们的后代有权继承阿契美尼德的王位，也许会引发叛乱。显然得给她们找马其顿女婿。

作为他波斯化政策的一部分，亚历山大把异族通婚的原则延伸到宫中的高官身上。他与 91 位马其顿人都娶上了波斯媳妇。出于现实政治原因，国王同他父亲一样成了一夫多妻者，他与大流士的长女和亚达薛西斯三世的小女儿结为夫妻。如此一来他就与阿契美尼德王朝搭上关系，并制造出两者之间有延续性的表象。赫费斯提翁则分得大流士的另一个女儿，因为亚历山大有意让他恋人的孩子与自己的孩子成为表亲。

庆典就在硕大无朋的王帐中举行，其辉煌的装饰也为此做了些相应的修改。[53] 地上铺上了用金线缝制的紫色和艳红色的地毯。在许多金柱间也拉上了华丽的布帘，创造私密空间，内中给每一位新郎都准备了自己用的长椅。

喇叭声响宣布典礼开始。在 9 000 名来宾前面摆放着一排排新郎的座椅。国王也在座，因为他决定参加这次集体婚礼，以延续其亲民形象。祝酒后，新娘就进来与未来的夫婿同坐，新郎接过新娘的手行亲吻礼。仪式过后夫妻俩就撤回私密空间的长椅上。他们都得到了丰厚的礼物，所有嫁妆都由国王出钱置办。

宴会长达五天。希腊人和波斯人都参加了表演，参演的还有一些印度部落。有人表演“奇幻”魔术；有人演奏竖琴，有独奏的，也有带伴唱的。长笛演奏者给歌者伴奏。演员演出悲剧的片段，演员中就有已接近演艺生涯终点的特萨罗斯（他是国王的老朋友，读者们如果还记得的话，他曾在披克索达洛司一事中为国王出过面）。

这本来是一个皆大欢喜的时刻，事实却并不如此。马其顿人私底下对于被迫与不认识的蛮族女子成婚抱有强烈反感。国王本来是想借此再一次说服马其顿同胞，只有与波斯人合作，帝国才能得到治理。但是不论他多努力，就是说服不了这些人。欢快只停留在表象。（尽管没有关于新娘的记载，我们也会怀疑，新娘们对其命运的感觉并不会比新郎们更好。）

亚历山大其实知道别人对他的批评，他试图用财富来转移他们的不满。凡是面对敌人表现优异的，他赠以金冠（排名第一的是在麻里城镇救了国王性命的朴塞斯塔斯）。

他答应替士兵还清所有债务，并请他们登记自己的名字，这花费就更多。只有少数几个人去登记，因为大家怀疑这实际上是为调查哪些人入不敷出或花钱阔绰。国王否认指控，不过还是改变了做法。他差人在营地摆上桌子，桌上堆满金币，并指示官员但凡见到欠条一律付清，而且不留姓名。

据说这一举措耗费了他 2 万塔兰特的巨款。虽然勾销债务颇受欢迎，但这是弱势而不是强势的表现。军队士气不稳，很难捉摸，而且一直如此。

亚历山大眼前的要务是在被他打败的人中间建立信任，但最好不要让部队付出生命代价。从长远看，他期望集体结婚的下一代在长大后成为新一代混血统治精英。

如果真有“民族大团结”，那也只不过是统治他的帝国的一个技巧罢了。

部队的组成不断改变，马其顿人渐少，波斯人渐多。帝国各地的总督按公元前 327 年国王的要求培养了 3 万见习兵。三年以后的今天，“继业者”都已到役龄，可以组建自己的部队了。他们不仅配备了马其顿制服和盔甲，也接受了马其顿战术训练。亚历山大见到他们有如此进展甚感欣慰。

伙伴骑兵也因为征召了“蛮族”而得到了加强，威望最高的王室骑兵中队里开始有波斯人担任要职。第二年，经验丰富的波斯军人加入亚历山大部队的就有两万之众，他们将陆续为伙伴步兵队吸纳。

据阿里安记载，马其顿人“对这一切反感甚深，认为亚历山大如今的态度已经全盘向着当地人，对马其顿人的生活方式或他们这样真正的马其顿人一点都不尊重了”[54]。不久，他们的猜疑就得到了证实。

公元前324年5月或6月，亚历山大和他的军队离开了苏萨，最终打算到比较凉爽的埃克巴坦那的省会避暑。（他也染上了阿契美尼德人的迁徙习惯。）但国王首先要满足他一睹波斯湾风采的极度渴望：他让赫费斯提翁掌管步兵，而他则上了船，沿底格里斯河岸一路北行。他拆除了阿契美尼德人在河中为抵御水军进攻而修建的一些人工瀑布，并在底格里斯河河口建立了一座新的亚历山大城。

炎炎夏日令人烦躁。亚历山大在赫费斯提翁带领部队安营扎寨的沿河小镇欧皮斯（Opis）上了岸。国王在此召集了马其顿人军队的大会，并宣布凡因年龄或伤残不能服役的人可以复员回乡。[55]他们可以拿到丰厚的奖金和遣散费，这样他们不但能得到亲友的羡慕，还能激发更多国民入伍探险的热情。

亚历山大原以为此举能受到热烈欢迎。毕竟他的士兵们早就躁动不已，希望无休止的战争有结束之日。没想到，听众们却群情激愤。他们觉得，这显得自己毫无价值，没有战斗力可言了。身体状况良好的年轻人也叫喊着干脆把他们也一并解职算了。众人还嘲笑他，不是你自称是宙斯－阿蒙之子吗，下次打仗就带上你的父亲得了。

怎么解释这种行为背后的原因呢？很难说，倒有点儿像恋情结束时恋人心中五味杂陈的感觉。老兵对服役都感到厌烦了，但遭到他们有魅力的领袖拒绝又心有不甘。或许他们没有摆在台面上的抱怨就是，原来的马其顿部队如今却有越来越多的波斯人。

亚历山大完全没想到会有如此反应，顿时怒不可遏。他从讲台上跳下来，随行人员也跟着下来，命令逮捕为首的13个捣乱分子，并一一向侍卫点明，着令立即处死。他们被戴上脚镣扔进了底格里斯河（这是传统的波斯惩罚方式）。阿里安写道："那时候的他变得很容易生气，他习惯了东方人卑躬屈膝的态度，与昔日跟自己子民不分彼此的他，已判若两人。"[56]

国王再度走上讲台，据说他滔滔不绝地细数腓力和他如何优待士兵。最后他非常痛心地丢下了这么一段话：

> 现在我是想让你们当中不能再服役的人复员。让这些人衣锦还乡，受人羡慕与景仰。既然你们都要走，那就走吧！每一个人都给我走！

他再次从讲台上跳下，继而消失在国王行宫。目瞪口呆的士兵站在原地，不知道怎么办，不知道往哪里去。

国王郁闷了三天，不让任何人觐见，也不照顾自己。这不是他第一次用不露面和情绪失控作为要挟来达成愿望了，这回这个办法再次奏效。

亚历山大把波斯贵族叫进来，开始任命他们担任军事指挥官。他给他们亲人的头衔，而且只有他们才有权在见他的时候给他代表友谊的亲吻。波斯军事编队都得到了马其顿名称。军队得知此事后再也坐不住了。他们穿着无袖上装赶到国王行宫外，放下武器，开始呼叫，恳求进入。他们还答应交出呐喊助威的人。他们说亚历山大若是不可怜他们，他们就不走。

国王等的就是这个。他匆忙出来与示威者见面。他看到他们追悔莫及的模样，立刻热泪盈眶（肯定是鳄鱼的眼泪）。还没等他开口，伙伴骑兵的中队长卡林内斯说，最让士兵们难过的是国王决定把波斯人称为亲人，还让他们亲吻他。

镇定沉着的亚历山大急中生智答道："对我而言，你们都是我的亲人，以后我就这么称呼你们。"[57] 为证明此言不虚，卡林内斯走上前亲吻他，其他愿意的人也都去亲吻他。然后他们重拾自己的武器，高高兴兴地回到各自的营房，欢唱胜利的赞歌。借用一位现代学者的话说，他们仍然热爱他们的"英雄，朋友，士兵之父，他们阴沉、愤怒、吓人、忧郁的国王"。[58]

为纪念和平的回归并敦促和解，亚历山大邀请了 9 000 名来宾出席一场盛宴。他在例行献祭后主持宴会。紧挨着他的是给马其顿人预留的席位，然后是给波斯人的席位，最外围则是给其他民族的席位。

希腊先知与波斯博士联合主持跨宗教的祭酒仪式。亚历山大祈求马其顿人与波斯人一起统治帝国时和谐共处、合作无间。

不过，国王对眼前的事并未退让半分。他正在办理 10 000 名步兵和 1 500 名骑兵的老兵退伍事宜。这回没有人抗议。裁撤冗员的条件与他先前所答应的一样，异常丰厚。考虑到回家需要时间，他还给他们加发了薪水。每个人都拿到了一塔兰特的奖金。

为避免给老家的亲戚和妻子添麻烦，他们的家人都将留在亚洲，不过政府会出资确保他们的儿子们能接受良好的马其顿教育。将来他们长大了就是国王军队的一员，届时将允许他们回国访问。

国王懂得如何锦上添花，他指示安提帕特，今后在所有文化表演和体育赛事时，老兵都应获得前排最佳席位并头戴花冠。这样的礼遇不但抢眼，也时刻提醒大家亚历山大的辉煌战绩。

从国王登基之初就几乎一直担任马其顿摄政的安提帕特如今却成了问题。这一点有些始料未及，因为他曾在腓力遇刺后顺利安排年轻的王储继位，并且对他的新主人一向忠心不二。在处理希腊大陆城邦之间的纷争时，他既坚定又有技巧，而且还弭平了阿吉斯国王的叛乱。

他的能力强到了近乎令人不安的地步，听说他在迈加洛波利斯获胜的消息时，亚历山大甚至还有些不悦。其实，安提帕特真正的问题还是国王的母亲奥林匹亚丝。说白了，她就是不能接受摄政的权威，而且不断写信给儿子诉说他的不是。安提帕特除了反过来批评她，也没有其他办法。他受不了她一意孤行的个性、她的暴躁、她凡事都要插一手的做法。亚历山大也不得不承认他母亲“对我在她肚子里待的那九个月收取了天价租金”[59]。有一次，他还警告摄政要注意自己的人身安全，因为许多人都有阴谋。他虽未明言，其实暗指他母亲。

虽然他知道奥林匹亚丝很难对付，但她毕竟是他的母亲，是他所爱的人。一次，安提帕特写了一封长信告她的状。看完信后亚历山大怒不可遏：“安提帕特不知道我母亲一滴眼泪就能让一万封像他这样的信全白写。”[60]

奥林匹亚丝对摄政的意见就是他权力太大。有人传话给国王说他觊觎王位。当有人赞扬安提帕特节俭成性、生活简朴，他的反应是：“表面上看安提帕特是白色的，可是他骨子里全是紫色。”[61] 不过，要说一个 76 岁即将退休的人有野心，确实有点儿站不住脚。阿里安坚信此人的清白：“从亚历山大的言谈举止中，我们丝毫察觉不到他对安提帕特的尊敬友爱有任何减损。”[62]

不过，国王还是决定他应该表态了。他见到手下爱将克拉特鲁斯身体每况愈下，授命他带着复员军人回马其顿并接掌摄政一职。他还责成安提帕特召集马其顿增援部队前往巴比伦。

国王没有说明他将如何处置安提帕特。他可能会退休，更可能会得到一个新的闲差。摄政给国王的答复是，由于希腊局面欠稳，他此时不便离开，另外马其顿年轻战士的兵源也呈现枯竭状态。他派了自己的儿子卡山德代替自己前往巴比伦。至于克拉特鲁斯，他暂时滞留在西里西亚，部分是因为他自己的身体，部分是因为当地出现了情况，总督战死了。

亚历山大是否真的在促进“人类大团结”？

在希腊人与“蛮族”的关系问题上，国王是个务实主义者。就我们所知，除了荷马史诗中歌颂的理想之外，他并没有受到其他崇高理想的启发，而是视实际需要做出了选择。普鲁塔克的溢美之词掩盖了一个事实，也就是用今天的话说，国王的包容和反种族歧视策略，其实是现实政治的表现。在他眼里，这两个“种族”并不平等，否则我们就会听说马其顿妇女给波斯人当老婆，马其顿人也不会在和解盛宴上获得上座。波斯人在部队里或许占多数，但宫中的要职还都掌握在胜利者手中。

得到同等尊重，只不过是与国王随行的哲学家兼公关人士心中的虔诚希望而已。

第十五章[1]

最后的几件事

也该正式放个假了。在经历了过去几个月格德罗西亚沙漠之行和欧皮斯兵变之后，大家都心力交瘁，是该休整狂欢一下了。

国王和他的部队行经扎格罗斯山脉，于公元前 324 年夏末或秋初抵达埃克巴坦那。他举办了一场大规模的艺术和体育庆祝活动，有戏剧表演和特技表演。从希腊请来了 3 000 名表演艺术家，当时的戏剧和音乐界大部分人马大概都出动了。

酒会也是一个接着一个。且让我们看看记载国王每日行动的王室日志是怎么说的。埃利亚努斯援引了一段描述亚历山大寻欢作乐的摘要记录，很可能讲的就是他在埃克巴坦那的那些日子。

> 迪优斯月［10 月或 11 月］第五日，他在攸美尼斯处饮酒过度［攸美尼斯是国王的首席秘书（grammateus）］，第六日一觉过后酒意已消，已能自行起床并下旨要指挥官准备次日的演习，并说他们应当尽早开始。第七日，他与佩尔狄卡斯宴饮，再次饮酒过度。第八日他睡了一天。同一个月第十五日，他再度饮酒，一直睡到次日。第二十四日，他在距王宫约 10 斯塔德路程的巴

勾斯家里用餐。次日他睡了一天。[2]

虽然没有提到赫费斯提翁的名字，我们可以假设，这类狂欢场合他都在座。

有一天赫费斯提翁发烧了，被严格控制饮食。医生格劳西亚斯对他严密监视，确保他不犯戒。在他病后第七天。体育场里挤满了看少年比赛的观众。亚历山大在场，格劳西亚斯也去观赛，放松了对他病人的监管。此举非常不明智，因为赫费斯提翁只要有机会就喜欢大吃大喝。他当时病情略有起色，正好医生不在，于是坐下来吃早餐。他一个人就吃了一只煮鸡，又给自己灌了半加仑的冰酒。他的病马上又犯了。

国王收到赫费斯提翁病情危重的消息立即赶了过去，等他赶到，这位年轻人已经离开了人世。

当时人对赫费斯提翁的具体病情就不了解，[3] 现在更无从查证，不过从历史文献判断，十有八九与饮酒过度有关。当时没有人怀疑他是非自然死亡的。现代医生能观察到的是赫费斯提翁的症状与重度肠感染（如伤寒）相符。患者会出现持续发烧症状，并通常导致胃溃疡。治病期间患者应避免受伤的肠道出现穿刺，切忌暴食。一旦肠道穿刺，人很快就会昏倒、内出血、休克和死亡。病情能在七天之后好转相当罕见，但忙碌的病人很可能是在烧了好几天以后才就医的。

古代医学对此一无所知。大家都怪罪医生，不是开错了药就是让患者接触到酒类。

亚历山大悲伤欲绝，痛不欲生。阿里安写道：“我想他宁可自己先走也不愿承受这样的痛，就像阿喀琉斯肯定愿意死在帕特洛克罗斯之前一样。”[4] 亚历山大对照希腊勇士的做法，在他死去的恋人身边剃光了自己的头发。像其他危急时刻一样，他把自己关进了一人世界，扑倒在赫费斯提翁的身上饮泣了一天一夜，直到他的伙伴军把他拖走。他不吃东西，也不管个人卫生。据普鲁塔克记述：

> 为表示哀悼，他下令将所有马匹的鬃毛和尾巴上的毛全剃掉（这是波斯人和塞萨利人的习俗），拆毁所有附近城镇的防卫墙，将那位倒霉的医生钉上十字架，并长期禁止演奏长笛或其他各类的音乐。[5]

当地一座医术之神阿斯克勒庇俄斯的神庙因未能拯救赫费斯提翁而被毁，以示惩罚。

继承赫费斯提翁千夫长职位的佩尔狄卡斯奉命将经防腐处理的尸体运送至巴比伦。他们计划在那里耗资最少一万塔兰特搭建一个巨大的焚烧柴垛。[6] 狄奥多罗斯称：

> 亚历山大找来了能工巧匠和一群工人，将巴比伦的城墙拆至 10 浪* 长。他收集所有的砖块，平整选定地址的土地后，开始建造一个像骰子一样的柴垛，每一边都有 1 浪长，再将它分割成 30 块，在椰子树干上搭顶，整个结构呈四方形。[7]

这复杂的设计就是要建造一座金字形神塔，每一层都展示巨幅雕刻——金色的船艏、士兵雕像、火把、擒蛇展翅飞翔的老鹰、狩

* 1 浪等于 201.2 米。——译者注

猎野兽的场景、在打仗的金色人马怪、狮子和公牛以及马其顿和波斯的武器盔甲。在这座纪念塔的上方则矗立着多座中空的海妖雕塑，歌者站立其中吟诵哀诗。

帝国全境奉命哀悼。波斯人的神庙都暂停香火直到安葬日，过去只有大帝驾崩才有这样的禁令。[8] 赫费斯提翁并不是受到普遍爱戴的人，有些曾经与他吵过架的精明官员纷纷摆出悲不自胜的模样。许多伙伴军都愿意用自己的行为和武器来纪念他。所有知名人士为制作带着他头像的黄金象牙图出了钱。有一段时间，众人发誓都会说“以赫费斯提翁的名义”。攸美尼斯受不了赫费斯提翁，他知道国王也知晓此事。他谨慎选择了最可能加深对逝者怀念的纪念方式，为柴垛的费用做了慷慨捐赠。

有相当长一段时间亚历山大因悲伤无法行使权力。他离开埃克巴坦那，徐徐往南方的巴比伦进发。为分散注意力，他对居住在苏萨与米底之间高原上好战的科萨依（Cossaei）部族发动了冬季战役。这些人平日就是靠打劫为生的，阿契美尼德王朝一直对他们睁一只眼闭一只眼。他把十几岁以上的男性全部屠杀。据普鲁塔克说，这就是所谓的“向赫费斯提翁灵魂的献祭”，[9] 此举让人回想起《伊利亚特》中复仇的阿喀琉斯屠杀了 12 名年轻的特洛伊人并将他们与帕特洛克罗斯在柴垛上一起火化的事件。

国王的悲恸或许是过度了，但发自肺腑。那时候的人都知道亚历山大听凭“赫费斯提翁大腿的摆布”。[10] 甚至我们还不知道两人当中谁比较年长（库尔修斯曾不经意地说过两人同龄 [11]）。不过，如前所述，也许就在两人的少年时代，或至少在亚历山大的少年时代，他们就遵循希腊贵族风俗成为同性爱人了。

亚历山大认为赫费斯提翁是自己的知交。但多年来他一直很小心，并没有特别提拔他，而且花了不少时间和精力安慰被他得罪的同事们。赫费斯提翁很能干，但也就是能干而已。他从来没有担任过要职，不过处理起复杂的行政事务时他相当得心应手。他后来逐渐成熟，公元前 325 年克拉特鲁斯离开前往阿拉霍西亚和德兰癸亚那后，他才被提拔为千夫长和国王副手。

他最大的优点就是对他的恋人兼朋友始终不渝。

亚历山大想以一个独特的方式来纪念赫费斯提翁。他派使者去请教锡瓦的阿蒙祭司，也就是在那里，国王曾获悉他“真正”的父亲是谁。他问可否给赫费斯提翁神圣的荣耀。神谕不同意，但小心翼翼地允许将他作为英雄来崇拜。

几个月以后得到这个答复的国王也很满意，（他还是偷偷把“神”字塞了进去）并立即安排将赫费斯提翁作为“副神”和“拯救者”来崇拜。他给克莱奥梅尼——埃及与阿拉伯地区的总督兼全国司库——写信，命令他在尼罗河三角洲的亚历山大城内和法罗斯岛上建造赫费斯提翁的神殿。不必在乎钱。

前面说过，埃及人对克莱奥梅尼的抱怨很多，大概就是因为此人是个贪官。亚历山大一向注意对各地情况的掌握，如今他等于是给收信人使用了夹拇指的酷刑，以保证他循规蹈矩。他在信里说：“如果我发现埃及的神庙和赫费斯提翁的神殿都状况良好，我就对你过去的过失忽略不计，并保证如果你未来有所过失，不论是什么样的过失，在我手里都不至于有不太好的结果。”[12] 克莱奥梅尼对国王的意思心领神会，可以肯定他一定迅速遵从了他这位不好得罪的主人的旨意。

赫费斯提翁的半神地位让亚历山大再次注意到自己有没有神性的问题。自从他造访了锡瓦的神谕所后，这一直就是他十分关注的问题。他自认是宙斯－阿蒙的儿子，但他的这一主张也自相矛盾，因为他从来没有郑重否认过腓力是他的父亲。不过，既然他是埃及的法老，从某种意义上讲，他就是太阳神荷鲁斯的转世，是神与凡人之间的中介。

对这一切，国王或宫廷里的人具体相信到什么程度？有一位不友好的证人如此叙述他在宴会上的行为。

> 在宴会上，亚历山大甚至一般都穿着神职人员的衣装；有时候他穿紫袍、叉脚凉鞋，还戴上阿蒙角，就像他是神一样。有时候他又做阿耳忒弥斯（月亮与狩猎女神）的打扮，他在驾驶战车时就经常穿月神的衣着，有时也穿波斯人的袍子，却在肩膀上佩戴女神的弓和标枪。[13]

显然，他也以众神的使者赫尔墨斯和身披羊皮、手持短棒的赫拉克勒斯的形象出现过。如果描述属实，他给人的印象倒像是在参加化装宴会，而不是真想以神自居。

证人还说：

> 亚历山大还让人在地上洒上名贵香水、醇香的美酒，并且为他焚烧没药和其他的香料，在座的每个人都吓得不敢声张，因为他嚣张跋扈、嗜血成性，而且看上去精神状态不太正常。

这是因为亚历山大采纳了波斯大帝的宫廷礼仪，传统的希腊人感到不满才进行的恶意扭曲，其实亚历山大的政策虽然不受欢迎，却是明智的。宫廷里的一切越来越正式，并不能证明国王心智有问题甚至已经变成疯狂的暴君。

不过，他发行的货币，或他死后发行的货币上，展示的国王都具有神性。巴比伦铸造的十德拉克马钱币上的他，正接受胜利女神尼刻的加冕，他手上挥舞闪电，又如同他是众神之父宙斯。前面说过，当时最有名的画师阿佩利斯曾为以弗所的太阳神殿画过一幅国王手持闪电的画，并得到了丰厚的报酬。在有名的利西马科斯四德拉克马钱币上，亚历山大戴着阿蒙的角，许多其他画像亦如是（如公元前 4 世纪末“亚历山大棺椁”上的浮雕石刻）。

钱币表达的是当时的宣传，并不能证明他的确有此意图；钱币并不能要求或规定拥有钱币的人崇拜这位新的神明。不过，随着时间的推移，亚历山大似乎对自己的神性越来越认真了。在从埃克巴坦那前往巴比伦出席赫费斯提翁葬礼途中，他接见了来自希腊的使者。阿里安（估计是笑着）写道：“代表们戴着仪式场合的花冠，给亚历山大赠送金冠，看上去就像敬拜神的正式朝圣行为。”[14] 在希腊各个城邦都传言亚历山大希望得到像神明一样的承认和敬拜。我们的资料相当零碎，不过，或许国王确实发过一份正式请求。一位雅典的演说家愤愤不平地暗示，是有人胁迫他们这样做的：

> 到现在我们都必须接受的做法就是证据：我们要向凡人献祭；他们的画像、祭坛和神殿都得仔细照料，而神明的一切却被忽略；我们还被迫把这些人的仆人当成英雄来敬拜。[15]

演说家很聪明，他没有指名道姓，但人人都知道得到这种崇拜和献祭的人只有亚历山大和已故的赫费斯提翁。

希腊人无法抵抗这样的压力。雅典有人建议在市民聚会场所树立一座“战无不胜的亚历山大神”雕像。与腓力和他儿子关系一向不错的德马德斯是个现实主义者，他倡议通过一个法令，给予亚历山大神的荣耀。著名的反马其顿人士德摩斯梯尼也只好挖苦道：“亚历山大可能是宙斯的儿子，如果他愿意，也可以是海神波塞冬的儿子。”[16] 一位诙谐的斯巴达人如此概括了一般人的态度：“亚历山大想要成神？行啊，我们就称他为神吧！”[17] 至于希腊其他地方，我们并没有更多资料，但我们可以假设有人也提出过类似的称颂方式，也引起过类似冷嘲热讽的反应。

神性对亚历山大又意味什么呢？绝大部分材料如今都已失传，不过，我们从已有资料可略知这个问题的答案。他心中似乎充满着相互排斥的概念。一方面，他十分虔诚，虔信奥林匹亚的神明，并确信自己是赫拉克勒斯的后代。对他来说，特洛伊战争是一段史实。阿喀琉斯和帕特洛克罗斯都是曾经在凡间生活过的人物。他对宗教仪式向来一丝不苟，屠杀牲畜进行百牲祭（hecatomb），并定期征求随军出征的先知的意见。

另一方面，他对于凡人的管理既有技巧又无情。例证之一就是在国王需要一个从印度撤退的借口时，他的御用先知亚里斯坦德就心领神会地“发现”兆头不妙。亚历山大曾表明，即便他是神，他也不像宙斯和阿波罗那样刀枪不入、长生不老。他像他的士兵一样，会流血，会死亡。

亚历山大的成就的确不凡，连他当时的对手也印象深刻，不得不佩服。他的神性是表达并宣扬其无上权力的象征。当他正式或非正式放话，表示希腊城邦应该开始崇拜他，这样做更多的还是为了政治目的而非宗教目的。这要比他作为公推的科林斯联盟盟主更有效地保证人们服从。

在这件事情上，如同在许多其他事情上一样，亚历山大步了他父亲的后尘。奥林匹亚建立腓力殿堂，埃迦伊剧院将腓力雕像与奥林匹亚神明并列，都说明腓力已经有了想法，认为自己不只是一国之王，或许还有神性。

也许亚历山大并不完全知道他是神究竟意味什么。有些记载说他穿戴得像宙斯，或像月神阿耳忒弥斯，或像他的先祖赫拉克勒斯，如果这些记载属实，倒让我们看到其中的趣味性，这是否说明他并不是真心实意地要将自己神化？

赫费斯提翁已死，亚历山大仍正值盛年。他刚刚三十出头，还希望在未来几年里开展新的、雄心勃勃的征战计划。

地中海世界怕的正是这个。在他去巴比伦的路上前来谒见的许多使者都渴望知晓他的打算，并表达他们忧心忡忡的祝贺。求见的人太多，他不得不排号按次序接见。（那些带着宗教问题而来的在排序上有优先。）

使者来自四面八方——有来自非洲的埃塞俄比亚、欧洲的塞西亚、凯尔特和伊比利亚人居住地的。[18] 利比亚人给了他一顶亚洲国王的皇冠。来自意大利的布鲁蒂伊人、卢卡尼人、伊特鲁里亚人的使者也到了。当时作为海上第一强国的北非迦太基也派代表前来；他们的担心不无道理，因为在自己的母城提尔被围困时，他们曾鼎力相助，城陷后又有不少自己的公民被俘。而亚历山大对这种妨碍行为从不忘记，也不饶恕。

有意思的是，有的史学家还提到来自名不见经传的罗马的使者，当时的罗马只能算是意大利的一个中等国家，正与居住在山间的萨莫奈人（Samnites）打得不可开交。其中多数学者都是在罗马成为比亚历山大的帝国更大的帝国后才书写这段史实的，不无虚构夸大之嫌。但与国王同时代的克来塔卡斯（Cleitachus）也提到他们的到访，只是未加评论，所以可能确有其事。[19]

阿里安说这些使者的到来标志着“亚历山大本人和他周围的人充分意识到他的确是每一块土地、每一片海域的主宰”的时刻。[20]

当然，他既是探险家也是将军。他似乎还打算有朝一日能环绕非洲航行。他曾派一位希腊军官带领一队船工前往里海。他们的任务是打造一个船队进行发现之旅，看看里海是否与黑海相通，它们是不是环抱地球上所有陆地的俄刻阿诺斯河的河湾。

国王接下来入侵阿拉伯半岛的重要计划已迫在眉睫。备战早已开始。他的目的并非征服本身，而是想从印度到埃及建立一条安全的贸易路线。为此他需要彻底击败阿拉伯人，他不想拿下整个半岛，只想确保对沿岸和岸外岛屿的控制。他将治理既有港口并建立新港口。最终从印度河三角洲到红海，将建成一个贸易站链条。

他在征伐前已派兵侦察情况、丈量距离。他前后派了三条船前去探路，其中一条已在深入红海后返回出发地。尼阿库斯还组织了一次对沿岸地区的侦察行动。他们发现阿拉伯半岛相当繁荣，还盛产各种香料。它海岸线很长，沿岸有许多天然良港和适合建新城的地方。

巴比伦聚集了大量各式各样的战船。尼阿库斯的海军又增添了一个腓尼基船队——2 艘五层划桨战船、3 艘四层划桨战船、12 艘三层划桨战船和 30 艘三十桨船。它们都是一段一段从地中海运到幼发拉底河的塔普赛卡斯再组装而成的，组装好以后即沿河而下加入船队。同时，巴比伦还建造了一个能让 1 000 艘战船停泊的港口和船坞。

焦虑的使者们要是知道了亚历山大的雄心，肯定觉得自己的恐惧有道理。亚历山大将他的战略诉诸文字，分为相关的两部分——征服地中海西部及探险。[21]

国王预计与迦太基可能有一仗要打，因为他不能饶恕当年他们给提尔人提供的道义支持。因此他打算建造 1 000 艘战船，个个都比三层划桨战船更庞大。它们将在腓尼基、叙利亚、西里西亚和塞浦路斯的船坞里打造。

打败迦太基人只是将整个北非和西西里沿岸纳入帝国版图大业的一个要素。与波斯湾和阿拉伯半岛一样，发展经济和国际贸易是主要优先事项。他打算从埃及修筑一条直通赫拉克勒斯双柱（直布罗陀海峡）的大型道路，距离大路不远处就有港口和船坞点缀其间。据说，亚历山大对伊比利亚（西班牙半岛）也有计划，虽然他对该地的地理知识应当是有限的。

国王还打算建造六座巨大的、花费不少的神庙，分别在阿波罗出生的圣地提洛岛、世界知名的德尔斐神谕所、名声仅次于德尔斐的多多那神谕所，以及马其顿迪乌姆的宙斯神庙、由马其顿人管辖的色雷斯安菲波利斯城的猎牛女神阿耳忒弥斯神庙和马其顿希尔诺的雅典娜神庙。雅典娜在特洛伊也将有一座神殿。

不论他与宙斯－阿蒙的关系如何，亚历山大为表示自己对生父腓力的深厚情感，要为腓力建一座能与伟大的吉萨金字塔抗衡的陵园。

最有意思的是，国王还打算深化他的民族融合政策。狄奥多罗斯写道，他预备“建立城市，把亚洲的百姓迁往欧洲，欧洲的百姓迁往亚洲，把这两个最大的大陆联合起来，通过通婚和家庭的纽带，让他们成为友好相处的亲人”[22]。

公元前 323 年春天，亚历山大横跨底格里斯河，接近了他似乎有意选择的常设行政基地巴比伦。有几位迦勒底的占星者与他见了面，（如前所述）他们应该就是在城里每日观察和记载天象，并据此推演向政府做解读和预测的人。

他们劝国王不要前行，因为进城会“给他带来凶险”[23]。在高加米拉战役时，天文学家们已经做了预言，说亚历山大将“称王 8 年”[24]。因为卡利斯提尼斯能看到这些记录，[25] 亚历山大可能也看到过。如果看过，他应该知道给他的 8 年时间即将结束。

不过，他还是用欧里庇得斯的一句话礼貌地回绝了这些预言家：“最好的先知就是猜测无误的先知。”[26] 对于先见之明能做出如此令人敬佩的理性总结，证明他并没有辜负亚里士多德的教诲。

预言家仍然坚持。“陛下，起码不要走西面进城，走东面进城。”国王算是同意了，却发现巴比伦东边尽是沼泽和一潭潭死水，军队无法通行。

他怀疑这帮占星者的动机不纯。因为在高加米拉战役后，他第一次造访巴比伦时，国王曾答应重建纪念巴比伦人守护神马尔杜克的巨型金字塔形神庙埃萨吉拉。过了这么多年，一直没有动静。现在他终于行动起来了，该地的断壁残垣都被清除。庙里的祭司和管理人员本来每年可以从赠金中获得收入，以支付经营神庙和主持献祭的费用，自从神庙被毁，他们的经费没地方可花，只能花在自己身上。如果能劝阻亚历山大以此城为据点，很可能重建计划会再度被推迟，他们的薪酬就不会受影响。

大约就在此时，一位来自安菲波利斯、叫阿波罗多罗斯（Apollodorus）的伙伴军开始对自己的未来焦虑起来。[27] 他是巴比伦卫戍部队的指挥官，因近来不少总督落马而日益警觉。他会是下一个被调查、受惩罚的人吗？他给住在巴比伦的兄弟佩达哥拉斯（Peithagoras）写信，此人是用祭祀牲畜的内脏进行占卜的人。他请兄弟预测一下自己的吉凶。佩达哥拉斯问对他构成威胁的是什么人，阿波罗多罗斯的回信说了两个人——赫费斯提翁和亚历山大。

于是佩达哥拉斯主持献祭仪式，观察赫费斯提翁的威胁。这个牲畜的肝脏没有叶瓣，所以他告诉自己的兄弟不用担心来自这方面的威胁。赫费斯提翁不久就不构成威胁了。由于他的信在了大长去世前一天抵达，已经不需要用占卜来预测他的病的致命结果。其后，占卜者又从献祭观察亚历山大的威胁，结果一样。于是他将这个坏消息告诉了自己的兄弟。

还有什么比写下一个专制君主的占星预言或观测他的死期更危险的吗？这个罪行差不多与暗杀等同，通常是要处极刑的。但阿波罗多罗斯相信他的国王，他立即将自己兄弟来信的内容告知国王。

亚历山大感谢了阿波罗多罗斯，回到巴比伦后立即传唤佩达哥拉斯。没有叶瓣说明什么？他问。对方的答复是“非常严重”。国王完全没有生气，反而十分感激对方直言不讳。

在相信欧里庇得斯的同时，我们并没有怀疑这些故事真实性的理由。它们都是有一定可靠性的旁证：预言似乎不妙，但也相当狡猾含糊。专业占卜者都知道，可能在并不遥远的将来的某一时刻会发生“非常严重”的事。多数人都相信存在一个只有神明得以窥探其中奥秘的超自然世界。没有兑现的预言事后可以做解释或被遗忘。而这些猜中的预言之所以被人们记得，就是因为它们对后来的影响，不一定就是在“预见”的事情果然发生后捏造出来的。

亚历山大不顾预言家的警告，还是从城西边进了巴比伦，并在那里听取了船队与部队对远征阿拉伯的准备情况汇报。

就在筹备工作进行时，国王也没闲着，他沿幼发拉底河南下，改进了河流的疏浚系统。他希望能发挥运河的调节作用，在洪水季将多余的水疏导至湿地和湖泊，在水位低时就将运河的闸门关上。由于土质属松软的淤泥质黏土，连接运河的工程十分艰难。国王发现下游 3.5 英里处土质坚硬并带石子。他于是决定在这个地方开口挖掘，与运河衔接，这样阻挡水流和预防泄洪都容易多了。

在进出巴比伦都平安无事后，亚历山大认为自己已经逃过了迦勒底人预测到的凶险。不过，就在他结束巡河回返时，他还是决定遵嘱从城东进城。就在乘船经过埋葬着数百年亚述王室坟墓的一个沼泽地时，有几只船在狭窄的水道中迷失了方向，国王派了一名向导把它们带回了主要水道。[28]

他驾驶着自己的三层划桨战船，估计应该是神清气爽、心情舒畅的状态。他戴着一顶皮制遮阳帽，帽子上面是王冠，帽子下面附有一条布质头巾。突然起了一阵大风将他的帽子吹落，帽子落水，王冠却被微风吹到了古老墓地附近的芦苇上。

王室的象征与陵墓扯上关系就已经够不吉利了，但接下来情况更糟。一位腓尼基水手出于好心跳下水去取回王冠。为了保证它不沾水，他把王冠戴在头上回船。这可是最严重的犯上行为；[29]先知们说戴过王冠的脑袋保留不得。于是国王为他眼明手快赏了他一塔兰特，随后这个不幸的人即被斩首。另一则文献则称他只不过是遭到了鞭刑。

不久，就在国王亲自监督部队的配置时又发生了一件不太吉利的事。他因口渴，暂时离开了他在讲台上的座位去喝水。一个“微不足道的小人物”看见王位空着，径直走过守在附近的宦官坐上了王位。这是亵渎行为，但宦官们鉴于波斯风俗又不能把他赶走，只能站在那里捶胸打脸，就好像发生了一场大不幸一般。当亚历山大听说此事，他将此人严刑拷打一番，但他自始至终坚持自己是脑中突发奇想而这么做的。显然他也没有同伙。先知们再次建议将他处死，后来也执行了。

前面我们看到，亚历山大的虔诚是理性的虔诚，对预兆什么的并不全信。不过这一系列兆头也开始对他有了影响。普鲁塔克记载：

> 亚历山大内心开始变得紧张惧怕起来，一头跌进了迷信的深渊。每一个奇怪或异常的事物，不论多么微不足道，他都将其作为奇观或异兆来解释，结果是宫中到处都是占卜、献祭、洁净、预言的人。[30]

好在，去除阴霾的好消息也不少。大量增援部队陆续抵达。勇敢的朴塞斯塔斯曾在麻里城为拯救国王性命而奋战受重伤，后来被任命为波西斯总督，他领着在当地征召的 2 万士兵——这些人或加入伙伴步兵或加入方阵步兵——以及相当数量的善战山民前来。此外还有卡里亚和吕底亚总督指挥的雇佣军部队以及从马其顿征调来的骑兵。

希腊的使者们来到宫中，得到了礼遇。薛西斯大帝在公元前 490 年入侵时曾对陷落城邦大肆掳掠，掳走了许多艺术品。亚历山大将所有这些雕像、绘画和还愿祭品一律交给希腊使者们保管，有朝一日要物归原主。

5 月，亚历山大派往锡瓦的信使长途跋涉后终于返回，并宣布祭司们允许赫费斯提翁获得英雄崇拜。亚历山大暂时放下忧伤，举行祭祀和酒会以兹庆祝，恢复了往昔的欢乐。

紧接着时间停滞了。国王从一开始的小恙到发高烧。接着他卧床不起。在美索不达米亚炙烤的白日和高温的夜晚度过了两个星期，他游离于生死之间。士兵们排长队行经他的病榻与他告别。6 月 11 日国王驾崩。

阿契美尼德的毁灭者自身亦遭毁灭。许多希腊人为此额手称庆。雅典政客德马德斯对各界的反应总结如下：“亚历山大死了？不可能。否则这尸臭如今还不得弥漫全世界吗？”[31] 与此成鲜明对比并且令众人意想不到的是大流士的母亲、太后西西冈比斯的反应，她一听到噩耗立即守丧并拒绝进食（我们只能假设她也不喝水），于五日后身亡。[32]

一个奇怪的故事很快就开始流传：表面上看，亚历山大系自然死亡，实际上他是被毒死的。御用舵手欧奈西克瑞塔斯是第一个这么说的人，但他担心被报复，拒绝透露幕后黑手是谁。[33] 当时似乎也没有进一步的解释。如果普鲁塔克的话可信，谣言机器是五年以后才开始启动的，[34] 而且形成了一个细节更丰富的故事。

暗杀的幕后黑手有两人。第一个是安提帕特。由于他被解除了马其顿摄政的职位，由克拉特鲁斯取而代之，他恐怕自己会因反对奥林匹亚丝而下狱，或者如果他遵守国王的命令前往巴比伦，甚至会被处死。至少坊间有这样的传言。问题就是亚历山大开了先例。安提帕特没有忘记帕曼纽被谋杀和国王酒后怒杀克雷塔斯的事，也没有忘记他的女婿因通敌被处死，即便他是罪有应得。他打心底里不同意宫廷里奉行的多元文化政策。

第二个阴谋者是当时最伟大的哲人亚里士多德，[35] 他曾担任亚历山大少年时期的老师，如今却是他的激烈反对者。摄政是这位哲学家的密友，并同意代其行事。亚里士多德在卡利斯提尼斯的下场这件事上并没有宽恕国王；而亚历山大也没有宽恕亚里士多德竟然推荐卡利斯提尼斯做他的史学家和公关顾问。他还怀疑亚里士多德在见习骑士刺杀的阴谋中有嫌疑。

两人决定暗杀这位世界的征服者。具体的工作由安提帕特的两个儿子卡山德和伊奥劳斯来做。

摄政拒绝与国王会合的理由是希腊城邦局面欠稳，这个理由并不成立。真正的理由是他想保住自己的事业，或许也想保住自己的性命。

代他前去的儿子卡山德当时大约是 30 岁，表现并不突出。他小时候身体不好，长大后他父亲仍然像对待孩子那样，让他坐在有靠背的椅子上吃饭，而不能像其他成年人一样斜倚在长椅上吃。原因就是他没有通过马其顿人的成年礼——不用猎网捕杀野猪。

他的行李中有一件重要东西，是亚里士多德提供的毒药，据说——

> 此药是从靠近诺纳克里斯（就在通往阴间的冥河附近）某处岩壁汲取来的冰冷的水，这薄薄的露水取出后需要藏在驴蹄中。其他器物都无法装盛这种液体，据说是因为它太冷，气味刺鼻，有腐蚀性。[36]

卡山德将毒药交给他的弟弟，出任见习骑士和国王御用斟酒人的伊奥劳斯。[37] 伊奥劳斯对亚历山大不满，因为他曾犯错，遭亚历山大用棍棒打击头部。[38] 他与恋人梅迪阿斯一起谋害亚历山大，并决定在酒会上下手。[39] 亚历山大周围的一些人也参与了阴谋，酒会上许多其他人都是知情者，包括列奥纳托斯和刚刚因表现出众而获得金冠的尼阿库斯。高级将领攸美尼斯、佩尔狄卡斯、托勒密和一些其他宾客则不知情。

伊奥劳斯偷偷将毒药倒入酒中；[40] 国王一杯下肚就大叫起来。表情痛苦，连皮肤都碰不得。他想让自己吐，要伊奥劳斯给他拿根羽毛过来。这位见习骑士找到了羽毛，但在拿给亚历山大之前，他先把羽毛在剩余的毒药中蘸了蘸。国王顿时痛得直不起腰来。

他知道自己不行了，决定让结局神秘一点——从地球上消失，让别人以为他升天了。[41] 他爬到通往幼发拉底河的一扇门的门口，打算在水中溺毙。但是他的妻子罗克珊发现了，让他回到床上。

国王的身体渐渐康复，他想喝水，伊奥劳斯又给了他下了毒的水。[42]喝完后，他痛得大叫，随即死亡。

此时，卡山德已骑马逃往西里西亚的山里，那里没有人认得他，他可以安心等候事态的发展。几天后，他接获伊奥劳斯来自巴比伦的消息，随即发送密文给在马其顿的父亲说“事已办妥”。[43]

这个故事有多少真实性？亚历山大是被人下毒了吗？到底有没有谋害他的阴谋？还是我们应该相信本书开头的描述？在本书中追踪他的经历的读者，是最能够判断暗杀阴谋是否存在的人。

国王历次出征的历史让我们看到他非常体恤他的手下，经常给他们放假，举办体育赛事和艺术活动。凡在战场上表现特别英勇的，他赠予厚礼。他特别注意后勤供应，士兵们很少挨饿。他勤用侦察兵，让敌人无法出奇制胜。他尽可能减少战场伤亡。

此外，亚历山大总是身先士卒。他从来不叫士兵冒自己不冒的性命风险。他身上伤痕累累，这不只是他英勇过人的见证，也是他赢得忠心的手段。

在印度和欧皮斯的军队“哗变”，其实就如同恋人间的龃龉。事后，士兵们对他的爱戴和忠诚一如既往。

亚历山大的高级将领们对他也没有什么抱怨。他们的指挥官才华出众，才让他们打起仗来顺风顺水、连战皆捷。他们也得到了做梦都想不到的财富。最好的是，国王习惯于把军队分成几个独立分遣队，这就意味在一个清楚的战略框架内，将领们有行动独立性。他们对工作一定很满意。

当然，抱怨还是有的，一般都是私下里说说。菲洛塔斯和克雷塔斯都是老派的马其顿人，他们不满意主人将他们用血汗换来的胜利当成自己的。多数时候也就是酒后语言上的交锋，不过情况有时也会失控，最后导致酒后事故，克雷塔斯事件就是一例。

亚历山大在很多方面可以说是典型的马其顿国王。同腓力一样，他的宫廷里经常有饮酒喧闹，贵族可以对同侪之首畅所欲言。亚历山大开始像大帝一样讲究仪式规矩和排场后，保守的马其顿人当中渐渐有了反对派。但是大凡公正的观察者都能理解，政策波斯化乃是必然的趋势。能管理国土广袤的波斯帝国又有经验的马其顿人不多，连通晓必要语言的人也没多少。没有旧波斯精英的合作的话，征服必将失败。

一共有两次暗杀亚历山大的阴谋，但都是一群不可靠的小青年运作的。我们对他们所知甚少，不过他们的动机都涉及公私两方面。

有些现代学者认为古代史料似乎对帕曼纽和他的儿子尼卡诺尔和菲洛塔斯有偏见。他们怀疑亚历山大想要用他自己的人来取代他父亲的人，所以暗中谋划多年要将他们除掉。根据他们的推论，公元前 330 年的菲洛塔斯危机是一场奸计。它并非针对亚历山大的阴谋，而是亚历山大的阴谋。此说证据单薄。最有分量的证据就是帕曼纽的献策经常得不到国王采纳。的确如此，但他的意见也有被采纳并执行的时候，比如推迟高加米拉战役的决定。

多年来这位老将军和他的儿子们都被国王赋予要职，而他们也以杰出表现为回报。如果他想向他们下手，肯定任何时候都可了却这个心愿。

总之，声称国王的某些将军不只是参加了酒会，还参与了谋杀，这实在太离谱。他们热爱自己这份待遇不薄的工作。为什么要冒这个风险呢？就拿尼阿库斯来说，他是亚历山大的老朋友，过去经常跟他滔滔不绝地讨论海军事务。他还是几天后入侵阿拉伯半岛的舰队总指挥，根本没有杀害他的理由。

至于暗杀经过的描述，内中的问题不胜枚举。先从安提帕特说起吧。我们知道他对帕曼纽之死深感震惊，但他是马其顿政治中的过来人，对其暴力现实了如指掌；他也曾参与其中。过去十年里，他是位相对独立的代理人，他不会喜欢被撤职，不过他自己不去巴比伦而派自己的儿子顶替的理由有可能站得住脚，更可能符合实情。亚历山大没有真正的理由对他的摄政不满意，他主要关心的还是安提帕特要与奥林匹亚丝保持距离。阿里安是这么说的：

> 安提帕特的撤职也可能并非降级，而是想借此防止两人的争吵白热化，避免达到亚历山大也无力挽回大局的地步。[44]

两人都没有什么畏惧对方的地方。

至于亚里士多德，他与国王的关系确实因为卡利斯提尼斯的下场而恶化，这位太医的儿子也确实对毒药略知一二。传记作家第欧根尼·拉尔修称，他是在亚历山大死后一年服用毒草乌头身亡的。这种致命的植物有许多别名，如狼毒和毒药王后，2～6 小时内可致命，如果剂量大可令人立即身亡。

如果安提帕特有意谋害国王，他可能会请教亚里士多德，虽然此时亚里士多德正在雅典学园兴办哲学院，对如此需要高度保密的事，不一定马上能抽出时间前往马其顿与摄政商讨。

有一件事我们可以肯定。如果这位哲人对毒药提出了什么意见，他是不可能建议用冥河附近的细流的。没有人听说过有什么只能在死掉的驴蹄中保存的永远冰冷的液体。[45]

普鲁塔克写道："当时没有任何人怀疑亚历山大被人下了毒。"[46]大家应该记得欧奈西克瑞塔斯曾有意无意地语出惊人，但5年后才有人认真考虑亚历山大死于谋杀的可能性。这很可能是针对安提帕特的政治操作，幕后的主使人不外乎依然对他深恶痛绝的奥林匹亚丝。她是真的相信谋杀论，还是自己一手杜撰出这样的谣言，我们不得而知。不过她一如既往，绝不心慈手软。[47]因参与暗杀而被雅典人尊敬的斟酒人伊奥劳斯当时已经过世[48]，死因不明，但是睚眦必报的太后却命人挖开他的坟，并将他哥哥尼卡诺尔（他与帕曼纽的儿子同名）杀害。

我们的两个主要资料来源阿里安和普鲁塔克都自称引用了如今已失传的王室日志（Ephemerides），两人都说亚历山大从病倒到驾崩长达13天。[49]王室日志应当是记载整个亚洲战役期间国王的每日活动的。它理应是宫廷"记忆"，是保证国王顺利处理政事所必需的。主要日志作者是王家秘书攸美尼斯。

我们的资料来源相信王室日志，我们别无选择，只能遵从它们的记载。如果日志是杜撰的，当时的人肯定会强烈抗议。阿里安和普鲁塔克用自己的文字对失传的原件内容进行摘录。或许是出于疏忽或传抄时的笔误，出现了一些彼此矛盾的地方。但总的来说，他们给出的事发先后顺序是可以接受的。

我们采纳日志中的主要论点是国王死前挣扎了很长一段时间。古人是熟悉毒药的，但对能拖延数日或数周的慢性毒药并不熟悉。

有人说可能是大剂量甚至致命剂量的士的宁类药物，被投放到未经稀释的酒里，[50]但如果是这样的话，味道必定苦涩，很容易被察觉。人在吞食这类药物后15～30分钟就会出现肌肉痉挛，接着就是丧失意识和死亡。如果多次少量投毒，受害者会出现轻微发热，但无高烧，肌肉僵硬，对光和声过度敏感。而这一切都与亚历山大的症状——阵发性高烧、丧失语言能力、饮水后剧痛——不符。

还有两个相关因素必须考虑。亚历山大的死亡过程是公开的。国王很少一人独处。他几乎每一分钟都有伙伴军、官员、侍卫和年轻壮硕的见习骑士在左右。任何人只要敢于一试又有运气，行刺或砍杀他都并非难事，只是暗杀者也只能比他的暗杀对象多活几秒钟而已，暗杀者更可能在行动前就被挡下来。定期投毒而不被发现，这几乎是不可能的事。有谁会同意干这种送命的事呢？

另外，亚历山大一生也见证过不少阴谋诡计，对异常的食物和饮料肯定小心。一旦注意到什么东西有问题，他一定是第一个发声的，但他没有。

普鲁塔克在两千年前写道：“多数权威均认定投毒的故事纯属子虚乌有。”[51]我们没有必要对他们的判断持异议。

古典研究中，一切都没有十足的把握。年代久远，证据多已灭失。当时没有调查，也没有尸检。但我们可以相当肯定，虽然不能说没有一点合理怀疑，国王并非因遭人投毒而亡。

那么他的死因究竟是什么呢？

在明确直接原因前，我们必须承认，亚历山大原本健壮的体格已经因为多年征战中承受的许多创伤而虚弱了不少。[52] 两年前在印度麻里城穿透肺叶的箭伤差点儿要了他的命，还给他留下疼痛的后遗症。不久，他又经受了格德罗西亚的灾难之旅。此后他就没认真打过一场仗。如往常一样，一有闲暇他就会大量饮酒。

早在 19 世纪，人们就注意到亚历山大的症状很像是恶性疟原虫引发的疟疾，这种疟原虫是现在发现对人体最致命的寄生虫。恶性疟疾的典型症状就是发烧，时而清醒时而昏迷、失语以及疟疾感染脊椎时引发的背部剧痛。国王似乎得过两次疟疾。如前所述，第一次是伊苏斯战役前在塔苏斯得的，幸运的是他后来康复了。

至于第二次，我们知道国王曾在巴比伦郊外的沼泽地行船。六七月份携带寄生虫的蚊子最为猖獗。[53] 非常可能国王就是因蚊子叮咬而亡的。

亚历山大驾崩时还不到 33 岁。因为他不是能安下心来待在一个地方不动的人，这个时候走或许正好。他没想长命百岁，所以往往在战场上不顾性命勇往直前。

就像他的英雄阿喀琉斯一样，他命中注定会英年早逝。

第十六章[1]

葬礼竞技会

没有人知道现在该怎么办。

国王突然驾崩造成的权力真空说明他的将军们是无辜的。腓力被暗杀后，在安提帕特的监督下，权力向亚历山大的过渡迅速完成，如果他是投毒背后的黑手，他一定也会安排一场顺利的交接。

德马德斯把没有了领导的马其顿部队比作失明的独眼巨人[2]，在痛苦中迷失了方向。在王营中举行的大会上，人人情绪激动、一片混乱，现场很快出现了肢体冲突。佩尔狄卡斯，作为亚历山大临终时接过印章戒指的人，出面控制了会场。他建议大家等一等，看看即将分娩的罗克珊会不会产下男婴。如果是，他就是国王。不言而喻，佩尔狄卡斯将辅佐他直到16岁左右。

一位叫梅里格的方阵指挥官出人意料地宣布亚历山大同父异母的哥哥阿里达乌斯为国王。阿里达乌斯患有某种无法医治的精神疾病，亚洲战役期间一直被亚历山大带在身边（估计是不想让阿里达乌斯成为反对势力的聚集中心）。佩尔狄卡斯与骑兵队猝不及防，就趁梅里格与步兵留在巴比伦时逃往郊外。不久，梅里格被诱杀，双方的对峙就此结束。

几个月以后，太后产下一个男婴，名叫亚历山大，大家同意了一种双重君主制的折中方案。一个国王还是个婴儿（虽然他被称为“众人的希望所在”[3]），另一个国王作为代行权力的监护人——无论是最初的佩尔狄卡斯，还是几年后的安提帕特，都非常无能。

巴比伦会议同意由将军们担任各地总督，马其顿大会取消了亚历山大雄心勃勃的所有未来计划。将领们都没有继续征战的强烈渴望。他们需要留下军队来对付自己人。

吵吵嚷嚷了 6 天之后众人才想起亚历山大的遗体处置问题。库尔修斯写到，遗体竟然状况良好：

> 任何地方的酷暑高温都比不上美索不达米亚，这里许多露天空地上的牲畜都会被热死，火红的太阳、炙热的空气烧烤着一切……当亚历山大的朋友们终于有时间处理他的遗体，进入营帐的人们发现它不但没有腐朽，连肤色也没变，脸上仍然像呼吸尚存的人那样富有生气。[4]

如果这种怪异现象属实，一定是国王并没有在他们以为他死亡的时候断气，而是陷入了重度昏迷。我们只能希望在入殓师被允许摘除内脏进行防腐处理前，他就已经断气了。

亚历山大的木乃伊身着金色胸甲，外罩一件紫金两色长袍，木乃伊被放置在用金子捶打成的棺木中，里面摆满了香料。虽然国王或许希望被安葬在锡瓦，因为他在那里获悉他乃是神之子，但大家还是决定将他的遗体运回马其顿，葬在埃迦伊的王室陵园。

他的灵车体积大、装饰考究，由 64 头驴子牵拉。顶篷是用金子打造的，角边装点着金质飞檐支撑的胜利金雕。四面的画像分别是亚历山大在战车上、装备齐全的战象、摆开阵势的骑兵和预备出征的战舰。灵车上方飘扬着一面绣着金色橄榄花冠的紫色旗帜。流苏下悬挂着大铃铛，提醒人们灵车的到来。大量人潮上街观看它踏上往马其顿的漫漫长路。

在分配总督席位时，托勒密分到（或者他要求）埃及总督。这是上选，因为这个国家比较容易防卫。他没有跟其他将领争夺整个帝国，只希望把埃及建成一个独立领地，由他自己和后代统治。除埃及外他还加上了塞浦路斯、巴勒斯坦及小亚细亚沿岸的一部分。

新的商业性定居点亚历山大城已经十分繁荣，这位精明的马其顿人决定在此定都。他在南方是法老，但是在这个尼罗河三角洲他将以文明的希腊人的身份进行统治。这个城需要一个“独特的卖点”，有别于其他的亚历山大城，让它与雅典或巴比伦等量齐观。

这个卖点就是亚历山大本人。托勒密带兵进入亚洲，拦下了缓缓前行的灵车，绑架了上面最珍贵的载荷。有一段时间灵柩停放在孟菲斯，后迁至亚历山大城中心特别建造的陵园里长期安放。

公元前 1 世纪，金棺被熔化，换成了玻璃棺。亚历山大墓葬的最终命运不明，很久以前就消失了踪影，可能早已毁于战火或地震。

20 世纪初，年轻的爱德华·摩根·福斯特（E.M. Forster）在亚历山大城待过一段时间；他讲了一段令所有研究亚历山大的学生都殷切希望成真的故事。1850 年——福斯特听说就在这一年——城里俄国领事馆的一位翻译（兼向导）说，他在城中心的先知但以理清真寺中，探寻未经发掘的地下室时，通过一扇木门的洞口看到“像是一尊玻璃容器，其中有一具头戴王冠的人体，身体微曲，似乎是站在一个台子或宝座上。旁边散落了许多书籍或莎草纸的文献”[5]。

亚历山大曾预言他死后会有几场“葬礼竞技会”，果然被他不幸言中。将军们不断拉帮结派，残酷的内战断断续续。公元前 317 年，生性凶悍残忍的奥林匹亚丝将阿里达乌斯和他的妻子——腓力的孙女——处死。她被卡山德逮捕，到马其顿大会上受审后被判死刑。但行刑的士兵慑于她的淫威不敢碰她。最后她死于受害者亲戚之手。临刑前她傲慢依旧。

另一位国王，亚历山大四世，也与卡山德处不好；公元前 310 年，才 13 岁的他与母亲双双遇害。巴西妮和她与亚历山大生的儿子赫拉克勒斯在她与亚历山大情缘了断后，一同归隐到伊奥利亚的帕加马（Pergamum），过着隐姓埋名的生活。赫拉克勒斯对马其顿王位所有权的主张不为一般人接受，理由是他还是孩子，而且是私生子。

不过，这孩子似乎值得培养，在公元前 309 年或前 308 年，也就是他 17 岁那年，赫拉克勒斯被带到希腊。有立他为马其顿国王的计划。卡山德在安提帕特（估计他是老死的）之后继位王国统治者，对赫拉克勒斯很是不以为然。他收买了赫拉克勒斯的赞助人，在一次晚宴上给他下了毒。

亚历山大的来生也不平凡，堪称奇幻。

公元 221 年，有人自称是亚历山大，也跟他长得很像，他与 400 名穿着如同狄奥尼索斯信徒的寻欢人群一起出现在多瑙河畔。他们一路游荡到色雷斯，在拜占庭登船，横跨博斯普鲁斯海峡到了加尔西登。他们在这里举办了宗教仪式，埋葬了一个木马，然后就不见了踪影。这个故事最奇怪的地方就是他们所到之处都有当地政府提供食物、酒水并招待住宿，就仿佛马其顿国王依然深得民心——而此时离国王逝世已经过了五百多年。

各式各样的神奇故事都搭上了国王的名字，几百年过后他的冒险故事已经让他变得好似早期版本的《辛巴达历险记》或《吹牛大王历险记》的主人公了。这些虚构故事当然与现实无关，但有些借用了国王的性格特点——天生好探究、容易有失落感、果断、开放、对不可及事物的极度渴望。

故事里说他在旅途曾遇到有36英尺高的人，他们的前臂和手像锯子一样。他还遇到如青蛙一样大的跳蚤和漂亮的亚马孙女勇士。他曾将一位赤裸的女子给食人魔吃。他到访过长生不老泉（他的厨子将一条鱼干沾了点泉水，鱼竟然活过来从他手里跳了出去）。他曾将真人大小的、滚烫的青铜雕像放在战斗前线。

国王曾建造一个球形潜水器原型，放在带塞的大玻璃瓶中，外面罩上铁笼下降到海底。幸亏有条大鱼用嘴衔起笼子丢到海边，他才逃过一劫。他对自己说："亚历山大，你必须放弃对这种不可能的事的尝试了。"

在印度时他仔细询问过一些婆罗门僧侣，他的问题都得到了解答。

"最邪恶的生物是什么？"

"人。"赤身裸体的哲人答道。

"为什么？"

"从你自己身上找答案吧。你就是一头野兽。"

这位神秘的君主既能与你为敌，也能为友。连遥远的西班牙和马来西亚等地的文化里都有他的影子。在希伯来传统里他是先知，对信基督教的希腊人而言他是恭顺的神仆，有些波斯人认为他是毁坏拜火教祭坛的恶魔，但在他们的民族史诗中他是他们的合法国王，他不是腓力之子，而是大流士的儿子。

直到20世纪，每当月黑风高的晚上，爱琴海的妇女都会在海边向打鱼的丈夫喊话：

“亚历山大大帝在哪里？”

丈夫们必须回答：

“亚历山大大帝还活着，仍然是统治者。”

在中世纪，这位国王是骑士道“九伟人”之一，是骑士精神典范。他的经历经常成为文艺复兴作品的主题。亨德尔有两个歌剧写的都是亚历山大。也有人把他的故事拍成电影，他甚至还是一部摇滚音乐剧里的主人公。英国一个叫“铁娘子”的重金属乐队曾创作了一首关于亚历山大的歌曲。他也是许多历史小说里的主人公（最知名的当属作家玛丽·瑞瑙特的作品）。

我们应当如何评判历史上的亚历山大呢？

他的一生极为不凡，连战皆捷，没有吃过败仗，几乎所向无敌。他推翻了一个大帝国，或许称得上有史以来最具天赋的战地指挥官。

连古时候的人也对他褒贬不一。在许多人眼里他是极品英雄。他深受古罗马帝国人物的崇拜。“伟大者”庞培曾仿效他的发型和他的头往一边稍稍倾斜的模样。不过，有人因为他讴歌战争而不喜欢他，甚至厌恶他，有人认为他的毕生功业就是连续不断的杀戮。在他手下惨死之人应当数以千计。荷马是对他影响最大的人物。《伊利亚特》是一部巨著不假，却给他的好勇斗狠和他所经之处的一路血腥提供了掩护。虽然用当时的标准来说，他也经常行侠仗义，但那时就有人谴责他太残酷，换在今天，他无疑也够得上战犯的称号。

希波的奥古斯丁曾说起国王与他抓到的海盗间的一段有趣对话。

> 他问那人他说的掌管海洋是什么意思，那人大胆骄傲地回答道："那么你说的掌管整个地球又是什么意思？我只有一条小船，就管我叫海盗；你有一个船队，就管你叫皇帝。"[6]

批评者说得对，他父亲还是发挥了关键作用的。将马其顿从沉睡的过去中唤醒，打造出当时最高效的军队，把自己树立为希腊世界的权力主宰，这些都是腓力的功劳。他的儿子有时低估了他的成就，殊不知，没有这一切他就不可能推翻波斯帝国。

乍一看，国王英年早逝似乎让他的丰功伟业付诸东流。他的将军们放弃了对阿拉伯的远征，也放弃了他的许多其他计划。帝国四分五裂，彼此争战。不过，低估亚历山大向来是不明智的。他和腓力已然改变了东地中海世界。旧波斯秩序已一去不复返，一度强而有力的希腊城邦也已显得十分落后。最终分崩离析的王国尘埃落定，成为三大实体——将希腊纳入囊中的马其顿、亚洲（即中东）、托勒密统治下的埃及。长远来看，亚历山大的多文化政策彻底改变了从地中海到印度河的这一大片土地。或许他的政策是出于实际需要，但随着希腊式“城邦”增加，当地英才被提拔从政，希腊文化与波斯“蛮族”文化得以逐渐融合。

这一进程只影响了统治精英，对东方省份的影响则较弱。普鲁塔克下面这段话不无妄自尊大和夸大之嫌，不过他的主要论点还是站得住脚的：

> 亚历山大……教了格德罗西亚人欧里庇得斯和索福克勒斯的悲剧……巴克特里亚和高加索地区的人因为亚历山大而崇拜希腊的神明……他在亚洲各地建立了希腊体制，让他们摆脱了粗犷野蛮的生活方式……如果他的敌人没有败下阵来，他们就不会变得文明。[7]

事实是，国王为希腊文明在后来几个世纪的主宰地位奠定了基础。从他那时萌生的君权神授概念后来得到了亚洲和东地中海继任国王的积极发展，一直持续到罗马人的到来。埃及的亚历山大城很成功，后来发展成公认的希腊学术和艺术中心。雅典的希腊语后来变成了普遍的通用语（koinē，来自 koinos，希腊语中“通用”“共用”的意思）。亚历山大带来的语言文化（他一开始也并不全然了解他的作为的全面影响）在罗马人来了以后仍然影响不减，直到公元 15 世纪还在拜占庭帝国繁荣。

亚历山大基本上就是一个战士，但也是位认真的探险家。我们只要比较一下古典世界的地图，就能清楚地看到他给世人增加了多少地理知识。在亚历山大以前的两个世纪，米利都的赫卡泰欧斯（Hecataeus）绘制的地图就是一个被俄刻阿诺斯河所环抱的圆形世界，那上面波斯以外的地方基本上都不存在；他死后一个世纪，（地理学家）埃拉托色尼（Eratosthenes）就画出了几乎占据半个世界面积的印度，标明了波斯湾，并对亚洲次大陆与非洲大陆做了区分。亚历山大把世界变大了。

许多人认为亚历山大入侵印度是对生命和财产的浪费。他在所到之处战无不胜，但征服的所得往往无法持久。不过，他的确了解国际贸易的重要性，并将印度次大陆向西方商业利益集团开放。这是一项不可小觑的成就。

亚历山大如果还活着，他会做什么呢？

他征服阿拉伯半岛和北非的计划说明他打算继续迈进，找寻新的敌人并制服他们。我们没有理由假设他不会成功，当然那个年代通信技术都十分简陋，肯定会对他的成就起制约作用。

他是一个非常实际的人，主要的动力来自他的极度渴望，对遥不可及事物的这份渴望。如果能活到老，他很可能就像丁尼生笔下年老力衰的尤利西斯，与他同样两鬓斑白的水手一道，冒险的壮心不减，就想——

> 扬帆远去，超越日落的远方
> 和所有西天星辰的浴场，
> 直至身亡。[8]

年事已高的亚历山大到得了亚美利加洲吗？

术 语 表

阿吉里亚人（Agrianians）：佩欧尼亚的部落民族，轻装标枪兵。颇得亚历山大重用。

执政官（archon）：地方行政文官或军队指挥官。

计步者（bematist）：测量旅途距离的人。

千夫长（chiliarch）：希腊语“千人之长”的意思；波斯大帝的主要行政官或大维齐尔。

伙伴军（Companion）：见“伙伴”（hetairos）。

达里克（daric）：一种金币，它与类似的银币 Siglos 代表波斯帝国双金属货币标准。

德拉克马（drachma）：价值 6 奥波的银币。相当于一个技术工人一天的工作所得。

爱者（erastes）：成年人与少年同性恋情的年长者。

被爱者（eromenos）：成年人与少年同性恋情的年幼者。

盟主（hegemon）：军事领袖。如科林斯联盟的总指挥官。

希腊（Hellas）：希腊文的“希腊”。

伙伴（hetairos）：给亚历山大出谋划策的一群行政官，包括伙伴骑兵和伙伴步兵成员。

骑兵司令（hipparch）：骑兵的指挥官。

持盾步兵（hypaspists）：比方阵兵更灵活的步兵。他们是伙伴步兵与骑兵之间的联系。约有 3 000 人，公元前 331 年增加到 4 000 人。后来又被称为银盾步兵（Argyraspids）。

米底人（Medes）：希腊人把它与“波斯人”当同义词使用。

伙伴步兵（pezhetairoi）：方阵。包括 6 个营，每个营有 1 500 人，共 9 000 人。他们皆从地方征兵。

腓力殿堂（Philippeum）：奥林匹亚的马其顿腓力二世家族的雕像群。

侦察骑兵（prodromoi）：负责侦察的骑兵。

刺矛（sarissa）：马其顿的长矛。

总督（satrap）：波斯行省的最高长官。

近身护卫官（somatophylax）：七位贴身护卫之一，也泛指见习骑士和持盾步兵。

同窗（syntrophos）：与王子一起长大的同龄人。

塔兰特（talent）：价值等同于 6 000 德拉克马银币。

营（taxis）：步兵单位。

四德拉克马（tetradrachm）：价值 4 德拉克马的银币。

三十桨战船（triaconter）：有 30 名桨手的船。

三层划桨战船（trireme）：有三层划桨的战船。

大事年表

有些年份系推测或有争议。

公元前 382 年	腓力二世诞生于马其顿。
公元前 373 年左右	奥林匹亚丝诞生于摩罗西亚。
公元前 357 年	腓力与奥林匹亚丝结婚。
公元前 356 年	他们的儿子亚历山大在佩拉出生。
7 月 20 日或 26 日	腓力攻克波提狄亚。
公元前 355 年左右	他们的女儿克丽奥佩特拉诞生。
公元前 354 年	德摩斯梯尼攻击讨伐波斯计划。
	腓力攻克墨托涅；一眼失明。
公元前 352 年	阿塔贝扎斯（与女儿巴西妮）及门农到佩拉避难。
公元前 351 年	马其顿船队骚扰雅典航运。
公元前 340 年代	奥林匹亚丝的兄弟亚历山大在腓力协助下成为摩罗西亚国王。
公元前 343 或前 342 年	亚里士多德被聘为亚历山大的老师。
公元前 338 年	喀罗尼亚战役；亚历山大带领马其顿骑兵。
	在奥林匹亚建造腓力殿堂。
公元前 337 年	成立科林斯联盟，任命腓力为讨伐波斯领导。
	腓力与受阿塔拉斯监护的克丽奥佩特拉结婚。
	亚历山大与奥林匹亚丝自马其顿出逃。
	亚历山大被召回佩拉。
	披克索达洛司事件（可能在公元前 336 年初）。
公元前 336 年春	帕曼纽和阿塔罗斯带领远征部队先遣队前往小亚细亚。
6 月	波斯的大流士三世即位。
	腓力的妻子克丽奥佩特拉产下一女欧罗巴。
	摩罗西亚的亚历山大娶了奥林匹亚丝的女儿克丽奥佩特拉。
	腓力遇刺。
	亚历山大继腓力任马其顿国王。

夏末	科林斯联盟任命亚历山大为讨伐波斯领导。
公元前 335 年初春	亚历山大在色雷斯和伊利里亚征战。
	门农在小亚细亚征战。
	奥林匹亚丝杀害腓力的妻子克丽奥佩特拉及其女。
	亚历山大下令处死阿塔罗斯。
	底比斯因叛乱被毁。
公元前 334 年春	亚历山大的军队进入小亚细亚。
	格拉尼卡斯河战役。
	围困米利都。
秋	围困哈利卡尔纳索斯。
公元前 334 或前 333 年冬	征服小亚细亚。
公元前 333 年初春	门农展开海军攻势。
	门农逝世。
	波斯部队在巴比伦集结。
	亚历山大在戈尔迪乌姆。
	亚历山大行军至西里西亚隘口。
	波斯部队由巴比伦西行。
9 月	亚历山大到达塔苏斯，病倒。
秋	伊苏斯战役。
	大流士议和，遭拒。
公元前 332 年冬（？）	收服比布鲁斯和西顿。
	围困提尔。
6 月（？）	大流士二次议和，遭拒。
7 月 29 日	提尔陷落。
	波斯舰队瓦解。
秋	围困加沙，加沙陷落。
	孟菲斯欢迎亚历山大为法老。
公元前 331 年初春	亚历山大造访锡瓦的神谕所。
4 月 7—8 日（？）	亚历山大城奠基。
	亚历山大回到提尔。
夏	亚历山大抵达幼发拉底河的塔普赛卡斯。
	大流士离开巴比伦。
9 月 18 日	亚历山大横渡底格里斯河。
9 月 20 日	月食。
	大流士最后一次议和。
9 月 30 日或 10 月 1 日	高加米拉战役。
10 月中	亚历山大进入巴比伦。

	阿吉斯叛乱，败于迈加洛波利斯。
12 月	亚历山大未遇反抗就拿下苏萨。
公元前 330（？）年 1 月	亚历山大进入波斯波利斯。
5 月	亚历山大对波斯波利斯毁城。
6 月初	亚历山大出发前往埃克巴坦那。
	大流士离开埃克巴坦那，前往巴克特里亚。
	解散希腊联盟军。
	亚历山大在塔普里亚、赫卡尼亚、帕提亚和阿雷亚等地征战。
7 月	大流士在赫卡通皮洛斯附近遇害。
	拜苏在巴克特里亚自立为大帝。
8 月底	亚历山大到锡斯坦湖。
10 月	菲洛塔斯“阴谋”。
	亚历山大路经阿拉霍西亚到帕拉帕尼萨德。
公元前 329 年春	亚历山大跨越兴都库什山脉进入巴克特里亚；拜苏后撤至奥克苏斯河对岸。
6 月	亚历山大跨越奥克苏斯河，解散老兵和塞萨利志愿军，改组骑兵队。
	拜苏被交给了亚历山大。
	斯皮达迈尼斯领导巴克特里亚和索格底亚叛乱；一支马其顿部队被歼灭。
公元前 329 或前 328 年	亚历山大在巴克特里亚过冬。
公元前 328 年	讨伐斯皮达迈尼斯。
秋	克雷塔斯遇害。
公元前 328 年或前 327 年	斯皮达迈尼斯战败身亡。
冬末	围困并夺下索格底亚那岩及科瑞尼斯岩峰。
公元前 327 年春	马其顿部队在巴克特里亚会师。
	亚历山大娶罗克珊为妻。
	招募了 30 000 名波斯“继业者”。
	见习骑士阴谋，卡利斯提尼斯失势。
初夏	亚历山大再度跨越兴都库什山脉；入侵印度。
	赫费斯提翁在印度河上架桥并打造船队。
公元前 327 或前 326 年	尼萨的酒神节插曲。
	拿下奥诺斯峰。
公元前 326 年春	马其顿部队在印度河会师。
	许达斯佩斯河战役；爱马“牛头”死亡。
	许达斯佩斯“兵变”。
	希腊援兵抵达。
11 月	马其顿舰队沿河南下。

公元前 326 或前 325 年	讨伐麻里；亚历山大身负重伤。
公元前 325 年	巴克特里亚造反。
	在印度河三角洲帕塔拉建造港口和船坞。
	克拉特鲁斯出发前往卡曼尼亚。
8 月底	亚历山大行军穿越格德罗西亚沙漠。
10 月	尼阿库斯从印度河启航前往波斯湾。
	亚历山大的财务总管哈尔帕拉斯逃亡希腊。
12 月	亚历山大在卡曼尼亚与克拉特鲁斯会晤。
	开始整肃总督。
公元前 324 年	尼阿库斯在卡曼尼亚与亚历山大会合；
	舰队派往苏萨。
	居鲁士大帝墓葬被盗。
	亚历山大回到波斯波利斯。
2—3 月	亚历山大在苏萨；在苏萨举办集团结婚。
春	30 000 名波斯“继业者”抵达。
夏	在奥运会上宣布召回流亡者。
	欧皮斯兵变。
	任命克拉特鲁斯替换安提帕特为摄政；
	恢复西里西亚秩序并带领老兵回马其顿。
	亚历山大从苏萨到了埃克巴坦那。
	赫费斯提翁逝世。
公元前 323 年	哈尔帕拉斯在克里特岛被暗杀。
春	征战科萨伊人。
	亚历山大重回巴比伦。
	安提帕特的儿子卡山德抵达皇宫。
	为征战阿拉伯半岛做最后准备。
5 月 29—30 日	亚历山大患病。
6 月 10—11 日	亚历山大驾崩。
公元前 321 年	亚历山大姐妹库娜涅去世。
公元前 319 年	安提帕特去世。
公元前 317 年	腓力三世阿里达乌斯去世。
公元前 316 年	奥林匹亚丝去世。
公元前 310—309 年	亚历山大四世和罗克珊去世。
公元前 309—308 年	亚历山大私生子赫拉克勒斯和巴西妮去世。

致　谢

罗迪·阿什沃思的建议和研究协助让我受益良多。

我的作品经纪人克里斯多夫·辛克莱-史蒂文森和他的美国同事汤姆·华莱士都向我提供了宝贵支持；编辑莫利·托平也一样。一如往昔，得克萨斯州奥斯汀学院的罗伯特·凯普教授不辞辛劳阅读了初稿，并提出了许多宝贵评论和意见。任何错误我担全责。

背景与资料来源

我的专业是叙事史。我对过去的人物和他们的精彩人生感兴趣。我给自己订了两条基本规则：第一，对未来我视而不见，在描述人物生活时就像我不知道下一步会发生什么一样。

第二，我尽可能避免研究亚历山大专家学者间尖酸刻薄的辩论。尽管他是家喻户晓的人物，但许多认识他并在他奇幻生涯中与他共事的人的回忆录都已失传。我们的资料来源算不上充分，因为它们都成书于他死后几百年。现代古典学家才思敏捷，解决了许多疑点，但有时他们又太过火，想象力超越了资料的限制。他们让我想起专业鉴赏家对古代大师画作的点评。

例如，有现代学者称亚历山大为摧毁忠心耿耿的马其顿将军全家而苦心经营多年，此说几乎没有任何证据支撑。我遵循奥卡姆剃刀原理。大凡遇到有不同解答的微妙问题，最简单的处理办法往往是接纳古代历史学家的解释，如果这个解释没有明显谬误的话。

我一般会在尾注中对学术讨论简短发表评论。任何想对细节有更多更好的了解的读者，可以从参考书目着手。

古代史学家的不足又给我们带来了另一困难。由于所知有限，我们无法探知亚历山大心理状况的细节。这如同有一个影像，但聚焦效果并不理想。我们只听说他做了什么，从这些行为我们可以大概猜到其背后的情感动机。也只能这样。

希腊专有名词的拼法和读法是个问题。罗马人将它们直译为拉丁文，英语世界承袭后沿用至今。就这样 Achilleus 变成了 Achilles，Alexandros 变成了 Alexander.

我不再寻找个中规则，为了方便读者，我在名字的选择上视情况而定。波斯人的名字我接受了希腊文的拉丁化结果，比如对大流士，我就用 Darius，而不是 Dareios（希腊文）或 Darayava（h）us（古波斯文）。不太知名的人物我采用希腊文。有些名字，如雅典（Athens）或提尔（Tyre）都英语化了。赫费斯提翁的拉丁文 Hephaestio 看起来就不对。希腊文是 Hephaistion，不过我还是用了通用的混合拼法 Hephaestion。

大多名字的读法一目了然，不过如果名字以“e”结尾，读法就是像“ee”的长音。

为方便阅读，对某些地名和领土我用了现代名称，比如旁遮普、兴都库什山脉和中东，而没有用大家都没听过的希腊名字，再说有的地方本来就没有方便的希腊名字可用。

研究古典史其实就像报道时事新闻一样。我们都掌握不了事发经过的具体证据，不是大量原始资料缺失，就是已透露的信息太少。填补空白时就得用到我们的判断力。政治活动的基本规则——交易的成与败、权力的使用与滥用——在今天与在亚历山大时代似乎并没有很大的变化，而在这本传记中这些规则的应用方式与我们分析白宫的异动或紫禁城的神秘运作并无二致。只要我对遥远过去的解释能与今天的政治评论一样可信，余愿足矣。

多数古典史学家对战争的记载都不够翔实，至少那些经历过时间浩劫而残存的记载都是如此，几乎无一例外，由于他们都不在现场，只好用大量俗不可耐的辞藻堆砌来弥补自己的无知。有时他们会引述参与者的说法，但这些人也未必是可靠的证人。因为战场到底是个嘈杂混乱的地方。

不过，一般而言，总有足够证据让我们勾勒大概情况。我们可以看到亚历山大的独门绝技就是能从敌人的布阵、从微小的迹象中判断出对方的用意，在他还能在跟下属沟通时作出最后一分钟的安排（通常都是设下一个巧计）。

新技术已经让作战方式起了翻天覆地的变化，但并未改变军事战略的要素。现代学者已经令人信服地重现了亚历山大历次胜利的经过，但他们的叙述有时缺乏真实感。我是希望尽可能让读者了解亚历山大心里是怎么想的，其后的发展又如何。

现代学术界有两大巨人。他们都竭尽全力让大家了解真实的亚历山大，但他们的叙述不仅让我们看到了亚历山大时代的关注点，也看到了他们自己所处时代的关注点。20 世纪上半叶的威廉 · 塔恩爵士（Sir William Tarn）是亚历山大的崇拜者。他笔下的亚历山大就是位十足的英国绅士，行事完全按规则，相信“人类大团结”，如果他那时还活着，必定会协助创立国联。

第二次世界大战结束后，奥地利人恩斯特 · 巴甸（Ernst Badian）不费吹灰之力就把塔恩版的亚历山大完全推翻了。不过，巴甸的亚历山大也同样是时代的产物。对他来说，亚历山大是个独裁专制的典型，是古典时代的希特勒。他的分析强劲有力，可是敌对情绪却跃然纸上。

亚历山大大帝的毕生事业改变了世界，大概有 40 位与他同时代或接近同时代的人都曾著书描写他的一生及其时代，不管他们认识他与否。

国王本人有一个秘书处，还有王室日志记载他的每日活动。这是王室行政管理必须配备的。其他官方记事也能反映某些事件，如（现代考古学家发现的）夜空的天象观测记录，巴比伦的祭司据此对未来进行预测，有时竟出奇地准确。跟随国王带领部队进入亚洲的专家成员肯定也记下了不少有用资料，如计步者对距离的测量和工程师对攻城利器的设计。其中一些资料后来也公布了。

国王出于需求与他人有许多来往信件，他死后，书信集曾有出版。可惜许多是他人伪造的，要辨别留存的资料来源中所引述的话的真伪实属不易。

亚历山大身边还带着亚里士多德的一个亲戚——卡利斯提尼斯。他的任务就是记载并解释所发生的事，并确保它们反映了国王的意愿，并且尽可能地彰显他的成就。他或许能查看王室日志。说实在的，与其说他是史学家，还不如说他是公关部主任。公元前 327 年，卡利斯提尼斯因见习骑士阴谋而失宠，后来不是被处死了，就是在牢狱中自然死亡了。他的记事大概一直延续到公元前 331 或前 329 年。这个史无前例的历史记录没过多久就出版了，虽然内容丰富，但一般人都觉得它反映了太多对国王的敬畏。

克莱塔卡斯（Cleitarchus）是埃及亚历山大城的希腊人，他写作的国王生平最为畅销，不过，他虽然是亚历山大同时代的人，两人却素昧平生。克莱塔卡斯似乎看不起马其顿人，也不喜欢亚历山大。他追求的不是事实，而是博人眼球。公元 1 世纪的修辞学家昆体良（Quintilian）对他的评判十分贴切，他说此人“聪明机灵，却是出了名的靠不住”[1]，基本上站在卡利斯提尼斯这边。他曾是托勒密的老师，有时夸大托勒密在事件中的作用。他的书长达 12 卷，出版于公元 4 世纪末。

有两位作者与亚历山大熟识。马西亚斯（Marsyas）是在佩拉长大的，曾是亚历山大的同窗（syntrophos）之一。他写的《马其顿》（*Makedonica*）一书主要讲的是腓力当政期间的事，对小亚细亚征战以后的一切没有描述。另外一位认识亚历山大的作者是亚里斯托布鲁斯（Aristobulus），他是从亚洲战役伊始就一直追随亚历山大直到他过世的一位希腊工程师。他直到 84 岁才开始写他的历史性回忆录，并于 90 多岁逝世。他颇得国王信任，十分向着国王和托勒密。

其他在亚历山大手下做事的人也曾回忆过他们发挥了特别作用的一些事件——海军司令尼阿库斯叙述了他从印度河到波斯湾的历程，亚历山大的舵手欧奈西克瑞塔斯写下了婆罗门的哲学思想以及一位印度王公穆西卡那斯（Musicanus）的乌托邦统治。宫廷管家兼接待员卡瑞斯（Chares）则叙述了亚历山大宫廷内的礼节、仪式以及克雷塔斯遇害等事。

托勒密是国王的主要幕僚之一，后来当上了埃及法老。他也写了一本讲述亚历山大历史的巨著。有人说他在书中夸大了自己的作用，却否认了克莱塔卡斯说托勒密在印度救过国王性命的事情，他称此事纯属子虚乌有。

如此海量的材料几乎都没能幸存，只有巴比伦的泥板和众多残片流传至今，残片大多是从很早之前被人遗忘的埃及垃圾场中挖出的，是一些被重复使用的纸莎草纸。此外，现存资料还有公元前 5 到前 4 世纪阿特纳奥斯（Athenaeus）《智者之宴》（*Deipnosophists*）一书中的大量引文。

随着时间的流逝，古典时代容易得到的大量文献如今只剩下极少量算得上完整的文字记述，它们都出版于亚历山大过世的数百年后，价值不一。

其中最古老的记述就是公元前 1 世纪西西里的狄奥多罗斯所写的“世界通史”《历史丛书馆》（*History Library*）的第 17 卷。狄奥多罗斯的习惯是每一卷都根据一本他喜欢的资料写成，而这一册他偏偏选的是不可靠的克莱塔卡斯。

不久后高卢的罗马人格涅乌斯 · 庞培 · 特罗古斯（Gnaeus Pompeius Trogus）写了《腓力王的历史，世界的起源和地球上的各地》（*Philippic Histories and the Origin of the Whole Wolrd and the Places of the Earth*）一书，共 44 卷。该书以马其顿帝国为主题，但也是有关马其顿统治下世界各地的一本通史。其中第 11 卷和第 12 卷专谈亚历山大。他的作品如今仅存有公元 2 世纪马科斯 · 朱尼阿纳斯 · 贾斯廷纳斯 · 弗龙蒂纳斯（即贾斯廷）的摘要缩减版。有用的材料不少，但如同所有摘记一样，使用起来必须谨慎。

昆图斯 · 库尔修斯 · 鲁弗斯（Quintus Curtius Rufus）是唯一用拉丁文著作对亚历山大进行全面研究的人。他的生卒年代不详，或许生活在罗马皇帝克劳狄乌斯统治期间。他长达 10 卷的《亚历山大大帝史》（*Histories of Alexander the Great*）的头两卷已失传，其他地方也存在大片阙文。他的资料来源是克莱塔卡斯和托勒密等人。库尔修斯立场偏颇，喜欢说教；他的文风则讲究修辞，还给书中主要人物撰写了许多长篇演说。他出乎意料地对中东的地理十分熟悉（参见恩格斯文多处）。

书写亚历山大的人当中，唯一可让读者读得津津有味的作者是希腊的传记文学家、散文家普鲁塔克，他是公元 1—2 世纪的人。他因《希腊罗马名人传》而名噪一时，该书用短篇传记对希腊和罗马名人进行一对一比较。最长的一篇传记专谈亚历山大（与恺撒做对比），给我们提供了不少有趣信息。普鲁塔克书写的其他人，如德摩斯梯尼和福基翁的传记，也帮助我们了解亚历山大和其他同时代的重要人物。他的散文《论亚历山大一世和二世的品德与际遇》（*On the Virtue and Fortune of Alexander I and II*）和《国王与统帅隽语录》（*Sayings of Kings and Commanders*）也同样有用。不过，尽管他了解历史研究的原则，普鲁塔克到底不是史学家，也并不以史学家自居。他的兴趣在探讨人物的个性，以及从行为可以获得的道德结论。偶尔他也会重复某些故事，并不是因为它们可能有一定的真实性，而是因为故事本身值得玩味。

梅斯摘要（Metz Epitome，因唯一的手稿发现于梅斯而得名）是古典时代晚期将亚历山大大帝从赫卡尼亚到南印度历次征战记录的所有残片整理而成的。它主要借助了克莱塔卡斯的材料。手稿中包括一篇国王之死的记载，还有作为国王遗嘱的奇怪文章《亚历山大大帝之死及其遗嘱》（*Liber de Morte Alexandri Magni Testamentumque*）。

上述摘要有许多长段都用的是同一资料来源，很可能就是克莱塔卡斯，有时还是成集出现的，一起放在“亚历山大通行版”（Alexander Vulgate）的标题之下，对我们并无特别助益。它们就是与卢修斯 · 弗拉菲乌斯 · 阿里安纳斯的《亚历山大远征记》和《印度志》以及作者佚名的《亚历山大行程》(*Intinerary of Alexander*)，这些文献一反歌颂主角亚历山大的传统。

卢修斯 · 弗拉菲乌斯 · 阿里安纳斯，简称阿里安，是希腊人，政治生涯顺风顺水，一直做到罗马皇帝哈德良手下的执政官。他在《亚历山大远征记》中叙述了亚历山大从就任王位到逝世的一生。他的文风一部分继承了与他同名的雅典士兵兼作者色诺芬，以及伟大的历史学家希罗多德和修昔底德。他的主要资料依据是托勒密和亚里斯托布鲁斯。他可谓亚历山大各次战役的最佳权威，不过，虽然他对国王也有批评，主要还是为他辩护。

除《亚历山大远征记》外，阿里安还写了《印度志》，主要题材就是尼阿库斯的舰队离开印度河驶往波斯湾的这段航程，但该书也对印度次大陆的历史、地理和文化进行了讨论。

佚名作者的《亚历山大行程》一书是献给君士坦丁二世的，约著于公元 340 年。书中讲述了亚历山大的一路征程，颇受阿里安影响。

其他记载亚历山大的古典权威作家还有公元前 2 世纪希腊史学家波力比阿斯，以及希腊地理学家斯特拉波和罗马史学家李维，后两人的著述都在公元前 1 世纪写成。详述战术和围城战的还有三位军事作家：埃利亚努斯、伯利埃努斯、维特鲁威乌斯。

最奇怪的一本著作当数《亚历山大的罗曼史》(*Alexander Romance*)，或者说多个文本和记叙版本的合集。此书在中世纪时十分畅销，并被翻译为外文，称得上是集传言、奇闻逸事与史实之大成。

考古学家已在希腊城市挖掘出主要记载由人民大会通过并公之

于众的立法铭文。它们反映了亚历山大作为的影响，但对作为本身并未多言。最了不起的是马其顿的王室墓葬均已出土，大多数未遭洗劫。

有一个声音，波斯人的声音，我们没有听到。

我们所依据的历史文献，都是从希腊人和马其顿人的角度来看待阿契美尼德王朝的衰亡的。波斯大帝发表文告，发送信息，并将他的战绩凿刻于山岩之上；如今建筑物和雕像犹存，但历史、剧作、诗作、信函一概失传，我们甚至不知道是否有人书写过这一切。波斯人当年是怎么看待希腊人的？他们的政治世界观如何？他们的子民对他们怎么想？皇室与大帝是如何应对时事的？

连记忆都已不复存在。

我们只有希腊人冷眼旁观之所见。

现代参考书目

下面选录了大众读者可能会感兴趣的现代学者研究，我特别要感谢两件无价之宝：一是《牛津古典学词典》，简要列出了古希腊和古罗马我们应知道的每一件事物的介绍；二是韦德玛·赫科尔德《亚历山大大帝时代的人物》（*Who's Who in the Age of Alexander the Great*）

Arsuaga, Juan-Luis, and others. *The Lameness of King Philip II and Royal Tomb I at Vergina, Macedonia*. Washington, D.C.: National Academy of Science of the United States of America, vol. 112, no. 32, 2015.

Badian, Ernst. "Alexander's Mules." *New York Review of Books,* December 20, 1979.

———. *Collected Papers on Alexander the Great*. Abingdon Oxon: Routledge, Abingdon, Oxfordshire, 2012.

Bodson, Liliane. "Alexander the Great and the Scientific Exploration of the Oriental Part of His Empire: An Overview of the Background, Trends and Results." *Ancient Society* (published by the Katholieke Universiteit Leuven, Belgium), vol. 22 (1991), pp. 127–38.

Bosworth, A. B., *Conquest and Empire: The Reign of Alexander the Great*. Cambridge: Cambridge University Press, 1988.

Bosworth, A. B., and E. J. Baynham. *Alexander the Great in Fact and Fiction*. Oxford: Oxford University Press, 2000.

Briant, Pierre. *From Cyrus to Alexander: A History of the Persian Empire* (trans. Peter D. Daniels). Winona Lake, Ind.: Eisembrauns, 2002.

Brill's New Jacoby, Leiden, Netherlands, 2007.

Cambridge Ancient History, Volume 6, the Fourth Century B.C. Cambridge: Cambridge University Press, 1994.

Carney, Elizabeth. "Macedonians and Mutiny: Discipline and Indiscipline in the Army of Philip and Alexander." *Classical Philology,* vol. 91, no. 1 (January 1996), pp. 19–44.

———. *Olympias, Mother of Alexander the Great*. New York and Abingdon: Routledge, 2006.

———. *Women and Monarchy in Macedonia*. Norman: University of Oklahoma Press, 2000.

Ceccarelli, Paola. *Ancient Greek Letter Writing*. Oxford: Oxford University Press, 2013.

Chugg, Andrew. *Alexander's Lovers*. Raleigh, N.C.: Lulu.com, 2016.

Connolly, Peter. *Greece and Rome at War*. London: Greenhill Books, 1998.

———. *The Greek Armies*. London: Macdonald Educational, 1977.

Engels, Donald W. *Alexander the Great and the Logistics of the Macedonian Army*. Berkeley and Los Angeles: University of California Press, 1978.

———. "A Note on Alexander's Death." *Classical Philology*, vol. 73, no. 3 (July 1978), pp. 224–28.

Everitt, Anthony. *The Rise of Athens: The Story of the World's Greatest Civilization*. New York: Penguin Random House, 2016.

Everson, Tim. *Warfare in Ancient Greece: Arms and Armor from the Heroes of Homer to Alexander the Great*. Stroud, U.K.: Sutton Publishing, 2004.

Finkel, Irving L. "The Hanging Gardens of Babylon." In Peter A. Clayton and Martin J. Price, eds., *The Seven Wonders of the Ancient World*. London and New York: Routledge, 1988.

Forster, E. M. *Alexandria: A History and a Guide*. New York: Doubleday, 1961 (originally published 1922; Alexandria: Whitehead Morris Ltd.).

Fuller, Major-General J. F. C. *The Generalship of Alexander the Great*. London: Eyre and Spottiswoode, 1958.

Garland, Robert. *Daily Life of the Ancient Greeks*. Westport, Conn.: Greenwood Press, 1998.

Green, Peter. *Alexander of Macedon*. Harmondsworth: Pelican Books, 1974.

Hammond, N. G. L. *A History of Greece to 322 B.C.* Oxford, 1959.

Hammond, N. G. L., and G. T. Griffith. *A History of Macedonia*, vol. 2. Oxford: Clarendon Press, 1979.

Hammond, N. G. L., and F. W. Walbank. *A History of Macedonia*, vol. 3. Oxford: Clarendon Press, 1988.

Harding, Phillip, ed. and trans. *From the End of the Peloponnesian War to the Battle of Ipsus*. *Translated Documents of Greece and Rome*. Cambridge: Cambridge University Press, 1985.

Heckel, Waldemar. *The Conquests of Alexander the Great*. Cambridge: Cambridge University Press, 2008.

———. *"Two Doctors from Kos?" Mnemosyne* (4th ser.), vol. 34, fasc. 3/4 (1981), pp. 396–98.

———. *Who's Who in the Age of Alexander the Great*. Chichester, U.K.: Wiley-Blackwell, 2009.

Holt, Frank L. *Alexander the Great and Bactria*. Leiden, New York, and Köln: E. J.

Brill, 1988.

Hornblower, Simon. *Mausolus*. Oxford: Clarendon Press, 1982.

——— and Antony Spawforth, eds., *The Oxford Classical Dictionary*. Oxford: Oxford University Press, 2003.

Jackson, Ralph. *Doctors and Diseases in the Roman Empire*. London: British Museum Press, 1998.

Jacoby, Felix. *Die Fragmente der griechischen Historiker*. Berlin: Brill, 1923 FGrH.

Lane Fox, Robin. *Alexander the Great*. London: Allen Lane in association with Longman, 1973.

Langdon, S. *Building Inscriptions of the Neo-Babylonian Empire I*. Paris: Ernest Leroux, 1905.

Lehmann, P. W. *Samothrace: A Guide to the Excavations and the Museum*. New York: NYU Institute of Fine Arts, 1975.

Llewellyn-Jones, Lloyd. *King and Court in Ancient Persia 559–331 B.C.E.* Edinburgh: Edinburgh University Press, 2013.

Marsden, E. W. *The Campaign of Gaugamela*. Liverpool: Liverpool University Press, 1964.

Merritt, B. D. *Hesperia 21*, American School of Classical Studies at Athens, Princeton 1952, pp. 355–59.

Montaigne, Michel de. *The Complete Essays*. Translated by M. A. Screech. Harmondsworth: Penguin, 1987.

Oates, Joan. *Babylon*. London: Thames & Hudson, 2008.

O'Brien, John Maxwell. *Alexander the Great: The Invisible Enemy*. London and New York: Routledge, 1992.

Oppenheim, A. Leo. *Ancient Mesopotamia: Portrait of a Dead Civilization*. Chicago and London: University of Chicago Press, 1964.

Pritchett, W. K. "Observations on Chaeronea." *American Journal of Archaeology*, vol. 62 (1992), pp. 307–11.

Reade, Julian. "Alexander the Great and the Hanging Gardens of Babylon." *Iraq*, vol. 62 (2000), pp. 195–217.

Renault, Mary. *The Nature of Alexander*. London: Allen Lane, 1975.

Roisman, Joseph, and Ian Worthington, eds. *A Companion to Ancient Macedonia*. Chichester, U.K.: Wiley-Blackwell, 2010.

Samuel, Alan E. "Philip and Alexander as Kings: Macedonian Monarchy and Merovingian Parallels." *American Historical Review*, vol. 93, no. 5 (December 1988), pp. 1270–86.

Schachermeyr, F. *Alexander in Babylon und die Reichsordnung nach seinem Tode*. Osterreichische Akademie der Wissenschaften: Philosophisch-Historische Klasse: Sitzungsberichte 268, Abhandlung 3, 1970.

———. *Alexander der Grosse: Das Problem seiner Personlichkeit und seine Wirkens*. Vienna: Verlag der Österreichischen Akademie der Wissenschaften, 1973.

Schuster, Angela M.H. "Not Philip II of Macedon." *Archaeology*, April 21, 2000,

Online Features, https://archive.archaeology.org/online/features/macedon/.

Seltman, Charles. *Wine in the Ancient World*. London: Routledge & Kegan Paul, 1957).

Spawforth, Antony J. S. "The Pamphleteer Ephippus, King Alexander and the Persian Royal Hunt," *Histos,* vol. 6 (2012), pp. 169–213.

Stein, Sir Aurel. "Notes on Alexander's Crossing of the Tigris and the Battle of Arbela," *The Geographical Journal,* vol. 100, no. 4 (October 1942), pp. 155–64.

——. *On Alexander's Track to the Indus,* Macmillan and Co., 1929.

Stoneman, Richard, trans., *The Greek Alexander Romance*. Harmondsworth, U.K.: Penguin, 1991.

Tod, M. N. *A Selection of Greek Historical Inscriptions II*. Oxford: Oxford University Press, 1948.

Worthington, Ian. *By the Spear, Philip II, Alexander the Great and the Rise and Fall of the Macedonian Empire*. Oxford: Oxford University Press, 2014.

——. *Demosthenes of Athens and the Fall of Classical Greece*. Oxford: Oxford University Press, 2013.

注　释

下面所引许多古代文献都可在洛布古典丛书中找到，同时有希腊和拉丁文原文，并伴有英文版本。其中许多很好的英译本已列入企鹅古典丛书之中。

古代文献资料	缩写
埃利亚努斯,《论动物的特性》	Ael NA
埃利亚努斯,《战术论》	Ael Tact
埃利亚努斯,《杂闻轶事》	Ael VH
埃斯基涅斯,《驳泰西封》	Aesch Ctes
埃斯基涅斯,《出使之罪》	Aesch Emb
埃斯基涅斯,《驳提马尔科斯》	Aesch Tim
埃斯库罗斯,《阿伽门农》	Aeschyl Ag
伊索,《伊索寓言》	Aes
巴比伦亚历山大年表（BM 36304）	Alex Chron
西顿的安提帕特,	Anti GA
亚里士多德,《论天》	Ar Cael
亚里士多德,《动物志》	Ar Anim
亚里士多德,《尼各马可伦理学》	Ar Nic Eth
亚里士多德,《形而上学》	Ar Meta
亚里士多德,《天象论》	Ar Met
亚里士多德,《政治学》	Ar Pol
亚里士多德,《修辞学》	Ar Rhet
阿里安,《亚历山大远征记》	Arrian
阿里安,《印度志》	Arr Ind
阿里安,《亚历山大的继业者》	Arr Succ
阿斯克列庇欧多图斯,《论战术》	Ascl
阿特纳奥斯,《智者之宴》	Athen
希波的奥古斯丁,《上帝之城》	Aug
奥卢斯·格利乌斯,《阿提卡之夜》	Aul Gell
西塞罗,《为阿尔奇阿斯辩护》	Cic Arch
西塞罗,《致阿特提库斯书》	Cic Att
西塞罗,《论诸神的本性》	Cic Nat
西塞罗,《为若斯奇乌斯·阿美瑞努斯辩护》	Cic Rosc
西塞罗,《图斯库路姆论辩集》	Cic Tusc Disp
亚历山大城的克莱门斯,《杂记》	Clem
科奈利乌斯·奈波斯,《外族名将传》	Nep Eum
昆图斯·库尔修斯·鲁弗斯,《亚历山大大帝史》	Curt
德摩斯梯尼,《演讲录》	Dem
德摩斯梯尼,《金冠辩》	Dem Crown
狄迪莫斯,《德摩斯梯尼的反腓力》	Did
金嘴狄翁,《演说辞》	Dio Chrys
狄奥多罗斯,《历史图书馆》	Diod Sic
第欧根尼·拉尔修,《名哲言行录》	Diog Lae
锡诺普的第欧根尼,《书信集》	Diog
哈利卡尔纳索斯的狄奥尼索斯,《致阿迈厄斯》	Dion Hal
欧里庇得斯,《安德洛玛刻》	Eur Androm
欧里庇得斯,《安德洛墨达》	Eur Andr
欧里庇得斯,《酒神的女祭司》	Eur Bacc
欧里庇得斯,《美狄亚》	Eur Med
以西结书（新国际版《圣经》）	Ezek
《亚历山大的罗曼史》	Alex Rom
《希腊选集》	Gk Anth
《希腊历史铭文 公元前 359—前 323 年》	GHI

马格尼西亚的赫格西亚 FGrH	142 FS
希罗多德，《历史》	Herod
赫西俄德，《工作与时日》	Hes WD
荷马，《伊利亚特》	Il
荷马赞诗	Hom Hymns
希佩里德斯，《斥德摩斯梯尼》	Hyp Dem
希佩里德斯，《葬礼演说》	Hyp Fun
伊索克拉底，《致亚历山大》	Isoc Alex
伊索克拉底，《致腓力辞》	Isoc Phil
伊索克拉底，《普拉蒂亚人》	Isoc Plat
《希腊碑文》	IG
《亚历山大行程》	Itin
弗拉维奥·约瑟夫斯，《犹太古史》	Jos Ant
弗拉维奥·约瑟夫斯，《斥阿庇安》	Jos Api
贾斯廷，《庞培·特罗古斯历史批评集》	Just
《亚历山大之死及其遗嘱》	LiberM
琉善，《亚历山大——伪先知》	Luc Alex
琉善，《死者对话集》	Luc Dial Dead
琉善，《希罗多德与埃西翁》	Luc Herod
琉善，《毁谤》	Luc Slander
梅斯摘要	Metz
俄克喜林库斯纸莎草纸	Oxy
荷马，《奥德赛》	Od
保萨尼阿斯，《希腊志》	Paus
佛提乌斯，《群书摘要》	Phot
品达，《颂歌》	Pind
品达，《颂词》	Pind Enc
品达，《皮提亚运动会庆胜颂歌》	Pind Pyth
柏拉图，《高尔吉亚篇》	Plato Gorg
柏拉图，《理想国》	Plato Rep
普林尼，《自然史》	Pliny
普鲁塔克，《亚历山大的时代》（Penguin Books，2011 年版，包括亚达薛西斯传、佩洛皮达斯传、狄昂传、泰摩利昂传、德摩斯梯尼传、福西昂传、亚历山大传、攸美尼斯传、德米特里传、皮洛士传）	Plut Alex
普鲁塔克，《爱欲论辩录》	Plut Erot
普鲁塔克，《阿格西劳斯传》	Plut Age
普鲁塔克，《亚历山大传》	Plut Alex
普鲁塔克，《伽尔巴传》	Plut Gal
普鲁塔克，《道德论集》	Plut Mor
普鲁塔克，《论亚历山大一世和二世的品德与际遇》	Plut Fort
普鲁塔克，《佩洛皮达斯传》	Plut Pel
普鲁塔克，《伯里克利传》	Plut Per
普鲁塔克，《罗穆路斯传》	Plut Rom
尤利乌斯·波勒克斯，《辞典》	Poll
伯利埃努斯，《战争中的诡计》	Poly
波利比乌斯，《通史》	Polyb
昆体良，《演说术原理》	Quint
斯特拉波，《地理学》	Strabo
苏达	Suda
提奥庞波斯，《反腓力辞》	Theo Phil
提奥庞波斯，《希腊史》	Theo Hell
瓦莱里乌斯·马克西姆斯，《善言懿行录》	Val Max
维吉尔，《埃涅阿斯纪》	Virg Aen
维特鲁威乌斯，《建筑十书》	Vit
色诺芬，《居鲁士的教育》	Xen Cyr
色诺芬，《长征记》	Xen Anab
色诺芬，《骑兵指挥官》	Xen Hip

前言　国王休假去了

1. 巴比伦古城的遗迹尚未全部挖掘出来。德国考古学家 R. J. Koldewey 在遗址从 1899 年一直工作到 1917 年，但仍有许多东西等待发现和解释。在描述公元前 323 年 6 月巴比伦所发生的事情，特别是有关空中花园的地点和亚历山大行踪时，我依据的是 Reade。
2. 有的学者怀疑空中花园是否存在，或认为它位于亚述的首都尼尼微。考古学家在巴比伦还没有找到它的遗迹。但美索不达米亚和古典时代中东的统治者都对花园情有独钟。从城市建筑物的考究来看，巴比伦人完全有能力打造出文献中所叙述的层叠式结构。所有其他“奇观”，从吉萨大金字塔到以弗所的阿耳忒弥斯神庙都是历史建筑，没有理由认为空中花园属于例外（见 Oates，151-157 及 Reade 多处）。
3. 下列描述取材自 Oates 144-49 及 Reade 多处。
4. 很难确定亚历山大得病后具体到过巴比伦哪些地方。Schachermeyr（1970，65-73）认为他是从主城的宫殿群沿着幼发拉底河抵达夏宫的。Reade 的说法则更有说服力，他认为正好相反，国王原来是在夏宫，后来才南下到了城里的空中花园，再后来又回到夏宫。这当中肯定有猜测的成分，但与已知资料相符。

5. 下面的描述是据 Arrian 7 23 6-8，24-30 和 Plu Alex 75-77 综合而成。他们引述的是王室日志（如 Arrian 725-28）。有的权威人士以为，最好不要把它们视为官方每日日志，而是亚历山大死后 5 年才特别出版的文件，很可能出于国王的秘书攸美尼斯之手。主要就是想驳斥他被人下毒的说法。虽然它有宣传的目的，但对亚历山大最后日子的描述很可能是准确的。或许它是基于宫廷日记或王室档案写成的，甚至是根据攸美尼斯或他下属当时的笔记而写成的。这些问题我在后文有更详细的讨论。
6. Ath 12 537。这个故事或可采信，因为据说亚历山大对欧里庇得斯等雅典剧作家都十分崇拜。
7. Eur Andr 134（Loeb）。
8. Eubulus，残片 93，保存在 Athenaeus 2 37c，出自一部有关塞默勒与她的儿子狄俄尼索斯的戏剧。
9. Ath 10 434a，引自与亚历山大同时代的《亚历山大和赫费斯提翁之死》作者 Ephippus。
10. Plut Alex 75 3。
11. Curtius 在 10 5 8 中说刚刚过世的亚历山大的尸体是在王帐中。在他过世前几天他愿意与士兵在一起，或别人认为这样比较合适，这都说得过去。
12. Arrian 7 26 1。
13. 资料来源或许时间有误，一说是在塞拉匹斯的神庙，它是新的埃及医药之神。也有种说法认为指的是巴比伦的主神马尔杜克（Bel-Marduk），它有时又叫 Sarri Rabu，即“大帝”的意思。无论如何，没有理由怀疑此事的真实性。
14. Plut Alex 76 4 说是 6 月 10 日，但大英博物馆珍藏的由当时巴比伦宗教官员汇编的《天文日记，预兆目录》称他卒于 11 日。
15. 这两段引言均来自 Diod 17 117 4；一说他的回答是“托付给最佳人选”，Curt 10 5 5。后面“你们高兴的时候”出自 Curt 10 5 6。国王在最后对世界说的话众说不一。读者可自己挑选。

第一章　山羊国王

1. Her 8 137。
2. Homer Il 2 211-77。
3. Plut Mor 178 c-d。
4. Just 7 5 1。
5. Ar Pol 1310b31。
6. Fuller，72 页。
7. 马其顿或许是与色雷斯一起并入了更大的斯基泰省；见 Hammond 2，69f 页。具体安排不详。无论如何，阿明塔斯仍担任附庸国的国王。
8. Herod，5 20-21。这个故事符合杀害倒行逆施者的传统，也可能是存疑的野史，或许是亚历山大一世自己杜撰后告诉希罗多德的，他就是想说明自己私底下不喜欢波斯主子，一直想除掉他们。
9. Hammond 2，64 页。
10. 关于马其顿语言的讨论，见 Hammond 2，46 页。
11. Plato《斐多篇》109b。
12. Herod 5 105 1-2。
13. Everitt，147f 页。
14. Just 7 4 1。
15. Herod 9 45 1。
16. 同上，45 3。
17. Hammond 2 102 页。希腊人认为“米底人”与“波斯人”两种说法是通用的。米底人是居住在伊朗西北部的古老民族，是波斯帝国的重要部分。
18. Roisman，47 页。
19. Everitt，193 页。
20. Herod 522。
21. Pind Enc 残片 120。
22. 同上，残片 121。
23. 关于亚历山大死亡日期的讨论，见 Hammond 2，103f 页。
24. Plut Mor 177a。
25. Ael VH14 17。
26. Ar Rhet 2 23 8。
27. Diod 17 16 3.
28. Clem 6 1。
29. Theo BNJ 115，残片 294。
30. Dem Phil 3 30-31。
31. Plato Gorg 471 a 与 b；下面这一段血腥故事则来自 Gorgias。
32. Ael 8 9。或拼写为 Crataeas，有别于 Craterus。
33. Just 7 4 8，7 5 4-7。
34. Plut Mor 14c。有的学者认为，尤丽黛丝既然自称爱她的子女，就不可能为满足自己的野心而心狠手辣。其实不然。连三流政客都会努力改善自己的公众形象。
35. Diod 16 2 1-5。Plut Pel 26 5。
36. Plut Erot 17。
37. Connolly 1998，50 页。
38. Just 7 5 3。
39. 见 Hammond 2，207 页。有证据显示兄弟间也曾有争吵，腓力曾一度被流放到一处王室院落软禁。但佩尔狄卡斯熟悉王族内部的阴谋暗杀传统。如果他有理由信不过自己的弟弟，他肯定会采取更严厉的措施。
40. 有人说，腓力直接被任命为国王。我认为更可能的是，他是在证明了自己的能力后被提拔的。Hammond 2，208f 页。
41. Il 3，10-15。
42. 关于希腊作战方式的演变，见 Fuller，39f 页。
43. Dem Crown 18 67。
44. Diod 16 34 5。
45. Plut Mor 331b-c。
46. 这一段关于马其顿军队和腓力的改革取材自 Fuller 39-54，及 Connolly 1997 多处。也参考了 Poly 4 2 及 Asclepiodotus 多处。
47. Connolly 1998 51。底比斯人可能为避免矛折断而用双手持刺矛。
48. Ascl 7 3。
49. Poly 4 2 1。
50. Ael 14 49。
51. Poly 8 9 1。

第二章　学徒

1. Lehmann 曾在多处叙述古代萨莫色雷斯的考古及宗教情况。
2. Carney 17 93。也可能莫塔莉是日常的昵称，而波吕克塞娜则是她正式场合用的名字。
3. 类似于罗马天主教的坚信礼，孩子在仪式上可选取新的圣名。
4. Aeschyl Ag 1380f。
5. Medea 1354-60。
6. Plut Alex 2 5-6.
7. Carney 98.
8. Eur Bacc 135-144。下面那段话也来自同一出处。
9. Plut Alex 2 6.
10. Luc Alex 7。
11. 有关亚历山大儿时的教育故事取材自 Plut Alex 4-6。
12. 同上。5 8 利西马科斯可能是比利奥尼达斯更早开始照看幼年亚历山大的人。见 Heckel（2009），153 页。及 Garland 103 页。
13. Plut Alex 25 4-5，Plut Mor 179e-f，Pliny Nat Hist 12 62。
14. 关于名为“牛头”的马的故事，见 Plut Alex 6 1-5. 至于它和亚历山大的年龄，见 Green 43-44 的估计。亚里斯坦德与老鹰的部分则见 Plut Alex 33 1。
15. Arrian 5 19 5.
16. 阿提卡或雅典的银币单位，1 塔兰特相当于 6 000 德拉克马，而步兵每日的薪俸就是 1 德拉克马。
17. Plut Alex 6 5。
18. Aesch Tim 6 5。
19. Plut Per 1 5。
20. Plut Alex 5 1。
21. 同上。Mor 342 b-c。
22. 这一部分主要依据 Plut Alex 7-8。
23. Plut Alex 7 2。
24. Diog Lae 5 1 1。
25. Plut Alex 7 4-5。
26. 见 Isoc Alex 及 Merlan 60-63 页。
27. Ar Met 1 3 339b。
28. Ar Pol 1288a15.
29. 同上，1254b 32。
30. 同上，1252b 8。
31. Dio Chrys 4 39。
32. Hom Il 3 179。
33. Xen Anab 1 8 8.
34. 同上，1 8 26。
35. 同上，1 5 9。
36. Cyr 8 8 4-7。
37. 见 Rosiman 352 页。Eunapius 是公元 4 世纪的希腊雄辩家和史学家。
38. Plut Rom 1 13。这一细节及有关亚历山大的牙齿、眼睛和仪态的内容，均来自想象力丰富的《亚历山大的罗曼史》一书。但书中有些材料似乎有史实依据，是可以采信的。
39. 就这一点及他带几分女性气质的描述见 Green 55 和 518，n.36。
40. Plut Alex 4 1-2。
41. Athen 10：435a。
42. Just 12 12 11。

43. Plut Alex 22 3。
44. Plato Symp 179e。
45. Plut Alex 9 1。
46. Plut Mor 179b。
47. 我之所以这么说是因为几年后腓力去世，安提帕特毫不犹豫地成了亚历山大的支持者。
48. Val Max 7 2，ext. 10。
49. Hes WD，39 行。
50. Rosiman 477 页。
51. Just 8 1。
52. Dem 19 148。
53. Poly 2 38 2。
54. 同上，16 8 6。
55. 同上，16 53 3。
56. Theo Phil FGrH 115 F 217。
57. Ath 13 557b。
58. Plut Mor 141b.
59. Carney（2000）155-57.
60. Pind 残片 76。
61. Everitt 379f 页。
62. Theo Hell 残片 213。
63. Dem 12 23.
64. 我在这里对该战役的描述取材自 Hammond（1959）。其他文献报道极少，且多属臆测，而 Hammond 则不然，既有说服力又有连贯性。
65. Poly 4 2 7。与下面腓力的感叹同一来源。
66. Pritchett，多处。
67. Plut Pel 18 5。
68. Plut Alex 9 4。

第三章 “公牛戴上了花冠”

1. Cic Nat 2 24。
2. Plut Dem 20 3。
3. Diod 16 87 1-2。
4. Just 9 4 1-4。
5. Plut Mor 177c 4。
6. Polyb 5 10 4。
7. IG II 5226。
8. 共同和平，是公元前 4 世纪的通用说法，大家对这一概念还是破坏的时候多，遵守的时候少。
9. IG II 236。
10. 与以美国为盟主的北约组织近似。
11. Merritt 355-59 页。
12. 条约全文如今已失传，这项权利的具体内容我们也不清楚。或许腓力使用的并非条约规定而是自己不言而喻的权限。
13. Isoc Phil 5 119ff。
14. Diod 16 91 2。
15. Plut Mor 177c。
16. Plut alex 9 3-6，为此事争吵，后来又和好。
17. Ath 13 557d-e。
18. Plut Alex 9 8。
19. 对此一合理假说见 Green 90 页。
20. Just 11 11 3-5。这是此事的唯一资料来源，当谨慎对待。如果属实，应发生在母子二人离开佩拉后。
21. Plut Alex 9 3。
22. Green 90f 页。
23. Dem 18 295。
24. 关于德玛拉特斯的居间调停，见 Plut Alex 9 和 Plut Mor 179c 5。
25. 有人认为奥林匹亚丝一直待在伊庇鲁斯，但她也在埃迦伊的可能性更大。既然腓力想要给人一个和乐融融的家庭的印象，她如果缺席就显得十分奇怪。
26. 关于保萨尼亚的故事，参见 Diod 16 93-4 和 Just 9 6-7。
27. Plut Alex 10 1-5 是此事的唯一资料来源。有的评论家怀疑其真实性，因为他们觉得这件事本身不可能。其实也不尽然。凡是人都可能干些愚蠢的、异乎寻常的事。
28. 同上，10 3。
29. Arrian 3 6 5。
30. Paus 1 6 2。
31. Phila Ath 13 557c。
32. Poly 8 60。
33. Diod 16 4-5。
34. 见希腊文化部网站 http://odysseus.culture.gr/h/3/eh3540.jsp?obj_id=2362。
35. Plut Mor 844f。
36. Diod 16 92 3。
37. 同上。
38. 同上，92 5。
39. Just 11 1。
40. Stoneman 57 页。
41. Diod 17 2 2.
42. 关于阿塔罗斯的结局，见 Diod 17 5 1。
43. Diod 17 2 4-5.
44. Plut Mor 327c。

45. 这座墓与其他两座墓葬一起于 1977 年和 1978 年被发现。内中有一具中年男性遗骨。经多年争议最终被认定为腓力的遗骸。因为其膝关节伸直型僵硬及膝部的孔洞与腓力二世受伤跛行的情况完全相符。墓葬另一室内还有一具年约 18 岁的女性遗骸及一个婴儿的遗骸，很可能是他的第二任妻子克丽奥佩特拉和她的女婴欧罗巴。我们不知道墓葬是不是在腓力逝世前就建好的。如果没有，安葬应是很长一段时间以后的事了。
46. Cic Rosc 84。
47. Eur Med 288。
48. 关于奥林匹亚丝在暗杀事件后的活动，见 Just 9 7。
49. Paus 8 7 7。
50. Herod 8 105。
51. Xen Cyr 7 5 59-60。
52. 关于巴勾斯的故事，见 Diod 17 5 3。
53. Diod 17 6 1。
54. Curt 4 10 16。
55. Renault 64-65 页。
56. Plut Dem 14 2。
57. Aesch Cres 160 描述了德摩斯梯尼对腓力之死的一般反应。
58. Hammond 1979，691f 页。

第四章　独狼

1. Plut Alex 11 2。
2. Plut Dem 21 1-2。
3. Aesch Ctes 160。
4. Diod 17 4 3。
5. 同上 17 4 7-8。Plut Dem 23 3。
6. Plut Mor 826c-d。
7. Tod 177。
8. 关于第欧根尼，见 Diog Lae 6 多处。
9. Diog Lae 6 44。
10. 同上 6 54。
11. 关于第欧根尼与亚历山大有名的邂逅故事，见 Plut Alex 14 1-5。另见 Diog Lae 6.78 和 32。
12. 十分感谢 Peter Green 的这一卓见。Green 123 页。
13. 关于多瑙河一战，见 Arrian1 4-6。
14. Plut Alex 14 5-7。有人怀疑亚历山大与皮提亚这段故事的真伪，但他们依据的是自己的判断而非证据。
15. Bosworth 1988 29 页。
16. 同上，1 3 5。另见 2 3 1，3 1 5 和 7 2 2。
17. Ar Nic Eth 8 3 6。
18. Arrian 1 5 3。
19. 关于此事，注释同上，1 5 8-12，6 1-8。另见 Fuller 223-26 及 Hammond（1988）39-48 页。我采纳 Hammond 的解释和对战场的指认。
20. Arrian 1 6 1-2。
21. 资料来源对此并未详述，但从弩的使用我们推想应该是如此。
22. Arrian 1 6 7-8。
23. 同上，1 12 7。
24. Just 11 2 9。
25. Arrian 1 7 2。
26. 关于毁约的后果，见 Hammond（1988）62-64 页。
27. Plut Alex 11 3。
28. Just 9 7 12。有人说克丽奥佩特拉还有一个儿子卡拉纳斯，但他很可能并不存在。
29. Paus 8 7 7。
30. Plut Alex10 4。
31. Plut Erot 761d。
32. 关于底比斯的陷落有两个不同版本，一个是 Diod 17 9 1-6，还有一个是 Arrian 1 8 1-8。前者夹杂着许多夸张描述，后者好些。虽然狄奥多罗斯说亚历山大与佩尔狄卡斯同意进攻计划的说法比较合理。佩尔狄卡斯贸然出击一说源自其政敌托勒密。但更可能是因为他对此不满，倒不一定纯属捏造。参见 Hammond（1980）60-63 页（及 Green 529 页，n.52）。
33. Arrian 1 8 8。
34. Isoc Plat 多处。
35. Alex Rom 1 27。
36. Pind Pyth 8。
37. Arrian 1 9 10。
38. Aes 217。
39. Ar Anim 594 a-b。
40. Plut Dem 23 6。

第五章　首战波斯

1. 这段特洛伊之行主要是依据 Plutarch《亚历山大传》和 Arrian。格拉尼卡斯之役在 Plutarch 16，Arrian 1 13-16 及 Diod 17 19-22

均有记载。
2. Il 2 702。
3. Diod 17 17 2。
4. Strabo 13 1 25-26。
5. Plut Alex 15 9。
6. Cic Arch 10 24。
7. Diod 17 16 3。
8. Hammond（1980）。
9. Diod 17 16。
10. 见 Hammond（1980），67-68 页，Green 158 页及 Bosworth 35-38 页。古代史学家的数字帮助不大。不是没有准确数据就是无限夸大只求惊人。这里的数字是我们的最佳猜测。
11. poly 5 44 4。是否应该把先头部队人数加入侵略大军我们不清楚，但资料来源暗示应当如此，我也同意。
12. Just 11 6。
13. Bodson136-38。
14. Ael 15 21。
15. Pliny 8 44。
16. 这一段取材自 Engels 及 Connolly（1977 和 1988）。
17. Il 4 213-19。
18. Jackson 68 页。这里关于医疗方面的讨论参照了 Jackson 多处。大多古代医药资料源于公元一世纪或更晚，我们假设当时的医疗水平与亚历山大时代差不多。
19. 同上，68 页。
20. Plut Alex 3 3。
21. Diod 17 16 2。
22. 同上。
23. 关于巴西妮的详情和她的出生年月，见 Heckel（2009）巴西妮条目。
24. 古代文献对具体数目众说不一。我提供的是可能数字。
25. Arrian 112 9。
26. 同上，7 9 6。古代史学家往往在演说中重视感情的表达而不是某人具体说了什么。不过，Curt 10 2 24 中也提到同一事实。Arrian 此说可信。
27. Plut Alex 15 2-3。
28. Green 155-56。
29. 关于格拉尼卡斯之役，有两段叙述流传至今。Diodorus 17 17-21 的讲述辞藻堆砌，可忽略不计。他说亚历山大并未在抵达之日开战，而是在第二天破晓时分渡河后两军才对垒。除了这一奇怪细节外，余不足道。Arrian 1 13-16 比较客观，但也有空白。他说双方立即开战没有等待，他对战争全局也不感兴趣，只说了亚历山大负责的右翼的情况，却全然不提帕曼纽统领的左翼。Polyaenus 4 3 6 说到马其顿的右翼往右移，但没有解释为什么。我对战况的重构有两个假设：一是波斯人并未摆开阵势，也没有时间把希腊步兵插入战线；二是右翼右移的结果（如果不是目的）是将波斯战线拉长，帮助亚历山大进攻，也让阿吉里亚人攻击敌人的两侧。我这是猜测的，但考虑到了可能的基本因素，尽管没有文献佐证。我这里的讲述主要参照 Badian 224-36。
30. 河流今日的情况与亚历山大之时差不多，从附近的一座古老罗马桥梁判断，它也没怎么改过道。附近植被茂密，当年打仗的时候不可能有，想来是现代灌溉之功。
31. 众多例子中的一例，见 Green 175 页。
32. Arrian 1 13 3-5。我们没有理由不相信这个故事。但后来有人认为，这是有意中伤帕曼纽声名，因此不值得相信。
33. 进攻部队的组成不详。也许还包括托勒密（腓力的儿子）带领的步兵连。
34. Diod 17 21 2。
35. Diod 17 21 2。
36. Arrian 1 15 4。
37. 对于帕曼纽的左翼在战役中发挥的作用，史书几乎没有记载。我假设他们是等到特别突击队进攻和亚历山大冲锋有了结果，而对面的波斯骑兵又不见行动时才冲锋过河。如果左翼有任何突出表现，我假设我们应该会知道。
38. Plut Alex 16 7。
39. Arrian 1 16 5。
40. 同上。1 16 7。
41. 1651 年红衣主教雷兹听说奥利弗 · 克伦威尔曾对庞邦如此说。《红衣主教雷兹回忆录》（London and New York: Merrill and Baker, 1717?）264 页。

第六章　解结

1. 主要资料来源是 Arrian 和有时不太可靠的 Diodorus，一小部分取材自 Justin。Fuller

对围城的描述相当可信。

2. 戈尔迪结的故事取材自 Arrian 2 3 1-8，Curtius 3 1 14-18，Plutarch《亚历山大传》18 1-2 及 Justin11 7 3-16。迈达斯发迹也有其他版本，我主要采纳 Arrian 的版本。
3. Arrian 2 3 7。另一版本则说他拔出一根栓钉或杆销，轭自然就松了。
4. 同上，1 17 4。
5. 同上，1 17 12。
6. Strabo 14 1 22-3。
7. 关于阿佩利斯的一般介绍，见 Pliny NH 35 79-97，7 125 及 Ael VH 2 3。虽然关于古希腊画作的描述不少，到罗马帝国末期，历经动乱，无一作品幸存。不过后来还是发现了一些壁画，如马其顿王陵维尔吉纳就发现了壁画。
8. Pliny NH 35 50。
9. 关于米利都的围城，见 Arrian 118 3-119 11。
10. 关于特洛伊城陷落的最为人熟知的描述，见 Virg，Aen，第 2 册。围城术部分的描述取材自 Connolly（1977），50，64-69 页。
11. 有人说木马其实是攻城重锤。这似乎是亚述人的发明，但显然直到公元前五世纪才被希腊人使用。见 Connolly（1981）276 页。
12. Cic Att 16（1 16）12。
13. Connolly（1981）289 页。
14. Vit 7 Intros，14，10 13 3-8。
15. Ar Meta 983 b6 8-11，17-21。
16. Ar Meta 983b18。
17. 同上，1 19 2。
18. Diod 17 22 1。
19. Plut Mor 180a。
20. Arrian 1 20 1。
21. 关于哈利卡尔纳索斯的围城，见 Arrian 1 20 2-23 6 及 Diod 17 23 4-27。至于博德鲁姆半岛，见 Engels 34-35 页。
22. 关于赫氏家族的故事，见 Hornblower 多处。
23. Strabo 14 2 16 [656]。
24. Aul Gell 10 18。
25. Plut Alex 22 7-10。
26. 关于围城经过，见 Fuller 200-206 页。
27. Arrian 1 21 3。
28. Diod 17 26 7。
29. Diod 17 27 6 及 Arrian 1 23 6 均记载亚历山大将该城夷为平地。如果他命令处死所有纵火者并善待平民百姓的话，夷平该城则极度不可能。或许国王为阻止火势蔓延或为让攻城器械更靠近敌人占据的一个城堡（另一城堡是个岛）而摧毁了一些房屋。
30. Diod 17 29 3。
31. Curt 3 1 20。
32. Arrian 1 25 5。
33. Curt 8 1 36。根据库尔修斯记载，这是公元前 328 年克雷塔斯在一次宴会上的酒后之言，招致他在宴会结束前遇害。
34. 见 John Milton，《致玛格丽特 · 雷》，sl. 7。
35. Isoc 5 119-26。
36. Marsden 4-5 页

第七章　帝国反击战

1. 主要依据 Arrian 2 1-13，也接受了 Plutarch 经 Didorus17 29-39 证实的故事。Curtius 终于也有了贡献，Curt 3 1-12。伊苏斯之役的经过参照了 Fuller 及 Hammond（1980）。Polybius 对卡利斯提尼斯的攻击补充了有用的细节。
2. 这句名言出自圣徒保罗，Acts 21 ：39。
3. Arrian 2 4 7ff，Curt 3 5 1-15，6 1-20，Diod 17 31 5-6 及 Plut Alex 19 1-10。据说国王跳进的河水纯净、冰冷、晶莹剔透。但现代证据显示这里的水暖和、呈褐色、流淌缓慢。
4. 关于亚历山大病因的描述，我依赖的是 Engels（1978 年 7 月）。学者意见不一；Green（220 页）称可能是支气管炎因游泳迅速转为肺炎。不过，根据当地情况和病况记录更像疟疾。
5. Bosworth 57 页。
6. Diod 17 30 1-2。大流士的两次内阁会议情况取材自 Diod 17 30 及 Curt 3 8。这些故事真伪难辨，但里面提出的问题倒是实实在在的问题。
7. 古文献对波斯人数估计不一。Arrian（2 8 8）和 Plutarch（Alex 18 4）估计波斯士兵总数为 60 万，Diodorus（17 31 2）说是 50 万，Justin（11 9 1）说是 40 万，Curtius（3 9 1-6）说是 119000。现代学者认为这些数字不可靠。因为在任何地方要给 10 万人提供粮食都十分困难。我们估计大流士在伊苏斯之战时的士兵不超过 10 万，包括 1.1 万骑兵，1 万波斯长生兵和 1 万希腊雇佣军，应该没有大错。
8. Arrian 2 6 6。

9. Plut Alex 20 3。
10. Curt 3 8 6。
11. 同上，3 7 9-10。
12. Arrian 2 5 4。
13. Curt 3 8 15。
14. Poly 12 19 4。
15. Arrian 2 7 3-9。
16. 皮纳鲁斯河的具体地方不详。不是今天的帕亚斯河就是德利河。我同意选了帕亚斯河的 Engels（1978）。他经过精密计算，认为德利河太远，马其顿部队无法在日落前赶到。
17. Curt 3 11 1。
18. 同上，3 3 15-16。
19. Engels（1978）52 页。
20. Arrian 2 13 1。
21. Fuller 162 页。
22. Plut Mor 341c。
23. Diod 17 37 2。
24. Arrian 2 11 8。
25. Plut Alex 20 7。
26. 同上，20 7-8。
27. Arrian 2 12 4-6；Plut Alex 21 1-7。
28. 我认为没有理由怀疑这些故事的真实性；当然我也承认，把波斯人说的那么没有骨气，亚历山大又是如此彬彬有礼，不像真的。如果不是真的，也符合我们对马其顿人的态度和亚历山大对性事兴趣不大的印象。
29. 同上，3 12 14。
30. 同上，3 12 27。
31. Curt 3 11 7。
32. Arrian 2 13 2-3。
33. Just 11 9 6

第八章　渴望超凡

1. Arrian 2 16-24 及 Curt 4 2-4 告诉了我们提尔的围城经过，Plut Alex 24 提供了一个插曲。Fuller（206-18 页）也有助益。关于亚历山大的锡瓦之行，见 Arrian 3 3 及 4，Curt 4 7，Diod 17 48 2 至 51，Justin 11 11。
2. 关于大流士的财宝收藏，见 Curt 3 13.
3. Plut Alex 24 3。
4. 我们的资料并未详述帕曼纽的具体职责。
5. 同上，21 4。
6. 同上，21 7。
7. 同上，21 10。
8. Herod 5 18。
9. Plut Alex 21 11。
10. 下面三段故事取材自 Plut Alex 22 1-4。
11. Arrian 2 14 3。Arrian 所述信件内容可能是他自己写下的，一如古典历史中的演说词并不真实一样。它们反映了作者认为应有的说辞。亚历山大的书信集早在古代已出版，许多均为杜撰，且均已失传。但亚历山大给大流士的回信聪明、简洁、明快、直接，颇具真实感，我权且照搬。
12. Plut Alex 29 4。这段亚历山大和帕曼纽之间的著名对话或许是回应大流士在高加米拉战役前的第三次求和信而说的（Diod 17 54 及 Curt 4 10 18-34）。这么晚了才表态不太可能，所以我采信 Arrian 之说。
13. Arrian 2 14 8-9。
14. Diod 17 47 1-6，Curt 4 1 16-26，Plut Mor 340d，Justin 11 10 7-9。无需否定这段传说，起码它透露了民主人士从贵族或寡头统治者手中获得政权一般会引发的内斗。具体细节我们已无从得知。
15. Poll 6 105。
16. Pliny 5 17 76。
17. Herod 2 44。
18. 同上，27：3-7。
19. Ezek 27 多处。
20. 同上，27：36。
21. Curt 4 2 2。
22. Just 11 10 10。
23. 同上，4 2 5。
24. Diod 17 40 3。
25. Arrian 2 17 4。
26. Curt 4 2 20。
27. Just 11 10 14；Diod 17 40 1。
28. Plut Alex 24 6-8。
29. Engels 55-57 页。
30. Plut Alex 24 12-13。
31. Il 10 483-484。
32. Arrian 2 23 3。
33. 同上，2 24 3-4。
34. Curt 4 4 15。
35. Diod 17 46 4。
36. 关于这段故事，见 Arrian 2 27 1-2 及 Curt 4

6 17-30。

37. Curt 4 6 19-20。
38. FGrH 142 FS。
39. Arrian 与 Curtius 的描述并不完全契合，亚历山大不可能在两个月围城时间里成功地在其四周围起一圈土丘。我对经过的重建已尽可能使其可信。
40. Arrian 2 26 4，Curt 4 6 10-13。
41. 关于前往贝鲁西亚的行军，见 Engels 50 页。
42. Alex Rom 34。
43. Karnak F 377（room XXIX）Beckerath，“Handbuch der dgyptischen Konigsnamen”（1999），232-33 页。
44. 埃及拜哈里耶绿洲亚历山大殿基座上的文字。见 Bosch-Puche，《亚历山大的埃及皇家称号》，JEA，99，138-39。
45. Plut Mor 329b。
46. Curt 4 8 7-8。亚里斯托布鲁斯说亚历山大的锡瓦之行来回同路，托勒密则说他跨越沙漠二度造访孟菲斯（Arrian 3 4 5）。前者比较可信（见 Engels 62-63 页），但在建立亚历山大城后，亚历山大或曾再次造访孟菲斯。赫克托或在去锡瓦前北行途中丧命，也可能如库尔修斯所说死于锡瓦之行后。
47. Od 4 354-59。
48. Just 11 11 2-4。
49. Curt 4 7 8。
50. 关于锡瓦之旅，见 Engels 62-63 页。
51. 有点像桌灵转或灵应盘。
52. 神庙遗址尚存。20 世纪中叶 Ahmad Fakhry 进行了发掘；见他的著作《锡瓦绿洲》（Cairo: American University in Cairo Press，1990）。
53. Plut Mor 180d。
54. Arrian 3 4 5。
55. Curt 6 10 26-27。
56. 同上，6 11 24。
57. Arrian 3 1 5。

第九章　在骆驼之乡

1. 关于高加米拉战役，主要参考的是 Arrian 3 1-15 及 Curtius，另外也参照了现代 Marsden 的精彩著述和 Fuller 的著作（163-80 页）。Plutarch 的《亚历山大传》31-34 也为我们增添了色彩。有些证据不清或有误，但还是可能整理出比较符合史实的可信描述。具体发生了什么我们不好说，但大概知道可能发生了什么。
2. Plut Alex 31 6。
3. 某些学者认为仗是 9 月 30 日而不是一般人相信的 10 月 1 日打起来的，如此说属实，或者是 9 月 29 日。
4. Plut Alex 31 10。
5. 同上，31 12。
6. Curtius 和 Arrian 虽未明说，不过亚历山大险些过度焦虑。我假设直到他想出绝妙的对应之策后他才放下心来。
7. 关于这次艺术节的细节，见 Plut Alex 29。
8. Plut Mor 511a。
9. 关于这段故事，见 Jacoby FGrH 135 F2 及 Aesch Ctes 162。
10. Green 281 页。
11. 关于亚历山大从提尔到高加米拉的行军，见 Engels 64-70 页。
12. 同上，66 页。
13. Arrian 3 7 5 及 Curt 4 9 18-21 都错误地描述此时水深且水流湍急。
14. 现代人和巴比伦人都曾计算过月食的发生和时间（如 Bert van der Spek《阿契美尼德历史》“大流士三世、亚历山大大帝及巴比伦人的学术研究”，卷 13（2003）289-346 页）。
15. 2 Enuma Anu Enlil 天文泥板第 9 块泥板；obv. 59-61。
16. 同上，后面我们会看到这一预言竟然极为准确。
17. Curt 4 10 18-34。
18. Plut Alex 30 1。
19. 对此我们不确定。据拜火教的规矩，死尸是污染物，不能入土，都得先放在高塔上腐化，被鸟食，然后才捡拾遗骨予以保存。阿契美尼德的国王都埋在石棺中；开国之王居鲁士大帝就葬在一个小的石头陵墓中。
20. Diod 17 54 1-6 及 Curt 4 11 将议和一事放在斯塔泰拉逝世前，与 Just 11 12 7-16 相反。因为后者时间较晚，通常我们不采纳，不过此处是例外。议和一事离战役太近，似乎不足信。因为条件慷慨，从心理上讲很可能是出于大帝丧妻之恸和有感于亚历山大对死者的尊重而引发。这一点说得很好。见 Green 287 页。

21. 大流士开出的条件让我们想到特鲁瓦条约，据此，胜利方英国的亨利五世娶了法国国王的女儿，成了王位继承人。
22. Diod 17 54 5。
23. 关于马其顿方面的实力，我采用了 Marsden（多处）的说法。其他近代学者的估计数也类似。
24. Plut Alex 32 8-11。
25. 亚历山大对自己安危的疏忽大意与日后特拉法尔加海战时纳尔逊佩戴所有勋章上阵如出一辙。
26. Plut Alex 33 1。
27. 有些现代人以为他们骑在马上。他们错了。
28. Xen Hip 5 13，8 19。
29. 不知道其他战车下场如何，想来应该是与面对伙伴军的战车下场一样。
30. Arrian 3 14 2。
31. Diod 17 59 5。文献记载描述了两件事。由外翼纵马前往马其顿营地去营救皇室女眷；以及波斯和印度骑兵通过方阵的缺口冲至行李车处。究竟谁做了什么不太清楚，但也没有必要合并。
32. 同上，59 7；Curt 4 15 10-11。
33. Curt 4 15 11。
34. Fuller 176 页。
35. Arrian 3 14 6。
36. 我参照了 Marsden 61-62 页所述。
37. Arrian 3 15 2。
38. Arrian 3 15 6。
39. Oxy XV 1798。
40. Plut Alex 24 1。

第十章 “英勇绝伦的国王”

1. 克里斯托弗·马洛，《帖木儿大帝》第 2 幕第 5 场：“在波斯波利斯胜利骑行的不是英勇绝伦的国王吗？”
2. Plut Alex 34 1。
3. Curt 5 1 11。
4. 关于抵达巴比伦的部分，见 Curt 5 1 17-23。
5. Arr 3 16 4。但薛西斯之后五世纪的 Herodotus 则称看到神庙无恙（1 181-82）。
6. Ar Cael 2 12。
7. Curt 5 1 36-38。Curtius 和 Herodotus 所言哪些是真实的，哪些是虚构的，不好说。但又没有证据批驳他们。
8. Herod 1 198 2-4。
9. 关于亚历山大供应情况的改变，见 Engels 71-72 页。
10. Curt 5 1 40，Arrian 3 16 10。
11. 我采纳了 Badian 的分析口径，153-73 页。
12. Aesch Ctes 165。
13. Diod 17 62 1-4，Curt 6 1-21。
14. Curt 6 1 13。
15. Plut Age 15 4。
16. GHI，36-37 页。
17. Plut Mor 818b-c。
18. Plut Alex 35 2；关于这次石油的意外事件，参见全章。
19.《帝国的主人：波斯人（《消失的文明》）》，ed. Brown，Dale，Time Life（UK）；Fairfax，Virginia，and New York，1966，7-8 页。
20. Diod 17 66 1。
21. 同上，17 65 5。
22. Poly 4 3。
23. Ath 12 514 6f。
24. Diod 19 48 6。
25. Diod 17 66 3-6。
26. Curt 5 2。
27. Plut Mor 329d。
28. Curt 5 2 12。
29. Diod 17 67 1。
30. Arrian 3 18 1-9，Curt 5 31 3-4 及 Diod 17 67-68。但他们的叙述略有不同，最明智的做法就是采纳 Arrian 的版本。
31. Herod 9 122。
32. Arrian 3 17 2。
33. 也可能是当地的牧羊人（这与在温泉关告诉薛西斯如何找到希腊据点的那个人何其相似），Diod 17 68 5 及 Plut Alex 37 1。
34. 与现代的巴西利亚、伊斯兰堡和崭新的缅甸首都有几分类似。
35. XPf（“后宫铭文”），阿契美尼德的皇家铭文。见 https://www.livius.org/sources/content/achaemenid-royal-inscriptions/xpf/
36. Plut Alex 37 5。
37. 同上，37 3。
38. 同上。
39. Diod 17 b72 1。
40. Curt 5 6 1。
41. Arrian 3 18 11。

42. 关于这一段，见 Briant 865 页。
43. Plut Alex 38，Curt 5 7 11。

第十一章 叛国！

1. 同过去一样，我们主要还是依据 Arrian 及 Curtius，也参考了 Plutarch。Curtius 关于背叛大流士及大流士之死的叙述从政治和心理学角度都颇具说服力。
2. Engels，多处，现代（19 世纪和 20 世纪初）资料来源都证实了库尔修斯所言，虽然他们的叙述文字过于讲究。Engels 写道："库尔修斯对亚历山大所经路线地理情况之熟悉令人不得不佩服。"（84 页）。
3. Curt 5 6 14。
4. 如前所述，亚历山大的书信集出版于他死后。不幸的是，也出现了不少伪造文集。我们只能相信古代作家们，特别是 Plutarch 和 Arrian 的判断。几乎没有真实的书信全文流传至今，只能用摘录。
5. Plut Alex 421。
6. GHI 17 136。
7. Ath 14 359f。
8. Diod 17 114 3。
9. Plut Alex 39 5。关于这一节当中的书信故事，注释同上，41-42。
10. Curt 5 9 1。Curtius 如是说，或许文字是虚构，但情感的反映应无误。
11. 同上，5 9 2。
12. 同上，5 9 4。
13. Herod 1 98-99。
14. Plut Alex 39 1。
15. 同上，39 7。
16. 关于列奥纳托斯的奢华作风，注释同上，40 1，及 Arrian Succ 12。
17. Plut Alex 40 3。
18. 同上，41 1。
19. 后来，它变成了丝绸之路的一部分。
20. Arrian 3 20 7。
21. Curt 5 12 19。
22. Plut Alex 43 4。Plutarch 让大流士留下一篇遗言，我们可对之忽略不计，但关于大帝死前几天的经历、阴谋者内心的罪恶感以及亚历山大沿途的穷追猛赶的描述，却更像未经刻意处理过的真相。Diod 17 73 说两王相遇并有一段对话，不太可信。
23. 对大流士的评价乃取材自 Badian 457ff 页。
24. Arrian 3 22 2。
25. Plut Alex 47 9-11 及 Plut Mor 181 D。
26. 同上，6 2 15-16。Arrian 没有提到这件事，但他最喜欢引用的资料来源往往对反对亚历山大的声音或忽略或低调处理。
27. 同上，6 3。古代史学家的通病亦在此表露无遗，他们传递的是亚历山大应该说的话，而不是他实际说的话。但借助 Plutarch 相互查证后，Curtius 之言或可信。
28. Curt 6 3 9。
29. Plut Alex 47 1。
30. 同上，47 3。
31. Just 12 3 11-4 6。
32. 同上，12 4 10。
33. 菲洛塔斯事件的主要资料来源是 Curt 6 7-11，Arrian 3 26-27 及 Plut Alex 48-49。
34. Diod 17 79 1。
35. 据 Plut Alex 49 4 记载，西贝里纳斯只跟菲洛塔斯说有要事，但并未说到是阴谋。果真如此，菲洛塔斯若要告知国王却没有追问细节就很令人费解。
36. Plutarch 则称迪姆内斯是死于拒捕，见 Plut Alex 49 7。
37. Curt 6 7 33。
38. 同上，48 3。
39. Curt 7 1 11。
40. Plut Alex 48 4。
41. Plut Mor 339e-f。
42. Curt 7 1 12。
43. Curt 6 8 9。
44. 如 Bardian 427-30 页。
45. Curt 6 10 16。
46. Plut Alex 49 11。
47. Curt 6 11 14。
48. 同上，6 11 16。
49. 同上，6 11 29。
50. Arrian 3 26 3 则说他们死于投枪；但传统的惩罚是石刑。
51. Arrian 3 26 4。
52. Diod 17 80 2 ；Curt 7 1 5-9。
53. Curt 7 1 8。
54. Arrian 3 27 2-3。Curt 7 2 1-7 的描述略有不同。
55. Polyb 8 10 8-9。
56. Arrian 3 27 4。

57. Curt 7 2 36-38；Diod 17 80 4。
58. Plut Mor 183f。

第十二章 没完没了的战争

1. 一如既往，主要取材自 Arrian 及 Curtius，加上一点 Plutarch。Fuller 厘清了游击战的年份。要了解亚历山大都到了哪里，Engles 系必读。
2. Plut Alex 47 1。
3. Curt 6 4 20-22 中的叙述并非虚幻，已经现代观察证实，见 Engels 84 页。
4. Curt 6 5 23。
5. Chugg 147 页。
6. Mary Renault 的《波斯少年》(London：Longmans，1972)有一段较友好的描述。
7. Curt 6 5 11。
8. Diod 17 76 4。
9. Curt 6 5 18-21。
10. Plut Alex 44 4。
11. 约在此时，一些古代作家笔下出现了一位纯属虚构的亚马孙女王塔勒斯里斯带领 300 名女战士造访亚历山大的故事。Plutarch(Alex 46)不相信这个故事，我也不信。
12. Plut Mor 341b。
13. Engels 87ff 页说这个波斯的直布罗陀就是纳地里堡。
14. 可惜，古代文献并未直接谈论这一因素，缺乏众多细节。
15. 毛泽东，《论游击战》第 6 章："游击战的政治问题"。(译注：此处是根据《毛泽东选集》英文版。)
16. 见 Engels 91-92 页。
17. Curt 7 4 36-37。
18. 今日的坎大哈。
19. Curtius 的描述已得到现代文献的证实；见 Engels 94 页。
20. Curt 7 3 13。
21. Diod 17 83 1。
22. Diod17 83 2。这个驻兵重镇就在喀布尔附近。
23. Arrian 3 28 9。
24. 古文献描述各异；我采纳 Arrian 3 29 6-7-3 30 1-5 及 4 7 3-4。
25. 亚历山大死后，托勒密成了埃及法老并建立王朝，王朝于公元前 1 世纪随克丽奥佩特拉结束。
26. Metz 2。
27. Metz 14。
28. Arrian 4 7 4。
29. Curt 7 5 28-35。有人说这事儿并未发生。但故事大要似乎可信。见 N.G.L. Hammond，"迪迪马和索格底亚那的布朗奇达伊人"，*The Classical Quarterly*，vol 48，no.2(1998)339-44 页；H.W. Parke，"对布朗奇达伊人的屠杀"，*The Journal of Hellenic Studies*，vol. 105(1985)，59-68 页。
30. Curt 7 5 33。
31. Arrian 4 4 3。
32. Arrian 的描述难以理解。Fuller239ff 页中的描述更具说服力。
33. Fuller 241 页。
34. 在此我依据的是 Arrian 4 5 2-9。Curt7 9 10-13 对于遇伏一事有不同版本，但最后结局相同。
35. Curt 7 10 12。
36. Arrian 4 15 6。
37. 同上，4 16 3。
38. Curt 8 1 13-14。
39. Plut Alex 50 3。三人(Plutarch，《亚历山大传》50-52，Arrian 4 8-9ff，及 Curt 8 1 22ff)给出的故事主轴类似，但细节不一。他们说到噩梦、祭祀犯错、神明震怒等，似乎当日发生的事要怪罪命运而不是亚历山大。我对此一概忽略，我希望我的综合处理结果是合理的。
40. Eur Androm Il. 695ff。其余部分见下。
41. Arrian 4 9 4。
42. Plut Alex 52 5。
43. Athen 120d-e。
44. Arrian 7 8 3。
45. Plut Alex 47 9。
46. Curt 5 7 1。
47. Plut Alex 23 1。
48. Curt 8 3 1ff。
49. Arrian 4 18 5。
50. Curt 7 11 1。Curtius 估计有三万，这个数字看来是太高了。
51. Arrian 4 19 1-3。
52. Arrian 4 19 5-20 3 和 Curt8 4 23-30 对罗克珊的故事意见不一。Arrian 认为两人第一次相遇是在围困索格底亚那岩峰之后。虽然他作为国王的行为比较有尊严，但他很可能是将她当成胜利者的性战利品而选中她的。Curtius 说两人是在稍后围困科瑞尼斯岩峰后的宴会上相遇的。我觉得 Arrian 的细节比较可信，但也没有理由否定 Curtius 的宴会说。

53. Curt 8 4 26。
54. 同上，8 4 22。
55. Plut Alex 47 5-6，Arrian 7 6 1。

第十三章　印度之行

1. Herod 1 134。
2. Curtius 和 Arrian 都写到了这里叙述的宴会以及赞成和反对双方的公开讨论会。其实亚历山大并不需要再听一遍跪拜礼行不通的理由，所以讨论会或许就是作者借机展露一下自己的辩才。
3. Pind Nem 6 1-5。
4. Curt 8 8 15。
5. Plut Alex 28，引述的是《伊利亚特》，卷 5，340 行。
6. Plut Alex 28 1。
7. 同上。
8. Curt 8 6 17。
9. Curt 8 7 1。
10. Curt 8 8 13。
11. Plut Alex 55 5-6。
12. 同上，55 7。
13. 同上，55 9；Arrian 4 14 3；Plut Sulla 36；Suda K 240。
14. 关于印度的怪异传说，见 Herodotus 3 98-106。
15. 希腊人是宗教哲学主张汇合论者，总对别人的神明找到自己的对应神明。像亚里斯坦德这样的顾问为宣传理由臆造出两者之间的联系也完全可能。
16. Herod 3 94。
17. Curt 8 9 23-26。
18. Herod 4 44。
19. Curt 8 5 4，另外还加上 12 万士兵。
20. 见 Heckel（2008），160-61 页。
21. Curt 8 5 1。
22. 塔克希勒斯是国王称号，并非个人名字，所以他的儿子也是塔克希勒斯。
23. Plut Alex 59 3。
24. Curt 8 12 17-18。
25. Arrian 4 23 3。
26. Curt 8 10 28-29。
27. 同上，8 10 35-36。
28. Fuller 126 页，n. 2。
29. 此处参见 Stein，19 和 20 章。他说奥诺斯山即今日的皮尔萨尔，此说相当可信。
30. Arrian 4 29 7 说马其顿人造了一个坡道，但坡道建造需时甚长，所以一定是类似桥一样的东西。
31. Green 385 页。
32. Arrian 4 30 4。
33. Plut Mor 181d。
34. 没有理由否认此事的真实性，但看来亚历山大是受骗了。
35. 文献并未提及妇女，但大家都知道她们曾参与类似狂欢场合。见欧里庇得斯的《酒神的女祭司》，它就是在佩拉首演的。
36. Hom Hymns 26。
37. Arrian 5 2 7。
38. 对许达斯佩斯河之役，古代文献的记载有问题。Arrian（5 8 4-5 19 3）的叙述最佳。我主要依据 Fuller，唯一的例外是我以为科纳斯将他的骑兵安排在步兵的后面而不是前面去对付波罗斯的左翼的。见 Green 397 页及 554 页的注 87。
39. Curt 8 13 7。
40. 见 Arrian 5 15 4，Diod 17 87 2，Curt 8 13 6 给出的不同数字。
41. Arrian 5 9 3。
42. 同上，5 11 4。这句话可能引述自国王的书面命令。
43. Arrian 5 15 5 说有 200 头象，那么战线就有 6 千米长。Curtius 说有 85 头象，而 Polyaenus 则说它们的间距是 13 米，如此一来阵线就只有 1 千米长。马其顿人 6 000 人的方阵宽是 0.75 千米。
44. Diod 17 87 5。
45. 明眼的读者或会问波罗斯右翼的战车有何遭遇。文献里没说。我们只能假设它们被科纳斯甩开了。这种很不灵便的车辆不可能随同骑兵一直跟到波罗斯的左翼。
46. Arrian 5 17 5-6。
47. Arrian 的记载不明晰。没有说明马其顿的骑兵是如何能够将那么长的波罗斯步兵阵线围住的。不过，印度骑兵的溃败决定了战场的胜负。

48. Arrian 5 18 3。一如既往，各方对数字意见不一。Diod 17 89 3 说马其顿人损失了 280 名骑兵、700 多步兵。
49. 同上，5 19 1-3。
50. 同上，5 24 5。
51. Poly 4 3 30。
52. Diod 17 95 5。
53. Diod 17 93 2。
54. 此处参照了 Heckel 120-25 页的讨论。
55. Diod 17 94 4。
56. Arrian 和 Curtius 都对国王和科纳斯的讲话给出了自己的版本。它们并非实录，反映的是作者认为他们应当或可能说的话。因为它们反映了问题及双方的情况，所以值得引述。
57. Arrian 5 26 8。
58. Curt 9 2 31。
59. Arrian 5 27 7。

第十四章 漫漫回乡路

1. 主要取材自 Arrian，包括他的《印度志》及 Curtius。
2. Arrian 6 2 4。Arrian 有点自相矛盾，因为在《印度志》中他估计只有 800 艘船。也许差别在于较大的数字里包括了印度船只。Diod 17 94 5 和 Curt 9 3 22 都说是 1000 艘船。
3. 同上，6 2 3。
4. Arrian 6 3 3-4。读者可能记得修昔底德曾描述雅典船队在公元前 415 年离开西西里岛的情景（6 30-32），也许 Arrian 是在模仿他。
5. Arrian 6 5 2。
6. 同上，6 5 2-3。
7. Plut Alex 47 11-12，包括下面这段誓言。
8. 关于麻里这段故事，见 Arrian 6 8-11；Diod 17 98-99；Plut Alex 63；Curt 9 4 26-9 5 18。
9. Arrian 6 10 1。
10. Curt 9 5 说取出箭头的是一位医术精良的外科医生 Critobulus。
11. 同上，6 11 1。Arrian 称开刀的不是他的将领佩尔狄卡斯，就是来自科斯岛的 Critodemus 或 Critobulus（也见 Curt 9 5 25）。佩尔狄卡斯未等医生到来就在战场取出箭头的可能性稍大一些。
12. Renault 187 页。我采纳了他的分析。
13. 同上，6 13 4。
14. 同上，6 18 5。
15. Engels 110-18 页是到目前为止对亚历山大一生中这段令人费解的灾难性篇章最好的叙述。
16.《不列颠百科全书》(1911 版)，卷 17，452 页。
17. 见 Heckel（2008）162-63 页，或对照 Engels 附录 5。
18. Diod 17 105 7。
19. Arrian 6 23 3。
20. Arrian 6 24 4。
21. 同上，6 25 3。
22. 同上，6 26 1-3。
23. 同上，6 26 3。
24. 同上，66 7。
25. 同上，66 2。
26. 同上。
27. Arrian 6 28 1-2；Curt 9 10 24-29。Arrian 以及一些现代人不相信这段故事。他们似乎也没有很好的理由。
28. Plut Alex 67 1-3。
29. Arr Ind 34 7。
30. 同上，35 6-7。
31. Plut Alex 67 7-8。
32. 这段关于埃西翁绘画的讨论取材自 Chugg 80-81 页，是他聪明地认出了巴勾斯。
33. Lucian Herod 4 7。由于他的描述如此细腻，文艺复兴时的艺术家 Giovanni Antonio Bazzi（人称索杜玛）据此也作了同样一幅画，估计应该与原作品相去不远。
34. Arrian 6 29 8。
35. Plutarch 则怪罪一个叫 Polymachus 的马其顿人。很可能他与奥克辛是共犯。Plutarch 或许因为一位马其顿人行为如此不检点而深感震惊，才忽略了插手其中的“东方人”。
36. Curt 10 1 30-39。这位史学家拼命抹黑巴勾斯，给奥克辛开脱。不过，他做得过头了，反而起了反效果。Arrian 6 29 9-11-30 2 的描述比较可靠。虽未明说，但显然奥克辛是劫掠了居鲁士的墓。
37. 下面关于整肃总督的严厉措施，见 Badian “哈尔帕拉斯” 58-95 页。Badian 还说科纳斯（26 页）的命运与二战末期纳粹的隆美尔被迫自杀雷同，但这纯属臆测。
38. Plut Alex 68 4。

39. Curt 10 1 2-3。
40. Arrian 6 27 5。
41. Diod 17 106 3。
42. 同上，18 8 4。
43. Arrian 7 4 3。
44. Curt 10 1 42。
45. Ath 13 539d-f。
46. 同上，595a-c。
47. Plut Dem 25 5。
48. 见 Arrian 6 16 5；6 17 1-2；7 5-6；7 2-4。
49. Plut Alex 65 6-8。
50. 关于卡拉努斯的自杀，见 Arrian 7 3 1-6；Plut Alex 69 6-9；Diod 17 107 1-6。
51. Plut Alex 69 7。
52. Plut Mor 329 c-d。
53. Ath 12 538b-f；Arrian 7 4-8；Plut Alex 70 3。Chares 和 Arrian 都没有讲得很清楚；我对于集体结婚仪式的重建与文献相符。
54. Arrian 7 6 5。
55. 关于欧皮斯兵变一事，见 Arrian 7 8-12；Curt 10 2 12-4；Diod 17 109 2。
56. Arrian 7 8 3。
57. 同上，7 11 7。
58. Schachermeyr 232 页。
59. Arrian 7 12 6。
60. Plut Alex 39 13。
61. Plut Mor 180E。
62. Arrian 7 12 7。

第十五章 最后的几件事

1. 关于亚历山大统治的最后阶段主要取材自 Arrian 和 Plutarch。也参考了《亚历山大罗曼史》和《亚历山大大帝之死及其遗嘱》，它们通常不可靠，但也有重要且明显正确的细节。
2. Ael VH 3 23。王室日志今已失传，但文献中能找到引述或释义的只言片语。详情见后。
3. 见 Chugg 111-12 页。
4. Arrian 7 16 8。
5. Plut Alex 72 2。
6. Just 12 12 12 及 Diod 17 115 5 说是 1.2 万塔兰特；Plut Alex 72 3 及 Arrian 7：14.8 都说是 1 万。
7. Diod 17 115 1-2。资料来源把焚烧柴垛和葬礼的纪念塔混为一谈了。我的假设是国王打算在柴垛上焚烧赫费斯提翁的遗体。考古学家 R. Koldewey 在巴比伦一堆瓦砾下面发现了一个可能是当年柴垛的烧焦了的平台。见 R. Koldewey《巴比伦的挖掘发现》(London：Macmillan，1914)，310-11 页。
8. Diod 17 114 4。
9. Plut Alex 72 4 及 Il23 175ff。
10. 引述自过去误以为是第欧根尼的、可能是出版于公元 1 世纪的信札，
11. Curt 3 12 16。
12. Arrian 7 23 8。
13. Ath 12 537g-f。这句话引述自现代作家 Ephippus 的著作《亚历山大和赫菲斯提翁之死》。
14. Arrian 7 23 2。
15. Hyp Fun 21。
16. Hyp Dem 7。
17. Plut Mor 219e-f。
18. Arrian 7 15 1-5。
19. Pliny 3 57。
20. Arrian 7 15 4-5。
21. Diod 18 4 4-6。Diodorus 开列了一张亚历山大宏图伟略的冗长清单，有人曾提出质疑。但他们挑战清单真实性的理由并不很站得住脚，因为这些计划都是国王已知政策和成就的自然延伸。
22. 同上。
23. Arrian 7 16 5。
24. Enuma Anu Enlil 天文泥板第 29 块泥板上的记载，obv. 59-61。大英博物馆。
25. http://www.livius.org/articles/person/callisthenes-of-olynthus/
26. 残片 963 Nuack。
27. Arrian 7 18 1-5。亚里斯托布鲁斯说他从佩达哥拉斯本人那里听说过这段故事。
28. Arrian 7 22 1-5，Diod 17 112 5-7，Strabo 16 1 11。
29. 同上，7 22 4。
30. Plut Alex 75 1。
31. Plut Phoc 22。
32. Curt 105 19-25。
33. LiberM 97。
34. Plut Alex 77 1。
35. Plut Alex 77 3；Arrian 7 27 1。
36. 同上，77 4。《亚历山大的罗曼史》3 31 里说了一个不那么奇怪的毒药容器；它说青铜、玻璃或陶土的容器会被毒药所毁，但

可用包在铁器中的铅容器盛装毒药。
37. Alex Rom 3 31。也为 Iolaus 平忿。
38. Alex Rom 3 31。
39. 出席宴会者的名单出现在十分不可靠的后世文献中（见《亚历山大的罗曼史》3 31，150 页以及《亚历山大大帝之死及其遗嘱》97 和 98。不过名单可信，因为恰恰是我们所期盼的国王的酒友。
40. LiberM 99。
41. Alex Rom 3 32。
42. 同上，110。
43. 同上。
44. Arrian 7 12 6。
45. 不过据说有一种治疗肿瘤的剧毒抗生素——刺孢霉素，可以忍受石灰岩，亦即可在昔日的冥河、今日的伯罗奔尼撒的 Mavroneri 河存活。见 Adrienne Mayor 和 Antoinette Hayes《致命的冥河与亚历山大之死》（Princeton/Stanford Working Papers in Classics，2011；有关网站是 http://www.princeton.edu/~pswpc/pdfs/mayor/051101.pdf）。得克萨斯州也发现了这种微生物。当然，说冥河的水有毒只是一个猜想。据说当地人和来访者当时都喝过冥河的水，并无大碍（http://www.ellieismailidou.com/2011/09/river-styx-dont-sip-from-immortal.html）。
46. Plut Alex 77 1。
47. Diod 19 11 4-9。
48. Plut Mor 849f。
49.《亚历山大的罗曼史》3 31，32 说国王被下毒后活了三天，多数毒物都撑不了那么长时间。
50. 关于亚历山大死因这一部分取材自 Engels（July 1978），他就此下了定论。
51. Plut Alex 77 5。
52. 下面是他所有受的伤：

1. 公元前 335 年攻打伊利里亚时被石头击中头部
2. 公元前 335 年攻打伊利里亚时被铁锤击中颈部
3. 公元前 334 年格拉尼卡斯战役时“蛮人的弯刀在我头上划了一道口子”
4. 公元前 333 年伊苏斯之战大腿被剑刺伤
5. 公元前 332 年加沙围城时脚踝被飞镖射中
6. ?* 自马上摔落导致肩膀脱臼
7. ?** 马拉坎达人的箭导致胫骨开裂
8. 公元前 327 年被阿萨卡尼人的箭“射穿了肩膀”
9. ？ 大腿被冈加里迪亚人所伤
10. 公元前 326 年被麻里人的箭射中胸部
11. 公元前 325 年与麻里人争战时颈部被击

53. Engels（July 1978）225 页。

第十六章　葬礼竞技会

1. 主要取材自 Diodorus，也参考了 Forster 和 Tennyson。
2. Plut Gal 1-4。
3. Phot 92 2（来自 Arrian 的《亚历山大的继业者》卷 1）。
4. Curt 10 10 10-12。
5. Forster 112-13 页。
6. Aug 444。
7. Plut Mor 328C-329D。
8. Tennyson，《尤利西斯》，Il. 60-61。

背景与资料来源

1. Quint 10 1 74。